사국시대의 사국관계사 연구

김태식 지음

서경문화사

들어가기 전에…

　사국시대의 연구가 마무리되려면 고구려, 백제, 신라, 가야 각국의 역사도 따로 정립되어야 하지만, 그 각각의 국가 사이에 어떤 관계가 벌어지고 있는가 하는 문제를 정리하는 것도 필수적이다. 그러나 필자는 가야사 연구자이기 때문에 가야를 중심에 놓고 가야와 고구려의 관계, 가야와 백제의 관계, 가야와 신라의 관계를 정리하는데 만족하고자 하였다. 고구려와 백제의 관계, 백제와 신라의 관계 등도 엄연히 사국관계사의 범주에 드는 연구 분야이나 그 문제까지는 따로 정리할 필요성을 느끼지 못하였다.

　가야사는 그동안 독립적인 역사 체계를 드러내지 못했었기 때문에 고구려사, 백제사, 신라사 연구자들에 의하여 단순한 종속 변수로 취급되어온 듯하다. 그래서인지 기존의 한국 고대사 연구자들은 자신이 전공하는 지역 역사의 영광을 드러내기 위하여 가야사를 희생시켜왔다. 특히 백제사 연구자들은 가야를 일찍부터 점령하고 지배해 온 것은 일본열도의 왜가 아니라 백제였다고 간주하기도 하고, 신라사 연구자들도 초창기부터 신라의 세력이 가야보다 우월했다는 선입견을 지우지 못하고 있다. 가야사 연구자로서 볼 때, 이런 편견은 일본 고대사 연구자들과 매한가지라는 느낌마저 들게 한다.

　그러나 다행히도 1970년대 후반 이후 한국 고고학계의 급속한 성장에 힘입어 남한 곳곳의 고대 유적들이 제대로 발굴되어 수준 높은 조사 보고서가 속속 출간되고 있다. 그리하여 가야 지역에서 6세기 전반까지 백제나 신라에 비하여 그다지 손색없는 규모의 유적과 찬란한 유물들이 드러났다. 게다가 가야 문화 유물들은 다른 삼국이나 왜에 비교하여 자신만의 독자성도

가지고 있다. 이런 결과는 그간의 사국관계사를 본격적으로 다시 설정해야
한다는 문제를 제기하고 있다.

본서는 이런 문제점을 생각하며 그동안 필자가 연구해온 결과물들을
모은 것이다. 대부분은 『미완의 문명 7백년 가야사』를 출간한 2002년 이후
의 글들이지만, 「도설지를 통해 본 신라와 대가야의 관계」처럼 1990년대의
논문도 하나 추가되었다. 다만 해당 논문은 2000년대 이후 필자의 생각이 깊
어짐에 따라 내용의 상당 부분이 수정되었다. 또한 가야와 낙랑, 가야와 남
제와 같은 중국과의 관계는 사국관계사는 아니나 짧은 글이기 때문에 본서
말미에 추가해 두었다. 「가야의 해상 교류」는 가야와 한일관계 및 사국관계
모두에 걸치는 글이기 때문에 역시 본서 말미에 전재하였다.

한편 사국 사이의 관계를 정리하다보니, 필자의 가야사 연구가 지나치
게 가야만을 위주로 설정되어 있었다는 점이 여기저기서 나타났다. 아무리
가야사 연구자라고 해도 가야사만의 입장을 주장하면 다른 연구자와 공감을
이룰 수 없고, 그렇게 된다면 논문 자체의 설득력도 떨어지게 된다. 그리하여
필자의 2002년 이전 주장을 철회하고 몇 가지를 수정하는 성과를 이루었다.

첫 번째로, 광개토왕릉비문의 영락 10년 경자(400) 조의 기사를 임나가
라의 직접적인 몰락이 아니라 낙동강 동쪽의 임나가라 연합 세력 몇몇이 고
구려-신라 연합군에 의하여 함락되는 정도로 축소해 보게 되었다. 왜냐하면
고고학계에서 5세기 초 이후로도 김해 대성동 고분군이 존속하였음을 논하
고 있고, 영락 14년 갑진(404) 조에 나오는 왜의 대방계 침입 기사도 임나가

라의 영향력이 없으면 성립하기 어렵다고 보기 때문이다. 다만 이 전투가 향후 임나가라의 주축인 금관가야의 절대적 약화에 근본적으로 기여하였음은 분명하다.

두 번째로, 고령의 반파국, 즉 대가야를 중심으로 한 후기 가야연맹이 5세기 후반보다 앞서 중엽에 성립하였음을 인정하면서, 그 당시의 후기 가야연맹은 고령 세력의 독자적인 힘에 의하여 성립된 것이 아니라 백제 귀족 목씨 세력을 매개로 한 백제 왕권의 의도에 의하여 가능하였던 점을 확인하였다. 즉, 적어도 5세기 중엽부터 5세기 후반까지의 가야연맹은 어느 정도 백제의 영향력 아래 있었음을 수긍하지 않을 수 없다. 그러나 475년에 고구려의 남하 정책에 따라 백제 수도가 함락되자 대가야는 그간의 맹주권을 토대로 하여 백제로부터 독립적인 가야연맹체를 창출해냈다고 조정하였다.

세 번째로, 여러 모로 문제가 많은 『삼국사기』 신라본기 초기 기록으로 인하여 막연히 신라가 처음부터 가야보다 우월했다는 선입견을 불식시키고자 하였다. 그리하여 4세기 전반에 경주 사로국을 중심으로 한 신라연맹체와 김해 가야국을 중심으로 한 가야연맹체가 상호 독립적인 문화를 영위하면서도 친밀하게 교류하는 평화 관계를 유지했다고 보았다. 포상팔국 전쟁과 파사 이사금 대의 수로왕 중재 기사도 그 당시의 일로 추정된다.

기타 사국관계사에서 중요한 위치를 차지하는 쟁점들로서 칠지도, 도설지, 우륵 등의 문제가 있다. 칠지도는 백제와의 관계에서 중요하고, 도설지와 우륵은 신라와 대가야의 관계를 밝히는데 중요한 시금석들이다. 특히 칠지도가 백제의 영광을 드러내는 물건이라고 착각하는 사람들이 많다. 그러나 칠지도는 매우 위험한 물건이다. 왜냐하면 그 실물과 명문이 이른바 '임나' 성립의 단초가 되는 『일본서기』 신공황후 49년 조와 52년 조의 기록을 입증하는 것처럼 보이기 때문이다. 그럼에도 불구하고 백제사 연구자들은 가야사와의 관계를 아랑곳하지 않고 백제사의 영광만을 위하여 일본사 연구자들의 연구에 동조하는 경우가 많다. 필자는 이를 수정하고자 고군분투하였다. 도설지와 우륵은 말하자면 가야 멸망 시기에 신라로 망명한 인물들이다. 이들을 통해서 신라와 대가야의 마지막 시기에 어떤 관계가 이루어졌는지를 더욱 생생하게 유추할 수 있었다면 다행이겠다.

2014년 2월
삼국 연구자들의 거시적인 역사 이해를 기대하며
저자 삼가 씀

차례

I부

가야와 고구려

가야와 고구려

1.
광개토왕 대의
고구려와 가야

1. 머리말

고대 시기의 동서양에서 영토를 크게 넓힌 '英雄'이라고 하면 알렉산더대왕과 廣開土大王을 떠올릴 정도로, 고구려의 광개토왕은 한국 고대사를 포함한 동아시아 역사에 구체적이고 위대한 영향을 미쳤다. 그러므로 광개토왕의 위력을 보이고 영광을 확인하기 위해서는 그가 멀리 떨어진 가야에 어떤 영향을 미쳤는가를 검토하지 않을 수 없다. 사실 광개토왕 때에 가야는 역사상 가장 중대한 변혁을 겪었다.

그러나 고구려 광개토왕과 가야와의 관계를 직접적으로 보이는 사료는 거의 없다고 해도 과언이 아니다. 광개토왕이 재위한 391년부터 412년까지의 20여 년뿐만 아니라 4~5세기 200여 년간으로 범위를 넓혀 보아도 고구려와 가야 사이의 관계를 보이는 사료는 『三國史記』, 『三國遺事』, 『日本書紀』를 통틀어 한 줄도 없다. 이런 상황에서 광개토왕 대 고구려와 가야의 관계를 논문으로 쓴다는 것은 무리한 일이 아닐 수 없다. 그러므로 여기서는 광개토왕릉비에 기록된 400년 고구려군의 南征을 중심으로 하여 그 전후의 가야 사회에 미친 고구려의 영향을 폭넓게 살펴보고자 한다.

필자는 일전에 「광개토왕릉비문」 庚子年條 기사에 나오는 '任那加羅'와 '安羅人戍兵'이라는 구절에 대한 여러 학설을 검토하고 다른 문헌과 비교하면서 면밀히 고증한 적이 있다.[1] 거기서 任那加羅는 김해와 창원에 위치한 가야 소국의 合稱에 기원을 두면서, 김해 가야국을 중심으로 한 가야연맹 제국의 맹주국을 가리킨다고 하였고, '安羅人戍兵'은 고구려 순라병을 가야 점령지에 배치한 사실을 가리키는 문구로 보아야 한다고 보았다. 지금 이를 되풀이하거나 수정할 필요성은 느끼지 않는다. 다만 이를 전후한 시기의 한반도 정황과 가야 고고학 자료를 검토하여 가야 사회 전반에 미친 변혁의 돌풍을 정리해 보고자 하는 것이다.

2. 4세기의 고구려와 가야

4세기 초는 동북아시아 역사상 커다란 변란의 시기였다. 중국 북방의 새외 민족 중 하나인 흉노족 劉淵이 303년에 漢(후의 前趙)을 건국하면서 혼란스러운 오호십육국시대가 시작되었다. 만주 및 한반도 지역에서는 무질서하던 列國이 상호 통합되어 고구려·백제·신라·가야의 4국이 정립되었다. 일본열도는 266년부터 413년까지 중국 사서에 아무런 기록도 나타나지 않는 가운데 규슈부터 세토 내해를 거쳐 긴키까지 前方後圓墳이라는 묘제가 출현하였다.

중국 북방에서는 胡漢의 대립과 융합 과정이 치열하게 일어나는 가운데, 결국 晉이 316년에 멸망하고, 남쪽으로 옮겨간 왕족들이 317년에 東晉을 재건하였으며, 고구려 미천왕은 이런 혼란을 틈타 西晉이 경영하던 낙랑군과 대방군을 313년과 314년에 각각 병합하였다. 고구려는 4세기 초에 중국 한

---

1) 金泰植, 1994, 「廣開土王陵碑文의 任那加羅와 '安羅人戍兵'」, 『韓國古代史論叢』 6, 韓國古代社會研究所.

족의 쇠퇴를 계기로 낙랑군과 대방군을 병합함으로써 400년 이상에 걸친 민족의 숙원을 푸는데 성공하였으나, 이에 따라 기존의 낙랑을 중계 기지로 한 한반도 남부의 선진 문물 교역 체계가 붕괴되었다. 그 후 고구려는 320년 대 들어 인접한 선비족 慕容氏와의 대결에 경주해야만 되었으니, 334년에 평양성을 증축한 적이 있다고는 해도 그 교역 체계를 장악할 기회를 갖지 못했다.

이는 한반도 남부에서 낙랑과의 원거리 교역을 통해 발전하던 김해 가야 국의 영도력에도 이상이 생겼을 가능성을 예고하는 것이다. 3세기 대의 것 으로 추정되는 김해 양동리 322호분 출토의 청동 세발솥[銅鼎]이나 남색 유 리구슬 수백 점 외에 수정제 굽은옥[曲玉] 148점, 직경 4cm에 달하는 대형 多面玉 2점으로 구성된 화려한 목걸이2) 등의 낙랑 계통 위세품이 4세기 이 후의 김해 대성동 고분군에서 나타나지 않는 것은 이를 반영한다. 그리하여 가야연맹 내에 내분이 일어나 상호간의 충돌로 인하여 가야연맹은 함안 안 라국 중심의 서부 지역과 김해 가야국 중심의 동부 지역으로 분열되었다.3) 그 분열의 정도가 어느 정도였는지는 알 수 없으나, 4세기 전반의 가야 지역 토기 문화가 마산만을 경계로 구분된다는 지적은 주목된다.4) 낙랑을 통한 일방적인 문화 기준이 고구려의 팽창으로 인하여 사라지자, 한반도 남부 각 지의 세력들은 각기 이리저리 연합하여 자생적으로 통용되는 국지적인 문 화권을 형성하게 되었고, 浦上八國 전쟁과 그로 인한 가야연맹의 동서 분열 은 그 결과로 나타난 현상이었다.

한편 새외민족과의 대결에 주력하던 고구려는 342년에 선비족 모용황의

2) 東義大學校 博物館, 2000,『金海良洞里古墳文化』.
3) 金泰植, 1994,「咸安 安羅國의 成長과 變遷」,『韓國史研究』86, 한국사연구회, 60쪽.
4) 安在晧・宋桂鉉, 1986,「古式陶質土器에 관한 약간의 고찰 -昌昌 大坪里出土品을 通하여-」, 『嶺南考古學』1, 영남고고학회, 50~53쪽.
　　趙榮濟, 1986,「西部慶南 爐形土器에 대한 一考察」,『慶尙史學』2, 24쪽.
　　李盛周・金亨坤, 1990,『馬山縣洞遺蹟』, 昌原大學博物館, 276~304쪽.
　　朴升圭, 1993,「慶南 西南部地域 陶質土器에 대한 研究」,『慶尙史學』9, 4~5쪽.

공격을 받아 환도성이 함락될 정도로 매우 큰 타격을 입었고, 그 이후 고국원왕은 적극적인 대외 활동을 펼치지 못하였다. 반면에 백제는 346년에 근초고왕이 즉위하면서 왕통의 안정을 회복하여 대외적인 팽창을 하기 시작하였고, 신라는 356년에 김씨 계통의 나물왕이 즉위하였으나 아직은 미미한 상태였다.

그 후 4세기 후반 한반도 四國 사이의 정세는 고구려가 국세 회복을 위하여 내정을 다지는 사이에 백제가 옛 대방군 지역을 차지하자 고구려와 백제가 2強을 이루며 전쟁이 격화되는 양상을 보였다. 즉, 369년 이후 30년간에 걸쳐, 황해도 및 경기 북부 지역에서는 대규모의 전쟁만 해도 10여 차례가 일어났던 것이다. 이처럼 급변하는 국제 정세 속에서 2弱인 신라와 가야 소국들은 어떤 변화를 겪게 되었을까?

『일본서기』 신공황후기에는 이에 대한 기록이 나오고 있으니, 이를 요약하여 정리하면 다음과 같다.

신공 섭정 46년(246)에 왜가 사신을 卓淳國에 보냈는데, 탁순왕은 그 일행 중의 한 사람을 인도하여 백제에 보내 주었고, 백제는 그 왜인에게 오색 비단 등을 주면서 앞으로 교통할 것을 원하였다. 그 다음 해에 백제는 왜에 조공 사신을 보냈다.

신공 49년(249)에 왜군이 백제 장군과 함께 탁순에 모여 신라를 침으로써 比自㶱, 南加羅, 喙國, 安羅, 多羅, 卓淳, 加羅의 7국을 평정하고, 왜군은 서쪽으로 古奚津에 이르러 南蠻 忱彌多禮를 쳐서 백제에게 주었다. 이에 백제왕 肖古와 왕자 貴須가 군대를 이끌고 내려오니 比利, 辟中, 布彌支, 半古의 4읍이 스스로 항복하였다.

신공 50년(250)에 백제 사신이 왜에 가자, 왜는 추가로 多沙城을 주었다. 신공 52년(252)에 백제는 왜에 七枝刀 및 여러 가지 보물을 주었다.

위에 든 일련의 기사는 임나일본부설에서 왜군이 가야 지역을 군사 정복했다는 사실을 입증하는 기사로 여겨져 왔었다. 사건의 연대에 관해서는, 초고왕 즉 근초고왕의 재위 연대와 연관하여 이를 서기 366년부터 372년까지의 일로 낮추어 보는 2周甲 引下說[5]이 광범위한 지지를 받고 있으며, 그 중 일부의 사건은 3주갑 인하하여 429년경의 일로 보아야 한다는 견해도 있

다.[6] 근래에 와서는 위의 기사 자체에 대하여 사료적 가치를 인정하지 않는 것이 일반적 통념이다.[7]

그러나 비자발 등 7국의 이름, 비리 등 4읍의 존재, 근초고왕과의 관련 등은 백제 계통의 어떤 原史料에 입각한 것으로 보인다. 또한 『일본서기』 欽明紀의 백제 성왕 회고담에 "옛날 나의 선조인 速古王, 貴首王 때에 安羅, 加羅, 卓淳의 旱岐들이 처음으로 사신을 보내 서로 통하여, 친교를 두터이 맺어 자제로 삼아 항상 융성하기를 바랐다."는 기사가 나오는데,[8] 같은 사건에 대한 언급으로서 사료적 가치가 상당히 인정된다. 그러므로 이를 기준으로 삼아 「神功紀」의 사료를 수정하여 가야 지역의 상황을 추정해 보고자 한다.

366년에 백제는 처음으로 탁순국에 사신을 보내 왜와의 교역을 모색하였다. 그러자 탁순국은 백제와 왜의 요청을 중간에서 중개하기도 하였고, 백제에게 왜로 통하는 뱃길의 정보를 알려주기도 하고, 왜의 사신 일행을 백제까지 인도해 주기도 하였고, 왜나 백제의 사신이 머무르는 중간 기착지가 되기도 하였다. 여기서 탁순국이란 이름은 창원 지방의 5~6세기의 이름이고, 3~4세기 당시에는 彌烏邪馬國이었다.

백제가 옛 낙랑의 역할을 대신하여 중국 東晉의 선진 문물을 토대로 삼아 가야 지역과 일본열도를 연결하는 상업적 교역로를 개척해 오자, 가야연

---

5) 那珂通世, 1888, 「日本上古代考」, 『文』 1-8・9 ; 1958, 『外交繹史』 제1권.
   末松保和, 1949, 『任那興亡史』, 大八洲出版.
6) 山尾幸久, 1978, 「任那に關する一試論 -史料の檢討を中心に-」, 『古代東アジア史論集』 下卷(末松保和博士古稀記念會編), 吉川弘文館.
7) 井上秀雄, 1973, 『任那日本府と倭』, 東出版, 42쪽.
   請田正幸, 1974, 「六世紀前期の日朝關係 -任那 '日本府'를 中心として-」, 『朝鮮史硏究會論文集』 11, 40쪽.
   延敏洙, 1998, 『고대한일관계사』, 혜안, 47~49쪽.
   神功紀 49년 조 기사의 신빙성 여부에 대한 기존 학설에 대해서는 金泰植, 2000, 「加耶聯盟體의 性格 再論」, 『韓國古代史論叢』 10, 駕洛國史蹟開發硏究院, 176쪽의 〈표 1〉 참조.
8) 『日本書紀』 권19, 欽明天皇 2년 4월 조.

Ⅰ부 가야와 고구려 … 1. 광개토왕 대의 고구려와 가야 13

맹 제국 중에 창원의 미오야마국이 이에 부응하여 중개 역할을 담당한 것이다. 이 당시에 백제는 미오야마의 국명을 음이 비슷한 '任那'라는 두 글자를 차용해 쓴 듯하며, '임나'는 이를 계기로 한반도 남부에서 백제와 왜에게 가장 친근한 지역으로 인식되었다.

그 다음 해인 367년에 백제가 왜에게 조공 사신을 보냈다는 기록이 이어지는데, 『삼국사기』에는 백제가 366년에 신라에 사신을 보내 예방하고, 368년에는 백제가 신라에게 좋은 말 2필을 바쳤다는 기사가 나온다.[9] 즉, 백제는 한편으로는 임나를 거쳐 왜와 연결하는 교역로를 개척하고, 한편으로는 신라와의 친선 관계를 도모하였던 것이다. 백제의 이러한 남방 안정책은 369년부터 이어지는 고구려와의 전투를 위한 것이 아니었을까 한다. 즉, 『삼국사기』 백제본기에 의하면, 백제는 369년부터 377년까지 옛 대방 지역이었던 황해도 방면에서 고구려군과 치열한 전쟁을 벌여 상당 부분을 영유하게 되었으며, 그 중 371년에는 평양성까지 진격하여 고구려 고국원왕을 전사시키기까지 하였다.[10]

그런데 여기서 주목되는 것은 신라를 쳐서 얻었다는 7국의 위치이다. 比自㶱은 창녕, 南加羅는 김해, 㖨國은 밀양·영산, 安羅는 함안, 多羅는 합천, 卓淳은 창원, 加羅는 고령으로서, 크게 보아서는 모두 낙동강 유역에 위치하고 있고, 浦上八國에 속했던 서부 경남 지역은 거의 빠져 있다. 왜군이 백제 장군과 함께 신라를 쳐서 이 7국을 정벌했다는 것은, 4세기 전반의 포상팔국 전쟁 이후 신라 문물을 중개하던 낙동강 연변의 가야 지역을 백제 문

---

9) 『三國史記』 권24, 百濟本紀 近肖古王 21년·23년 조.

10) 『三國史記』 권24·25 百濟本紀를 통해 볼 때, 근초고왕 24년(369)에 고구려 고국원왕이 2만군으로 雉壤(황해도 연백군 은천면)에 내려오자 백제는 이를 격파하였으며, 同 26년(371)에 浿河(예성강) 강변에서 백제가 고구려군을 급습하고, 더 나아가 정병 3만으로 平壤城까지 공격하여 고국원왕을 사망케 하고 돌아왔는데, 同 30년(375)에는 고구려가 水谷城(황해도 신계군 다율면 삼미리)을 공격하여 함락시켰다. 근구수왕 2년(376)에 고구려가 백제 북변을 침공하였고, 同 3년(377) 10월에 백제가 3만군으로 평양성을 침공하였으며, 11월에는 고구려가 침략해 왔다.

물의 중개 지역으로 포섭했다는 뜻을 나타내는 것이 아닐까 한다. 또한 왜가 탁순국, 즉 임나 등을 차지하였다거나, 古奚津(강진)과 多沙城(하동) 등을 백제에게 주었다는 것은, 실지로 영토의 거래가 있었다는 것이 아니라, 상호간의 중계 기지로 이용될 수 있는 곳을 지정한 것에 지나지 않는다. 백제가 가야로 이어지는 교역망을 완성시키고, 평양성을 공격하여 고구려를 일차 패배시킨 직후인 372년에, 백제가 왜국에 사신을 보내 七支刀 등을 주었다고 하는데, 이는 마치 백제가 한 단계의 성공을 대외적으로 과시하는 듯한 느낌이 든다. 그러나 일본 텐리시[天理市] 이소노카미 신궁[石上神宮]에 현존하는 칠지도가 4세기 후반 당시의 것인지는 확언할 수 없으며, 실제로는 5세기 후반 내지 6세기 전반의 것일 가능성이 높다.[11] 즉, 칠지도의 존재가 「신공기」의 사료적 가치를 보증해 줄 수는 없다.

그러므로 신공기 49년 조의 기사는 백제나 왜가 군사 정벌을 단행하여 경남과 전남 지역을 정복한 것을 지적하는 사료로는 인정되지 않는다. 이는 369년에 백제가 우수한 선진 문물을 가지고 왜와의 교역을 모색하면서, 가야 지역의 친신라적인 일부 소국들과 전남의 마한 계통 소국들을 백제 쪽으로 끌어들이는데 성공한 것을 왜국의 시각으로 과장 왜곡한 것이다. 고고학적인 묘제나 유물로 보아서도, 4세기 후반의 낙동강 유역 덧널무덤 문화는 한강 유역 백제의 돌무지무덤 문화와 서로 다른 독립적 문화권이었고, 일본 고훈시대 전기의 주술적인 전방후원분 문화권과도 구별된다.

창원의 미오야마국, 즉 임나가 중개하여 백제와 왜가 연결되자, 김해 가야국을 중심으로 한 가야 동부의 소국들은 어쩔 수 없이 신라를 포기하고 보다 유리한 그 교역 체계 쪽으로 선회하지 않을 수 없었다. 지금까지 발굴된 4세기 후반 가야 지역의 유적·유물 중에 김해 대성동 13호분과 2호분의 것은 상대적으로 그 규모와 수준이 가장 우월한 것이며, 거기서 출토된 바

---

11) 宮崎市定, 1992,『수수께끼의 칠지도 -5세기의 동아시아와 일본-』, 중앙공론사.
    연민수, 1994,「칠지도 명문의 재검토 -연호의 문제와 제작 연대를 중심으로-」,『연보 조선학』제4호.

람개비모양 방패꾸미개[巴形銅器], 방추차모양 석제품[紡錘車形石製品] 등의 유물은 왜와의 일정한 교류를 입증하고 있다. 다만 4세기 일본 고훈시대 초기에 소위 '도래계 문물'의 출처가 김해 지방이었고 왜계 문물의 도착지가 김해 지방이었다는 것으로[12] 보아, 당시 왜와의 무역과 교류의 중심은 백제가 아니라 김해 임나가라였다는 것을 확인할 필요가 있다. 그러므로 가야연맹은 4세기 전반 이래의 분열상을 극복하고 다시 김해 가야국을 중심으로 일원적으로 통합되어, 백제-왜 사이의 중계 기지로서 안정적인 교역 체계를 형성하였던 것이다. 「광개토왕릉비문」이나 『삼국지』 强首傳에 보이는 '任那加羅'라는 명칭은, 김해 가야국을 중심한 전기 가야연맹의 4세기 후반 당시의 이름이었고, 그 기원은 창원 任那國과 김해 加耶國의 合稱에 있었다.[13]

백제 근초고왕은 370년대를 거치면서 대외적 팽창을 이루었고, 그 후로 백제는 황해도 지역에서 고구려와 일진일퇴를 거듭하며 강세를 유지하였다. 한편 371년에 즉위한 고구려 소수림왕은 새로이 前秦과 친교를 맺어 불교를 받아들이고 태학을 설립하고 율령을 반포하는 등 내치에 힘쓰고, 이를 토대로 하여 신라와 연결하였다. 신라의 나물왕은 이 무렵 전진 및 고구려의 문물을 받아들이면서 급속한 성장을 하였고, 가야연맹은 동진 및 백제의 문물을 받아들이면서 성장하였으니, 짧은 시기이지만 신라와 가야의 문화는 이때 이후로 서로 다른 성격을 띠면서 분화되었다.

3. 중장 기마 전사단의 파급

별다른 이유 설명도 없이 일반 사람들은 가야가 군사적으로 매우 약했다는

---

12) 朴天秀, 1994, 「도래계 문물에서 본 가야와 왜에 있어서의 정치적 변동」, 『동아시아 고대사』, 고고학연구회, 동경.
13) 金泰植, 1994, 앞의 논문, 86쪽.

선입견들을 많이 가지고 있다. 이는 물론 식민사관의 잔재가 뿌리 깊게 남아 있는 탓이다. 그러나 정식 발굴품이 아니라 수습품이라는 한계성을 가지고 있기는 해도 (傳)김해 덕산리 출토 기마인물형토기(국보 제275호)는 5세기 무렵의 것으로 추정되며, 철갑으로 중무장한 말과 전사의 모습은 4세기 이래 김해 가야국의 중장 기마 전사를 표현한 것이다. 전형적인 가야 양식의 八字形 고배 굽다리 위에 가야의 중무장한 기마 전사를 올려놓았다. 말의 몸에는 말갑옷[馬甲]을 둘렀고, 말 등에는 전사가 앉아 있다. 전사의 머리에는 투구를 쓰고 목에는 목가리개[頸甲]를 두르고 몸에는 판갑옷을 입고 있으며, 오른 손에는 쇠투겁창[鐵鉾]을, 왼 손에는 방패를 들었다. 말 꼬리 쪽에는 쌍뿔잔[雙角杯]을 세웠는데, 이는 기마 전사의 위엄을 강조하기 위한 장식물을 과장하여 표현한 듯하다. 그러므로 가야 맹주국의 지위는 富와 기술과 무력을 모두 갖춘 데서 나오는 것이지, 단순히 백제와 왜 사이의 교역을 위한 지리적 편의성에서만 나오는 것은 아니었다.

가야에서 토기로 형상화되어 있는 기마 전사가 다른 지역에는 보이지 않는데, 고구려 지역에서는 고분 벽화 속에 그 모습이 남아 있다. 대표적인 것은 안악 3호분(357년), 덕흥리 벽화고분(408년), 및 약수리 벽화고분(4세기 말 내지 5세기 초의 것으로 추정)에 나오는 행렬도이다. 안악 3호분과 덕흥리 벽화고분의 중장 기병은 모두 묘주 행렬도의 가장 바깥쪽에서 일렬로 행진하고 있고 그 안에는 중장 보병이 주인을 호위하고 있는데 비해, 약수리 벽화고분에서는 보병 수가 감소하고 행렬의 대부분이 기병으로 이루어져 있으면서 행렬 바깥쪽의 호위 기병들은 모두 가볍게 무장한 輕裝 기병이고 묘주 뒤쪽으로 밀집대형의 중장 기병대가 배치되어 있다.[14] 그래서 고구려

---

14) 堀田啓一, 1983, 「高句麗壁畵古墳にみる武器と武裝 -特に安岳3號墳と藥水里壁畵古墳を中心に-」, 『展望アジアの考古學 - 橿原考古學研究所論集』, 505~509쪽.
李仁哲, 1995, 「6~7世紀의 武器·武裝과 軍事組織의 編制 -新羅를 中心으로-」, 『韓國古代史論叢』 7, 駕洛國史蹟開發研究院, 13~14쪽.
李蘭暎·金斗喆, 1999, 『韓國의 馬具』, 한국마사회박물관, 226~229쪽.

의 중장 기병이 호위병적인 성격에서 독립된 기마 전사단으로 변화한 것은 거의 5세기 초에 일어난 일이라고 한다.[15)]

그렇다면 가야는 이러한 중장 기병을 언제 받아들였으며 어떤 방식으로 응용하고 있었을까? 선비를 비롯한 중국 북방의 기마민족들의 4세기에 비롯된 중장 기병 무장을 보면, 말은 말투구[馬冑]와 말갑옷[馬甲]으로 방호하고, 그 위에 탄 기병은 가죽으로 꿰맨 종세장판 혁철 복발형 투구[縱細長板革綴伏鉢形冑]를 쓰고, 목가리개[頸甲]를 두르고, 몸의 아래 위에 미늘갑옷[札甲]을 입고, 방패와 쇠투겁창을 들고 있다. 고구려는 이 무장을 거의 그대로 채용하였으나, 김해, 부산 등의 가야 고분에서는 4세기 대에 복발형 투구는 나오나 미늘갑옷은 조금 나올 뿐이고 못으로 연결한 종장판 정결 판갑옷[縱長板釘結短甲]이 주로 나온다.

이러한 무장 출토 상황에 대하여, 신경철은 이 중에서 복발형 투구와 미늘갑옷은 북방 유목민족의 갑주에 원류를 두고 있으나, 종장판 정결 판갑옷은 영남 지역 특유의 갑옷 형식으로서, 이는 3세기 이전의 木甲 또는 皮甲이 북방으로부터 새로이 유입된 복발형 투구, 미늘갑옷의 자극에 의해 철제로 전환된 것이라고 하여,[16)] 가야의 기마 무장은 3세기 말에 이 지역에 들어온 북방 이주민들의 문화를 토대로 4세기에 이 지역에서 변형된 것으로 보았다. 그리하여 그는 종장판 정결 판갑옷을 포함한 위의 유물들이 가야의 독자적인 기마 무장이라고 하였음에 비하여, 송계현은 부산 복천동 56호분에서 출토된 초기 미늘갑옷이 마구와 함께 나타나지 않았고 복발형 투구가 나온 김해 대성동 10호분, 18호분에서도 마구가 출토되지 않아 이들이 기승용 갑주가 아닐 가능성이 있다고 하였다.[17)] 神谷正弘은 신라와 가야의 전쟁은

---

15) 李蘭暎·金斗喆, 위의 책, 226~229쪽.

16) 申敬澈, 1994, 「加耶 初期馬具에 대하여」, 『釜大史學』 18 ; 2000, 「금관가야의 성립과 연맹의 형성」, 『가야 각국사의 재구성』, 부산대학교 한국민족문화연구소 편, 혜안 ; 2001, 「역사문물전시회 - 정기전시회 - 갑옷」, 『가야역사문화 홈페이지(www.gayasa.net) -예술문화관』.

산성을 둘러싼 공방전이 많고 기병의 대부대가 대결하는 전투는 적다고 보아 말갑옷, 말투구의 실용성에 의문을 표시하였고,[18] 김두철은 중장 기병술이 조직적이며 체계화되어 있지는 않으나 가야에 기병이 존재한다거나 가야의 일부 엘리트 계층이 중장 기마전술을 수용한 것은 인정해야 한다고 보았다.[19]

그렇다면 4세기의 가야에서 본격적인 중장 기병대는 아니라고 해도 어느 정도 중장 기병이 존재하였음을 알 수 있다. 이것은 기마 문화만 교류를 통해 들어온 것일까, 아니면 기마민족이 그 문화를 가지고 대거 이주해 들어온 것일까? 둘 다 아니라면 적어도 여기서 최소한의 기마민족이 이주해 들어온 흔적은 찾을 수 있는 것일까?

현재까지의 발견 사례로 보아 낙동강 하류 지역에서는 청동솥[銅鍑], 굽은 칼[曲刀], 각종 마구 등과 같이 북방 유목민 계열의 유물들이 비교적 많이 나타났다. 그 유물들의 출현 배경을 북방 이주민의 도래로 보는 견해에서는, 김해 대성동 29호분의 유물 출토 상황을 토대로 하여, 3세기 말에 厚葬 습속, II류 덧널무덤의 고의적인 I류 덧널무덤 파괴, 두 귀 항아리[兩耳附圓底短頸壺]로 대표되는 도질토기의 등장, 殉葬의 출현, 최초의 金銅冠 파편 유입, 오르도스형 청동솥의 移入, 장례 후 목곽을 불에 그을리는 행위 등의 북방 문물과 정신문화가 한꺼번에 김해 지방에서 나타나는 것을 지적하였다. 이는 중국 길림성 방면의 부여족이 모용씨에게 패배하여 옥저 지방을 거쳐 동해의 해로를 통하여 낙동강 하류 지역으로 들어온 것을 의미하며, 이 북방 문화는 3세기 말의 1회에 한하여 들어온 것이라고 하였다.[20]

반면에 위의 주장에 대하여 선행 분묘 파괴 현상은 친족 간의 덧널무덤

---

17) 宋桂鉉, 2001, 「4~5세기 동아시아의 갑주」, 『4~5세기 東亞細亞 社會와 加耶』, 제7회 가야사 국제학술회의 발표요지, 김해시, 28쪽.
18) 神谷正弘, 1992, 「日本·韓國出土의 馬冑·馬甲」, 『考古學論集』 4, 220~221쪽.
19) 李蘭暎·金斗喆, 앞의 책, 219~220쪽.
20) 申敬澈, 2000, 앞의 논문, 45~61쪽.

중복 조영 현상에 지나지 않는다거나,[21] 낙동강 유역의 II류 덧널무덤은 I
류 덧널무덤에서 자체 발전한 것이고 도질토기는 가야 지역 와질토기가 자
체 발전한 것이며,[22] 김해에서 발견된 3점의 청동솥을 모두 길림 지역의 것
으로만 보기는 어렵다는[23] 등의 비판이 나오고 있다. 가야의 4세기 분묘 출
토품 중에 기마민족의 전통 무기인 三翼形 또는 三角形의 쇠화살촉이 출토
되지 않으므로 기마민족의 대대적 주민 이동을 상정하기는 어렵다든가,[24]
4세기 철제 갑주의 출현은 騎乘文化의 전래와 함께 나타나는 것이 아니라
사회적 상황 및 무기 체계와 전술의 변화에서 구해야 한다는 견해도 있
다.[25] 이들은 위의 유물 출토 정황을 가야 주민에 의한 기존 문화 자체 발
전, 및 북방 문화 수용에 의한 것으로 보고 있는 것이다.

이렇게 볼 때, 현재의 고고학계에서는 위의 북방계 문물들은 3세기 말에
부여족의 대거 이주에 의하여 비롯되었다는 견해와, 그 모두가 교역 등을
통해 수용한 것일 뿐이고 기마민족 이주의 흔적은 없다는 견해로 양분되어
있음을 알 수 있다. 고고학 자료에 대한 해석이 엇갈리는 경우에, 그와 관련
된 문헌 사료들이 거의 없는 상태에서 어느 것이 사실에 가까운 것인지를
섣불리 단정하기는 어렵다.

다만 부여족 이동설에서 그 이주의 경로가 동해안 해로를 통해 낙동강
하구로 들어왔다는 것은 약간의 의아심이 들게 한다. 왜냐하면 가야 지역이
만주 송화강 유역의 부여와 관계를 맺어온 사실을 기존의 전통 속에서는 확

---

21) 田中良之, 1996,「埋葬人骨による日韓古墳時代の比較」,『4・5세기 한일고고학』, 영남고
    고학회・구주고고학회 제2회 합동심포지엄.
22) 洪潽植, 1998,「금관가야의 성립과 발전」,『加耶文化遺蹟調査 및 整備計劃』, 경상북도・
    가야대학교부설가야문화연구소 ; 1998,「墓制의 비교로 본 加耶와 古代日本」,『加耶史論
    集 I』, 김해시.
23) 辛勇旻, 2000,「辰・弁韓地域의 外來系遺物」,『고고학에서 본 변・진한과 왜』, 영남고고
    학회・구주고고학회.
24) 李蘭暎・金斗喆, 앞의 책, 219쪽.
25) 宋桂鉉, 앞의 주석과 같음.

인하기 어렵기 때문이다. 합리적인 역사 해석을 도모한다면, 특수한 경우에 벌어지는 이주민의 파급도 정상적인 시기에 재화를 따라 사람들이 왕래하는 교역로를 따라 이루어진다고 볼 수 있을 것이다.

역사적 정황이나 문헌 기록으로 볼 때, 중국 방면에서 새외민족이 발호하던 3세기 말 4세기 초 이래, 고구려에 의해 서북한 지역의 낙랑군과 대방군이 멸망하던 313~314년의 시기나, 옛 대방 지역, 즉 황해도 방면의 패권을 두고 고구려와 백제 사이의 전투가 치열하던 4세기 후반의 시기에, 그 지역으로부터 많은 유이민이 발생했을 것이라는 것을 상정할 수 있다. 그 지역의 사람들은 전통적으로 해로를 통해 중국 본토나 낙동강 유역과 교역을 지속해 왔기 때문에, 유이민들은 당연히 그 두 지역으로 분산되었을 것이다.

그런데 위와 같은 사실을 간접적으로 짐작케 하는 문헌 사료들이 있다. 『일본서기』應神紀와 雄略紀를 볼 때, 유쓰미노키미[弓月君]는 백제에서 출발하였는데, 자기 나라 120縣의 인부를 한동안 加羅國에 머물러 두었다가 뒤에 갔다고 하였으므로,[26] 원주지 계통을 백제라고 해도 그들이 가야 지역에 한동안 머물렀다는 것을 인정할 수 있다. 『新撰姓氏錄』에서 우즈마사키미노스쿠네[太秦公宿禰]와 하타노이미키[秦忌寸]는 그들의 선조인 유쓰미노키미[弓月君]가 秦 始皇의 후손이라고 주장하였으므로,[27] 중국 계통임을 자칭하던 이들의 원주지는 백제라기보다 옛 대방 지역으로 추정할 수 있다.

또 하나의 고대 일본의 유력한 유이민 계통 귀족인 『일본서기』應神紀의 아치노오미[阿知使主], 쓰카노오미[都加使主]와 그 黨類 17縣에 대해서 원주

---

26) 『日本書紀』卷10, 應神天皇 14年(283) 是歲 "弓月君自百濟來歸. 因以奏之曰 '臣領己國之人夫百廿縣而歸化. 然因新羅人之拒 皆留加羅國.' 爰遣葛城襲津彦 而召弓月之人夫於加羅."

27) 『新撰姓氏錄』第3帙, 左京諸蕃上 漢 太秦公宿禰 "出自秦始皇三世孫孝武王也. 南功滿王帶仲彦天皇[謚仲哀]八年來朝. 南融通王[一云弓月王] 譽田天皇[謚應神]十四年 來率廿七縣百姓歸化."
위의 책, 山城國諸蕃 漢 秦忌寸 "太秦公宿禰同祖 秦始皇帝之後也. 功智王 弓月王 譽田天皇[謚應神]十四年來朝. 上表更歸國 率百廿七縣伯姓歸化 幷獻金銀玉帛種種寶物等. 天皇嘉之 賜大和朝津間腋上地居之焉."

지 계통의 구체적인 기록이 없지만, 일본의 고문헌들에서 東漢·西漢·新漢氏의 '漢'을 '아야(アヤ)'로 읽는 점 때문에 기존 설에서는 漢氏, 즉 아야씨의 기원을 한반도의 경남 함안으로 보고 있다.[28] 그러나 『續日本紀』소재 사카노우에노 가리타마로[坂上苅田麻呂] 등의 상표문에서 後漢 靈帝의 증손인 阿智王이 帶方에 국읍을 건설하고 백제와 고구려[高麗]의 틈에 끼어 살다가 일본으로 가서 여러 구니[國]의 '아야히토[漢人]'가 된 것이라고 하였으니,[29] 그들은 원래 옛 낙랑 및 대방군에 살던 고조선 유민으로 보인다.[30] 그런데 대방군 지역은 314년에 고구려에 병합되었다가, 369년에 백제에게 점령당하였고, 396년에는 다시 고구려에게 탈환되었으므로, 4세기의 그 지역 주민들을 고구려나 백제인으로 볼 수도 있다.[31] 또한 전란 중에 그 중 일부 사람들이 신라·가야 지역으로 널리 흩어졌을 수도 있다. 草羅城에서 잡혀간 포로들을 구와하라[桑原], 사비[佐糜], 다카미야[高宮], 오시누미[忍海] 4邑의 아야히토[漢人]라고 부르는데[32] 草羅城은 곧 지금의 경남 양산 지방에

---

28) 鮎貝房之進, 1938, 『雜攷』第7輯 上卷, 250~294쪽.
　　三品彰英, 1962, 『日本書紀朝鮮關係記事考證』上卷, 247쪽.
　　上田正昭, 1965, 『歸化人』, 中央公論社, 71쪽.
　　井上秀雄, 1973, 『任那日本府と倭』, 191쪽.
　　加藤謙吉, 1986, 「渡來人」, 『古代史研究の最前線 第1卷 政治·經濟編(上)』, 雄山閣出版, 59~61쪽.
29) 『續日本紀』卷38, 桓武天皇 延曆 4年(785) 6月 "右衛士督從三位下兼下總守坂上大忌寸苅田麻呂等上奏言 臣等本是後漢靈帝之曾孫阿智王之後也. 漢祚遷魏 阿智王因神牛教 出行帶方. 忽得寶帶瑞 其像似宮城. 爰建國邑 育其人庶. 後召父兄告曰 吾聞東國有聖主 何不歸從乎. 若久居此處 恐取覆滅. 卽携母弟迁興德 及七姓民 歸化來朝. 是則譽田天皇治天下之御世也. 於是 阿智王奏請曰 臣舊居在於帶方 人民男女皆有才藝. 近者寓於百濟高麗之間 心懷猶豫未知去就. 伏願天恩 遣使追召之. 乃勅遣臣八腹氏 分頭發遣. 其人民男女 擧落隨使盡來 永爲公民 積年累代 以至于今. 今在諸國漢人 亦是其後也."(밑줄 필자)
30) 金泰植, 1994, 앞의 논문, 40쪽.
31) 위의 都加使主와 동일한 인물로 추정되는 東漢直掬이 「雄略紀」에 나온다고 하여 이들의 이주 시기를 5세기 후반으로 본 견해도 있으나(延敏洙, 2001, 「加耶諸國과 동아시아」, 『한국고대사 속의 가야』, 부산대학교 한국민족문화연구소 편, 혜안, 425쪽), 그 견해에서도 이 씨족의 이주 시기가 그 이전으로 올라갈 가능성을 열어두었다.
32) 『日本書紀』권9, 神功皇后 攝政5年條.

해당한다.

이러한 존재들이 궁극적으로는 일본열도로 건너간 것이라고 하겠으나, 加羅國·阿耶氏·草羅城 등의 이름으로 보아 이들이 한동안 낙동강 유역에 머무르던 것은 인정해도 좋을 듯하다. 『일본서기』繼體紀 3년(509) 봄 2월조에 "任那의 日本縣邑에 있는 백제의 백성으로서, 도망하여 본적[貫]에서 끊어진지 3~4세대 되는 자들을 가려내어 모두 백제에 옮겨 본적에 편입시켰다."는 것으로 보아, 4세기 후반에 남하한 유민 중의 상당수가 6세기 초까지도 낙동강 유역 또는 섬진강 유역에 존재한 것을 알 수 있다. 『삼국사기』에 373년에 백제가 개성 부근의 靑木嶺에 성을 쌓자 禿山城主[33)]가 300명을 거느리고 신라로 달아났으며, 신라는 이들을 받아들여 6부에 나누어 살게 하였다는 것으로 보아, 이는 낙동강 유역뿐만 아니라 신라 지역으로도 일부 영향이 미쳤던 것이다.

게다가 옛 낙랑군과 대방군 지역은 기원적으로는 고조선의 유민들이 살고 있었다고 하나, 오랜 기간 중국 군현의 지배를 받고 있었고 후한 초 이후 그 지역에서 漢化가 급속히 진행되어 당대의 중원 문화를 시차 없이 수용해 왔던 지배층이 광범위하게 존재하고 있었다고 한다.[34)] 그래서 고구려는 4세기 중반부터 5세기 초에 걸쳐 平東將軍·樂浪相 冬壽, 帶方太守 張撫夷, 幽州刺史 鎭 등의 중국 망명객을 그 지역의 대표자로 내세워 그들의 막부 조직을 통해 간접 통치하였다.[35)] 그 중에서도 冬壽와 鎭은 요동 방면의 고

---

33) 백제 禿山城主의 도주 기사는 『삼국사기』 권3 신라본기 나물 이사금 18년 조나 권24 백제본기 근초고왕 28년(373) 조에 나온다. 다만 『삼국사기』 권18 고구려본기에 의하면 광개토왕 18년(408) 7월에 고구려국 동쪽에 禿山等 6城을 쌓고 平壤의 民戶를 그 곳으로 옮겼다고 하였고, 같은 책 권23 백제본기 온조왕 11년 7월에 낙랑을 막기 위해 세웠다는 禿山柵이 나오나, 백제 禿山城과의 동일 여부를 알 수 없고, 그 정확한 위치도 알 수 없다. 다만 그것이 모두 같은 곳이라면, 백제 수도인 漢城(지금의 서울시 송파구)과 고구려의 平壤(지금의 평양시) 사이인 황해도 방면으로 볼 수 있다.
34) 尹龍九, 1989, 「樂浪前期 郡縣支配勢力의 種族系統과 性格」, 『歷史學報』 126, 140쪽.
35) 林起煥, 1995, 「4세기 고구려의 樂浪·帶方地域 경영」, 『歷史學報』 147, 42쪽.

위급 중국인 망명객이므로,[36] 그들은 중장 기마 전사단을 직접 운영하던 인물들이었다.

그러므로 낙랑 및 대방계의 옛 고조선 주민들은 고구려와 백제 사이의 전란을 피해 가야 지역으로 이주해 올 때 중장 기마전술과 관련된 문화를 함께 전했을 것이다. 물론 가야 소국들은 그들이 이주해 들어오기 전부터 전통적인 교역로를 통하여, 낙랑군과 대방군이 멸망되기 전후에도 그 지역으로부터 간헐적으로 기마 무장 문화를 받아들이고 있었을 것이다. 그렇다면 4세기 후반에 이런 문화를 신라에 비해 보다 직접적으로 받아들여 운영한 가야의 전투력은 그 인근에서는 강력한 것이었다고 할 수 있다. 최근 경주나 울산에서도 4세기 마구나 갑주가 출토되고 있지만, 가장 집중적으로 출토되는 곳은 김해 대성동 고분군과 부산 복천동 고분군의 최고 신분 계층 무덤이라는 사실은[37] 이런 상황을 반영한 것이다.

4. 광개토왕 군대의 가야 원정

辛卯年인 서기 391년에 광개토왕이 즉위하자, 백제 중심으로 재편되어가던 한반도 정세는 큰 변화를 일으켰다. 광개토왕은 즉위한 직후에 이미 남쪽으로 백제를 쳐서 10성을 뺏고 關彌城을 함락시키더니, 396년(영락 6)에는 백제의 58성을 빼앗아 한강 이북 지역을 고구려의 영토로 삼고, 백제 도성을 포위 공격하여 백제 아신왕으로부터 영원히 '奴客'이 되겠다는 맹세를 받기까지 하였다. 즉, 4세기 후반부터 지속되던 고구려와 백제의 패권 다툼이 4세기 말에 이르러 고구려의 승리로 결말이 난 것이다.[38]

그 당시에 가야연맹 제국이 어떤 변화를 겪는가에 대한 사료는 「광개토

---

36) 孔錫龜, 1989, 「安岳 3號墳의 墨書銘에 대한 考察」, 『歷史學報』 121 ; 1990, 「德興里壁畵古墳의 主人公과 그 性格」, 『百濟論叢』 21.

37) 李蘭暎 · 金斗喆, 앞의 책, 214쪽.

왕릉비문」이 유일한 것이다.

「비문」에 의하면, 고구려 영락 9년 己亥, 즉 서기 399년에 백제가 왜와 화통하였다는 소식을 듣고 광개토왕은 이를 견제하기 위해 평양성으로 내려갔다고 하였다. 『삼국사기』 백제본기에서, 백제가 397년(아신왕 6)에 왜국과 우호를 맺고 태자 전지를 볼모로 보냈다고 하였고, 그 다음 해에 백제는 고구려를 치는 군대를 내어 漢山北柵까지 갔다가 그대로 돌아왔으며, 그 다음 해인 399년(아신왕 8)에도 고구려를 치려고 병마를 징발했다고 되어 있다. 그러므로 광개토왕은 이러한 사태에 대한 정보를 빨리 입수하고 대처하기 위해 평양성으로 간 것이라 하겠다. 그런데 이때 신라 사신이 와서 왜인이 신라 국경의 성과 못을 파괴한다는 소식을 전하고 공동 작전을 모색하였다.[39]

여기서 신라 국경의 성과 못을 파괴한다는 왜인의 성격은, 『삼국사기』朴堤上傳의 기록으로 보아, 백제인이 왜에 가서 신라와 고구려가 왜를 침략할 것이라는 소문을 퍼뜨렸기 때문에 왜가 보낸 巡邏兵으로서,[40] 그들은 정세를 탐지하기 위해 신라 국경 밖, 즉 가야 지역에 들어와서 주둔하고 있었던 소규모의 군대에 지나지 않았다. 임나가라는 전통적 우호 관계에 따라 왜의 순라병을 받아들여 신라 쪽 변경의 성에 주둔시켰고, 그들에게 신라

---

38) 『삼국사기』의 기록을 보면, 백제 진사왕 8년(392)에는 고구려 광개토왕이 4만군으로 石峴等 10여 성을 함락시켰고 關彌城도 함락시켰다. 아신왕 2년(393)에는 1만군을 보내 關彌城을 쳤으나 이기지 못하였고, 同 3년(394)에는 고구려와 水谷城에서 싸워 패하였으며, 4년(395)에 두 번에 걸쳐 浿水 강변과 靑木嶺까지 침공하였다가 실패하였으며, 同 7년 · 8년(399)에도 두 차례에 걸쳐 고구려 정벌을 도모하였으나 실행하지 못하였다. 또한 「廣開土王陵碑文」에 의하면, 고구려가 永樂 6년(396)에 백제를 쳐서 백제의 58城 700村을 빼앗고 백제왕의 동생과 大臣 10인을 잡아 돌아왔다고 하였다.

39) 廣開土王陵碑文 九年己亥 "百殘違誓 与倭和通. 王巡下平穰. 而新羅遣使白王云 倭人滿其國境 潰破城池 以奴客爲民 歸王請命. 太王恩慈 矜其忠誠 特遣使還 告以密計."

40) 『三國史記』권45, 列傳5 朴堤上 "遂徑入倭國 若叛來者 倭王疑之. 百濟人前入倭 讒言新羅與高句麗謀侵王國 倭遂遣兵 邏戌新羅境外. 會高句麗來侵 幷擒殺倭邏人 倭王乃以百濟人言爲實."

및 고구려의 동향을 정찰케 하는 일을 맡겼을 것이다. 그렇기 때문에 그들은 신라의 영토 안으로 깊숙이 들어가 약탈도 하면서 정찰을 하였던 것이라고 생각된다.

그렇다면 그 倭人 순라병이 신라를 결정적으로 위태롭게 하는 존재는 아니었을 것이다. 신라는 그들의 뒤에 가야의 중장 기마 전사단이 있음을 알고 있기 때문에 이를 두려워하였을 것이다. 고구려가 아무리 신라에 우호적인 국가라고 하더라도 남의 나라 군대를 요청하여 자기 나라 영토 안으로 끌어들인다는 것은 매우 위험한 일이다. 그럼에도 불구하고 신라가 고구려에게 군대를 요청한 것은, 그 당시 신라군과 가야군의 접전에서 중장 기마 전사단을 운영하던 가야가 늘 우세하였고, 그것이 신라의 국가적인 위기의식을 불러일으켰기 때문일 것이다. 게다가 가야와 왜의 대대적인 연합군이 조성될지 모른다는 우려는 신라에게 두려운 일이었다고 추정된다.

「비문」에 나오는 그 다음 해의 기사는 가야사를 해명하기에 매우 중요한 사료이므로, 그대로 직역하여 제시하면 다음과 같다.

(영락) 10년 庚子에 명령을 내려 步騎 5만을 보내, 신라를 구원케 하였다. 男居城부터 新羅城까지 왜가 그 사이에 가득 차 있었다. 官軍이 바야흐로 이르자 왜적이 물러가므로, 뒤를 타고 급히 추격하여 任那加羅 從拔城에 이르렀다. 성이 곧 귀순하여 복종하므로, 羅人(=순라병)을 두어 지키게 하였다. 신라의 □農城을 공략하니 왜구는 위축되어 궤멸되었다. 城夫의 열에 아홉은 모두 죽이거나 강제로 옮기고, 羅人을 두어 지키게 하였다. 군대[師]는 (중략) □□성을 □하고, 羅人을 두어 지키게 하였다. 옛날에는 신라 寐錦이 몸소 와서 복종하여 섬긴 적이 없었는데, □□□廣開土境好太王 때 (이르러), (신라) 寐錦이 (중략) 조공하였다.[41]

---

41) 廣開土王陵碑文 十年庚子 "教遣步騎五萬 往救新羅. 從男居城 至新羅城 倭滿其中. 官軍方至 倭賊退卻 乘背急追 至任那加羅從拔城 城卽歸服 安羅人戍兵. 拔新羅□農城 倭寇萎潰 城夫十九 盡煞抑徙 安羅人戍兵. 師□□□□其□□□□□□□言□□且□□□□□□□□□□□□□□□辭□□□出□□□□□殘□潰□□□城 安羅人戍兵. 昔新羅寐錦 未有身來服事 □□□□廣開土境好太王□□□□寐錦□□僕勾□□□□朝貢."

위 기사의 서두로 보아, 공동 작전을 모색한 다음 해인 400년(영락 10)에, 광개토왕은 보병과 기병을 합친 군대 5만을 신라에 보냈다. 신라성, 즉 신라의 도성과 그 주변의 남거성 사이에 왜가 가득 차 있다가 고구려군을 보고 물러갔는데, 고구려군은 이를 좇아 任那加羅 從拔城으로 갔으며, 왜군은 변변히 저항도 못하고 곧 항복하였다고 한다. 여기서 임나가라 종발성은 곧 김해 가야국 부근의 어떤 성으로 추정된다. 왜군이 경주로부터 멀리 떨어진 김해 방면까지 도망해 왔다는 것은 왜군이 원래부터 임나가라의 지원에 의존하는 세력이었기 때문일 것이다.

종래에는 대개 從拔城을 임나가라에 소속된 성의 이름으로 보았으나,[42] 문장으로 보는 견해도[43] 있다. 후자에서는 "城을 공략함에 따라 성이 귀복하여"로 해석한 것이나, 그 해석은 정밀하지 않다. '從'은 "따른다"는 뜻이 가장 기본적인 것이나, 그 뒤에 '拔'이라는 행위를 나타내는 동사가 나올 수는 없으며 그 자체는 공략한다는 것이 아니라 "함락시키다"는 뜻이기 때문이다. 이를 "성을 함락시키자 성이 귀복하여"라고 해석하면 의미가 중복된다. '從拔城'을 성 이름으로 보는 것도 그 뒤에 바로 '城'이 重出하는 것이 어색하며 종발성에 비정될 만한 지명도 마땅치 않다. 그런데 '從'은 '自'와 같이 "~부터"라는 뜻이 있으므로, '拔'이 "함락시키다"의 뜻이 있다고 해도, '從拔城'이 합쳐지면 "성을 함락시키기 시작해서부터"라는 뜻으로 전환되어 "성을 공략하자마자"라고 해석할 수 있다. 그렇다면 그 뒤에

---

42) 那珂通世, 1893, 「高麗古碑考」, 『史學雜誌』49(4-12), 33쪽.

千寬宇, 1979, 「廣開土王陵碑文 再論」; 1991, 『加耶史硏究』, 一潮閣, 130쪽.

王健群, 1984, 『好太王碑の硏究』, 雄渾社, 198쪽.

武田幸男, 1989, 『高句麗史と東アジア』, 435쪽.

盧泰敦, 1992, 「廣開土王陵碑文」, 『譯註韓國古代金石文』 제1권, 가락국사적개발연구원, 19쪽.

43) 末松保和, 1949, 『任那興亡史』, 大八洲出版, 74쪽.

金哲埈·崔柄憲, 1986, 『史料로 본 韓國文化史 古代篇』, 一志社, 82쪽.

安春培, 1992, 「廣開土大王陵碑文 硏究 I -碑文의 文段과 解釋을 중심으로-」, 『歷史考古學誌』8, 315쪽.

"성이 귀복하여"라는 말이 이어져, 이 문장이 임나가라 성을 함락시키는 정황을 묘사하는 생생한 의미를 지니게 된다.

그러나 이때 임나가라의 수도가 졸지에 함락되어 멸망한 것으로 보이지는 않는다. 왜냐하면 「비문」에서 東夫餘의 수도를 '餘城'이라 하고 신라의 수도를 '新羅城'이라고 표기했다면, 임나가라의 수도도 '任那加羅城'이라고 표기했다고 보아야 하기 때문이다. 혹은 '종발성'이 문장이라고 해도 그 성은 임나가라의 수도가 아닌 인근의 어떤 성이라고 보아야 한다.

김해의 가야국은 낙동강 하류의 서쪽에 있기 때문에, 경주 방면으로부터 육로로 쫓기는 왜군이나 추격하는 고구려군이 급히 넘어가기가 그리 쉽지 않았을 것이다. 그리고 5세기 이후 신라 토기의 확산 추세도 낙동강 하류 유역을 서쪽으로 넘어오지는 못한다. 그런 점은 묘제도 마찬가지이다. 그렇다면 종발성에서 일단 문장이 끊어지는 것으로 보는 종래의 견해가 온당한 해석이며, 종발성은 낙동강 동쪽의 부산이나 양산 일대의 성이 아니었을까 생각된다.

왜군은 고구려의 군대가 오는 것을 보자 이를 먼저 임나가라에 알리기 위해 급히 철군하였고, 임나가라 종발성에서 합쳐진 가야-왜 연합군은, 추격해 온 고구려-신라 연합군이 성을 공략하기 시작하자 곧 귀순하여 항복하였다. 「비문」의 이런 표현은 단순한 문학적 수사가 아니라, 전격적으로 들이닥친 고구려의 압도적인 무력 앞에 놀라 전열을 가다듬을 사이도 없이 곧 항복하였음을 말한다. 결국 「비문」에서 신라를 구원한다든가 왜적이 신라성 주변에 있었다든가 하는 것은 고구려군의 원정을 합리화하기 위한 명분에 지나지 않으며, 실제적인 전투는 任那加羅의 종발성에서 처음 벌어진 것인데, 그 전투는 고구려-신라 연합군의 간단한 승리로 끝났다. 가야의 중장 기마 전사단이 신라에 대해서는 우위를 점할 수 있었다고 해도, 고구려에서 온 중장 기마 전사단을 포함한 대군을 이길 수는 없었던 듯하다.

그 직후에 고구려는 평정한 임나가라 종발성에 羅人, 즉 巡邏兵을 두어 지키게 하였다. 물론 여기서의 '安羅人戍兵'이라는 구절을 함안 안라국의 수비대를 가리키는 명사로 보는 견해도 있으나, 그렇게 되면 문맥이 닿지 않는다. 고구려가 순라병을 둔다는 것은 신라가 예기치 않았던 일이었을 수도 있으나, 이 지역은 고구려에 인접한 곳이 아니었기 때문에 고구려가 이를 독자적으로 유지할 수는 없었을 것이다.[44)]

결국 이러한 조치는 임나가라에 치명적인 타격을 주었다. 그에 이어지는 기사로 보아, 고구려군은 신라 □농성을 비롯한 여러 성을 공략하고 순라병을 두어 지키게 하였다. 그 지역이 어딘지는 알 수 없으나, 가야연맹에 일시적으로 투항했던 신라 변경의 성과 가야연맹 소국들의 성이 포함되었을 것이다. 이런 과정을 거치면서, 김해의 임나가라를 중심한 가야연맹 제국은 한동안 재기하기 어려울 정도로 큰 타격을 입었다. 신라는 이에 보답하기 위해 그 寐錦(=마립간)이 몸소 고구려에 조공을 하였다고 하나, 『삼국사기』 신라본기를 통해서는 확인되지 않는다.

결국 고구려-신라 연합군의 임나가라 정복지에 대한 순라병 설치로 인하여, 4세기 이후 본격화된 경남 지역의 패권 경쟁에서, 고구려의 무력을 앞세운 신라는 결정적으로 가야보다 앞설 수 있게 되었으며, 백제는 가야 지역을 중계 기지로 하는 대왜 교역망을 상실하게 되었다. 이 사건의 여파로 백제의 右翼이면서 김해 가야국을 대표로 하는 전기 가야연맹은 막을 내렸고, 이와 함께 任那加羅라는 말은 실체를 잃어버렸다. 고구려군의 南征은 전기 가야연맹을 해체시키면서 사국시대 한반도의 세력 판도를 고구려 위주로 바꾸어 놓았으며, 그 중에서 가장 큰 희생의 제물은 가야였다.

5. 남정 이후 가야연맹의 재편

5세기에 들어서서 鮮卑族의 拓跋珪가 세웠던 北魏가 북부 중국의 山西·直隸

---

44) 金泰植, 1984, 「廣開土王陵碑文의 任那加羅와 ‘安羅人戌兵’」, 『韓國古代史論叢』 6, 99~100쪽.

의 대부분을 점유하게 되었으나, 동북방의 和龍城(지금의 朝陽)에는 後燕의 세력이 버티고 있었다. 5세기 초에 後燕이 고구려의 영향력에 의한 것으로 보이는 정변에 의하여 慕容氏 정권이 멸망하고 고구려계인 高雲이 왕위에 오르자, 407년에 고구려 광개토왕은 고운에 대해 宗族의 예를 베풀어 외교적 우세를 점하였다.[45]

그러나 409년에 漢族인 馮跋이 후연을 쓰러뜨리고 北燕을 세워 신흥의 북위와 고구려 사이의 완충지대를 형성하면서 한편으로는 고구려의 팽창을 저지하였다.[46] 얼마 후 중국에서는 420년에 남쪽의 東晉이 멸망하고 宋이 성립하여, 강남의 南朝와 화북의 北朝가 병존하는 이른바 '南北朝時代'가 시작되었다. 북조에서는 417년에 後秦이 망하고, 422년에 西涼, 431년에 夏와 西秦, 436년에 北燕이 차례로 망하면서 北魏의 단독 정권이 이루어져서, 한동안 안정적인 세력 균형이 이루어졌다.

이러한 시기를 맞이하여 고구려 장수왕은 427년에 귀족 세력들의 반대에도 불구하고 平壤으로 천도하였다. 이는 대외적으로 한반도에서 강력한 南進政策을 추구하기 위한 것이었으며, 중국 쪽으로는 北朝와는 물론이고 해상을 통하여 南朝와도 적극적인 외교 관계를 맺어 兩面外交를 전개하는 정책으로 연결되었다. 장수왕은 436년에 北燕의 군사 요청을 받아들여 2만의 군사를 이끌고 들어가 北燕王 馮弘 일행을 데리고 고구려로 들어왔으며,[47] 이를 압송하라는 北魏의 요구를 거절하는 등[48] 중국에 대하여 강경한 자세를 견지하였다. 고구려는 이처럼 對중국 관계에 열중하느라고 5세기 전반에는 백제와 이렇다 할 전쟁을 일으킬 수 없었다.

45) 徐榮洙, 1987, 「三國時代 韓中外交의 전개와 성격」, 『古代韓中關係史의 研究』, 韓國史研究會 編, 三知院, 124쪽.
46) 金瑛河, 1987, 「高句麗의 膨脹主義와 中國과의 關係」, 『古代韓中關係史의 研究』, 韓國史研究會 編, 三知院, 187쪽.
47) 『魏書』 卷4上, 世祖紀 太延 2년 3월 신미 조 및 『資治通鑑』 卷123, 宋紀 文帝 元嘉 13년 여름 4월 조.
48) 『魏書』 卷100, 列傳 高句麗條.

5세기 전반기에 백제는 광개토왕 군대에 대한 패전의 충격을 받아 왕위 쟁탈의 혼란이 일고 신라와 제휴를 모색하는 등 어려운 시절을 보내고 있었다. 백제는 이 시기에 중국 남조의 宋[49] 및 일본열도의 倭와 적극적인 교섭을 이루었고,[50] 433년 이후로는 신라와도 화친하면서[51] 남한 지역의 외교적 패권을 유지하였다.

반면에 신라는 고구려의 도움을 받아 신라를 침공하던 왜군을 물리치고 그 배후 기지인 가야 동부를 몰락시킴으로써 낙동강 동쪽 연안의 최대 세력으로 부각되어 차츰 주변 소국에 대한 통제력을 강화시켜 나갔다. 신라는 418년에 눌지왕이 고구려에 볼모로 갔던 卜好를 귀환시키면서[52] 왕위 계승과 관련된 고구려의 간섭에서 벗어나 자립적인 정권의 시초를 닦고 백제와도 외교 관계를 마다하지 않았다.[53] 그러나 아직은 내부적으로 중앙 집권력이 약하였고, 대외적으로도 왜군의 침략이 계속 이어지고 고구려의 영향력을 무시할 수 없었다는 등의 문제점이 있어서 낙동강 넘어 가야 지역에 대해서까지 적극적인 대외 정책을 펼 수는 없었다.

일본열도에서는 413년에 倭王이 東晉에 사신을 보낸 것을[54] 기화로 다시 중국 사서에 일본 관련 기록이 나타나기 시작하였다. 421년에는 왜왕 讚이 宋에 공물을 보냈으며[55] 그 후 5세기 후반까지 왜의 5왕이 남조와의 조공 관계를 유지하였다. 5세기 들어 일본의 가와치[河內] 지역에서 거대 정권이 대두한 것은 한반도에서 유입된 집단들이 통합된 것과 관련이 있으나, 그 통합의 계기나 과정은 분명치 않다. 한반도에서의 이주민들은 여러 가지

---

49) 『三國史記』 권25, 百濟本紀3 腆支王 12년(416), 毗有王 3년(429), 4년(430), 14년(440) 조.

50) 위의 책, 阿莘王 6년(397), 12년(403), 腆支王 원년(405), 5년(409), 14년(418), 비유왕 2년(428) 조.

51) 위의 책, 毗有王 7년(433), 8년(434) 조.

52) 『三國史記』 권3, 新羅本紀3 訥祇麻立干 2년(418) 조.

53) 위의 책, 訥祇麻立干 17년(433), 18년(434) 조.

54) 『晉書』 권10, 帝紀 10 安帝 義熙 9년(413) 是歲條.

55) 『宋書』 권97, 倭國傳.

선진 문물을 보유하고 있었으며, 일본의 초기 스에키와 관계 깊은 陶質土器
들이 경남 김해, 부산, 합천, 의령, 함안 등지에서 출토되므로,[56] 그들의 원
주지를 낙동강 유역으로 추정할 수 있다.

가야 지역은 4세기 후반 이후 백제와의 교역이 이루어지면서 다시 통합
하여 발전하다가, 고구려-신라 연합군의 임나가라 정벌 이후 큰 타격을 입
고 약화되었으나, 전쟁의 영향이 직접적으로 미치지 않은 가야 지역 내의
다른 지역들은 오히려 전쟁의 직접적인 화를 입지 않고 기왕의 세력 기반을
착실히 성장시켜갈 수 있었다.

우선 성주, 창녕, 부산 지방은 4세기경까지는 가야연맹에 속해 있다가 4
세기 말 5세기 초의 시기에 신라에게 자발적으로 투항하였다고 보인다. 이
지방의 세력들은 5세기 내내 크게 발전하여 고분 규모가 커지고 그 안에서
유물이 풍부하게 나타난다. 다만 冠帽, 장신구, 뚜껑굽다리접시[有蓋高杯]
등의 유물은 경주에서 직접 받거나 또는 경주 지방의 것을 그대로 모방한
것으로 보인다. 이러한 유물들이 출토된 지방은 아직 그 지역 지배층의 통
치 기반이 해체 당하지는 않았다고 하더라도 이미 경주 세력에 의하여 일정
한 규제를 받고 있었다고 볼 수 있다. 그 당시에 신라는 5세기 대에 이른바
'洛東江 東岸樣式' 文化圈에[57] 속하는 성주, 대구, 창녕, 양산, 부산 등의
소국들에게 문물을 지원하고 對內的 통치권을 보장하여, 가야 제국의 팽창
을 저지하고 견제하는 역할을 담당케 하였던 듯하다.

낙동강 서쪽의 나머지 가야 지역은 멸망하지 않고 지속적으로 존속하고
있었으나, 그들이 국제 관계 속에서 어떤 위치에 있었는지는 문헌상으로 확
인되지 않는다. 고고학적인 유적 상황을 토대로 5세기 이후 가야 지역 내부

---

56) 崔鍾圭, 1990, 「美術上으로 본 韓日關係 -陶質土器와 須惠器-」, 『古代韓日文化交流研究』,
韓國精神文化研究院, 164~171쪽.
酒井淸治, 2001, 「倭における初期須惠器の系譜と渡來人」, 『4~5世紀 東亞細亞 社會와 加
耶』, 제7회 加耶史 국제학술회의 발표요지, 김해시, 99~101쪽.
57) 金元龍, 1960, 『新羅土器의 研究』(國立博物館叢書 甲 第四), 乙酉文化社.

의 정세를 정리해 보면, 다음과 같다.

후기 가야 문화권은 고령권, 함안-고성-진주권, 김해권의 3개 권역으로 나뉘고, 각 권역은 상호간에 서로 다른 특징과 발전과정을 보이지만, 이들이 4세기 이전의 영남 지역 진변한 공통 문화기반을 계승하고 있는 후예들이라는 점은 같아서, 그 공통 기반에서 이탈해 나간 신라 문화권이나 원래부터 다른 백제 문화권과는 크게 구별된다.

패총 및 대형 덧널무덤 등이 다량 출토되던 김해를 중심으로 한 낙동강 하구 유역의 해안지대에서는 5세기에 들어오면서 갑자기 고분 유적의 수효가 줄어들고 규모도 소형 돌덧널무덤 정도로 위축되었다. 그와 동시에 김해예안리 고분군이나 창원 도계동 고분군과 같은 곳에서는 투창이 2단 교열로 뚫린 뚜껑굽다리접시[二段交列透窓有蓋高杯]나 굽다리목항아리[臺附長頸壺]와 같은 신라 계통 토기 유물이 나타났다. 이러한 현상은 그 지역에서 번성하였던 전기 가야연맹의 소멸을 직접적으로 반영한다. 그러나 김해 예안리 36호분에서 신라 지역과는 달리 투창이 2단 직렬로 뚫린 뚜껑굽다리접시[二段直列透窓有蓋高杯]가 다량 출토되는 것으로 보아,[58] 대국적으로는 가야 문화권과 교류를 끊지 않고 그와 동조하고 있음을 확인할 수 있다. 이 지역은 고구려 광개토왕의 군대가 공략하고 그 순라병이 배치되었던 주요 지역이 아니기 때문에 고구려 계통의 유물은 발견되지 않았다.

반면에 경남 서부의 함안 및 그 서쪽 지역에서는 신라 유물의 영향이 거의 보이지 않는 상태에서 별다른 동요 없이 기존의 문화 내용을 점진적으로 팽창시켜 나갔다. 이들은 전기의 경쟁 세력이었던 김해 세력의 약화에 힘입어 가까운 인근 지역에 대한 지배력을 확충시켜 나갔던 것이다.[59] 이는 '安羅人戍兵'이라는 것이 함안의 안라국과 연관이 없는 것이었음을 확인케 한다. 다만 함안을 비롯한 가야 중서부 지역은 크게 뻗어나가지 못하고 대외적으로 고립된 상태에서 인접한 지역에만 제한적인 영향을 미칠 뿐이었고,

---

58) 釜山大學校博物館, 1985, 『金海 禮安里 古墳群 I』.

고성-진주 등의 가야 서남부 지역은 발전의 주체를 찾을 수 없는 특이한 존재 양상을 보이고 있다. 이는 연맹 전체의 발전을 선도할 수 있는 강대한 힘과 경제력을 갖춘 존재가 이 지역에서는 배출될 수 없는 일정한 한계성이 있었다는 것을 반영한다.

한편 전기 가야 시대에 후진 지역이었던 고령, 합천 등의 경상 내륙 산간 지방은 4세기까지는 이렇다 할 유적을 보이지 못하다가 5세기 전반 이후 새삼스럽게 발전하기 시작하였다. 묘제나 유물의 성격 면에서 그들은 4세기 이전 김해, 부산 등 낙동강 하류 유역의 것과 현저한 유사성을 보였고, 신라 문화권의 고분들과는 구별되었다. 그러므로 이 지역 발전의 중요한 계기는 전기 가야의 토기 제작과 철 생산 등의 선진 문물이 이주민의 직접적 이주를 동반하여 파급된 것에 있다고 하겠다. 고령 대가야 초기와 합천 옥전 II기의 토기 문화는 김해, 부산, 창원 등 경남 해안지대 4세기 말의 토기 문화를 가장 잘 계승하고 있다는 점에서 이를 확인할 수 있다.[60] 다만 이 지역 문화권의 성장은 5세기 전반에는 두드러지지 못하다가 5세기 중엽 이후에 들어 본격화되는 면모를 보인다. 즉, 후기 가야연맹이 준비되고 있었던 것이다.

---

59) 朴升圭, 1993, 「慶南 西南部地域 陶質土器에 대한 硏究 -晉州式土器와 관련하여-」, 『慶尙史學』 9, 경상대학교, 27쪽.

安在晧, 1997, 「鐵鎌의 變化와 劃期」, 『伽耶考古學論叢』 2, 서울 : 駕洛國史蹟開發硏究院, 79~88쪽.

朴天秀, 1999, 「器臺를 통하여 본 加耶勢力의 동향」, 『가야의 그릇받침』, 국립김해박물관, 98쪽.

60) 金泰植, 1986, 「後期加耶諸國의 성장기반 고찰」, 『釜山史學』 11, 부산사학회.

趙榮濟, 2000, 「多羅國의 成立에 대한 硏究」, 『가야 각국사의 재구성』, 부산대학교 한국민족문화연구소 편, 혜안.

6. 맺음말

지금까지 매우 부족한 사료들을 토대로 이리저리 유추하여 광개토왕 대를 전후한 시기에 고구려와 가야의 관계가 어떠하였는가를 살펴보았다. 고구려와 가야는 각기 한반도의 북단과 남단에 있고 그 사이에는 백제와 신라가 있으므로, 그 관계를 설명함에 있어서 많은 변수가 포함되어 복잡하게 정리되었던 듯하다. 이제 이를 간단히 요약하고 그것이 가야사에서 가지는 의의를 언급해 보고자 한다.

고구려의 동향은 간접적으로 때로는 직접적으로 가야사에 큰 영향을 미쳤다. 고구려가 313~314년에 낙랑군과 대방군을 멸망시킨 이후, 가야사도 고구려의 역사와 연동하게 되었던 것이다. 고구려의 낙랑·대방 멸망은 가야에 내분을 불러 동서 분열을 야기했고, 고구려가 그 故地를 요동 방면의 망명객으로 하여금 간접 경영케 한 것은 결국 가야 지역에 주민 이동과 수반하여 중장 기마 전사단 문화가 파급되는 계기를 이루었다. 그 시기까지는 가야가 전력 면에서 신라에 비해 우세한 위치에 있었던 듯하다.

그러나 고구려가 加耶史에 가장 큰 영향을 미친 것은 결국 400년에 신라의 요청으로 광개토왕이 보낸 군대가 가야연맹 동부의 종발성 등을 함락시킨 여파로 任那加羅가 크게 약화된 데 있다. 이는 가야사의 전개에 있어서 매우 부정적인 영향을 미쳤다. 이 사건은 가야사가 金海의 加耶國을 중심으로 한 前期 加耶聯盟과 高靈 大加耶國을 중심으로 한 後期 加耶聯盟으로 나뉘는 분수령을 이룬 것이다.

그 후 5세기에 걸쳐 신라는 중단 없이 지속적으로 발전하면서 중앙 집권적인 정치 체계를 마련해왔던데 비하여, 가야는 발전의 주체와 중심지가 바뀌고 그에 따른 문화적 격차를 다시 극복하는 과정에서 많은 시간이 소요되었다. 그래서 가야는 5세기 중엽에 와서야 다시 가야 전역에 걸치는 연맹 체제를 복구하였지만, 이미 신라와는 중앙 집권화의 정도에 상당한 차이가 나게 되었다. 중앙 집권화를 이루지 못한 세력은 내부 의견을 조율하는데 많은 과정을 필요로 하기 때문에, 전체의 운명이 걸린 限界狀況에서도 효율적인 대처를 못하여 위태롭게 되는 경우가 많다. 마지막 시기의 가야연맹도 그러하였던 것이다.

즉, 가야는 광개토왕 군대의 南征으로 인한 충격으로 맹주국이 몰락하고 연맹이 해체되는 등 發展途上에 지체 현상이 일어났다. 그 결과 가야의 중앙 집권화 속도가 신라에 비해 약간 뒤쳐져서 끝까지 연맹 체제를 이루고 있었기 때문에, 한발 앞서 고대국가 체제를 완성한 신라에게 562년에 멸망되고 말았다. 그러므로 광개토왕 군대의 남정은 궁극적으로 보아 가야가 멸망한 근본 원인이었다고 할 수 있다.

* 이 글의 원전 : 金泰植, 2002, 「廣開土大王代 高句麗와 加耶의 關係」, 『고구려연구회 학술총서』, 제3집, 서울 : 고구려연구회, 77~95쪽.

가야와 고구려

2. 5~6세기 고구려와 가야의 관계

1. 머리말

고구려는 가야와 멀리 떨어진 나라이다. 그러나 그들은 크게는 동북아시아에 속하고 작게는 같은 한반도 내에 자리 잡고 있었기 때문에 고구려의 동향은 간접적으로 때로는 직접적으로 가야사에 큰 영향을 끼쳤다. 특히 고구려가 313년과 314년에 걸쳐 낙랑군과 대방군을 멸망시킨 이후에는, 가야사도 고구려의 역사와 연동하며 움직였다.

그리하여 4세기 후반에 고구려와 백제 사이에 한반도를 둘러싼 패권 다툼이 시작되어 신라는 고구려와 연결되고 가야는 백제와 연결된 이후, 가야는 고구려에 대한 간접적인 적국이 되었다. 그 결과 신라의 요청으로 400년에 고구려 광개토왕이 보낸 군대가 가야연맹의 국읍인 任那加羅 인근의 從拔城을 함락시킨 사건이, 김해의 가야국을 중심으로 한 전기 가야연맹과 고령의 대가야국을 중심으로 한 후기 가야연맹으로 나뉘는 가야사의 가장 큰 분수령으로 기능하였다.[1]

그러나 그 후에 고구려와 가야의 관계가 어떻게 진행되었는지를 다룬 논문은 눈에 띄지 않는다. 이에 대해서는 『광개토왕릉비문』과 같은 일급 사료

도 없고, 기타 고고학적인 유물 자료 또는 문헌 사료가 충분치 않은 점 때문
이라고 생각된다. 그렇다고 해도 두 세력의 관계가 전혀 없지는 않았을 것이
고, 자료들을 모아보면 여러 가지로 고려할 부분도 상당히 있다고 생각된다.
그래서 본고에서는 5~6세기의 고구려와 가야의 관계를 검토하되, 문헌 사료
가 집중되어 있는 5세기 후반과 6세기 중엽의 관계에 중점을 두고자 한다.

본격적인 문헌 사료 분석에 들어가기에 앞서 5~6세기의 가야 지역에서
출토된 고구려 계통 유물로 거론된 것들을 정리하면, (1) 부산 복천동 21·
22호분 출토 도끼날 쇠화살촉과 마구, (2) 합천 옥전 23호분 출토 갑주, 말투
구, 말갑옷, 마구, 화살통, 옥전 M2호분의 굴레연결부에 재갈쇠 멈춤띠가 부
착된 판모양 재갈멈추개를 가진 재갈[入聞銜留鏡板轡], (3) 창녕 교동 11호
분 출토의 상감 명문 고리자루큰칼, 청동 자루솥, 교동 7호분 출토 보주형
꼭지 청동합, 청동 뿔잔, 삼엽형 고리자루큰칼, 십자형 판모양 재갈멈추개
를 가진 재갈[十字形鏡板轡], (出字形金銅冠), (4) 의령 출토 延嘉七年銘 金
銅佛(539년 樂浪東寺 제작), (5) 고령 고아동 고분의 뚫린 용무늬 안장가리
개[龍文透彫鞍橋] 등이 있다.[2]

(1)(2)(3)의 부산 복천동, 합천 옥전, 창녕 교동 고분군에서 출토된 유물
들은 5세기 초부터 말까지 경주를 비롯한 신라 문화권 속에서 나오는 고구
려 계통 문물이므로, 그 당시에 부산, 합천 동부, 창녕 등지가 대체로 신라
문화권에 속해 있었음을 확인시켜주는 것이다. 그 중에 낙동강 서쪽에 있었
던 합천 동부의 옥전 고분군 축조 세력은 5세기 후반의 M3호분 당시부터 다
시 대가야 계통 문화권으로 편입되나, 부산과 창녕 지방은 그대로 신라 문
화권에 머무르다 독립적 정치 세력으로서의 수명을 다하고 만다.

(4)의 의령 출토 연가7년명 금동불에 대해서는 후대의 우연적 출토 유물

1) 金泰植, 2002, 「廣開土大王代 高句麗와 加耶의 關係」, 『고구려연구회 학술총서』 제3집, 서
   울 : 고구려연구회, 77~95쪽.
2) 이영식, 2005, 「가야제국과 고구려의 교류사 -문물교류를 중심으로-」, 『고구려와 동아시아
   -문물교류를 중심으로-』, 고려대학교박물관, 고려사학회 주최 국제학술심포지움 발표요지.

로 보는 견해[3]와 가야시대에 고구려에서 전래되어 사찰에 봉안되어 있던 것으로 보는 견해,[4] 540년대의 고구려와 함안·의령 세력, 즉 안라국과의 직접적 교류를 반영한다고 보는 견해[5]가 있다. 그 유물은 고분 출토 유물로 볼 수 없는 정황이 있기 때문에, 아직 그 성격을 확정하기 어렵다.

(5)의 고령 고아동 고분에서 나온 안장가리개는 고구려 계통의 것이라는 견해가 있으나,[6] 고아동 고분의 축조 방식을 포함한 유물의 전반적인 상황이 6세기 중엽 백제 계통의 것이므로 백제를 통하여 대가야로 들어온 유물이거나, 혹은 대가야 왕실이 520년대에 신라와 결혼 동맹을 통해서 일시적으로 우호적이었던 시기에 들어온 신라 계통 유물이라고 보아야 할 것이다.

그러므로 유물 상황을 통해서 볼 때, 5~6세기의 고구려와 가야가 직접적인 관계를 맺었다고 볼만한 정황은 확인되지 않는다. 5세기의 가야 지역에서 나온다는 일부 고구려 유물들도 김해의 가야국(금관가야)이나 고령의 대가야국과 같은 가야연맹 중심 세력이 아니라, 낙동강 동쪽이나 그에 인접한 일부 가야 소국들이 고구려 문물을 앞세운 신라의 정치 문화권 아래 놓여 있었음을 보여줄 뿐이다. 그리고 6세기에는 고구려 계통이라고 주장되는 유물들이 극소수 있기는 하나, 출토 상황이나 유물 상태가 좋지 않아 여러 가지 추론이 있고, 또 그 몇 점의 증거만으로는 당시에 가야가 고구려와 친밀하게 교류했는지 여부를 추론하기 어렵다.

2. 5세기 후반 고구려와 가야의 관계

고구려는 406년에 후연과의 전쟁이 있은 이후 5세기 내내 북중국 방면의 국

---

3) 朴敬源, 1964, 「延嘉七年銘 金銅如來像의 出土地」, 『考古美術』 5-6·7.
4) 文明大, 1993, 「伽倻美術史研究의 課題」, 『先史와 古代』 4.
5) 李永植, 2005, 앞의 발표요지, 94~96쪽.
6) 李相律, 1999, 「加耶의 馬具」, 『加耶의 對外交涉』, 김해시.

가와는 한 차례의 전쟁도 없었고, 462년 이후로는 거의 매년 북위에 사신을 파견하여 조공과 책봉을 근간으로 한 교섭 관계를 지속하였다. 고구려가 중국 방면으로 이처럼 안정된 관계를 지속한 것은 남부와 서북부 방면으로의 팽창을 위한 것이었고,[7] 그 중에서도 숙적 백제를 징벌하기 위한 목적이 큰 비중을 차지하였다. 이는 고구려가 427년에 평양 천도를 단행한 이후 남한 방면으로 지속적인 남진 정책을 추구한 것을 통해 알 수 있다.

이러한 고구려에 대하여, 백제는 송 및 북위와 연결하기도 하고 433년에는 신라와 교류하며 그에 대한 방어를 도모하였다. 5세기 전반 내내 고구려의 영향력 아래 놓여 있었던 신라는 5세기 중엽 이후 그에 대한 독자적 자세를 추구하고 나아가 고구려의 공격에 대하여 백제와의 군사 동맹으로 저항하였다. 이는 『삼국사기』에서 450년에 신라 하슬라성 성주가 고구려의 장수를 죽였고,[8] 이에 대해 고구려는 450년, 454년, 468년, 481년에 걸쳐 신라를 공격하고,[9] 455년과 475년에는 백제를 침공하였으며 이 당시 신라는 백제에 구원병을 파견하였다[10]고 한 기사를 통해 확인할 수 있다. 그 중에서 고구려의 475년 백제 공격에 의해 백제 수도 위례성이 함락되고 개로왕이 전사한 것[11]은 한반도 정세의 판도를 뒤흔드는 큰 사건이었다.

가야 지역에서는 5세기 중엽에 고령의 대가야국을 중심으로 재통합이 이루어지면서 후기 가야연맹이 형성되었다. 479년에 대가야국의 嘉悉王으로 추정되는 '加羅王 荷知'가 중국 南齊에 사신을 보내 조공하고 輔國將軍

---

7) 노태돈, 1999, 『고구려사 연구』, 사계절, 310쪽.

8) 『三國史記』 권3, 新羅本紀3 訥祇麻立干 34년(450) "秋七月 高句麗邊將 獵於悉直之原. 何瑟羅城主三直 出兵掩殺之. 麗王聞之怒 使來告曰 孤與大王 修好至歡也. 今出兵殺我邊將 是何義耶. 乃興師侵我西邊. 王卑辭謝之 乃歸."

9) 『三國史記』 권18, 高句麗本紀6 長壽王 38년(450), 42년(454), 56년(468) 조. 권3 新羅本紀3 炤知麻立干 3년(481) 조.

10) 『三國史記』 권3, 新羅本紀3 訥祇麻立干 39년(455), 慈悲麻立干 17년(474) 조. 다만 신라본기의 자비 마립간 17년 조 기사는 고구려본기 및 백제본기와 비교해 보았을 때 기년이 1년 틀린 것이다.

11) 『三國史記』 권25, 百濟本紀3 蓋鹵王 21년(475) 조.

本國王의 작호를 받은 것[12]은 그 결과를 나타내고 있다.[13] 그런데 기묘하게도 『일본서기』에 신라 땅에서 고구려군과 임나왕이 보낸 군대가 대적한다는 기사가 있다. 이 기사를 인용하면 다음과 같다.

〈A〉 雄略 8년(464) 봄 2월에 무사노스구리 아오[身狹村主靑]와 히노쿠마노타미노쓰카히 하카토코[檜隈民使博德]를 吳國에 사신 보냈다.

〈B〉 천황이 왕위에 오른 뒤로부터 이 해에 이르기까지 신라국이 배반하고 속여서 예물이 들어오지 않은 지가 올해로 8년이 되었다. 그리하여 (신라는) 중국(中國 : 일본의 지칭)의 마음을 크게 두려워하여 고구려[高麗]와 친분을 두텁게 하였다.

〈C〉 이로 인하여 고구려왕은 정예군사 100인을 보내어 신라를 지켰다. 얼마 후에 고구려 군사 한 사람이 휴가를 얻어 귀국하였다. 이 때 신라인을 경마잡이[典馬]〈典馬, 이를 "우마카히[于麻柯比]"라고 이른다.〉로 삼았는데, (그 군사가) 그에게 돌아보며 말하기를,

"너희 나라가 우리나라에게 깨뜨려지는 것이 멀지 않았다.〈다른 기록에는 "너희 나라가 우리 땅이 되는 것이 멀지 않았다."고 하였다.〉

라고 하였다.

그 경마잡이가 이를 듣고 거짓으로 배가 아프다고 하면서 물러나 뒤에 처졌다가 마침내 자기 나라로 도망쳐 들어와서 그가 들은 바를 이야기하였다. 이에 신라왕은 고구려가 거짓으로 지키고 있다는 것을 알고, 사자를 보내 말 타고 달리면서 나라 사람들에게 고하여,

"사람들은 집안에서 기르고 있는 닭의 수컷을 죽이시오."

라고 말하였다.

나라 사람들은 그 뜻을 알고, 나라 안에 있는 고구려인을 모두 죽였다. 다만 빠트린 고구려인 한 사람이 틈을 타서 빠져나와 자기 나라로 도망쳐 들어가서 그 사실을 모두 다 말하였다.

고구려왕은 즉시 군병을 일으켜 筑足流城〈다른 기록에는 都久斯岐城이라고

---

12) 『南齊書』 권58 列傳39 東南夷傳 東夷 加羅國條.
13) 金泰植, 1985, 「5세기 후반 大加耶의 발전에 대한 硏究」, 『한국사론』 13, 서울대 국사학과 ; 1993, 『加耶聯盟史』, 서울 : 일조각 ; 2002, 『미완의 문명 7백년 가야사 1권』, 푸른역사, 180쪽.

하였다.)에 모여 진을 치고 노래하고 춤추며 음악소리를 냈다.

〈D〉(ㄱ)이에 신라왕은 밤에 고구려군이 사방에서 노래하고 춤추는 소리를 듣고 적이 신라 땅에 다 들어와 있음을 알았다. 그래서 임나왕에게 사람을 보내어 말하였다.

"고구려왕이 우리나라를 정벌하고 있습니다. (ㄴ)지금의 시기는 마치 관에 늘 어뜨린 구슬이나 깃발에 덧붙인 긴 오리천과 같습니다. 나라의 위태로움이 계란 포갠 것보다 더하고, 목숨의 길고 짧음을 도무지 헤아릴 수 없습니다. 엎드려 야마토노 미코토모치[日本府]의 行軍元帥 등에게 구원을 청합니다."

그리하여 임나왕은 가시하데노오미 이카루가[膳臣斑鳩]〈斑鳩, 이를 이카루가 [伊柯屢俄]라고 이른다.〉, 기비노오미 오나시[吉備臣小梨], 나니하노키시 아카메코[難波吉士赤目子]에게 권하여, 신라에 가서 구원하게 하였다. (ㄷ)가시하데노오미 등이 아직 도달하지 않고 군영에 머물러 있었는데, 고구려의 여러 장수들은 가시하데노오미 등과 서로 싸워보지도 않고 벌써 모두 겁에 질렸다. 가시하데노오미 등은 이에 저절로 힘을 내어 군사를 위로하고 軍中에 명령을 내려 재촉하여 공격 도구를 만들어 급히 나아가 공격하였다. 고구려와 서로 지키기에 10여 일이 지났다. 그 후 밤에 험준한 곳을 뚫어 땅굴을 만들어서 군수품을 모두 통과시키고 기습군대를 매복시켰다. 날이 밝자 고구려는 가시하데노오미 등이 달아났다고 말하면서 군사를 모두 내어 추격해 왔다. 이에 기습군대를 풀어 보병과 기병이 협공하여 크게 격파하였다. 두 나라의 원한은 이로부터 시작되었다. 〈두 나라라고 말하는 것은 고구려와 신라이다.〉

〈E〉가시하데노오미 등이 신라에게 말하였다.

"당신네는 지극히 약한 것을 가지고 지극히 강한 것에 맞섰소. 만약 관군이 구원해 주지 않았으면 필경 눌리는 바가 되었을 것이오. 이번 전쟁에서 하마터면 남의 땅으로 되었을 것이오. 이제부터는 결코 하늘같은 조정을 배반하지 마시오."[14]

위 기사의 개략적인 줄거리는, 신라에 고구려군 100인이 주둔하고 있었는데, 신라가 이들을 모두 죽이자 고구려가 신라를 공격했고, 신라가 이를 임나왕에게 호소하니 임나왕이 야마토노 미코토모치[日本府]의 行軍元帥 등을 보내 구원하였다는 내용이다.

전체 기사는 〈A〉왜국 사신의 오국 파견 기사, 〈B〉신라의 배반 원인 해

설, 〈C〉 신라 주둔 고구려군 살해 및 고구려군의 신라 침공 기사, 〈D〉 신라의 임나에 대한 구원 요청 및 왜군의 고구려군 격파 기사, 〈E〉 신라의 배반에 대한 경고 기사 등으로 나뉘어져 있다. 〈A〉는 雄略紀의 별도 편년 기사이고, 〈B~E〉는 일련의 연속적인 기사이다.

좀 더 자세히 살펴보면, 〈A〉의 사신 파견 기사는 그 뒤에 이어지는 기사들과 전혀 관계없는 별도의 것이고 그들이 파견되었다는 오나라는 송나라를 가리키는 듯하다. 464년 당시에는 그 곳에 宋나라가 있었으나, 그 사신인 무사노스구리 아오[身狹村主青]의 가문이 吳 孫權의 후손임을 자처하였기 때문에[15] 宋을 옛 국명대로 吳로 부르지 않았을까 한다. 그러므로 이는 왜국의 史部 소속이라는 이들 가문[16]의 기록으로부터 도출된 기사이다.

그러나 그에 이어지는 〈B〉 이하의 기사는 내용상 〈A〉와 직접 연결되지 않는데, 별다른 구분 없이 덧붙어 있어서 어색한 구성을 보이고 있다. 이에 대하여 스에마쓰 야스카즈[末松保和]는, 〈B~E〉는 편년 기사의 한 구절에 붙은 지극히 설화화된 기사로서 몇 년 내지 십 몇 년 사이에 일어난 일을 적은 것이라고 하여 기존 설에서는 대개 사료로서 채택하지 않았다고 하면서도,

---

14) 『日本書紀』 권14, 雄略天皇 8년(464) "春二月 遣身狹村主青·檜隈民使博德 使於吳國. 自天皇卽位 至于是歲 新羅國背誕 苞苴不入 於今八年. 而大懼中國之心 脩好於高麗. 由是 高麗王遣精兵一百人 守新羅. 有頃 高麗軍士一人 取假歸國. 時以新羅人爲典馬[典馬 此云于麻柯比] 而顧謂之曰 汝國爲吾國所破 非久矣.[一本云 汝國果成吾土 非久矣.] 其典馬聞之陽患其腹 退而在後. 遂逃入國 說其所語. 於是 新羅王乃知高麗僞守 遣使馳告國人曰 人殺家內所養鷄之雄者. 國人知意 盡殺國內所有高麗人. 惟有遺高麗一人 乘間得脫 逃入其國 皆具爲說之. 高麗王卽發軍兵 屯聚筑足流城[或本云 都久斯岐城] 遂歌儛興樂. 於是 新羅王夜聞高麗軍四面歌儛 知賊盡入新羅地. 乃使人於任那王曰 高麗王征伐我國. 當此之時 若綴旒然. 國之危殆 過於累卵. 命之脩短 太所不計. 伏請救於日本府行軍元帥等. 由是 任那王勸膳臣斑鳩[斑鳩 此云伊柯屢俄]·吉備臣小梨·難波吉士赤目子 往赴新羅. 膳臣等 未至營止. 高麗諸將 未與膳臣等相戰 皆怖. 膳臣等乃自力勞軍 令軍中 促爲攻具 急進攻之. 與高麗相守十餘日 乃夜鑿險 爲地道 悉過輜重 設奇兵. 會明 高麗謂膳臣等爲遁也 悉軍來追. 乃縱奇兵 步騎夾攻 大破之. 二國之怨 自此而生.[言二國者 高麗·新羅也.] 膳臣等謂新羅曰 汝以至弱 當至强. 官軍不救 必爲所乘 將成人地 殆於此役. 自今以後 豈背天朝也."
15) 『新撰姓氏錄』 第三帙, 左京諸蕃 "牟佐村主 吳孫權男高之後也."
16) 『日本書紀』 권14, 雄略天皇 2년(458) 10월 "史部身狹村主青·檜隈民使博德等."

자신은 이 기사를 통해서 임나에 있던 일본 세력이 신라를 끌어당겨 고구려로부터 멀어지게 한 원인과 결과를 제공했음을 알 수 있다[17]고 하였다. 그러나 이러한 설명은 사료를 보는 그의 관점이 객관적인 것이 아니고 일본 위주의 국수주의적인 것임을 보인다.

〈B〉 기사는 구체적인 내용도 없이, 신라가 천황에게 예물을 바치지 않았다는 인식을 보이고 또 일본을 '中國'이라고 표현하는 등, 일본 천황제의 자기중심적 관점을 드러내고 있다. 그에 이어 신라가 일본을 두려워하여 고구려와 친분을 맺었다는 서술을 보이고 있는데, 이는 〈C〉 이하의 기사를 연결하기 위한 도입부로서 작성한 『일본서기』 찬자의 작문에 지나지 않는다. 그러므로 여기서 어떤 역사적 사실을 추구하기는 어렵다.

그에 비하여 〈C〉 기사는 '고구려가 군사 100인을 신라에 주둔시켰다' 든가, '신라가 고구려군을 닭의 수컷에 비유하며 살해했다' 든가, 또는 '고구려가 신라의 筑足流城을 쳐들어왔다' 든가 하는 등의 사실을 드러내고 있고, 여기에는 상당한 구체성이 보인다. 게다가 고구려 병사의 발언 내용이나 축족류성의 이름에 대한 '一本' 또는 '或本'의 다른 기록이 주석으로 달려 있음으로 보아, 이 부분의 기사는 신라 측의 원전에 바탕을 둔 것[18]이라고 볼 수 있다.

〈D〉 기사는 신라왕이 임나왕에게 사람을 보내 야마토노 미코토모치[日本府]의 行軍元帥 등에게 구원을 청했다는 내용을 보여서 매우 주목된다. 그러나 여기서 밑줄 친 (ㄱ) 부분은 고유명사를 제외하고는 『漢書』 高帝紀의 문장을 그대로 베낀 것이고, (ㄴ)과 (ㄷ) 부분은 『三國志』 魏書 武帝紀의 문장을 약간 고쳐서 수록한 것이다.[19] 그러므로 (ㄱ)과 (ㄷ)의 전투 장면을 실제 상황으로 볼 수는 없으며, 신라왕이 임나왕에게 말했다는 (ㄴ)의 내용도 『일본서기』 찬자의 독서 범위를 반영하는 모방 作文일 뿐이다. 이를 제

---

17) 末松保和, 1956, 『任那興亡史』, 吉川弘文館, 85쪽.
18) 高寬敏, 1996, 「五世紀, 新羅の北邊」, 『三國史記の原典的研究』, 雄山閣出版 ; 1997, 『古代朝鮮諸國と倭國』, 雄山閣出版, 146쪽.

외하고 남는 것은 '신라왕이 임나왕에게 야마토노 미코토모치의 행군 원수의 구원을 요청했다'는 사실과 가시하데노오미 이카루가[膳臣斑鳩] 등 3인의 일본인 이름, '두 나라의 원한은 이로부터 시작되었다'는 논평뿐이다. 그러므로 여기에 어느 정도의 사실이 포함되었다고 볼 수는 있으나, 이 정도만을 가지고는 이 부분의 기사가 가시하데노오미 등의 家傳에 근거한 것이라고 말하기도 어렵다. 『일본서기』 찬자의 편찬 의도에 의하여 몇몇 일본인 이름과 그들의 활약 내용이 추가되면서 원전이 크게 변형된 것이라고 볼 수밖에 없다.

〈E〉 기사는 가시하데노오미의 말을 빌어 왜가 신라보다 강하며 그를 구원해준 은혜가 있음을 말하고 있다. 그러므로 이 부분은 〈B〉의 도입부에 이어 결말부로서 작성된 『일본서기』 찬자의 순수한 작문이라고 하겠다.

위와 같이 볼 때, 상당한 정도의 사실성이 있는 기사는 〈C〉뿐이고, 〈D〉는 일부 사실성이 있다고 보이는데 어느 정도까지가 사실의 반영인가가 문제이다. 우선 '日本府行軍元帥'와 같은 용어는 후대의 것임에 틀림없다. 신라가 임나왕에게 야마토노 미코토모치의 행군 원수라는 군대를 지정해서 그들의 구원을 요청했다는 설정도 어색하다. 그러므로 이를 제외하고 생각하면 신라가 임나왕 즉 가야에게 구원을 요청했다는 사실이 남는다. 이는 『삼국사기』에 481년 고구려가 신라의 狐鳴城(경북 영덕군 영덕읍 : 古名 也尸忽郡) 등 일곱 성을 빼앗고 彌秩夫(경북 포항시 흥해읍)에 진군하였는데, 신라 군사가 백제와 가야의 구원병과 함께 이를 막았다는 기록[20]과 거의 일치한다. 그렇다면 신라가 가야에 구원을 요청하였다는 〈D〉 기사가 전혀 근거 없는 것이라고 말하기는 어렵다. 이에 근거를 두고 오야마 세이치[大山

---

19) 小島憲之, 1962, 『上代日本文學と中國文學』 上, 塙書房, 325쪽.
　　金泰植 外 3인, 2004, 『譯註加耶史史料集成 제1권 高麗以前篇』, 서울 : 駕洛國史蹟開發研究院, 176~178쪽.
20) 『三國史記』 권3, 新羅本紀3 炤知麻立干 3년(481) "三月 高句麗與靺鞨入北邊 取狐鳴等七城 又進軍於彌秩夫. 我軍與百濟加耶援兵 分道禦之 賊敗退 追擊破之泥河西 斬首千餘級."

誠一]와 高寬敏은 이 기사의 실제 연대를 481년으로 파악하였다.[21]

그러나『삼국사기』신라본기를 통해서 볼 때, 왜군은 431년, 440년, 444년, 462년, 463년, 476년, 477년, 497년, 500년 등에 걸쳐 지속적으로 신라 영토를 침범하고[22] 신라가 이를 대부분 물리쳤다고 나온다. 즉 신라와 왜가 지속적인 적대 행위를 반복하고 있는 와중에서, 신라가 임나왕을 매개로 해서라도 왜군의 구원을 요청했다는 것은 당시의 정세에 어울리지 않는다. 이 기사가 481년의 사실로 인정받을 수 있으려면, 적어도 왜군이 신라 구원의 주체가 되지 않아야 한다.

또한 〈C〉 기사는 고구려와 신라가 처음으로 간격이 벌어지는 상황을 말하고 있으며, 이는『삼국사기』에서 450년에 고구려의 변방 장수가 悉直 들에서 사냥하는 것을 何瑟羅城主 三直이 군사를 내어 죽이자 고구려가 신라의 서쪽 변경을 침입하였다는 기사,[23] 454년에 고구려가 신라의 북쪽 변경을 침범하였다는 기사,[24] 468년에 고구려가 말갈과 함께 북쪽 변경 悉直城(강원 삼척시)을 습격하였다는 기사[25] 등과 어울린다.

고구려군이 침범했다는 筑足流城이라는 지명에 대해서는 음운상의 비교에 의하여 達句伐城, 지금의 대구광역시로 보는 견해가 있다. 그에 따르면 筑=都久는 達句(닭)의 音譯, 足流=斯岐는 村落(스키)의 音譯이라고 한다.[26] 그러나 복잡한 고증을 대지 않더라도 '筑足流'는 '달구벌' 보다는 '悉直'과 비슷한 어감을 준다. 悉直은『삼국사기』에서 450년과 468년에 신

21) 大山誠一, 1980,「所謂'任那日本府'の成立について」上,『古代文化』32-9, 古代學協會, 京都.
高寬敏, 1996,「五世紀, 新羅の北邊」,『三國史記の原典的研究』, 雄山閣出版 ; 1997,『古代朝鮮諸國と倭國』, 雄山閣出版, 149쪽.
22)『三國史記』권3 新羅本紀3 訥祗麻立干 15년(431), 24년(440), 28년(444), 慈悲麻立干 5년(462), 6년(463), 19년(476), 20년(477), 炤知麻立干 19년(497), 22년(500)조.
23) 앞의 주석 8과 같음.
24)『三國史記』권3, 新羅本紀3 訥祗麻立干 38년(454) "八月 高句麗侵北邊."
25) 위의 책, 慈悲麻立干 11년(468) "春 高句麗與靺鞨 襲北邊悉直城."
26) 末松保和, 앞의 책, 86쪽.

라와 고구려 사이에 분쟁이 일어난 곳이었다. 〈C〉는 450년 및 그 이후에 벌어진 신라와 고구려 사이의 분쟁을 한데 모아 서술한 것이라고 볼 수 있다.

그러므로 『일본서기』 雄略 8년(464) 2월 조에 이어지는 한반도 관련 기사는 464년 한 해의 편년 기사로 다룰 수 있는 것이 아니라, 450년에 신라와 고구려 사이에 분쟁이 벌어지고 그에 이은 일련의 사건 결과 481년에 신라가 가야에 구원을 요청하여 가야군이 그에 가담한 것을 모두 가리킨다고 하겠다.[27] 즉 5세기 후반에 가야는 신라의 매개를 통하여 간접적으로 고구려와 적대 관계를 맺게 된 것이다. 그 당시에 가시하데노오미 등의 왜군이 실제로 가야군의 일원으로 참여했었는가의 여부는 알 수 없다. 다만 전통적으로 가야와 왜 사이에 이루어지던 물적·인적 교류 형태로 말미암아 가야 군대 안에 왜인 병력이 어느 정도 포함되어 있었을 가능성은 있고,[28] 그런 경험이 『일본서기』 찬자로 하여금 무리한 조작을 감행케 한 것이다.

그에 이어 『삼국사기』에는 5세기 후반 가야와 고구려의 관계를 추정할 수 있는 자료가 없으나, 『일본서기』에는 고구려와 백제 및 가야의 관계를 추정케 하는 기사가 하나 더 나오고 있다. 그 기사를 인용하면 다음과 같다.

〈F〉 顯宗 3년(487), 이 해에 기노 오이와노 스쿠네[紀生磐宿禰]는 任那에 머물러 있으면서 고구려[高麗]에 교통하고, 서쪽에서 三韓의 왕이 되려고 하여 官府를 정비하고 스스로 신성하다고 칭했다.

〈G〉 任那 左魯 那奇他甲背 등의 계책을 사용하여 백제의 適莫爾解를 爾林〈이림은 고구려[高麗]의 땅이다.〉에서 죽였으며, 帶山城을 쌓고 동쪽 길[東道]을 막아 지켜서 양곡 운반하는 나루를 차단하여 군사들을 굶어 지치게 하였다. 백제왕은 크게 노하여 領軍 古爾解와 內頭 莫古解 등을 파견하여 무리를 이끌고 帶山에

27) 김현구 외 3인, 2002, 『일본서기 한국관계기사 연구(Ⅰ)』, 일지사, 248쪽에서는 이 기사를 "4세기 말에서 5세기 중·후반 시기에 걸쳐 일어난 고구려와 신라 양국 관계사가 압축되어 설화적으로 기술"된 것이라고 하였다.

28) 金泰植, 宋桂鉉, 2003, 『韓國의 騎馬民族論』, 한국마사회·마사박물관, 196~203쪽.
　　金泰植, 2005, 「4세기의 한일관계사 -광개토왕릉비문의 왜군문제를 중심으로-」, 『한일역사공동연구보고서 제1권』, 한일역사공동연구위원회, 17~89쪽.

모여 공격하였다.

〈H〉 이에 오이와노 스쿠네[生磐宿禰]는 군대를 내보내 맞받아 쳤는데, (ㄹ)담
기가 더욱더 왕성해져서 향하는 곳마다 모두 격파하고 한 사람이 백 사람을 당해
냈다. 그러나 시간이 지나자 병사가 다하고 힘이 지쳐서 일이 성취되지 못함을
알고 임나로부터 돌아왔다.

〈I〉 그리하여 백제국은 佐魯 那奇他甲背 등 300여 명을 죽였다.[29]

이 기사에 대해서는 필자가 이른바 '任那日本府' 즉 安羅倭臣館 관리의
출신을 살펴보기 위한 일환으로 이미 부분적으로 분석한 바 있으며, 그에
의하면 사건이 발생한 곳인 爾林은 충남 예산군 대흥면(古名 任存城)이고,
紀生磐은 유력한 백제 귀족 중의 하나로서 이 당시에 왜국으로 망명한 사람
이며, 那奇陀甲背는 가야 재지의 小君長 또는 백제 帶山城 지역의 재지 세
력 출신으로서 백제에서 벼슬한 지방관이라고 보았다.[30] 다만 본고에서는
나기타갑배의 출신에 대하여 가야 재지의 小君長이었을 가능성에 더 무게
를 두고자 한다. 왜냐하면 그가 대산성 지역의 재지 세력일 가능성에 대해
서는 사료상의 언급이 없으나 그가 임나의 左魯, 즉『三國志』韓傳의 殺奚
[31]와 같은 首長層의 일원이었다는 기록은 확인되기 때문이다.

혹자는 나기타를 가야 재지의 수장으로 보는 필자의 견해에 동조하면서
일부 견해를 진전시켜, "그는 변진시대 이래 변진 · 가야 지역의 한 작은 首
長의 지위를 세습해옴과 동시에, 4세기 후반이나 5세기 초부터 백제 특히
木氏와 어떤 종류의 관계를 보유해 온 在地下位首長의 후예였다."[32]고 하

29)『日本書紀』권15, 顯宗天皇 3년(487) "是歲 紀生磐宿禰 跨據任那 交通高麗. 將西王三韓
整脩官府 自稱神聖. 用任那左魯那奇他甲背等計 殺百濟適莫爾解於爾林.[爾林 高麗地也]
築帶山城 距守東道 斷運粮津 令軍飢困. 百濟王大怒 遣領軍古爾解 · 內頭莫古解等 率衆
趣于帶山攻. 於是 生磐宿禰 進軍逆擊 膽氣益壯 所向皆破 以一當百 俄而兵盡力竭 知事不
濟 自任那歸. 由是 百濟國殺佐魯那奇他甲背等三百餘人."
30) 金泰植, 1993,『加耶聯盟史』, 서울 : 一潮閣, 244~249쪽.
31)『三國志』권30, 魏書30 烏丸鮮卑東夷傳30 韓 "弁辰亦十二國 又有諸小別邑. 各有渠帥 大
者名臣智 其次有險側 次有樊濊 次有殺奚 次有邑借."

였다. 그런데 목씨와의 관계라는 것은 무엇이고 그 시작 시기는 언제일까?

『일본서기』 神功紀와 應神紀의 기록에는 서기 262년에 백제 장군인 木羅斤資가 왜왕의 명령을 받아 加羅의 사직을 복구해 주었다거나,[33] 294년에 그의 아들인 木滿致가 아버지의 공으로 임나를 오로지하고 백제와 왜국을 왕래하면서 백제 조정에서 높은 권세를 누렸다는[34] 등의 기록이 나온다. 이 기사들을 문장 그대로 믿을 수는 없지만, 『삼국사기』 백제본기 개로왕 21년(475)조의 木劦滿致와 관련하여 그 편년을 3갑자 내려서 보고[35] 제한적인 사실성을 인정한다면 그 시기를 442년 및 474년으로 결정하게 되어, 5세기 중엽 이후로 '가라' 즉 고령의 伴跛國을 중심으로 한 백제-왜 교류 관계가 존재했던 것을 추정해 볼 수 있다. 그 교류의 성격을 분명히 알 수는 없지만, 백제 귀족인 목씨의 활동을 매개로 하여[36] 새로이 고령의 반파국이 백제의 대왜 교통에 협조한 것을 가리키는 것이 아닐까 한다. 『宋書』의 기록으로 보아, 개로왕 4년(458)에 개로왕의 추천으로 송나라로부터 관작을 받은 11인 중에 8인이 백제의 왕족인 餘氏인데[37] 그들과 어깨를 나란히 하여 木羅斤資로 추정되는 沐衿[38]이 龍驤將軍의 작호를 받은 것은, 개로왕이 그의 이러한 공로를 크게 인정한 덕분이라고 보인다.

그러므로 고령의 반파국 즉 대가야국과 백제 목씨 세력 사이에 5세기 중엽부터 이어진 대왜 교통 협조 체계에 힘입어, 5세기 후반에도 대가야국 및 그 주변 소국들은 백제와의 우호 관계를 이어나갔으나, 475년에 백제 수도가 고구려 군대에 의하여 함락되는 충격적 사건이 일어나자 백제에 대한 의

---

32) 李鎔賢, 1997, 「五世紀末における加耶の高句麗接近と挫折」, 『東アジアの古代文化』 90 ; 1999, 『加耶と東アジア諸國』, 日本 國學院大學 大學院 博士學位論文, 42~43쪽.
33) 『日本書紀』 권9, 神功皇后 攝政 62년(262) 조.
34) 『日本書紀』 권10, 應神天皇 25년(294) 조.
35) 山尾幸久, 1978, 「任那に關する一試論」, 『古代東アジア史論集』 下卷, 198~202쪽.
36) 이도학, 1995, 『백제 고대국가 연구』, 一志社, 195~197쪽.
37) 『宋書』 권97 夷蠻傳 百濟國.
38) 김기섭, 2000, 『백제와 근초고왕』, 학연문화사, 166쪽.
李鎔賢, 2002, 「任那と日本府の問題」, 『東アジアの古代文化』 110, 15쪽.

구심은 대내외적으로 나타나고 있었다. 顯宗紀 3년 조의 사건은 그런 시기에 일어났다. 즉 웅진 천도 직후의 혼란을 틈타 백제 木氏 계통의 한 귀족 세력이 가야에서 파견되어 온 연합군 세력과 함께 고구려와 밀통하여 백제 왕권에 대한 모반을 일으켰다가 토벌된 사실을 나타낸 것이다.

여기서 문제가 되는 것은 위 사료의 爾林에 대한 分注에서 '이림은 고구려[高麗]의 땅이다.'라고 언급하였는데, 그 分注가 어느 정도의 사료적 가치가 있으며, 또한 이림 일대가 5세기 후반에 실제로 고구려의 영토였는가 하는 점이다. 즉 위의 기사에서 논란의 대상이 되는 것은 (1) 이림이 고구려 땅이라는 기록의 사료적 가치는 어느 정도인가? (2) 이림을 충남 예산군 대홍면으로 고증한 것이 확실한가? (3)『삼국사기』기록에 의하면, 475년의 위례성 함락 이후에도 한강 유역은 백제의 영역인 것으로 나오고 있는데 실제의 사실은 어떠한가? 등의 세 가지 점이다.

우선 顯宗紀 3년 是歲條의 사료는 繼體紀나 欽明紀에 주로 나오는『百濟本記』계통의 사료 그대로는 아니고 여기에 왜의 기노 오이와노 스쿠네[紀生磐宿禰] 계통의 씨족 전승이 복합된 것으로 보이므로, 그 편년이나 표현을 이용하는데 신중을 기해야 한다. 〈F〉 부분은 고구려, 백제, 신라의 삼국을 '三韓'이라고 표현한 것으로 보아, 7세기 중엽 이후의 관념을 나타내고 있으며,[39] 기노 오이와노 스쿠네의 큰 포부를 나타내고 있으므로,『일본서기』가 편찬되는 시기인 7세기 후반 내지 8세기 초 무렵의 紀氏 일족의 전승을 토대로 했다고 볼 수 있다.

그에 비하여 〈G〉 부분은 顯宗紀 3년 是歲條 기사 전체의 핵심적인 부분으로서, 適莫爾解, 古爾解, 莫古解 등의 인명 표기, 領軍과 內頭 등의 관직

---

39) 한국 고대의 삼국을 '三韓'이라고 표기하는 것은『舊唐書』卷199上 列傳149上 百濟國條의 唐 高宗 永徽 2年(651)에 백제 義慈王에게 보낸 國書에서 '海東三國'을 '三韓之氓'이라고 칭한 데서 처음으로 보이며, 당 고종 顯慶 원년(656)에 편찬된『隋書』卷81 列傳46 東夷 高麗·百濟·新羅·靺鞨·流求·倭國條 末尾의 史論에도 '頻踐三韓之域'이라는 표현이 나온다. 그러므로『日本書紀』에서 한국 고대의 삼국을 '三韓'으로 통칭한 것은 7세기 중엽이후의 관념을 나타낸 것이다.

표기, 爾林과 帶山城 등의 지명 표기로 보아 백제의 原典 사료라고 볼 수 있다. 다만 거기서 '爾林은 高麗의 땅이다.'라는 分注는 고구려를 '狛'이 아닌 '高麗'로 표기한 것으로 보아 백제 원전의 표현인지 후대 『일본서기』 찬자의 문장인지 불분명하다.

〈H〉는 다시 기노 오이와노 스쿠네를 주인공으로 삼고 있으며, 기노 오이와가 패전 끝에 '임나로부터 돌아왔다'고 표현한 것으로 보아, 紀氏 家傳을 토대로 한 것이라고 보아야 한다. 그 중에 밑줄 친 (ㄹ)은 "膽氣益壯 所向皆破 以一當百"을 번역한 것인데, 이 문장은 『後漢書』 光武帝紀에 나오는 문장인 "膽氣益壯 無不一當百"을 토대로 改作한 것이므로, 紀氏 家傳 또는 『일본서기』 찬자가 부가한 僞作에 불과하다. 그리고 끝으로 부가되어 있는 〈I〉는 원래의 백제 계통 사료를 반영한 것이다.

그러면 거기서 백제 원전을 반영한 〈G〉 기사 속에 나오는 分注 내용, 즉 이림이 고구려 땅이라는 주석은 어느 정도의 사료적 가치가 있을까? 『일본서기』에서 爾林은 應神紀 16년(285) 是歲條에 應神天皇이 直支王(405~420)에게 주어 보냈다는 '東韓之地'의 하나로 나오고,[40] 본고의 위에 인용한 사료에서 기노 오이와가 487년에 任那左魯 那奇他甲背 등의 계책을 이용하여 백제 適莫爾解를 죽인 곳으로 나오며, 欽明紀 11년(550) 4월 조에 백제가 爾林 전투에서 잡은 高麗奴를 왜국 사신에게 주어 보냈다는 기사[41] 등의 세 차례에 걸쳐 나온다. 특히 '爾林'의 지명은 顯宗紀에서는 本文의 형태로도 나오나, 그 顯宗紀를 포함한 세 기사 모두에서 分注의 형태로 나온다는 점도 특이하다. 그 분주의 내용을 적기하면 다음과 같다.

---

40) 『日本書紀』 권10, 應神天皇 16년(285) "是歲 百濟阿花王薨. 天皇召直支王謂之曰 汝返於國以嗣位. 仍且賜東韓之地而遣之.[東韓者 甘羅城 高難城 爾林城 是也.]"
41) 『日本書紀』 권19, 欽明天皇 11년(550) "夏四月 庚辰朔 在百濟日本王人 方欲還之.[百濟本記云 四月一日庚辰 日本阿比多還也] 百濟王聖明 謂王人曰 任那之事 奉勅堅守. 延那斯麻都之事 問與不問 唯從勅之. 因獻高麗奴六口. 別贈王人 奴一口[皆攻爾林 所禽奴也]. 乙未 百濟遣中部奈率皮久斤下部施德灼干那等 獻狛虜十口."

東韓者 甘羅城 高難城 爾林城 是也 (應神紀)

爾林 高麗地也 (顯宗紀)

皆攻爾林 所禽奴也 (欽明紀)

이 세 개의 분주를 연결하면 하나의 이야기가 만들어진다. 爾林은 원래 백제의 영토가 아니었던 '東韓'이라고 불리는 지역의 세 성 중의 하나로서 '高麗' 고구려의 땅인데 백제가 이곳을 공격하여 노예를 잡았다는 것이다. 이야기 줄거리의 중점은 백제가 고구려 성을 공격하여 포로를 잡아왔다는 점에 있다. 이러한 줄거리를 강조할 만한 주체는 왜국이 아니라 왜국에게 자신의 강함을 내세우고 싶은 백제일 수밖에 없다.

그렇기 때문에 欽明紀 11년(550) 4월 조에 백제가 高麗奴 6口 및 奴 1口 를 왜국 사신에게 주어 보냈다고 나오고 그에 대해서 '모두 爾林을 공격하여 잡은 노예이다.'라는 주석이 붙은 것이다.[42] 이러한 내용은 백제가 이림 성에서 잡아온 노예들을 일본에 보내면서 전한 문서나 자료 속에 있었다고 하겠다.

그러므로 欽明紀 11년 조에서 이림에서 잡은 노예라고 표현한 分注의 내용은 무시할 수 있는 것이 아니다. 그렇다면 顯宗紀 3년 조의 이림과 관련한 分注도 후대의 『일본서기』 찬자가 임의로 추측해서 붙였다고 보기 어려우며, 백제 계통 사료에 근거를 둔 것이거나 또는 그 原註였다고 보는 것이 타당하다. 그러므로 이림이 고구려 땅이라는 기록은 믿을 수 있다고 하겠다.

그런데 해당 사건이 일어난 곳인 爾林은 어디인가? 위 기사의 성격을 푸는 핵심이 되는 爾林에 대해서는 이설이 많아, 이를 전북 임실군으로 보는 견해,[43] 전북 김제군 청하면(옛 지명 乃利阿)으로 보는 견해,[44] 경기도 임진(옛 지명 津臨城)으로 보는 견해[45] 등도 있고, 근래에는 이를 충북 음성 또는 괴산으로 보는 견해[46]도 나왔다.

42) 위의 주석과 같음.

그 중에 이림을 전북 김제나 경기 임진 방면으로 보는 설의 문제점에 대해서는 이미 前稿에서 밝혔거니와,[47] 가장 문제가 되는 것은 전북 임실로 보는 견해이다. 왜냐하면 그 견해에서는 이림을 고구려 땅이라고 한 分注 내용을 소홀히 하고 내용상의 대세에 따라 백제와 임나의 국경선으로부터 멀리 떨어지지 않은 임나 영역이어야 한다고 추정한 위에,[48] 爾林을 전북 임실의 己汶國으로 보아 이 기사 전체를 백제가 南進하여 가야연맹의 기문국(임실, 남원)을 토벌한 사건으로 보거나[49] 또는 己汶(남원)·帶沙 진출 이전에 섬진강 수계인 임실 지방의 爾林·帶山城을 확보한 사건으로 보고[50] 있기 때문이다. 이러한 추론은 적어도 기존의 임나일본부설을 주장하기 위한 억측들과는 다른 것이기 때문에 주목할 필요가 있다.

그러나 앞에서 논한 바와 같이 이림을 고구려 땅이라고 한 分注 내용은 후대 『일본서기』 찬자의 단순한 추측이 아니라 백제 계통 자료에 의거한 것이라고 보인다. 그러므로 전북 임실 지방이 고구려의 땅이 아니라면, 이림

43) 鮎貝房之進, 1937, 「日本書紀朝鮮地名考」, 『雜攷』 7 下卷, 25~27쪽.
　　延敏洙, 1990, 「六世紀前半 加耶諸國을 둘러싼 百濟·新羅의 動向 -소위 '任那日本府' 說의 究明을 위한 序章-」, 『新羅文化』 7, 東國大學校 新羅文化研究所, 106~112쪽.
　　李永植, 1995, 「百濟의 加耶進出過程」, 『韓國古代史論叢』 7, 한국고대사회연구소 편, 서울 : 가락국사적개발연구원, 207쪽.
　　南在祐, 2003, 『安羅國史』, 서울 : 혜안, 211~212쪽.
44) 末松保和, 1956, 앞의 책, 76~77쪽.
45) 山尾幸久, 1978, 「任那に關する一試論 -史料の檢討を中心に-」, 『古代東アジア史論集』 下卷 (末松保和博士古稀記念會編), 吉川弘文館, 218쪽.
　　白承忠, 1995, 『加耶 地域聯盟史 研究』, 부산대 박사학위논문, 262~263쪽.
46) 李鎔賢, 1997, 「五世紀末における加耶の高句麗接近と挫折」, 『東アジアの古代文化』 90 ; 1999, 『加耶と東アジア諸國』, 日本 國學院大學 大學院 博士學位論文, 46~47쪽.
47) 金泰植, 1993, 앞의 책, 245~246쪽.
48) 延敏洙, 1998, 『고대한일관계사』, 서울 : 혜안, 167쪽.
　　李永植, 1995, 앞의 논문, 204~205쪽.
49) 延敏洙, 1990, 앞의 논문, 106~112쪽 ; 1998, 『고대한일관계사』, 서울 : 혜안, 166~172쪽.
50) 李永植, 1995, 앞의 논문, 208쪽.
　　南在祐, 2003, 앞의 책, 211~212쪽.

을 임실의 기문국으로 볼 수는 없다. 다만 任實說의 장점은 欽明紀 5년(544) 2월 조 등에 나오는 河內直, 移那斯, 麻都와 그들의 선조라는 那奇陀甲背[51]의 관계 설명이 순조롭다는 점에 있다. 나기타가 가야 소국인 기문국의 首長이고, 그 세력이 백제에게 함몰되었다는 것이기 때문이다.

그러나 나기타갑배가 임실 지방의 재지 세력이거나 기문국의 대표자가 아니라 단순히 가야 재지의 小君長이었으며, 그가 백제와 연합군을 구성하면서 甲背라는 백제 관명을 임시적으로 얻은 것이었다고 하면, 훗날 그의 자손들이 安羅國에 머물면서 反백제 성향의 주모자로 활약했다는 것을 설명할 수 있다. 그러므로 나기타갑배는 고령 대가야국의 영향력 아래 있던 어떤 가야 소국의 小君長으로서 이 당시에 백제와 함께 연합군을 구성하여 고구려에 대항하고 있던 중이었다고 보아도 사건 정황상 무리가 없다. 게다가 487년 당시에 이미 기문국이 백제의 수중으로 들어갔다고 하면,[52] 繼體紀 7년(513)부터 同 10년(516)까지 己汶과 帶沙의 영유권을 놓고 백제와 伴跛 즉 대가야가 경쟁하는 사건을 이해할 수 없게 된다. 그러므로 爾林을 임실 지방으로 볼 수는 없다.

또한 '東道'에 대해서는 『일본서기』의 후대 訓에서 '야마토치'라고 하여 이를 왜국으로 가는 길로 보기도 하고 혹은 단순히 백제에서 동쪽으로 가는 길로 보기도 하지만, 만일 爾林이나 帶山城을 임실로 본다면, 그 이후에 이어지는 '帶山城을 쌓고 동쪽 길을 막아 지켜서 양곡 운반하는 나루를 차단하여 군사들을 굶어 지치게 하였다.'는 기사를 이해하기 어렵게 된다. 백제 군사가 굶어 지쳤다는 것은 수도인 공주 지방으로부터의 보급로가 끊어진 것을 의미한다고 보이는데, 임실의 동쪽인 남원이나 경남 서부 지역은 가야연맹의 영역이었으므로 그 곳에 백제군이 주둔해 있었을 가능성도 상

---

51) 『日本書紀』 권19, 欽明天皇 5년(544) 2월 "別謂河內直[百濟本記云 河內直移那斯麻都 而語訛未詳其正也] 自昔迄今 唯聞汝惡. 汝先祖等[百濟本記云 汝先那干陀甲背加獵直岐甲背. 亦云 那奇陀甲背鷹奇岐彌. 語訛未詳] 俱懷奸僞誘說."
52) 앞의 주석 49와 같음.

정되지 않는다.

그렇다면 爾林을 충남 예산군 대흥면으로 고증한 것은 타당한가? 이것은 원래 아유가이 후사노신[鮎貝房之進]이 『일본서기』의 세 곳에 나오는 이림을 각기 다른 곳으로 보아, 應神紀의 이림을 충남 대흥,[53] 顯宗紀의 이림을 전북 임실,[54] 欽明紀의 이림을 경기도 임진[55]으로 비정한 데서 비롯된 설이다. 그러나 하나의 책에 나오는 이림을 기사마다 다른 곳으로 정하는 것은 설득력을 낮추고 있다.[56] 그러므로 이림을 어느 하나의 곳으로 비정해야 하는데, 필자는 그 중에 충남 대흥설을 지지한 바 있다.[57]

그것은 顯宗紀 3년 조에서 이림이 고구려 땅이었다고 한 것과, 欽明紀 11년(550) 4월 조에서 백제가 이림 전투에서 잡은 포로를 '高麗奴'라고 한 것을 중시한 결과였다. 이는 欽明紀 11년 4월 조의 高麗奴 7口를, 그 앞의 기사인 欽明紀 9년(548) 4월 조에 보이는 馬津城 전투[58]와 연관하여 획득한 것으로 보고, 마진성은 지금의 충남 예산군 예산읍에 비정되므로,[59] 이림을 그 주변의 가까운 곳에서 찾았기 때문이다.

그러나 다시 생각해 보니, 550년에 보낸 '高麗奴'가 548년의 마진성(=獨山城) 전투의 소산이라고 확정하기는 불확실하다. 왜냐하면 『삼국사기』 신라본기 진흥왕 11년 조를 볼 때, 550년에도 고구려와 백제 사이에 정월의 道

53) 鮎貝房之進, 1937, 「日本書紀朝鮮地名考」, 『雜攷』 7 上卷, 167쪽.
54) 위의 책 下卷, 25~27쪽.
55) 위의 책 下卷, 120쪽.
56) 李鎔賢, 1999, 앞의 논문, 43쪽.
57) 金泰植, 1993, 앞의 책, 245~246쪽.
58) 『日本書紀』권19, 欽明天皇 9년(548) 4월 "然馬津城之役[正月辛丑 高麗率衆 圍馬津城] 虜謂之日 由安羅國與日本府招來勸罰."
59) 『삼국사기』 지리지의 기록으로 보아, 馬津縣은 백제 멸망 후에 당나라가 설치한 支潯州의 屬縣으로서 본래 孤山이었다 하고, 孤山 또는 烏山은 신라 熊州 任城郡(지금 禮山郡 大興面)의 領縣인 孤山縣이니, 지금의 위치는 충남 禮山郡 禮山邑이다. 또한 『삼국사기』 백제본기 성왕 26년(548) 정월 조에 고구려왕 平成(양원왕)이 濊와 모의하여 漢北 獨山城을 공격하자, 구원병으로 온 신라 장군 朱珍이 이를 크게 격파하였다고 하였으니, 여기서 獨山은 孤山과 같은 뜻의 지명으로서, 역시 오늘날의 예산 지방에 비정된다.

薩城 전투와 3월의 金峴城 전투가 있었기 때문이다. 그 도살성 전투에서는 백제가 승리하였고, 금현성 전투에서는 고구려가 승리하였으나, 이 둘을 신라가 모두 다시 빼앗았다고 한다.[60] 그렇게 볼 때, 만일 이 시기의『삼국사기』와『일본서기』사이에 기년의 차이가 없다면, 백제가 548년에 잡은 포로를 2년이 지난 550년에 왜국에 보냈다기보다는, 고구려에게 승리했던 550년 정월의 도살성 전투와 연관하여 爾林에서 高麗奴를 획득하고 이를 바로, 즉 550년 4월에 왜국에 보낸 것이라고 보는 것이 더욱 타당할 수 있기 때문이다. 이에 이림을 충남 예산군 대흥면으로 추정했던 기존 설을 재고해 보고자 한다.

그렇다면 爾林을 충북 음성 또는 괴산으로 보는 견해가 중시될 필요가 있다. 거기서는 충청북도의 중원, 보은, 단양이 삼국 係爭의 땅이므로 이림은 그 주변에서 찾아야 한다고 보고, 음이 유사한 仍伐奴(경기도 시흥)가 제1의 후보지, 仍忽(충북 음성)이 제2의 후보지, 仍斥內(충북 괴산)가 제3의 후보지, 伊伐支(충북 부석)가 제4의 후보지, 伊火兮(경북 안덕)가 제5의 후보지라고 하되, 잉벌노는 너무 북쪽에 치우쳤고, 이벌지는『中原高句麗碑』의 于伐城의 비정지이고, 이화혜는 너무 남쪽에 치우쳤으므로, 잉홀과 잉척내가 유력한 후보지라고 하였다.[61]

여기서 이림의 좀 더 정확한 위치를 살펴보기 위해서는 이림이 소속된 '東韓之地'에 대한 조사가 필요하다. 기존 설에서 동한 땅의 하나인 甘羅城은『삼국사기』지리지의 백제 甘勿阿縣으로서 지금의 전라북도 익산시 함라면 일대이고, 高難城은『일본서기』應神 8년(279) 조의『百濟記』인용문에 谷那라고 나오는,『삼국사기』지리지의 백제 欲乃郡으로서 지금의 전라남도 곡성군 곡성읍 일대라고 하였다.[62] 곡성은 전라남도 동북쪽 내륙이고

---

60)『三國史記』권4, 新羅本紀4 眞興王 11년(550) "春正月 百濟拔高句麗道薩城. 三月 高句麗 陷百濟金峴城. 王乘兩國兵疲 命伊湌異斯夫 出兵擊之 取二城增築 留甲士一千戌之."

61) 李鎔賢, 1997,「五世紀末における加耶の高句麗接近と挫折」,『東アジアの古代文化』90; 1999,『加耶と東アジア諸國』, 日本 國學院大學 大學院 博士學位論文, 46~47쪽.

익산은 전라북도 서북쪽 해안에 가까운 내륙이므로, 한반도 서남부의 호남 지역에 해당한다는 것은 공통이나 비교적 서로 멀리 떨어져 있고 그 둘 사이에 지리적인 공통점을 알 수 없어서, 그것만으로는 이림의 위치를 추정하기 어렵다.

이처럼 지명 비정이 어려운 이유는 '東韓之地'의 방향을 잘못 잡았기 때문이다. '東韓'은 『百濟記』라는 백제 계통 사료에 근거를 둔 것이므로, '東韓'은 백제의 동쪽에서 찾아야 하는 것이다.[63] 또한 應神紀 8년 조에 인용된 『百濟記』에 왜국이 백제의 "枕彌多禮及峴南·支侵·谷那·東韓之地"를 빼앗았다고 나오나,[64] 그 지역들은 일정한 범위에 속한 것이라기보다 산재해 있는 여러 지역을 나열한 것에 지나지 않기 때문에 '東韓'의 위치를 밝히는데 큰 도움이 되지 않는다.

그렇게 볼 때 동한을 백제 수도 공주의 동쪽으로 보고 그 하나인 爾林을 옛 지명과 음운 비교하여 仍忽이나 仍斤內라고 한 것은 일단 지명 비정의 기준이 된다. 다만 여기서 '仍斤內'는 『三國史記』中宗壬申刊本을 볼 때 漢州 소속 槐壤郡의 옛 지명으로서 분명히 "本高句麗仍斤內郡 景德王改名 今 槐州"라고 나오니, '仍斤內'인 것이다. 그러면 잉홀과 잉근내 중에서 어느 것이 이림에 가까울까? 『삼국사기』 지리지에서 잉홀현은 신라 漢州 黑壤郡 陰城縣(음성군 음성읍)의 고구려 때 지명이고, 잉근내군은 신라 漢州 槐壤郡(괴산군 괴산읍)의 고구려 때 지명이다.

여기서 생각나는 것이 백제가 마한을 정복할 때 끝까지 저항하여 어려움

---

62) 鮎貝房之進, 1937, 「日本書紀朝鮮地名考」, 『雜攷』 7 上卷, 165~167쪽.
63) 李鎔賢, 1999, 앞의 논문, 44쪽.
    김현구 외, 2002, 『일본서기 한국관계기사 연구(Ⅰ)』, 일지사, 287쪽에서도 이림이 포함된 東韓之地는 백제의 동쪽 방면이며, 백제의 東方 德安城이 현재 충남 恩津에 소재하고 있음을 참고해야 한다고 하였다.
64) 『日本書紀』 권10, 應神天皇 8년(279) "春三月 百濟人來朝.[百濟記云 阿花王立无禮於貴國. 故奪我枕彌多禮 及峴南支侵谷那東韓之地. 是以 遣王子直支于天朝 以脩先王之好也.]"

을 주었다는 圓山城과 錦峴城이다. 원산성과 금현성은, 『삼국사기』의 온조왕 26년(서기 8) 10월 조에 마한을 쳐서 그 국읍을 아울렀는데 다만 원산성과 금현성은 항복하지 않았고,[65] 그 이듬해 4월에 항복을 받아 그 두 성의 백성을 漢山 북쪽으로 옮겼으며,[66] 36년 8월에는 원산성과 금현성을 수리하였다는 기사[67] 속에 나온다. 圓山城의 위치에 대해서는 『新增東國興地勝覽』 권33 珍山縣 古蹟條에 나오는 "猿山鄕[在縣東三十里]"라는 기사에 의거하여 충남 금산군 진산면으로 보는 견해[68]와, 圓山을 完山의 異寫로 보아 지금의 전북 전주시에 비정하는 견해[69]가 있으나, 모두 이림과 관련 있는 삼국 격전지로는 적절치 않다. 『삼국사기』에는 또 고구려가 512년에 백제의 원산성을 함락시켰다고도 나오므로,[70] 원산성은 마한의 최후 잔여 세력이면서 고구려와 인접한 곳에 있었음을 알 수 있다.

원산성과 함께 나오는 錦峴城은 그 인근 지역이라고 볼 수 있다. 금현성은 『신증동국여지승람』 권39 鎭安縣 山川條에 나오는 熊嶺(전북 진안군 부귀면 곰치리)의 異寫로 본 견해,[71] 전남 나주시로 비정하는 견해[72] 등이 있으나 역시 동떨어진 것으로 보인다. 錦峴城은 그와 발음이 같은 성으로서 『삼국사기』 진흥왕 11년 조에 道薩城과 함께 나오는 金峴城[73]과 같다고 추정된다. 도살성은 본래 고구려 道西縣으로서 지금의 충북 괴산군 도안면이

---

65) 『三國史記』 권23 百濟本紀1 溫祚王 26년(서기 8) "冬十月 王出師 陽言田獵 潛襲馬韓 遂幷其國邑. 唯圓山錦峴二城 固守不下."
66) 위의 책, 溫祚王 27년(서기 9) "夏四月 二城降 移其民於漢山之北 馬韓遂滅."
67) 위의 책, 溫祚王 36년(서기 18) "八月 修葺圓山錦峴二城 築古沙夫里城."
68) 千寬宇, 1976, 「三韓의 國家形成」 하, 『韓國學報』 3집, 일지사, 128쪽.
69) 全榮來, 1975, 「完山과 比斯伐論」, 『馬韓百濟文化』 창간호, 원광대학교.
70) 『三國史記』 권19 高句麗本紀7 文咨明王 21년(512) "秋九月 侵百濟 陷加弗圓山二城 虜獲男女一千餘口."
　　『三國史記』 권26 百濟本紀4 武寧王 12년(512) "秋九月 高句麗襲取加弗城 移兵破圓山城 殺掠甚衆. 王帥勇騎三千 戰於葦川之北. 麗人見王軍少 易之不設陣. 王出奇急擊 大破之."
71) 全榮來, 1975, 앞의 논문.
72) 丁若鏞, 『與猶堂全書』 제6집 疆域考 권1 馬韓考.

고, 金峴城은 본래 고구려 今勿奴郡 또는 신라의 萬弩郡으로서 지금의 충북 진천군 진천읍이다.[74) 그렇다면 錦峴城=金峴城과 함께 나오는 圓山城도 충북 진천 부근에서 찾아야 하니, 진천에 동북쪽으로 인접한 충북 음성이 타당하다. 그 옛 지명은 仍忽縣이니, 仍은 圓과 발음이 비슷하고, 忽은 山의 뜻이며, 정황상으로도 고구려와 백제가 서로 다툴 만한 교통의 요지이기 때문이다.

이 지역을 東韓之地의 지명과 음운 비교해 보면 비교적 잘 들어맞아서, 錦峴城=今勿奴郡(충북 진천군 진천읍)은 甘羅에 해당하고, 圓山城=仍忽縣(충북 음성군 음성읍)은 爾林에 해당한다. 그리고 그들에 인접한 仍斤內郡은 신라의 槐壤郡(충북 괴산군 괴산읍)이니 이것이 東韓之地의 高難에 비정된다. 『삼국사기』 본기에는 백제가 신라의 勒弩縣을 침공하였다고[75) 나오고, 지리지 未詳地名條에는 靳弩城이라고 나오는데, 勒弩縣은 '靳弩縣'의 잘못으로서 仍斤內郡의 異稱이라고 추정된다. '靳弩'라면 '高難'과 음운 비교가 된다. 충북 음성, 진천, 괴산 일대는 고구려, 백제, 신라의 삼국 사이에 전투가 치열했던 곳이므로, '백제의 東韓'이라든가 '고구려의 爾林'과 같은 顯宗紀 3년 조의 상황에 적합한 곳이다.

그렇다면 나기타갑배 등이 쌓았다는 帶山城은 爾林(충북 음성)에 인접하면서 지명 발음이 유사한 道薩城(충북 괴산군 도안면)으로 볼 수 있다.[76) 도살성은 원래 고구려의 성이었다가 550년에 백제와 신라 사이에 서로 빼앗고 빼앗기던 성이었고,[77) 649년에도 백제 장군 殷相과 신라 장군 庾信 사이에 격전이 벌어졌던 곳이니,[78) 삼국 사이의 요충이었다. 괴산군 도안면에

---

73) 『三國史記』 권4, 新羅本紀4 眞興王 11년(550) "春正月 百濟拔高句麗道薩城. 三月 高句麗陷百濟金峴城. 王乘兩國兵疲 命伊湌異斯夫 出兵擊之 取二城增築 留甲士一千戍之."
   『三國史記』 권26, 百濟本紀4 聖王 28년(550) "春正月 王遣將軍達已 領兵一萬 攻取高句麗道薩城. 三月 高句麗兵圍金峴城."
74) 閔德植, 1983, 「高句麗 道西縣城考」, 『史學硏究』 36.
75) 『三國史記』 권4, 新羅本紀4 眞平王 45년(623) "冬十月 遣使大唐朝貢. 百濟襲勒弩縣."
   『三國史記』 권27, 百濟本紀5 武王 24년(623) "秋 遣兵侵新羅勒弩縣."

는 錦江 지류인 美湖川과 연결되는 寶光川이 통과하고 있어서, 금강 연변의 공주로부터 의외로 가깝게 군량 운반이 가능하다. 『新增東國輿地勝覽』권 16 淸安縣 山川條에는 보광천을 '磻灘川'으로 표기하고 있고, 그 細注에 의하면 "그 물줄기의 근원이 셋이 있다. 하나는 鎭川縣 북쪽에서 나오고, 하나는 陰城縣의 朴伊峴에서 나오고, 하나는 坐龜山에서 나온다. (물이) 흘러 淸州 吳根津으로 들어간다."[79]라고 하였다. 그러므로 여기를 막히면 그 동쪽의 괴산군 괴산읍(高難=仍斤內)과 동북쪽의 음성군 음성읍(爾林=仍忽) 및 서북쪽의 진천군 진천읍(甘羅=今勿奴)의 보급이 위험하게 되는 전략상 요지이다. 그러므로 帶山城을 道薩城과 동일시하는 것은 顯宗紀 3년 조의 상황에 잘 부합한다.

비교적 복잡한 고증 과정을 거쳤기 때문에 이를 일목요연하게 정리하면 다음과 같다.

甘羅=錦峴城=金峴城=今勿奴郡(萬弩郡) : 신라 漢州 黑壤郡(충북 진천

---

76) 帶山城의 위치에 대해서는 전북 정읍군 태인(古名 大尸山郡)의 礪石山城으로 본 견해(鮎貝房之進, 1937, 「日本書紀朝鮮地名考」, 『雜攷』7 下卷, 28~30쪽 ; 末松保和, 앞의 책, 106~107쪽)와 경북 星州 서북쪽의 禿用山城(古名 狄山縣)으로 본 견해(千寬宇, 1977, 「復元加耶史」中, 『文學과 知性』29, 928~929쪽 ; 1991, 『加耶史研究』, 一潮閣, 재수록 ; 大山誠一, 1980, 「所謂「任那日本府」の成立について」中, 『古代文化』32-11, 古代學協會, 694~696쪽 ; 白承忠, 1995, 앞의 논문, 263~264쪽.) 등이 있으나, 여기서는 채택하지 않는다.

77) 앞의 주석 73 참조.

78) 『三國史記』권5 新羅本紀5 眞德王 3년(649) "秋八月 百濟將軍殷相率衆來 攻陷石吐等七城. 王命大將庾信 將軍陳春竹旨天存等出拒之 轉鬪經旬不解 進屯於道薩城下. 庾信謂衆曰 今日必有百濟人來諜 汝等佯不知 勿敢誰何. 乃使徇于軍中曰 堅壁不動 明日待援軍然後決戰. 諜者聞之 歸報殷相. 相等謂有加兵 不能不疑懼. 於是 庾信等進擊大敗之 殺虜將士一百人 斬軍卒八千九百八十級 獲戰馬一萬匹 至若兵仗 不可勝數."
『三國史記』권28 百濟本紀6 義慈王 9년(649) "秋八月 王遣左將殷相 帥精兵七千 攻取新羅石吐等七城. 新羅將庾信陳春天存竹旨等逆擊之 不利收散卒 屯於道薩城下再戰 我軍敗北."

79) 『新增東國輿地勝覽』권16 淸安縣 山川條 "磻灘川[在縣西二十七里. 其源有三. 一出鎭川縣北 一出陰城縣朴伊峴 一出坐龜山. 流入淸州吳根津.]"

군 진천읍)

高難=勒弩縣=斬弩城=仍斤內郡 : 신라 漢州 槐壤郡(충북 괴산군 괴산읍)

爾林=圓山城=仍忽縣 : 신라 漢州 黑壤郡 陰城縣(충북 음성군 음성읍)

帶山城=道薩城=道西城=道西縣 : 신라 漢州 黑壤郡 都西縣(충북 괴산
군 도안면)

『삼국사기』에 의하면 한성 함락 이후에도 고구려와 백제의 국경선은 계속해서 한강 이북에 있었던 것처럼 묘사되고 있는데, 5세기 후반 당시에 爾林, 즉 충북 음성 일대가 고구려 땅이었을 가능성이 있을까? 이 문제는 고고학적으로 한강과 금강 사이 충청도 일원의 유적들이 어떤 성격을 지니는가를 통해서 살펴보아야 한다.

여기서 주목되는 것이 최근 발굴된 유적 중에서 금강 이북에 위치하고 있는 충북 청원 남성곡 유적[80] 및 대전 월평동 유적[81]과 금강 이남에 위치하고 있는 공주 정지산 유적[82] 및 청양 학암리 유적[83]이다. 모두 웅진시대에 해당하는 이들 유적 중에 금강에 북쪽으로 근접해 있는 남성곡 및 월평동 유적에서는 고구려 토기가 나오고, 금강에 남쪽으로 인접해 있는 정지산 및 학암리 유적에서는 백제 토기가 나왔다. 그래서 남성곡과 월평동 유적은 금강을 사이에 두고 백제의 도성 지역인 공주 및 그 주변과 대치하던 최전방 고구려 군사 유적이라고 보는 것이다.[84] 이는 475년 위례성이 함락되고 웅진 천도한 이후의 5세기 후반에 고구려의 영역이 금강 이북까지 남하했음

---

80) 忠北大學校博物館, 2004, 『淸原 南城谷 高句麗遺蹟』.

81) 국립공주박물관, 충남대학교박물관, 1999, 『大田 月坪洞遺蹟』.

82) 국립공주박물관, 1999, 『艇止山』.

83) 이훈·양혜진, 2004, 「靑陽 鶴岩里 遺蹟」, 『통일신라시대고고학』(제28회 한국고고학전국대회 발표논문집), 韓國考古學會.

84) 朴淳發, 2005, 「高句麗와 百濟 -泗沘樣式 百濟土器의 形成 背景을 中心으로-」, 『고구려와 동아시아 -문물교류를 중심으로-』, 2005년 5월 6~7일 고려대학교 박물관·고려사학회 주최 국제학술심포지움 발표요지, 36쪽.

을 확인케 해준다.

그러나 이들 고구려 유적의 존속 기간은 의외로 짧았던 듯하다. 게다가 한강 이남의 몽촌 토성에서 출토된 나팔입 항아리는 전형적인 고구려 중기의 양식으로 5세기 중·후반경으로 편년되고 몽촌 토성에서 출토된 토기류의 시기 폭이 크지 않은 점으로 보아 고구려의 몽촌 토성 점유 기간은 길지 않았다고 추정된다.[85] 반면에 아차산 제4보루의 토기류는 고구려 중기의 대표적인 기형을 망라하고 있되, 모든 토기가 평저기의 특징을 가지고 있으며 항아리나 독류의 경우는 밖으로 말리듯이 외반된 구연부를 특징으로 하고 또 시루나 동이류의 경우 특징적인 띠모양 손잡이[帶狀把手]가 달려 있어서, 제작 기법이나 형태상의 특징으로 보아 이들 토기들의 중심 연대는 6세기경으로 추정된다.[86] 그러므로 지금까지의 자료를 통해서 볼 때, 6세기 초 이후 중엽까지는 고구려의 백제에 대한 防禦前線이 뒤로 후퇴하여 한강 이북의 아차산 보루에 있었음을 알 수 있다.

그렇다면 6세기 초에는 백제의 반격이 이루어져 고구려군이 물러감에 따라 양국의 戰線이 한강을 경계로 이루어진 것이라고 하겠다. 521년에 백제 무령왕이 중국 梁나라에 사신을 보내 "거듭 고구려를 격파하고 이제 비로소 더불어 通好하게 되었으며 백제는 다시 강국이 되었다."고 공언한 것은[87] 이를 말해준다. 이렇게 볼 때, 5세기 4/4분기와 6세기 1/4분기에 걸쳐 고구려와 백제는 금강과 한강 사이에서 공방을 거듭하였으나, 5세기 4/4분기에는 그 구간이 고구려의 영토였고, 6세기 전반에는 대체로 백제의 영토였던 것이다. 그러므로 5세기 4/4분기에 爾林, 즉 충북 음성 지방을 고구려의 영토라고 표현한 것은 타당하다.

---

85) 최종택, 2002, 「한강유역의 고구려 요새」, 『특별전 고구려 - 한강유역의 고구려 요새』, 서울대학교박물관, 57쪽.

86) 위의 논문, 52쪽.

87) 『梁書』 권54, 列傳48 諸夷 百濟傳 "普通二年(521) 王餘隆始復遣使奉表稱 累破句驪 今始與通好 而百濟更爲彊國."

그러면 고구려와 교통하던 기노 오이와노 스쿠네가 고구려 땅인 이림에서 임나 좌로 나기타갑배의 계책을 사용하여 백제의 적막이해를 죽였다는 것은 어떠한 사정일까? 이는 곧 백제가 고구려 영토였던 이림을 공격하는 과정에서, 백제군의 일원으로 참가했던 기노 오이와 및 나기타갑배 일행이 고구려와 내통하여 백제군 장수인 적막이해를 죽였다는 것이 된다. 특히 그 중에서 나기타갑배는 임나 좌로 즉 가야의 어떤 소국의 小君長이었으므로, 그의 모반은 백제의 원군으로 참가했던 가야군의 태도를 보이는 중요한 단서이다. 게다가 그들은 帶山城을 쌓아 백제군의 보급로를 차단했다고 하므로, 그들의 백제에 대한 적대 행위는 매우 적극적이었고 이는 고구려군과의 협력을 예상하지 않으면 감행하기 어려운 것이었다.

475년에 백제 위례성이 고구려에게 함락된 이후에 백제의 국제적 권위는 매우 추락해 있던 상황이므로, 그 때까지 백제와 협력하고 있던 가야는 얼마든지 백제에게 등을 돌릴 수 있는 상황이었고 백제의 일부 귀족도 그에 懷疑를 가질 수 있었다. 백제에 대한 반발을 주도한 것이 임나 좌로 나기타갑배였다는 것으로 보아, 그 당시 가야인들은 어디까지나 세력의 有・不利를 따라 백제에게 협력하고 있었을 뿐이지, 백제에게 항구적으로 협력한다거나 충성을 바친다는 자세는 아니었다고 추정된다.

그러나 백제군의 반격에 대하여 고구려군의 지원군은 오지 않았고 그 결과 가야의 나기타갑배 등 300여 명이 죽임을 당했다. 나기타 집단의 일부 및 후예는 백제의 압력에 쫓겨 남부 가야의 安羅로 망명하게 되었다고 추정된다.[88] 당시에 백제와 신라에 대해 남진 정책을 추구하고 있던 고구려로서는 가야와의 협력이 소망스러운 것이었고, 그에 따라 백제 연합군 내부에 있던 가야군과의 불화를 이용하기도 하였으나, 이를 보호하고 지속시켜나갈 여

---

88) 李鎔賢, 1997, 「五世紀末における加耶の高句麗接近と挫折」, 『東アジアの古代文化』 90 ; 1999, 앞의 논문, 49쪽. 다만 그들을 韓腹이라고 하거나 또는 河內直과 같은 왜계 성씨를 띠기도 하는 것으로 보아, 그들의 일부는 紀生磐과 함께 왜국으로 갔다가 안라로 돌아왔을 가능성도 있고, 혹은 원래부터 안라 출신이면서 倭系와 관련을 맺었을 가능성도 있다.

력은 없었고, 대가야도 그들의 행위를 책임질 의도는 없었던 듯하다. 그리하여 그 직후에 이것이 백제와 대가야 사이의 본격적인 전쟁으로까지 번지지 않았던 것이다.

이로 보아 5세기 후반에 가야군은 경우에 따라 신라를 지원하기도 하고 백제를 지원하기도 하면서 간접적으로 고구려와 적대적인 입장에 섰으나, 이는 모두 자국의 이익을 취하기 위한 행동이었음을 알 수 있다. 그리하여 신라를 지원하여 약속대로 무엇인가의 대가를 취하기도 하고, 경우에 따라서는 고구려군과 내통하여 백제군을 배반하기도 하였던 것이다.

3. 6세기 중엽 고구려와 가야의 관계

5세기 말 이후 6세기에 들어서도 고구려는 계속해서 백제와의 전쟁을 치르고 있었다. 『삼국사기』 고구려본기에서 494년에 고구려가 신라의 薩水原과 犬牙城을 치고, 495년에 고구려가 백제 雉壤城을 쳤다든가, 503년에 백제가 고구려의 水谷城을 쳤다든가, 504년에 고구려의 涉羅가 백제에게 병합되었다든가, 507년에 고구려가 백제의 漢城을 치려고 橫岳[89]에 나아갔다든가, 512년에 고구려가 백제의 加弗城과 圓山城을 함락시켰다든가 하는 기록들[90]이 그것이다. 위에서 薩水原은 지금의 충북 괴산군 청천면이고,[91] 雉壤城은 지금의 강원도 원주 치악산 일대를 가리키며,[92] 圓山城은 앞에서 고증한 바와 같이 爾林으로서 지금의 충북 음성이다.

이렇게 볼 때, 당시의 전쟁터는 북으로는 水谷城(황해 신계 다율면)으로

---

89) 金正浩의 『大東地志』 권1 漢城府 山水條에서 "三角山 距府北十五里 百濟稱負兒岳 又云 橫岳 又云擧山"이라 하여, 횡악을 현재의 서울 北漢山으로 비정하였다. 이와는 달리 음운의 유사성에 근거하여 강원도 橫城으로 비정하는 견해도 있다.

90) 『三國史記』 권19, 高句麗本紀7 文咨明王 3년(494), 4년(495), 12년(503), 13년(504), 16년(507), 21년(512) 조.

부터 남으로는 漢城(경기 하남시) 또는 雉壤城(강원 원주 치악산 일대), 薩水原(충북 괴산군 청천면), 圓山城(충북 음성)에 이르기까지 변화하고 있으며, 이것이 사실이라면 당시 양국의 공방이 매우 치열하고 영토 소유의 변화가 심하였음을 알 수 있다. 다만 앞 장에서 본 바와 같이 아차산의 고구려 보루가 6세기 전반부터 중엽까지 유지되고 있었다는 것이 옳다면, 당시에 고구려와 백제가 황해도 북방의 水谷城에서 전투를 했다는 기록은 의문의 여지가 있다. 혹은 이 지명이 『삼국사기』 백제본기에는 나오지 않기 때문에 편집 오류라고 볼 수도 있고, 혹은 5세기 말 내지 6세기 초에 일시적으로 백제가 북상하였다가 도로 빼앗긴 것을 나타낼 수도 있으나, 전자의 가능성이 더 높지 않을까 한다.

한편 백제는 성왕이 즉위한 이후 526년에 熊津城(충남 공주)을 수리하고 沙井柵(대전광역시 중구 사정동)을 세워[93] 수도 주변 방어를 튼튼히 하였으며, 이를 토대로 538년에 泗沘(충남 부여)로 천도한 이후에 적극적인 대외관계를 전개하였다. 그런 와중에 529년에 고구려가 백제 북쪽 변경의 穴城을 함락하자 백제는 步騎 3만으로 五谷 벌판에서 막았으나 이기지 못하였고, 540년에는 고구려의 牛山城을 공격하기도 하였으나 역시 이기지 못하였

---

91) 薩水는 세 군데가 있으니, 평안남도와 평안북도의 경계를 흐르는 현재의 淸川江과 충청북도 괴산군의 博大川, 경상남도 진주의 淸川(菁川, 南江 상류)이 그것이다. 그 중에서 『삼국사기』 신라본기 및 고구려본기 494년조의 薩水는 『신증동국여지승람』 권15 淸州牧 山川條에 나오는 靑川江으로서, 지금의 충북 괴산군 청천면 박대천에 해당한다. 이곳의 옛 지명은 원래 薩買縣이었다가, 신라 尙州 三年郡(보은군 보은읍)의 領縣의 하나인 淸川縣이 되고, 고려시대에는 지명을 그대로 쓰면서 淸州牧의 屬縣으로 삼아 조선시대까지 지속되었으나, 지금은 괴산군 청천면이다. 博大川은 요즘에는 지도에 따라 간대천(揀大川)으로 나오기도 한다.

92) 雉壤城은 신라 漢州 海皐郡 雉澤縣(황해 연백군 은천면)의 고구려 때 지명인 刀臘縣의 별명으로 雉嶽城이라고도 나오나 그것과의 동일 여부는 단언하기 어려우며, 오히려 현재 강원도 원주시 동쪽 경계에 있는 雉岳山 일대의 성일 가능성이 높다. 고구려의 공격에 놀란 백제가 신라에게 구원을 요청하자 신라가 장군 덕지를 보내 구원케 하였다는 정황으로 보아서도 황해도 은천보다는 강원도 원주 일대가 어울린다.

93) 『三國史記』 권26, 百濟本紀4 聖王 4년(526) 조.

다.[94] 이에 대하여 고구려는 545년에 양원왕이 즉위한 이후 548년에 백제의 獨山城(충남 예산)을 공격하고, 550년에 백제에게 道薩城(충북 괴산군 도안면)[95]을 빼앗기자 백제의 金峴城(충북 진천)[96]을 공격하였으나 모두 신라의 개입으로 별다른 효과를 보지 못하였고, 551년에는 백제・신라의 연합군에게 한강 유역을 빼앗겼다.[97]

6세기 중엽에 고구려가 대외전쟁에서 큰 힘을 발휘하지 못했던 것은, 『일본서기』 欽明 6년(545) 및 7년(546) 조의 『百濟本記』 인용 기사에 나오듯이, 안원왕 말년에 외척들을 중심으로 한 중대한 왕위 계승 분쟁이 있었고 그에 이어 양원왕이 8세의 어린 나이로 즉위하는 내부적 혼란이 있었으며, 백제는 그 政情을 정탐하여 잘 알고 있었던 점에 기인한다.[98] 뿐만 아니라 고구려의 북방에서 양원왕 7년(551)에 돌궐이 고구려의 新城과 白巖城을 공격했다는 기사도 문제가 된다.[99] 고구려는 서부 국경선의 긴장된 상황에 주목하느라고 한반도 남부의 사태에 기민하게 대처할 여력이 없었던 것이다.

---

94) 위의 책, 같은 왕 7년(529) 겨울 10월 조, 同 18년(540) 9월 조.
　　『三國史記』 권19, 高句麗本紀7 安臧王 11년(529) 10월조, 安原王 10년(540) 9월 조.
　　다만 위의 성왕 7년 조는 고구려왕 興安 즉 안장왕이 직접 군대를 이끌고 내려와 穴城을 쳤다고 하여 비교적 사실성이 높은 것처럼 보이는데, 그 사실이 고구려본기에는 나오지 않으므로 백제 측 원전에 의한 기사라고 추측된다. 그에 이어 전장으로 나오는 '五谷之原'이 황해도 瑞興의 고구려 五谷郡이었는지는 불확실하다.

95) 천안의 옛 이름인 '東西兜率' 또는 '兜率'이 道薩과 음이 비슷하다고 하여 이를 현재의 충남 천안시로 비정하는 견해(李丙燾, 1977, 『國譯 三國史記』, 57쪽)도 있으나, 天安府는 고려 태조가 처음으로 행정 구역을 개설한 곳이므로 타당치 않다. 『三國史記』 권32 祭祀志 小祀條에 道西城의 위치가 萬弩郡(괴산)으로 표기되어 있다.

96) 충남 全義에 金城山, 金伊城 등의 城址가 있다 하여, 이를 충남 연기군 전의면으로 보는 견해도 있으나(李丙燾, 1977, 『國譯 三國史記』, 57쪽), 금현성은 앞에서 논한 바와 같이 수 勿奴郡과 같은 곳이다.

97) 『三國史記』 권4, 新羅本紀4 眞興王 9년(548), 11년(550), 12년(551) 조.
　　『三國史記』 권26, 百濟本紀4 聖王 26년(548), 28년(550) 조.
　　『日本書紀』 권19, 欽明天皇 12년(551) 是歲條.

98) 盧泰敦, 1976, 「高句麗의 漢水流域 喪失의 原因에 대하여」, 『韓國史硏究』 13, 한국사연구회 ; 1999, 『고구려사연구』, 서울 : 사계절, 397~401쪽.

한편 가야는 510년대에 백제에게 소백산맥 서쪽의 가야 소국들을 빼앗기고, 520년대에 신라와 결혼 동맹을 맺었으며, 530년대에는 낙동강 하류역의 㖨己呑(경남 창녕군 영산면), 南加羅(경남 김해시), 卓淳(경남 창원시) 등을 신라에게 빼앗기고 연맹 전체가 남북으로 분열되어, 540년대에는 빼앗긴 영역을 회복하면서 백제 및 신라의 침공에 대비하기 위한 대책을 모색하고 있었다.[100]

그런데 『일본서기』를 보면 이 당시 일련의 사태들은 고구려와 백제, 신라의 삼국 사이에서만 일어난 것이 아니라 가야도 관여하고 있어서 이를 재검토할 필요가 있다. 이를 인용하면 다음과 같다.

欽明 9년(548) 여름 4월 임술삭 갑자(3일)에 백제가 中部 杅率 掠葉禮 등을 보내 아뢰었다.

"德率 宣文 등이 신의 나라[臣蕃]에 이르러 칙명을 받들어 말하기를,

'요청한 구원병은 때에 맞추어 보내주겠답니다.'

라고 하였으니, 삼가 은혜로운 조서를 받아 기쁘기 한량없습니다.

그런데 馬津城 전투 〈정월 신축(9일)에 고구려[高麗]가 무리를 이끌고 馬津城을 포위하였다.〉에서 한 포로가 일러 말하기를,

'安羅國과 야마토노 미코토모치[日本府]가 부르러 와서 (백제를) 벌주기를 권하였기 때문입니다.'

라고 하였습니다. 이 일을 상황에 비겨 볼 때, 참으로 그럴 듯합니다. 그러나 그 말을 조사하려고 세 번이나 부르러 보냈어도 매번 오지 않았으니 매우 걱정스럽습니다. 엎드려 원하오니, 可畏天皇 〈서쪽 이웃나라[西蕃]는 모두 야마토[日本]의 천황을 可畏天皇이라고 부른다.〉께서는 먼저 죄를 조사하십시오. 요청한 구원병

---

99) 『三國史記』권19, 陽原王 7년(551) "秋九月 突厥來圍新城 不克 移攻白巖城. 王遣將軍高 紇領兵一萬 拒克之 殺獲一千餘級. 新羅來攻取十城."

다만 돌궐의 발흥 연대는 555년이므로 이 기사는 유연의 붕괴에 따라 돌궐이 아닌 어떤 다른 세력이 고구려의 서부 방어선을 위협한 사건인데 이를 잘못 기술한 것으로 추정된다. 노태돈, 1999, 위의 책, 404쪽.

100) 金泰植, 1988, 「6세기 전반 加耶南部諸國의 소멸과정 고찰」, 『韓國古代史研究』1, 한국고대사연구회편, 지식산업사 ; 1993, 『加耶聯盟史』, 서울 : 一潮閣.

은 잠시 머무르게 하고 신이 보내는 보고를 기다리십시오."

(천황이) 조서를 내려 말하였다.

"아뢰는 말을 듣고 걱정하는 바를 접해 보건대, 야마토노 미코토모치[日本府]와 안라가 이웃의 어려움을 구해주지 않았다니, 이는 짐도 걱정하고 있는 바이오. 또한 고구려[高麗]에 몰래 사신을 보냈다는 것은 믿기 어렵소. 짐이 명해야 스스로 보낼 수 있을 것인데, 명하지 않았으니 어찌 할 수 있었겠소? 원컨대 왕은 옷깃을 풀고 허리띠를 끌러 편안히 마음을 안정시키고 깊이 의구치 마시오. 마땅히 임나와 함께 지난 번 조칙대로 힘을 다하여 북방의 적을 함께 막아 각자 봉해진 땅을 지키시오. 짐은 약간의 사람들을 보내 안라가 도망간 빈 곳을 채울 것이오."[101]

위의 사료는 『일본서기』의 한국 관계 기사들 중에서 비교적 사료의 가치가 높다고 인정받는 欽明紀의 것이나, 전체적인 기사가 백제 계통 원전이기 때문에 백제의 의도가 主를 이루고 그에 더하여 일본 측의 수정이 있다는 것을 감안하여 신중한 접근이 필요하다. 한편 이 해의 사건을 다룬 『삼국사기』 신라본기의 기록을 보면, 548년에 고구려가 濊兵 6천을 보내 백제의 獨山城(예산군 예산읍)을 공격해 왔으며, 백제가 신라에게 구원군을 청하자 신라가 신속하게 장군과 군사 3,000을 보내 고구려가 패배했다고[102] 하였다. 이로 보아 문제가 된 마진성 전투란 곧 독산성 전투이며, 이는 548년에 고구려가 백제 북방의 성을 공격했다가 신라의 구원으로 실패한 것이다.

---

101) 『日本書紀』 권19, 欽明天皇 9년(548) "夏四月 壬戌朔甲子 百濟遣中部杅率掠葉禮等奏曰 德率宣文等 奉勅至臣蕃曰 所乞救兵 應時遣送. 祗承恩詔 嘉慶無限. 然馬津城之役[正月 辛丑 高麗率衆 圍馬津城] 虜謂之曰 由安羅國與日本府招來勸罰. 以事准况 寔當相似. 然三廻欲審其言 遣召而並不來 故深勞念. 伏願 可畏天皇[西蕃皆稱日本天皇 爲可畏天皇] 先爲勘當. 暫停所乞救兵 待臣遣報. 詔曰 式聞呈奏 爰覩所憂 日本府與安羅不救隣難 亦朕所疾也. 又復密使于高麗者 不可信也. 朕命即自遣之 不命何容可得. 願王 開襟緩帶 恬然自安 勿深疑懼. 宜共任那 依前勅 戮力俱防北敵 各守所封. 朕當遣送若干人 充實安羅逃亡空地."

102) 『三國史記』 권4, 新羅本紀4 眞興王 9년(548) "春二月 高句麗與穢人 攻百濟獨山城 百濟請救 王遣將軍朱玲 領勁卒三千擊之 殺獲甚衆."

위의 기사에서 언급된 상황을 가야 측의 입장에서 정리해 보자면, 가야 연맹의 남쪽 소국들의 의사를 대변하는 안라국이 548년에 고구려에게 권하여 백제의 독산성(=마진성)을 공격하게 하였으나, 그 공격은 실패하고 거기서 잡힌 고구려 포로가 고구려와 안라의 내통을 밝히는 바람에 안라의 국제적 입장이 곤란하게 되었던 것이다. 여기서 안라국만 언급한 것이 아니라 '야마토노 미코토모치' 즉 安羅倭臣館을 언급한 것은 그 곳의 왜신들이 안라국의 대외 관계를 주도하였기 때문이다.

물론 위의 기사에서 안라가 고구려에 밀통했다는 사실 자체를 부정하는 견해도 있어서, 그 견해에 따르면 (1) 『삼국사기』의 548년 조 기사에 안라국이 관여한 흔적이 보이지 않는다는 점, (2) 함안의 안라국이 고구려와 통할 수 있는 길은 백제나 신라에 의하여 막혀 있었다는 점, (3) 사후에 백제가 안라국에 대한 군사 행동을 전개한 편린이 없다는 점 등을 들고, 이 기록은 안라가 백제에 비협조적이었음을 비방하기 위한 외교적 주장[103]이라고 하였다.

그러나 신라 위주의 사료인 『삼국사기』에 안라의 기록이 빠진 것은 어찌 보면 자연스러운 것이고, 물리적인 길이 막혀 있다고 해도 밀사에 의한 내통은 가능하며, 백제의 안라에 대한 사후 군사 행동도 백제의 목적 달성을 위해서 필수적인 것은 아니었다. 여기에는 여러 가지 상황이 작용하고 있으므로 간단히 부정할 수 있는 것이 아니다. 그래서 왜왕이 처음에는 밀통의 사실을 부인했지만 欽明紀 10년(549) 6월 조에는 왜왕이 "延那斯·麻都가 몰래 고구려와 밀통한 것에 대하여 그 허실을 묻겠다."라고 표현하여 왜왕도 그 사실을 인정했으므로 안라와 고구려의 밀통을 사실로 받아들일 수 있다[104]는 반론도 있다.

또 혹자는 "야마토 정권의 영향하에 있는 것으로 되어 있는 안라국과 일

---

103) 李永植, 1995, 「6世紀 安羅國史研究」, 『國史館論叢』 62, 126~127쪽 ; 1995, 앞의 논문, 232쪽.
104) 南在祐, 1997, 「'廣開土王碑文'에서의 '安羅人戌兵'과 安羅國」, 『成大史林』 12·13합집; 2003, 앞의 책, 251쪽.

본부가 야마토 정권이 지원하는 백제전에 고구려를 불러들였다는 내용은 상호 모순되므로 논할 여지조차 없다."[105]고 하여, 그 기사 자체를 부정하였다. 그리고 백제 사신인 掠葉禮가 실제로 한 얘기는 신라의 원병이 있어서 馬津城 전투에서 승리하였으니 약속된 원군을 급파하지 않아도 된다는 말이었다고 추측하였다.[106]

그러나 이는 백제사의 맥락에서만 이 구절을 읽고 있기 때문에 생겨나는 논리이다. 백제는 원래 고구려가 마진성에 쳐들어올 것을 예상하여 왜군을 청한 것이 아니었고, 후술하듯이 실제로는 안라국 주변의 6성에 왜군을 주둔시켜 신라를 막고 가야 제국을 안심시킨다는 명분으로 요청한 것이었다. 그러므로 신라의 원병이 있으므로 왜의 원병이 시급하지 않다는 말을 백제 사신이 했을 리는 없다. 또한 그 당시에 가야는 남부와 북부가 서로 다른 구상을 하고 있었고, 남부를 대변하는 安羅는 '日本府' 즉 왜신관이 야마토 정권의 영향 아래 있는 것처럼 대외적으로 위장하며 실제로는 독립을 추구하고 있었기 때문에, 그들이 백제를 견제하기 위해 고구려를 불러들였다는 것은 있음직한 일이다.

혹은 고구려 포로의 말은 백제의 僞計에 의해 조작된 것이어서 백제는 허위 사실에 기초하여 안라의 밀통을 항의하고 있었으며, 안라국의 왕을 비롯한 지도부는 그런 공작에 의하여 국제적인 누명을 쓰고 무력화된 것이라는 견해도 있다.[107] 만일 그렇다면 백제는 안라 내부의 反백제 노선 추구 세력을 해체하기 위한 핑계거리로 고구려 포로를 이용하였다는 것이다. 백제는 그처럼 교묘한 공작을 베풀어 외국 정권을 와해시킨 유능한 모사꾼이고, 안라는 자신과 관련도 없는 일로 징벌을 받은 무기력한 희생자였을 뿐일까?

그 당시의 국력이나 외교 능력으로 보아 백제는 가야보다 우위에 있었

---

105) 김현구 외, 2003, 『일본서기 한국관계기사 연구(Ⅱ)』, 일지사, 240쪽.
106) 위의 책, 239쪽.
107) 延敏洙, 1994, 「古代韓日關係史 研究의 現段階와 問題點 -金鉉球 · 金泰植氏의 업적을 중심으로-」, 『歷史學報』 143, 346~347쪽.

고, 그로 인하여 백제와 가야의 관계는 완전한 평등을 구현할 수 없었을 것이라고 추정되므로, 위와 같은 개연성은 충분히 인정된다. 그러나 안라의 밀통 사실을 들은 뒤에 이를 확인하기 위하여 곧 세 번이나 안라에 부르러 보냈다거나 또 백제가 그토록 원했던 왜군 원병을 시급히 중지시킨 일로 보아, 백제가 계책에 따라 행동했다기보다는 당황해 하고 있었다는 인상을 준다. 또 왜왕이 이에 대하여 한편으로는 그럴 리 없다고 변명하고 한편으로는 백제의 환심을 사기 위하여 '안라가 도망 간 빈 곳을 채우겠다' 고 하는 것으로 보아 이미 그 사실을 예측하고 있었다는 느낌이 든다.[108]

그리고 그에 이어지는 欽明紀 9년(548) 6월 조에서 왜왕은 백제가 고구려에게 침해당하였다는 소식을 들었다며 이를 시급히 확인하고 싶어 했으며,[109] 그 1년 뒤인 同 10년(549) 6월 조에서야 앞으로 延那斯・麻都의 일을 조사하겠으며 백제의 요청에 따라 파병을 멈춘다고 대답하고 있다.[110] 백제가 원했던 왜군 원병이 이처럼 늦어지는 것이 백제의 공작 결과라고 볼 수는 없을 것이다. 즉 백제의 계획적 작전이었다면, 일이 보다 신속하게 진행되었을 것이다. 게다가 이 사료들이 아무리 백제 측의 입장을 대변하는 것이었다고 해도, 백제는 마치 현대의 심리전을 구사하는 것처럼 과대평가하고 안라는 무기력했을 뿐이라고 경시하는 것은 공평치 않다. 밀통을 의심할 만한 근거가 없었다면 백제가 이 사건을 제3자인 왜까지 한 편으로 몰아 외교 문제로 비화시키지는 않았을 것이라는 점에서, 위의 추정이 무리하다고 본 비판도 있다.[111]

위와 같은 여러 가지 추정이 있어야 할 정도로 이 사건이 기묘한 것이었

---

108) 『日本書紀』 권19, 欽明天皇 9년(548) 10월 조로 보아, 실제로 왜왕은 370명의 인부를 보내 得爾辛의 축성을 도왔다.

109) 『日本書紀』 권19, 欽明天皇 9년(548) "六月 辛酉朔壬戌 遣使詔于百濟曰 德率宣文 取歸以後 當復何如. 消息何如. 朕聞 汝國爲狛賊所害. 宜共任那 策勵同謀 如前防距."

110) 위의 책, 같은 왕 10년(549) "夏六月 乙酉朔辛卯 將德久貴固德馬次文等請罷歸. 因詔曰 延那斯麻都 陰私遣使向高麗者 朕當遣問虛實. 所乞軍者 依願停之."

111) 이희진, 1998, 『加耶政治史硏究』, 學硏文化社, 182쪽.

음은 틀림없다. 그러나 그럴수록 일단은 기사 자체를 믿고 논리적으로 납득이 되는가를 살펴보는 것도 하나의 방법이다. 그렇다면 안라와 고구려의 밀통은 어떤 연유로 인하여 이루어졌을까? 안라왜신관의 왜신에는 的臣, 吉備臣, 河內直, 移那斯, 麻都 등이 있는데, 『일본서기』 欽明 2년(541) 7월 조, 5년(544) 2·3월 조에 의거해 볼 때, 그 중에서 河內直·移那斯·麻都는 왜신관 내의 親신라 정책을 주도하는 사람들이고, 그들의 선조는 那奇(干)陀甲背와 加獵直岐甲背(또는 鷹奇岐彌)이며, 그 중에서 麻都(아마도 移那斯 포함)는 韓腹, 즉 왜인과 가야인(또는 백제인) 사이의 혼혈인이었다.[112] 앞의 顯宗紀 3년 是歲條에서 보았듯이, 그들의 선조인 나기타갑배가 이미 5세기 후반에 고구려와 내통하여 활약하다가 백제에게 살해당한 경험이 있었기 때문에, 그의 자손들인 麻都 등도 그러한 성향을 계승한 것이라고 하겠다.

고구려는 백제나 신라와 오랜 기간에 걸쳐 적대하는 입장에 있었기 때문에, 그들과 가까이 있으면서 남한의 사정을 잘 아는 안라국과의 밀통이 소중했을 것이다. 게다가 안라 측의 외교 담당 관료는 고구려가 예전부터 알고 있던 인물의 후손이고 또 왜국의 의사까지 대변한다는 명분을 가지고 있었기 때문에, 고구려로서는 바람직한 것이었다. 그러므로 고구려의 오래간만의 백제 공격은 안라의 유도에 의한 것이라고 보아도 좋다.

그러면 안라국은 단순히 외교 담당 관료 중의 일부가 백제에 대한 舊怨이 있었다고 해서 고구려와 내통했던 것일까? 그 원인은 544년에 있었던 가야와 백제 사이의 제2차 사비회의와 연관이 있다. 거기서 백제의 성왕은 이른바 '세 가지 계책'을 제안하였으며, 그것은 (1) 가야를 보호하기 위하여 안라국 부근의 낙동강변에 6성을 쌓고 그 곳에 왜병과 백제군을 함께 주둔케 하자는 것, (2) 고구려를 막고 신라를 제압하기 위해서는 가야 서쪽 일부 지역에 들어와 있던 백제의 郡令·城主를 내보낼 수 없다는 것, (3) 吉備臣·河內直·移那斯·麻都 네 사람을 本邑으로 송환하자는 것이었다.[113]

---

112) 金泰植, 1993, 앞의 책, 242~243쪽.

그러나 이 제안은 親신라적인 성향을 보이던 안라왜신관 관리들에 대한 추방과 함께 가야의 양쪽 변경을 백제군 또는 백제군의 후원을 받는 왜군으로 채워 장기적으로 가야연맹을 백제의 보호령으로 만들려는 것이었다. 그리하여 가야연맹 측은 이를 日本大臣과 안라왕, 가라왕에게 여쭤보고 심사숙고해야 한다며[114] 소극적으로 거절하였다. 이에 대해 백제는 545년부터 547년까지 왜 및 가야에 대하여 지속적으로 문물 공급 및 인원 파견을 함으로써[115] 그 대가로 기존의 세 가지 계책을 관철시키려고 노력하였고, 결국 왜는 548년 1월에 왜 병사를 보내줄 것을 약속하였으며,[116] 대가야를 중심으로 한 가야 북부의 소국들도 여기에 찬성하였던 듯하다.

이에 대하여 安羅國은 불안을 느꼈을 것이다. 백제 장군이 지휘하는 백

---

113) 『日本書紀』권19, 欽明天皇 5년(544) 11월 "竊聞 新羅安羅兩國之境 有大江水 要害之地也. 吾欲據此 修繕六城. 謹請天皇三千兵士 每城充以五百 并我兵士 勿使作田 而逼惱者久禮山之五城 庶自投兵降首. 卓淳之國 亦復當興. 所請兵士 吾給衣粮. 欲奏天皇 其策一也. 猶於南韓 置郡令城主者 豈欲違背天皇遮斷貢調之路. 唯庶剋濟多難 殲撲强敵. 凡厥凶黨 誰不謀附. 北敵强大 我國微弱. 若不置南韓 郡領城主 修理防護 不可以禦此强敵 亦不可以制新羅. 故猶置之 攻逼新羅 撫存任那. 若不爾者 恐見滅亡 不得朝聘. 欲奏天皇 其策二也. 又吉備臣河內直移那斯麻都 猶在任那國者 天皇雖詔建成任那 不可得也. 請 移此四人 各遣還其本邑. 奏於天皇 其策三也."

114) 『日本書紀』권19, 欽明天皇 5년(544) 11월 "於是 吉備臣旱岐等日 大王所述三策 亦協愚情而已. 今願 歸以敬諮日本大臣[謂在任那日本府之大臣也]安羅王加羅王 俱遣使同奏天皇. 此誠千載一會之期 可不深思而熟計歟."
다만 여기서 '日本大臣' 즉 안라왜신관의 大臣에게 자문해 보아야 한다는 것은 최종 책임을 가야연맹이 지지 않기 위한 핑계에 불과하며, 가야연맹 내부의 실제적인 권력 관계를 의미하는 것은 아니다.

115) 『日本書紀』권19, 欽明天皇 6년(545) "秋九月 百濟遣中部護德菩提等 使于任那 贈吳財於日本府臣及諸旱岐 各有差. 是月 百濟造丈六佛像. 製願文日 蓋聞 造丈六佛 功德甚大. 今敬造 以此功德 願天皇獲勝善之德, 天皇所用 彌移居國 俱蒙福祐. 又願 普天之下一切衆生 皆蒙解脫. 故造之矣."
同 7년(546) 6월 "夏六月壬申朔癸未 百濟遣中部奈率掠葉禮等獻調."
同 8년(547) 4월 "八年夏四月 百濟遣前部德率眞慕宣文奈率奇麻等 乞救軍. 仍貢下部東城子言 代德率汶休麻那."

116) 『日本書紀』권19, 欽明天皇 9년(548) "春正月癸巳朔乙未 百濟使人前部德率眞慕宣文等請罷. 因詔日 所乞救軍 必當遣救 宜速報王."

제·왜 연합군이 임나 보호를 명목으로 안라 부근의 6城에 주둔하게 되면, 안라의 자주적 태세의 안정판 역할을 하는 移那斯·麻都 등 안라왜신관의 인원 구성에 대한 백제의 압력이 강화되고, 이는 곧 안라국의 영향력이 소멸되는 길이기 때문이다. 그리고 安羅 등의 가야 남부 제국을 제외한 가야 북부지역의 세력들은 백제의 거듭되는 선진 문물 증여에 의하여 親백제적인 태도로 돌아서고 있었다. 그래서 안라는 백제의 압력을 완화하고 가야연맹의 결속을 다시 도모하기 위하여, 고구려와 밀통하여 백제를 혼란에 빠뜨리고자 했던 듯하다. 게다가 백제가 징계하려는 대상자들이 곧 안라의 왜신관 담당자들이었고 그들은 5세기 말에 고구려와 내통했던 나기타갑배의 후손이었기 때문에, 모든 상황은 안라와 왜신관이 가야 지역의 다른 세력과 달리 고구려와 밀통할 수밖에 없도록 하였던 것이다. 그러나 고구려군의 패배로 인하여 안라의 밀통이 발각되자, 백제는 가야 외곽 지역에 왜군 및 백제군을 배치하는데 필요한 왜 및 가야연맹의 협조를 확신할 수가 없어서, 왜에 병사 파견 중지를 요청하였다.

이와 관련하여 혹자는 545~551년은 신라와 백제의 對고구려 공동 대응이 가장 잘 이루어지던 시기이기 때문에 安羅의 對고구려 구원책은 불가피했다고 하면서도, 馬津城(=獨山城) 전투에서 사로잡은 일개 고구려 포로의 말만 믿고 안라와 고구려의 밀통 사실을 주장하는 백제를 전적으로 신뢰할 수 있을 것인가 하는 점에서는 의문점이 많다고 하였다.[117] 그리고 안라의 고구려 밀통을 사실로 인정하기는 하나, 그것을 이유로 들어 백제가 군대 파견을 중지할 것을 요구한 진짜 이유는 왜와 가야연맹의 협조를 확신할 수 없었기 때문이 아니라, 왜가 어느 정도 백제 입장을 지지하고 있고 백제도 신라와 협력하고 있었기 때문에 백제가 왜군을 끌어들여 신라를 견제할 필요성이 없어진 때문으로 해석하는 것이 타당하다고 하였다.[118]

---

117) 白承忠, 1995, 앞의 논문, 278쪽 ; 1997, 「안라, 가라의 멸망과정에 대한 검토」, 『지역과 역사』 4, 부산경남역사연구소.
118) 백승충, 1995, 위의 논문, 279~280쪽.

이러한 주장은 結果論으로 보았을 때는 일리가 있다. 후술하듯이 백제는 신라와의 동맹이 결렬되어 벌어진 554년의 관산성 전투와 관련하여 왜군을 동원하고 있기 때문이다. 그러나 고구려의 남침에 대하여 백제와 신라가 군사 동맹으로 대처한 것은 548년에 처음 이루어진 것이 아니라 유래가 깊은 것이어서, 455년부터 시작되어[119] 475년, 481년, 484년, 494년, 495년까지 빈번하게 이어졌다.[120] 그 후로는 고구려의 남침이 529년 백제 북변 穴城 함락의 한 건밖에 없어서 신라와의 군사 동맹을 확인할 수 없으나, 백제 무령왕은 521년에 중국 양나라에 조공하면서 신라 법흥왕의 사신을 동반하게 하였고,[121] 성왕이 즉위하고도 525년에 신라와 사신을 교환하는 등[122] 우호 관계가 이어지고 있었다. 그런 와중에도 백제와 신라는 『日本書紀』繼體‧欽明紀에 보이듯이 가야 지역을 둘러싸고 암투를 거듭하고 있었다. 548년의 독산성 전투로 인하여 가야를 둘러싼 백제와 신라의 암투가 사라진 것은 아니기 때문에, 544년에 성왕이 제안했던 계책 중의 하나인 6城에의 왜군 주둔 필요성이 사라진 것은 아니었다. 그러므로 백제가 왜군 파견을 중지시킨 이유는 고구려 남침에 대한 신라와의 협조 때문이 아니라, 역시 안라와 왜신관을 믿을 수 없었기 때문이다.

왜는 안라의 고구려 밀통으로 인하여 백제가 군대 파견을 보류시키자, 자신이 그 배후에 있지 않다는 점을 변명하였다.[123] 사실 안라왜신관은 외

---

119) 『三國史記』 권3, 新羅本紀3 訥祇麻立干 39년(455) 10월 조. 다만 이 기사에 고구려가 백제를 침범한 것에 대하여 신라가 군사를 내어 구원하였다고 나오나, 거기에는 구체적인 지명도 보이지 않고 그와 같은 기록이 백제본기와 고구려본기에는 나오지 않으므로, 이것을 최초의 羅濟 군사 협력 사례로 볼 수 있을 지는 의문이나, 일단은 그대로 인정해둔다.

120) 『三國史記』 권3, 新羅本紀3 慈悲麻立干 17년(474) 조, 炤知麻立干 3년(481), 6년(484), 16년(494), 17년(495)조.
『三國史記』 권26, 百濟本紀4 文周王 즉위(475) 조, 東城王 16년(494), 17년(495) 조.

121) 『梁書』 권54, 列傳48 諸夷 新羅傳 "其國小 不能自通使聘. 普通二年(521) 王姓募名秦 始使使隨百濟奉獻方物."

122) 『三國史記』 권26, 百濟本紀4 聖王 3년(525) 2월 조.

123) 이 점이 본고에 인용한 欽明紀 9년(548) 4월 조 후반부 기사의 의미이다.

형상 倭國使節 駐在館이라는 명분을 띠고 있지만 당시의 실체는 안라왕에게 소속된 안라국의 특수 외무관서로서 기능하고 있었기 때문에,[124] 실제로 왜왕은 왜신관의 행위에 대하여 알지 못했을 것이다.

반면에 안라국은, 강하다고 믿었던 고구려군이 무력하게 패배하자 백제의 추궁에 대하여 답변할 수 없었고, 또 이제는 외교 능력의 한계성이 드러나서 다른 가야 소국들의 反백제 분위기를 주도할 수도 없게 되었다. 그리하여 안라왕은 안라왜신관의 문제 관리들을 해임하고 백제의 의도에 굴하지 않을 수 없었을 것이다.[125] 안라국이 군대를 내서 고구려의 백제 공격에 가담한 것도 아니고 단지 왜신관 주도로 정보를 준 것에 불과하므로, 백제도 안라에 대한 징계로서 군사 행동을 취하여 전체 가야연맹을 자극하기보다는 그 정도로 마무리하는 것이 경제적이었다.

결국 이 사건으로 가야연맹 내의 反백제 행위를 주도하는 세력들이 제거됨으로써, 얼마 안 있어 550년 무렵에 가야연맹은 백제의 외교와 힘에 눌려 종속적으로 연합되었다고 보인다. 물론 당시의 가야연맹은 그 지도부가 정치적으로 백제의 유도에 따르게 되었다는 측면에서 일부 종속되었다는 것이지, 그 지역 전체가 백제 측의 지방관 파견과 같은 조치로 인하여 백제 영역으로 흡수된 것은 아니었다. 왜군의 가야 6성 주둔 필요성이 사라진 이유는 실로 이것, 즉 가야연맹의 종속적 연합이었고, 그 후로는 백제가 왜군 파견을 요청하는 이유가 바뀐다고 하겠다.

그 후 『일본서기』에서 고구려에 대한 가야의 동향을 알 수 있는 기사가 하나 더 나온다. 그 기사를 인용하면 다음과 같다.

欽明 12년(551) 이 해에 백제 聖明王이 몸소 무리와 두 나라의 병사 〈두 나라는

---

124) 金泰植, 1991, 「530년대 安羅의 '日本府' 經營에 대하여」, 『蔚山史學』 4, 울산대학교 사학과 ; 1993, 앞의 책, 241쪽.

125) 안라왕의 행위에 대한 문헌적 근거는 없으나, 그 후에도 안라왕이 가라왕, 즉 대가야왕과 함께 가야연맹의 주요 권력자로 인정받고 있는 사건 전개로 보아, 그런 정도의 조치가 있었을 것으로 추정된다.

신라와 임나를 가리킨다.)를 거느리고 나아가 고구려[高麗]를 쳐서 漢城의 땅을
빼앗았다. 또한 군사를 내보내 平壤을 토벌하였다. 무릇 여섯 郡의 땅이니, 드디
어 옛 땅을 수복한 것이다.[126]

위의 기사는 백제 측의 관점에 의하여 백제가 신라와 임나(=가야)의 군
대를 거느리고 한강 하류 유역을 정벌했다고 대서특필하고 있다. 또한 위의
기사에 더하여 『三國史記』 新羅本紀에는 "왕이 거칠부 등에게 명하여 고구
려에 침입케 하였는데, 이긴 기세를 타고 10개 군을 빼앗았다."[127]고 하였
고, 居柒夫列傳에는 "백제 사람들이 먼저 平壤을 격파하고 거칠부 등은 승
리의 기세를 타서 竹嶺 바깥, 高峴 이내의 10군을 취하였다."[128]고 하였다.
이로 보아, 당시에 백제-가야 연합군은 한강 하류 지역을 쳐서 漢城(경기 하
남시)과 平壤(남평양, 지금 서울)을 비롯하여 6郡을 회복하였고, 동시에 신
라군은 한강 상류 지역을 쳐서 竹嶺(충북 단양)과 高峴(황해 곡산)[129] 사이
의 10郡을 취했음을 알 수 있다. 즉 이 때에는 가야가 백제군의 연합군으로
출정하여 고구려의 영토였던 한강 하류 유역을 점령했던 것이다.

여기서 주목할 것은 임나의 병사, 즉 가야군이란 어느 지역의 군대인가
하는 점이다. 『일본서기』에서 그 다음 해인 552년에 백제, 가라, 안라가 함
께 왜국에 군대를 청하는 사신을 보냈다고 하고, 또 왜왕은 백제왕, 안라왕,
가라왕과 야마토노 미코토모치 신[日本府臣] 등이 함께 사신을 보낸 상황을
잘 알겠다고 한 점[130]을 통해 이 문제를 추측해볼 수 있다. 백제가 가라와
안라의 이름을 함께 거론하며 사신을 보내고 있는데, 이런 정황은 이미 551

---

126) 『日本書紀』권19, 欽明天皇 12년(551) "是歲 百濟聖明王 親率衆及二國兵[二國謂新羅任
那也] 往伐高麗 獲漢城之地. 又進軍討平壤. 凡六郡之地 遂復故地."
127) 『三國史記』권4, 新羅本紀4 眞興王 12년(551) "王命居柒夫等 侵高句麗 乘勝取十郡."
128) 『三國史記』권44, 列傳 居柒夫 "十二年(551)辛未 王命居柒夫及仇珍大角湌·比台角湌·
耽知迊湌·非西迊湌·奴夫波珍湌·西力夫波珍湌·比次夫大阿湌·未珍夫阿湌等八將
軍 與百濟侵高句麗. 百濟人先攻破平壤 居柒夫等 乘勝取竹嶺以外高峴以內十郡."
129) 정구복 외, 2012, 『개정증보 역주 삼국사기4 주석편(하)』, 성남 : 한국학중앙연구원출판
부, 702쪽.

년 또는 그 이전부터 비롯된 것이라고 볼 수 있다. 특히 백제 성왕이 550년에 왜왕에게 "임나의 일은 칙명을 받들어 굳게 지키겠소. 延那斯와 麻都의 일은 묻든 묻지 않든 간에 오직 칙명을 따를 뿐이오."라고 말한 것[131]은 백제가 이미 안라를 포함한 가야 전역을 통제하고 있었던 자신감에서 나왔다고 보인다.[132] 그러므로 백제와 연합한 가야의 군대란 대가야와 안라를 중심으로 한 가야연맹 전체의 군대였다고 할 수 있다. 그 중에서도 주체를 이룬 것은 일찍부터 백제에게 화친의 면모를 보였던 대가야 쪽이었을 것이다.

또 하나 유의해야 할 점은 신라군에도 옛 가야 일부의 군대가 참여하고 있었다는 점이다.『삼국사기』신라본기에 의하면 이 때 한강 유역을 공격하는 신라군은 '居柒夫等' 이었다고 나오고, 거칠부전에는 '居柒夫, 대각찬 仇珍, 각찬 比台, 잡찬 耽知, 잡찬 非西, 파진찬 奴夫, 파진찬 西力夫, 대아찬 比次夫, 아찬 未珍夫 등 여덟 장군' 이라고 나온다.[133] 그 중에서 파진찬 奴夫는 550년경의『丹陽赤城碑』에 나오는 '大衆等 喙部 內禮夫智 大阿干智'와 동일인이며, 그는 內夫智, 奴宗, 世宗, 弩里夫라고도 불리는 사람으로서 532년에 신라에 항복한 금관국 구형왕의 맏아들이다.[134]

『단양적성비』에 기록된 군대는 '伊史夫智 伊干支' 가 지휘하고 있었으므로, 이는 550년에 이사부가 지휘한 道薩城 및 金峴城 전투의 연장선 위에서 행해진 행적이었다고 생각된다. 거기에는 금관국 구형왕의 셋째 아들로서 신라의 진골로 편입된 '高頭林城在軍主等 沙喙部 武力智 阿干支' 도 참

---

130)『日本書紀』권19, 欽明天皇 13년(552) 5월 "百濟加羅安羅 遣中部德率木刕今敦河內部阿斯比多等 奏曰 高麗與新羅 通和幷勢 謀滅臣國與任那. 故謹求請救兵 先攻不意. 軍之多少 隨天皇勅. 詔曰 今百濟王安羅王加羅王 與日本府臣等 俱遣使奏狀聞訖. 亦宜供任那 幷心一力. 猶尙若茲 必蒙上天擁護之福 亦賴可畏天皇之靈也."

131)『日本書紀』권19, 欽明天皇 11년(550) 4월 조. 원문은 앞의 주석 41 참조.

132) 대가야의 악사 우륵이 이미 551년 3월에 신라에 투항해 있었다는 것도 550년경에 가야연맹 제국이 백제에 상당 부분 종속적으로 연합된 것에 대한 반발이었다고 할 수 있다 (김태식, 2002,『미완의 문명 7백년 가야사 1권』, 푸른역사, 230~231쪽).

133) 원문은 앞의 주석 127 및 주석 128 참조.

134) 金泰植, 1996,「大加耶의 世系와 道設智」,『震檀學報』81호, 진단학회, 23~24쪽.

여하고 있었으므로,[135) '內禮夫智' 나 '武力智' 와 같은 장군뿐만이 아니라 그들이 지휘하는 금관국 출신의 가야인들도 부대원으로서 함께 출전하고 있었음에 틀림없다. 武力은 551년의 기사에는 이름이 보이지 않으나 553년에 新州軍主로 임명되고 있으므로,[136) 이 전투에도 어떤 형태로든 참가하고 있었을 것이다.

이렇게 볼 때, 551년의 한강 유역 회복 전투에는 거의 모든 가야군들이 참가하고 있었다고 할 수 있다. 백제군과 연합한 대가야 및 안라 계통의 가야군이 한강 하류 방면을 공격하였으며, 신라군에 소속된 금관국 계통의 옛 가야군이 한강 상류 방면을 공격하였던 것이다. 그러므로 이 전투가 백제-신라 연합군의 승리로 돌아간 데에는 양쪽에 걸쳐 가야군의 힘도 적지 않게 작용했다고 하겠다.

이 당시에 신라 仇珍의 지휘를 받아 참여한 옛 금관국 종손인 奴夫의 군대는 상당수가 가야 혈통의 인물들이었다고 해도 이미 신라군이었기 때문에 무슨 반대급부가 있었다고 보기는 어렵다. 그러나 백제와 연합군을 이룬 대가야-안라 쪽의 가야연맹은 출전의 대가로 백제가 6郡의 땅을 차지했듯이 무엇인가 반대급부를 받았을 것이다. 그 반대급부는 참전한 가야 군대의 규모에 따라 달라졌을 터이나, 가야연맹의 영역은 고구려와 접해 있지 않았기 때문에, 그들이 획득한 고구려 영토의 일부가 되었을 것 같지는 않다. 그렇다면 아마도 그것은 영토가 아니라 가야에서 필요로 하는 일상용품이나 진귀한 문물과 같은 것이었을 가능성이 높으나, 자료의 제한으로 구체적인 것

---

135) 『丹陽赤城碑』 "△△△△月中 王教事 大衆等 喙部伊史夫智伊干(支) (沙喙部) 豆弥智彼珍干支 喙部西夫叱智大阿干(支) △△夫智大阿干支 內禮夫智大阿干支, 高頭林城在軍主等 喙部比次夫智阿干支 沙喙部武力智阿干支, 鄒文村幢主 沙喙部導設智及干支 勿思伐(城幢主) 喙部助黑夫智及干支 節教事." 이 釋文에서 ( ) 속의 글자는 비면 상태에서는 보이지 않으나 추정한 글자임. 朱甫暾, 1992, 「丹陽 赤城碑」, 『譯註 韓國古代金石文 제2권(신라1·가야편)』, 한국고대사회연구소 편, 가락국사적개발연구원, 33쪽.
136) 『三國史記』 권4, 新羅本紀4 眞興王 14년(553) "秋七月 取百濟東北鄙 置新州 以阿飡武力 爲軍主."

은 알기 어렵다.

백제-가야-신라 연합군에 의한 고구려 공격 및 한강 유역 점령 사건은 백제와 신라의 分占으로 끝나는 것이 아니라 2년 후에 극적인 반전을 보였다. 즉 『삼국사기』에 의하면, 553년 7월에 신라가 백제의 동북쪽 변두리를 빼앗아 新州(경기 하남시)를 설치하였기[137] 때문이다. 그러나 같은 사건에 대하여 『일본서기』에서는 552년 是歲條에 "백제가 漢城과 平壤을 버렸기 때문에 신라가 漢城에 들어가 살았다. 지금 신라의 牛頭方과 尼彌方이다."[138]라고 기록하였다.

이 사건에서 신라가 한성을 점령한 시기는 편년 자료의 성격상 『삼국사기』쪽을 따라 553년으로 보는 것이 타당하다. 그런데 그 원인에 대해서는 신라의 일방적인 백제 공격에 의한 한강 하류 점탈로 보기보다는 552년이나 553년 초 고구려와 신라의 和約에 의한 백제 협공으로 보는 것이 일반적이다.[139] 그 때 고구려는 이미 상실한 한강 유역과 함께 함흥평야 일대를 신라에게 넘겨주고, 대신 양국이 화평한 관계를 맺는다는 것이 주된 내용이었을 것으로 추측된다.[140]

고구려와 신라의 화약에 대해서는 『삼국유사』 진흥왕 조에서 "진흥왕이 '만약 하늘이 고구려를 싫어하지 않는다면 어찌 바랄 수 있겠는가?' 하는 말을 고구려에 통고하니 고구려가 신라에 통호하였고 이런 까닭에 (554년에) 백제가 신라를 침공했다."[141]는 구절과, 『舊唐書』 新羅傳에 "전에 백제가 고려를 정벌할 때 구원을 요청해 와 병력을 동원해 백제를 격파하였다."[142]

---

137) 위의 주석과 같음.
138) 『日本書紀』권19, 欽明天皇 13년(552) "是歲 百濟棄漢城與平壤 新羅因此入居漢城. 今新羅之牛頭方尼彌方也.[地名未詳]"
139) 盧泰敦, 1976, 앞의 논문 ; 1999, 앞의 책, 429~433쪽.
140) 위의 책, 433쪽.
141) 『三國遺事』권1, 紀異1 眞興王 "先是 百濟欲與新羅合兵謀伐高麗. 眞興曰 國之興亡在天 若天未厭高麗 則我何敢望焉. 乃以此言通高麗 高麗感其言 與羅通好 而百濟怨之 故來爾."
142) 『舊唐書』권199상, 列傳149상 新羅國傳 "先是百濟往伐高麗 詣新羅請救 新羅發兵大破百濟國."

는 구절에 사료적 근거가 있다. 또한『삼국사기』에서 그 직후인 553년 10월에 신라 진흥왕이 백제 성왕의 딸을 맞아들여 小妃로 삼았다는[143] 사실을 전하는 것으로 보아, 백제 쪽에서도 신라의 漢城 점령을 강하게 문제 삼기보다는 일단 그 상태대로 인정한 듯하다.

그런데 이 때 고구려와 신라가 화통하였다는 내용이『일본서기』에 전하는 백제 성왕의 언급 속에 나온다. 그 기사는 552년부터 554년에 걸쳐 세 번 나오는데, 그 항목을 나열하면 다음과 같다.

欽明 13년(552) 5월 무진삭 을해(8일)에 백제, 가라, 안라가 中部 德率 木刕今敦, 가와치베노 아시히타[河內部阿斯比多] 등을 보내 아뢰었다.

"고구려[高麗]와 신라가 친교를 통하고 힘을 합쳐서 신의 나라와 임나를 멸망시키고자 꾀하고 있습니다. 그러므로 삼가 구원병을 청하여 먼저 불의에 공격할까 합니다. 군사의 많고 적음은 천황의 조칙대로 따르겠습니다."[144]

欽明 14년(553) 8월 신유삭 정유(7일)에 백제가 上部 奈率 시나노 시라키[科野新羅], 下部 固德 汝休帶山 등을 보내 표를 올려 말하였다.

"(중략) 올해 문득 들으니, 신라와 狛國이 다음과 같이 계책을 통하였다고 합니다. '백제와 임나가 자주 야마토[日本]에 가고 있소. 생각건대 이는 군병을 빌어 우리나라를 치려는 것이 아닌가 하오. 일이 만약 그렇다면 나라의 패망이 발돋움하고 기다리는 격이오. 그러니 바라건대 야마토[日本]의 군병이 아직 발동하지 않았을 사이에 먼저 안라를 쳐서 빼앗아 야마토 길[日本路]을 끊어야 하오.' 그들의 책략이 이와 같습니다. 臣 등은 이를 듣고 위태로움을 깊이 느꼈습니다."[145]

欽明 15년(554) 겨울 12월에 백제가 下部 杆率 汝斯干奴를 보내 표를 올려 말하였다.

---

143)『三國史記』권4, 新羅本紀4 眞興王 14년(553) "冬十月 娶百濟王女爲小妃."
144)『日本書紀』권19, 欽明天皇 13년(552) "五月戊辰朔乙亥 百濟加羅安羅 遣中部德率木刕今敦河內部阿斯比多等奏曰 高麗與新羅 通和幷勢 謀滅臣國與任那. 故謹求請救兵 先攻不意. 軍之多少 隨天皇勅."
145)『日本書紀』권19, 欽明天皇 14년(553) "八月辛卯朔丁酉 百濟遣上部奈率科野新羅下部固德汝休帶山等 上表曰 (中略) 今年忽聞 新羅與狛國通謀云 百濟與任那 頻詣日本. 意謂是乞軍兵 伐我國歟. 事若實者 國之敗亡 可企踵而待. 庶先日本軍兵 未發之間 伐取安羅 絶日本路. 其謀若是. 臣等聞玆 深懷危懼."

"백제왕 臣 明 및 안라에 있는 여러 倭臣들과 임나 여러 나라의 旱岐들이 아뢰어, '斯羅가 무도하여 천황을 두려워하지 않고 狛과 마음을 같이 하여 바다 북쪽의 미야케[彌移居]를 잔멸시키려고 하므로, 臣 등은 함께 의논하여 有至臣 등을 보내 삼가 군사를 빌어 斯羅를 정벌코자 합니다.' 라고 말씀드렸습니다. (중략)"
　　별도로 아뢰었다.
　　"만약 斯羅뿐이라면 有至臣이 거느린 군사로도 족하지만, 지금 狛과 斯羅가 마음을 같이 하고 힘을 합하였으니 성공하기가 어렵습니다."[146]

　　위의 사료의 밑줄친 부분에서 '狛'이나 '高麗' 즉 고구려와 '斯羅' 즉 신라가 서로 통하고 있다는 것은 여러 가지로 표현되고 있다. "친교를 통하고 힘을 합"쳤다든가(552년), "계책을 통하였다"든가(553년) 또는 "마음을 같이 하"였다는(554년) 것이다. 이로 보아 아직까지 고구려와 신라 사이에 무슨 구체적인 움직임은 없으나 계획상으로 내통하고 있다는 것이다. 그러므로 이와 관련하여 신라가 한강 하류 유역을 점령하였다고 할 때, 고구려 군과의 합동 작전과 같은 것은 없었다고 보아야 할 것이다.
　　고구려와 신라가 화통한 목적에 대해서는 "신의 나라(백제)와 임나를 멸망시키고자 꾀하"였다든가(552년) "먼저 안라를 쳐서 빼앗아 야마토 길을 끊어야" 한다든가(553년) 또는 "바다 북쪽의 미야케(백제와 임나)를 잔멸시키려고" 한다고(554) 표현되어 있다. 이것 역시 백제와 임나를 멸망시키기 위한 것이라는 일관된 표현을 보이고 있는데, 먼저 안라를 치려고 한다는 것이 가장 구체성을 띠고 있다. 그러므로 이것이 왜국 측에 보이고자 하는 백제의 의도였던 듯하다. 그러나 그 사이 553년에 신라는 백제가 고구려로부터 회복한 한강 하류 유역을 침범하여 빼앗았을 뿐이고 백제와 가야를 공격한다든가 혹은 안라를 공격하는 조짐은 나타나지 않았다. 더구나 북방의

146) 『日本書紀』 권19 欽明天皇 15년(554) "冬十二月 百濟遣下部杅率汶斯干奴 上表曰 百濟王臣明 及在安羅諸倭臣等 任那諸國旱岐等奏 以斯羅無道 不畏天皇 與狛同心 欲殘滅海北彌移居. 臣等共議 遣有至臣等 仰乞軍士 征伐斯羅. (중략) 別奏 若但斯羅者 有至臣所將軍士亦可足矣. 今狛與斯羅 同心戮力 難可成功."

변경 문제로 긴장한 고구려가 그에 가담할 만한 정황도 보이지 않는다.

백제는 이와 같은 상황을 전하면서 왜군의 파견을 요청하고 있는데, 백제가 왜군을 지원받아 하겠다는 일은 무엇일까? 이에 대해서는 사료의 짙은 글씨 부분에서 백제가 "먼저 불의에 공격할까" 한다든가(552년) "斯羅를 정벌코자" 한다고(554년) 표현되었다. 즉 백제가 선수를 쳐서 신라를 치겠다는 것이다. 이는 물론 백제가 554년의 관산성 전투를 유발한 것으로 실현되었다. 백제가 신라의 목적을 '안라 공격'이라고 진단한 553년의 언급으로 보아서는, 544년 사비 회의에서의 '세 가지 계책'과 같이 안라 방어를 위한 6城에의 왜군 주둔을 구상한 듯이 보이기도 하나, 이는 실현되지 않았다.

그러므로 고구려가 신라와 화통하여 무엇인가의 약속을 맺은 것은 틀림없다고 보인다. 그러나 그 약속의 내용은 백제 측의 표현과 같이 고구려-신라 연합군이 백제와 가야를 쳐서 멸망시킨다는 정도의 엄청난 것은 아니었다. 백제가 멸망시킨 한강 하류 유역을 신라가 차지하는 것에 대하여 고구려가 용인하고 고구려와 신라 사이에 더 이상의 상쟁이 없기를 바란다는 정도였던 것이다. 그러나 백제는 고구려를 빗대어 신라 침공의 구실로 삼고 가야 및 왜의 참전을 독려한 듯하다.[147]

그리하여 가야연맹은 또다시 백제가 일으킨 전쟁에 동원되었다. 『삼국사기』에서는 554년에 백제가 加良과 함께 管山城을 공격해 왔다고 기록하고 있다. 여기서 加良이 가야연맹을 가리킴은 물론이다. 관련 기사들을 인용하면 다음과 같다.

> 진흥왕 15년(554) 가을 7월에 明活城을 수리하여 쌓았다. 백제 왕 明禯 〈성왕〉이 加良과 함께 管山城을 공격해 왔다. 군주 각간 于德과 이찬 耽知 등이 맞서 싸웠

---

147) 사료 상으로 보아 백제가 가야의 참전을 독려했다는 기사는 보이지 않으나, 아직까지 가야의 독립성이 보존되고 있던 당시의 정황으로 보아, 백제가 고구려와 신라의 화통을 명분으로 삼아 위기감을 조성하여 가야의 대거 참전을 유도 또는 강압한 것은 틀림없을 것이다.

으나 전세가 불리하였다. 新州 군주 金武力이 州의 군사를 이끌고 나아가 교전함에, 神將 三年山郡의 高干 都刀가 급히 쳐서 백제왕을 죽였다. 이에 모든 군사가 승세를 타고 크게 이겨, 佐平 네 명과 군사 2만 9천 6백 명을 목 베었고 한 마리의 말도 돌아간 것이 없었다.(『三國史記』新羅本紀)[148]

성왕 32년(554) 가을 7월에 왕은 신라를 습격하고자 하여 친히 步騎 50명을 거느리고 밤에 狗川에 이르렀다. 신라의 伏兵이 일어나자 더불어 싸웠으나 亂兵에게 해침을 당하여 죽었다. 諡號를 聖이라 하였다.(『三國史記』百濟本紀)[149]

"천황이 有至臣을 보내 군사를 거느리고 6월에 도착하게 하였습니다. 신 등은 매우 기뻐하며 12월 9일에 斯羅를 공격하러 보냈습니다. 신은 먼저 東方領 모노노베노 마가무노 무라지[物部莫奇武連]를 보내 그 方의 군사를 거느리고 函山城을 치게 하였는데, 有至臣이 데리고 온 사람인 쓰쿠시[竹斯]의 모노노베노 마가와 사카[物部莫奇委沙奇]가 불화살을 잘 쏘아서, 천황의 위엄에 힘입어 이 달 9일 酉時에 성을 불살라 함락시켰습니다. 그래서 단독 사신을 빠른 배로 보내 아뢰는 것입니다." (중략) "엎드려 원하오니, 속히 쓰쿠시 섬[竹斯嶋]의 여러 군사들을 보내 신의 나라를 돕고 또한 임나를 도와주신다면 가히 일을 이룰 수 있겠습니다." 또 아뢰었다. "신은 따로 군사 1만 인을 보내 임나를 돕고 있습니다."(『日本書紀』欽明天皇 15년 12월 조)[150]

이 전쟁은 『삼국사기』의 기록과 같이 백제와 가야가 신라를 침으로써 유발된 것이며, 여기서 그 연합군이 패하여 군사 29,600명이 전사하는 대규모의 것이었다. 그런데 『일본서기』의 기록에 의하면, 백제는 554년 6월에 왜

---

148) 『三國史記』권4, 新羅本紀4 眞興王 15년(554) "秋七月 修築明活城. 百濟王明禮與加良 來攻管山城. 軍主角干于德伊湌耽知等 逆戰失利. 新州軍主金武力 以州兵赴之. 及交戰 神將三年山郡高干都刀 急擊殺百濟王. 於是 諸軍乘勝 大克之 斬佐平四人士卒二萬九千 六百人 匹馬無反者."

149) 『三國史記』권26, 百濟本紀4 聖王 32년(554) "秋七月 王欲襲新羅 親帥步騎五十 夜至狗 川. 新羅伏兵發與戰 爲亂兵所害薨 諡曰聖."

150) 『日本書紀』권19, 欽明天皇 15년(554) 12월 "而天皇遣有至臣 帥軍以六月至來. 臣等深用 歡喜. 以十二月九日 遣攻斯羅. 臣先遣東方領物部莫奇武連 領其方軍士 攻函山城. 有至 臣所將來民竹斯物部莫奇委沙奇能射火箭. 蒙天皇威靈以月九日酉時焚城拔之. 故遣單使 馳船奏聞. (중략) 伏願 速遣竹斯嶋上諸軍士 來助臣國 又助任那 則事可成. 又奏 臣別遣 軍士萬人 助任那."

군 1,000명을 받아 12월 9일에 函山城 즉 관산성을 공격하였고, 竹斯島 즉 규슈의 왜군을 더 보내 임나를 도와주기를 바라며, 백제는 군사 10,000명을 보내 임나를 돕고 있다고 하였다. 그렇다면 이 전쟁에서 전사한 29,600명 중에 18,600명 이상이 임나 즉 가야의 군대이니, 관산성 전투의 주력 부대가 가야군이었던 셈이다.

말하자면 백제는 백제-가야-왜 연합군의 대부분을 가야인으로 구성하여 신라에 대한 공격에 나선 것이다. 이는 백제의 말대로 고구려의 공격에 대비하기 위한 後顧 때문이라고 하겠다. 그래서 백제군을 더 투입하지 못하고 왜군의 증원을 계속해서 요청했던 듯하다. 그러나 그처럼 무모한 공격이었음에도 불구하고 백제-가야-왜 연합군이 初戰에서 예상 외로 관산성을 함락시키자 성왕을 비롯한 백제 조정은 한껏 고무되었다. 그래서 성왕은 그 전투를 지휘하고 있던 아들 餘昌을 위로하기 위해 50여 명이라는 소수 병력의 호위 아래 久陀牟羅塞(충북 옥천군 옥천읍)[151]로 가다가,[152] 그 첩보를 듣고 狗川(옥천군 군서면 월전리 군전마을 西華川 부근의 구진벼루)[153]에서

<hr/>

151) 久陀牟羅塞는 지금 경북 安東市의 옛 이름인 古陁耶郡과 발음이 비슷하나, 확실치 않다. 그리고 충북 옥천의 管山城을 함락시킨 직후에 경북 안동까지 진격하여 그 곳에 성채를 쌓고 있었다고 보기도 어렵다. 그러므로 구타모라새는 관산성 아래의 마을에 세운 임시 성채였다고 보는 것이 좋을 듯하다. 신라 尚州 管城郡(옥천군 옥천읍)의 옛 지명인 古尸山郡이며, 사료에 따라 管山(『삼국사기』 신라본기 진흥왕 15년 7월 조), 古利山(『三國史記』 金庾信傳下), 仇禮城(『삼국사기』 신라본기 자비마립간 17년 조), 仇利城 또는 久利城(경주 南山新城碑 第2碑), 函山(『日本書紀』 欽明 15년 조), 環山(『新增東國輿地勝覽』 沃川郡 山川條) 등은 모두 '고리산'을 音 또는 訓을 따서 표기한 지명인 듯하다. 古利山은 현재의 충북 沃川郡 郡北面 環坪里 뒷산인 環山으로 추정된다(鄭永鎬, 1975, 「百濟古利山城考」, 『百濟文化』 7·8). 그러므로 이는 '골산' 또는 '곳산'으로 발음되었을 것이고, 구타모라새도 옥천군 옥천읍으로 비정하는 것이 옳다.

152) 『日本書紀』 권19, 欽明天皇 15년(554) 12월 "餘昌謀伐新羅. 耆老諫曰 天未與 懼禍及. 餘昌曰 老矣, 何怯也. 我事大國 有何懼也. 遂入新羅國 築久陀牟羅塞. 其父明王憂慮 餘昌 長苦行陣 久廢眠食. 父慈多闕 子孝希成 乃自往迎慰勞. 新羅聞明王親來 悉發國中兵 斷道擊破."

153) 정구복 외, 2012, 『개정증보 역주 삼국사기4 주석편(하)』, 성남 : 한국학중앙연구원출판부, 180쪽.

길목을 지키며 대기하던 新州軍主 金武力 부대의 裨將인 三年山郡의 高干 都刀에게 잡혀 뜻하지 않은 죽음을 당하였다. 그로 인하여 백제-가야-왜 연합군은 사기가 떨어져 급격히 패퇴되었다.

한편 『삼국사기』에 의하면, 554년 7월에 성왕이 사망한 뒤인 554년 10월에 고구려가 크게 군사를 일으켜 熊川城(공주)을 공격했다가 패하여 돌아갔다고[154] 한다. 고구려가 웅천성을 크게 공격했다면, 백제 수도인 泗沘城(부여)을 함락시킬 목적이 있었다고 할 수 있다. 그러나 관산성 전투의 승리를 전하고 있는 『일본서기』의 기사는 매우 구체적이어서, 백제군이 554년 12월 9일 酉時(오후 6시)에 함락시켰음을 말하고 있다. 게다가 백제 성왕이 554년 7월에 사망했다는 『삼국사기』 백제본기의 기사에서 '7월' 이라는 요소는 『삼국사기』 신라본기의 같은 해의 기사에 영향을 받은 것으로 추정된다. 그 기사에서 '7월' 에 해당하는 기사는 명활성을 축조했다는 기사뿐이고, 그 뒤에 이어지는 기사는 그와 직접적인 연관성이 없으므로 그 사이에 '是歲' 가 생략된 것으로 보아야 할 것이다.

그러므로 성왕의 사망은 554년 12월 9일 이후 멀지 않은 어느 때라고 보아야 할 것이며, 고구려의 웅천성 공격은 성왕이 죽기 이전의 10월이라고 보아야 할 것이다. 이 시기가 백제의 관산성 공격이 시작되기 前인지 後인지에 대해서는 기록이 없으나, 당시의 사건 전개로 볼 때 고구려가 갑자기 백제의 심장부를 노린 공격을 감행했다고는 보기 어렵다. 역시 백제가 관산성 전투를 일으켰다는 정보를 듣고, 대군이 출동한 이후의 허를 찌르기 위해 고구려가 웅천성을 공격했다고 보는 것이 자연스럽다. 여기에는 신라의 신속한 제보가 있었을 가능성이 높다. 신라가 한강의 상류부터 하류까지 통제하고 있는 상황에서 고구려군이 이를 통과하여 웅천성까지 들어왔다는 것도 신라의 협조를 예상케 한다. 그렇다면 고구려와 신라가 계책을 통하였

---

154) 『三國史記』 권27, 百濟本紀5 威德王 원년(554) "冬十月 高句麗大擧兵 來攻熊川城 敗衄而歸."

다든가 마음을 같이 하였다든가 하는 백제의 표현이 그리 틀린 것은 아니었다고 할 수 있다.

그러나 백제는 이미 그럴 가능성을 대비하고 있어서, 대군은 고구려의 습격에 대비하고 1만 명의 군대만 신라를 치도록 조처해 놓았던 것이다. 그래서 고구려의 기습 결과는 처참한 패배[敗衄]였다. 이는 백제의 주력 부대가 관산성 전투에 참가하지 않았다는 것을 의미하며, 이를 숫자로 보완한 것은 가야의 대군이었다.

백제의 이러한 양면 대비책은 그대로 성공하는 듯하였으나, 성왕의 불의의 죽음으로 크게 실패하게 되었다. 묘하게도 관산성을 공격하던 백제-가야 연합군을 대패시킨 사람이 금관가야 구형왕의 셋째 아들로서 신라의 新州軍主가 되었던 金武力이었다는 점이다. 옛 가야의 왕족에 의하여 현재의 가야연맹 대군이 몰살당한 것이니, 역사의 아이러니라고 하지 않을 수 없다. 즉 관산성 전투는 고구려를 빌미로 삼아 백제와 신라 사이에 벌어진 宿命의 전쟁이었지만 결국은 양국을 대리한 가야인들끼리의 싸움에 의하여 그 결말이 이루어졌고, 여기서 다수의 가야 군대가 멸실된 것은 가야연맹 전체의 몰락을 재촉하는 계기가 되었다.

이렇게 볼 때, 6세기 중엽의 가야연맹은 때로는 그 남부의 중추 세력인 안라국이 고구려와 밀통하여 백제를 견제하기도 하고, 때로는 그 전체가 백제의 연합군으로서 고구려의 남쪽 변경인 한강 하류 유역을 공격하기도 하고 또 신라의 관산성을 공격하기도 하였다. 고구려와 가야 사이의 이러한 관계는 5세기 후반의 관계와도 대동소이하다. 다만 6세기 중엽에는 신라군에도 일찍이 532년에 투항한 금관가야의 군대가 참가하고 있었다는 점이 다르다고 하겠다.

4. 맺음말

고구려와 가야는 지리적으로 멀리 떨어져 있었기 때문에, 대개 양자 사이에 정치적이거나 군사적인 관계가 없었다고 보기 쉽다. 그러나 사실은 그렇지 않다. 『삼국사기』와 『일본서기』의 기록에 의하면, 고구려와 가야는 5세기 후반과 6세기 중엽의 두 차례에 걸친 한반도 전란기에 직접 또는 간접적으로 전쟁을 통해서 만났다. 게다가 그 중에 양자의 협력 관계도 두 번 있었다는 점이 주목된다.

5세기 후반에 고구려가 백제의 漢城을 함락한 이후 남진 정책을 더욱 적극화하자 가야는 백제 및 신라와 함께 연합 전선을 구축하여 고구려의 공격을 막는데 일조하였다. 고구려는 468년에 신라 북부 동해안 방면 悉直城(=筑足流城: 강원 삼척시)을 침범하기도 하고 481년에는 彌秩夫(경북 포항시 흥해읍)까지 쳐내려왔는데, 이때 가야는 군대를 파견하여 신라를 구원했고, 가야군에는 일부 왜인 병력도 포함되어 있었다. 그러나 그 후 얼마 안 되어 487년을 전후한 시기에 고구려와 가야 사이의 협력 관계가 나타났다. 즉 가야군이 백제와 함께 충청북도의 爾林(=圓山城 : 음성군 음성읍)과 帶山城(=道薩城 : 괴산군 도안면)에서 고구려와 공방전을 치르고 있었는데, 그 당시에 가야군은 오히려 고구려군과 내통하여 우군이었던 백제군에게 대항하였다. 그러나 이 협력은 백제 중앙군의 대대적인 반격으로 실패하였다.

530년대 이래 백제와 신라는 가야연맹의 흡수 통합을 위해서 서로 경쟁하다가 결말을 보지 못한 상태에 있었고, 얼마 뒤인 6세기 중엽에 고구려가 자체 내분과 서북방 국경의 우려로 인하여 혼란스럽게 되자 이번에는 백제와 신라가 연합군을 구성하여 한강 유역 공격을 모색하였다. 그야말로 시시각각으로 상황이 급변하는 혼돈의 시기였다. 가야도 그러한 국제 환경의 변동에 따라 혼란스러운 외교를 행할 수밖에 없었다. 게다가 가야연맹은 당시에 고령 大加耶國 중심의 일원적 권위가 훼손되어 남북으로 분열된 상황에 있었기 때문에, 합리적인 대처 방안을 모색할 수 없었다.

그리하여 540년대 이후 가야 북부의 대가야는 백제와 친밀한 관계를 유지하고 있었으나, 548년에 가야 남부의 安羅國은 倭系 관료를 내세워 독자적으로 고구려와 밀통하여 백제에의 공격을 종용하였다. 그에 따라 고구려는 獨山城(=馬津城: 충남 예산)을 침략하기도 하였으나, 신라의 개입으로 인하여 고구려는 안라인들에게 자신의 강한 힘을 보여주지 못하였다. 그 사건을 계기로 가야의 상황은 다시 돌변하여 550년경에 대가야와 안라가 함께 백제의 영향력 아래 연합되었고, 그로 인하여 551년에는 백제군과 함께 고구려의 남쪽 변경인 한강 유역을 공격하여 성공했다.

5~6세기의 후기 가야연맹은 크게 보아 백제 및 신라와 함께 연합 전선을 구축하여 고구려를 방어하는 역할을 담당하였고, 그 연락망의 주축은 주로 백제가 맡고 있었다. 그러나 가야연맹 또는 그 일부 세력들은 백제가 흔들리는 정세를 맞이하게 되면 과감하게 그 형세를 깨고 고구려와 협력하여 백제를 괴롭히곤 하였다. 지금까지 살펴본 증거에 의하면, 가야 일부 세력의 그러한 행동은 가야연맹 전체의 의사를 대변하는 것이 아니라, 가야의 어떤 소국의 小君長으로서 백제의 지원군으로 나선 那奇他甲背의 판단에 의한 것이기도 하고, 또는 安羅國과 같은 가야 남부지방 중추 세력의 단독 결정에 의한 것이었다.

다만 전자의 경우에는 그 행동이 가야연맹 주도 세력의 작전에 의한 것은 아니라고 하더라도 가야연맹 소속 세력들의 일반적 분위기를 반영한 것일 가능성이 있으며, 이는 475년의 漢城 함락 이후에 손상된 백제의 권위에 정면 도전하는 성격도 있었다. 그리고 후자의 경우에는 그 행동이 후기 가야연맹에서 가장 우위에 있던 대가야국 및 기타 가야 소국들의 의사에 반하는 것이었을 가능성이 높다. 이는 6세기 중엽과 같은 한계 상황에서 가야연맹 전체의 위기를 초래할 수 있는 행동이었으며, 이것은 곧 일원적 통치 제도를 확립시키지 못한 가야연맹의 대외적 대처 방식에서 노출되는 한계성이기도 하였다.

가야의 이러한 행동 양식에는 한반도의 상황뿐만 아니라 왜를 포함한 국제 동향도 고려되었다고 보이나, 그 자체에 왜국의 영향력이 미친 흔적은 전혀 보이지 않는다. 백제와 연합할까 또는 이를 배척하고 고구려와 연결할까 하는 선택은 전적으로 가야 스스로의 판단에 따른 것이었다. 한편 고구려로서는 백제 및 신라의 연합 전선에 의하여 고통을 받고 있었으므로 가야와의 연결이 매우 소망스러웠을 것이다. 그러므로 고구려는 조그만 단서를 토대로 해서라도 가야와 연결을 맺고 싶어 했을 가능성이 높으나, 가야를 효과적으로 다루지는 못하였다.

이렇게 볼 때, 고구려와 가야의 관계는 한반도의 사국 전체가 얽히는 상쟁 속에서 대체로 백제와 신라를 매개로 하여 간접적으로 전개되었으나, 때로는 전쟁 상황 속에서 직접적인 협력을 이끌어내기도 하였다. 그러나 매번 공고한 협조 상태를 유지하지 못하고 실패로 끝났다. 이는 두 국가의 영역이 인접해 있지 않고 백제 및 신라에 의하여 격절되어 있어서 상호간의 이해가 부족했다는 점에 그 근본 원인이 있는 듯하다. 다만 고구려에 대한 가야의 행동은 백제나 왜와 같은 주변 국가의 강압에 의하여 결정된 것이 아니라 어디까지나 그들 자신의 선택에 의한 것이었다는 점이 중요하다.

* 이 글의 원전 : 金泰植, 2006, 「5~6세기 高句麗와 加耶의 관계」, 『북방사논총』 11호, 고구려연구재단, 117~171쪽.

II부

가야와 백제

가야와 백제

1.
백제와 가야의 관계

1. 머리말

모든 일에는 순서와 과정이 있기 마련이어서, 이를 역행하기는 매우 어렵다. 후술하듯이, 이미 완숙한 고대 왕권을 이루어 높은 통치 능력을 갖추고 있던 6세기의 백제도, 가야연맹 제국을 복속시키기 위해서 수십 년 간에 걸쳐서 많은 힘을 기울이고 개별 소국들에 대하여 회유를 거듭하였다. 그런데 많은 학자들이 그보다 내재적 발전 정도가 낮은 4세기의 백제가 일거에 가야연맹을 군사 정벌하여 장기간에 걸쳐 군사 지배를 하였다는 주장에 동조하고 있다. 本稿는 백제사의 관점에서 이러한 선입견들을 불식시키고 순리적인 이해 기준을 제시해 보고자 한다.

백제가 가야 지역을 어떻게 다루어 왔는가에 대한 연구는 천관우에 의하여 비롯되었다고 볼 수 있다. 그의 「復元加耶史」라는 논문은,[1] 고대에 왜국이 任那를 지배하였다는 이른바 '남한 경영론' 을[2] 극복하는 과정에서 마련된 것으로서 큰 의미를 가지나, 가야사의 복원이라기보다 백제의 가야 정복사에 가까운 것이었다. 그리하여 369년부터 562년까지 백제가 가야 지역에 군사령부를 설치하고 지속적으로 지배하였다는 결론을 내렸다.

이 연구는 1970년대 당시에 임나 문제에 대하여 우리 남한 학계를 대표할 수 있는 학설로 부각되어, 백제사의 중요성을 각계에 인식시키는 역할을 하였다. 그러나 그는 『日本書紀』에 대한 기초적인 이해가 부족하고 역사지리의 기본인 지명 비정을 잘못한 것이 많아서, 그 결론을 유효한 것으로 정착시키지 못한 듯하다. 노중국은[3] 이 연구 결론에 대체로 찬성을 표시하면서도, 백제와 가야의 관계에 대해서는 깊은 언급을 자제하였다.

그 후 김현구는 천관우의 연구를 이어받으면서 『일본서기』를 좀 더 정밀하게 이용하여, 왜국의 대외 관계와 백제의 '任那府' 경영 문제를 재정리하였다.[4] 여기서 백제 내의 왜인 관료 및 군사들을 傭兵과 같은 성격으로 인식한 것은 좋은 시각이었으며, 연구 수준을 한 단계 끌어올린 것이라고 볼 수 있다. 그러나 천관우의 지명 비정의 문제점을 그대로 계승하였고, 또한 가야 고고학 유물에 백제 문물의 영향력은 그다지 반영되어 있지 않다는 점을 해명하지 못하였다.

백제사의 관점에서 백제가 가야 지역을 포함한 남방으로 진출하는 과정을 정리한 것으로는 전영래의 연구가[5] 시초를 이루며, 자료의 종합 및 지리 고증이라는 측면에서 돋보이는 연구 성과였다고 생각된다. 또한 이도학은[6] 이를 발전적으로 계승하여, 백제의 초기 팽창 과정을 거시적인 국제 관계 속에서 역동적으로 설명하였다. 본고도 이들의 연구에 영향을 입은 바가 크다고 할 수 있다. 그러나 이들 연구에서는 가야 지역 자체 세력들의 동향에 대해서는 그다지 주목하지 않았다.

1) 千寬宇, 1977 · 1978, 「復元加耶史」 上 · 中 · 下, 『文學과 知性』 28 · 29 · 31; 1991, 『加耶史研究』 一潮閣.
2) 末松保和, 1949, 『任那興亡史』, 大八洲出版.
3) 盧重國, 1988, 『百濟政治史研究』, 一潮閣.
4) 金鉉球, 1985, 『大和政權의 對外關係研究』, 吉川弘文館; 1993, 『任那日本府研究』, 一潮閣, 서울.
5) 全榮來, 1985, 「百濟南方境域의 變遷」, 『千寬宇先生還曆紀念韓國史學論叢』.
6) 李道學, 1995, 『백제 고대국가 연구』, 一志社.

한편 가야사 연구자인 이영식은 필자와[7] 연민수[8] 등의 가야사 연구 성과를 비판적으로 이용하여, 백제가 가야 지역으로 진출해 들어간 과정을 정리하였다.[9] 이 연구 성과는 『일본서기』에 대한 이용 면에서 기존의 선행 연구에 비하여 우수한 경지를 보여주었다. 그러나 백제의 가야 지역 진출 과정이 시대에 따라 그 성격을 달리 한다는 측면을 드러내 보여주지는 못한 듯하다.

원래 한 고대국가가 다른 지역으로 영역을 개척해 나가는 것은 내부적인 체제 정비와 병행되거나 또는 그 직후에 나타나는 경우가 많다. 그런 점에서 볼 때, 백제의 내부 체제 정비가 어떤 경지에 달하였을 때 어떤 식의 영역 개척 방법이 나타나는가 하는 점을 주목할 필요가 있다. 게다가 대상 지역에 있던 재지 세력의 정치 수준과 입지 조건에 따라서 진출의 방법이 어떻게 달리 나타나는가를 살펴보아야 할 것이다.

가야는 중앙 집권화에 실패하여 고대국가를 형성하지 못하였지만, 고구려·백제·신라 삼국의 틈바구니에서 가장 끝까지 독자적인 세력을 유지하였던 수준 높은 세력이었다. 그러므로 백제가 이 지역을 개척하는 것은 같은 시대라고 해도 다른 지역과 다른 방법을 취하였을 가능성도 유념해 보아야 한다. 그러므로 위와 같은 문제점을 염두에 두고 백제의 가야 지역 개척 과정을 교역 거점 개설, 부용화의 2단계로 나누어 설명해 보려고 한다.

그러나 백제는 가야 지역을 신라에게 빼앗기고 만다. 그 후의 관계는 백제의 가야 지역 개척 과정에 속하기는 하나 백제와 가야의 관계가 아니다. 결국 백제는 옛 가야 지역을 신라와의 전쟁을 통해 무력으로 점령하려고 하니, 이에 대해서는 맺음말에서 개략적으로만 살펴보고자 한다.

---

7) 拙著, 1993, 『加耶聯盟史』, 一潮閣.
8) 延敏洙, 1990, 「六世紀前半 加耶諸國을 둘러싼 百濟·新羅의 動向 -소위 「任那日本府」說의 究明을 위한 序章-」, 『新羅文化』 7, 東國大學校 新羅文化研究所.
9) 李永植, 1995, 「百濟의 加耶進出過程」, 『韓國古代史論叢』 7, 韓國古代社會研究所.

2. 백제의 남방 교역 거점 개설

(1) 3세기 이전의 상황

한국고대사의 정사인 『삼국사기』에는 백제와 가야의 관계를 알리는 하등의 기록도 존재하지 않는다. 『삼국사기』 백제본기에서 남방 관련 지명 기사를 정리해 보면, 온조왕 13년(서기전 6)부터 43년(서기 25)까지는 충청·전라 지역 정벌 및 축성과 관련된 기사들이 나오고, 다루왕 36년(서기 63)부터 고 이왕 45년(278)까지는 주로 충북 및 경북 지역을 둘러싼 신라와의 전쟁 기사가 나오며, 그 이후 비류왕 초년(286)부터 성왕 32년(554)까지는 신라와의 전쟁 기사가 전혀 나오지 않고 있다. 그 중에서 온조왕 대의 정벌 기사는 백제의 후대 정벌 기사를 온조왕기에 일괄 기록한 것이라고 보는 견해[10]가 일반적인 지지를 얻고 있다. 반면에 다루왕부터 고이왕 대까지의 對 신라 전쟁 기사에 대해서는 다양한 해석들이 있으나, 그 후 268년간에 걸쳐 신라와의 전쟁 기사가 이어지지 않는다는 점으로 보아, 역시 사료 편집상의 문제로 인하여 후대의 기록이 잘못 배열되었다고 보는 것이 옳다. 그에 더하여 한강 하류 유역에는 기원 전 3세기까지의 고인돌 유적과 그를 대체한 것으로 보이는 덧띠토기[粘土帶土器] 및 세형동검 초기 문화는 어느 정도 나타나지만, 기원 전 2세기 이후 수백 년간, 즉 준왕의 南來 시기 무렵 이후로 볼 수 있는 철기를 수반한 세형동검 후기 유적은 발견되지 않고 있다.[11] 그러므로 서기 3세기 이전의 백제사는 실상 문헌 사료나 고고학 자료 상으로 근거를 대기 어렵다.

반면에 가야사의 경우에는 경남 김해 지방을 중심으로 기원 전 1세기부터 기원 후 3세기까지 풍부한 유적이 출토되고 있어서, 그 성장 과정을 이해

---

10) 노중국, 1978, 「백제왕실의 남천과 지배세력의 변천」, 『한국사론』 4, 서울대 국사학과 ; 1988, 『백제정치사연구』, 일조각, 27쪽.
11) 박순발, 2001, 『한성백제의 탄생』, 서경문화사, 74쪽.

할 수 있다. 고고학적으로 보아, 김해 지방에서 조그만 하나의 국가가 성립 되었다고 볼 수 있는 것은 서기 2세기 중엽에 철제 무기를 많이 부장한 덧널 무덤인 김해 주촌면 양동리 162호분이 나타난 시점이라고 볼 수 있다.[12] 그 시기 이후로 김해의 加耶國(=金官加耶)은 주변 소국들을 영도하는 연맹체 (전기 가야연맹)를 구성했다고 볼 수 있으나, 그 영도력은 서열상의 상대적 우위에 지나지 않아서 언제든지 흔들릴 수 있는 것이었고, 서열 2위에 해당 하는 함안의 安羅國의 세력도 매우 컸다.[13]

한반도에서 출토된 중국 거울을 토대로 3세기 이전의 한반도 교역 상황 을 추정해 보면, 중국 거울이 출토된 지역이 73개소인데 그 중에 61개소가 평양시 일원이고, 충남에 2개소(익산, 공주), 영남에 7개소(대구2, 영천, 경 주, 창원, 김해2)가 있어서,[14] 당시의 교역은 평양시 일대와 낙동강 유역의 세력들이 주도했다는 것을 알 수 있다. 남한 지역에서 중국 화폐가 출토된 곳은 서울에 1개소, 전남에 2개소(해남, 여천), 경남에 3개소(삼천포, 창원, 김해), 경북에 1개소(경산), 제주 1개소 등이어서,[15] 이를 통해 보아도 비슷 한 결론을 추출할 수 있다. 한강 하류 유역에서 3세기 이전의 유물이 출토된 것은 거의 없으나 서울 풍납 토성에서 출토된 전한시대의 오수전 1점이 주 목되며, 이것은 서울 지역의 伯濟國이 중국 군현의 교역로에서 하나의 거점 이었을 가능성을 보인다. 그러나 그 외의 철기나 토기 유물의 출토 사례가 거의 없기 때문에, 3세기 이전에는 중국 군현과 가야의 교류가 대세였다고 할 수 있으며, 백제와 가야의 교류는 문헌 사료나 고고학적 유물 증거를 통 해서 보더라도 말하기 어렵다.

게다가 『삼국지』 위서 동이전에 의하면, 3세기 전반까지 마한 지역에는 54개 소국이 분립되어 있었고 그 대표권은 目支國 辰王이 소유하고 있었으

---

12) 김태식, 2002, 『미완의 문명 7백년 가야사 1권』, 푸른역사, 110~118쪽.
13) 위의 책, 118~123쪽.
14) 高久健二, 1995, 『낙랑고분문화연구』, 학연문화사, 280~299쪽.
15) 박순발, 2001, 『한성백제의 탄생』, 서경, 341쪽.

며, 백제는 일개 소국에 불과하였다. 이 시기에 변한 12국들은 중국 또는 중국 군현과의 교역 체계에서 마한 소국들과 마찬가지로 명목상 진왕에게 소속되어 있었던 듯하다. 그러므로 백제와 가야 제국들은 비슷한 처지에 있었으며, 상호간에 특별한 관계를 맺을 수는 없었을 것이다. 다만 "변한에 철이 나서 韓, 濊, 倭가 모두 여기서 철을 얻는다."는 기록이 있는 것으로 보아, 백제와 가야 상호간에 철을 매개로 한 교역은 존재하였을 가능성도 있다.

그러나 3세기 후반으로 가면 상황이 달라진다. 백제는 3세기 후반 고이왕 대에 관제를 정비하여 南堂을 설치하고 官階의 기본 골격인 佐平과 率類 등의 관제를 제정하였으며 동서남북 四部를 포괄하는 五部體制를 성립시켰다고 보는 것이 일반적이다.[16] 혹은 백제가 이러한 성장을 바탕으로 목지국을 병합하여,[17] 마한을 전라도 일원으로 밀어냈다고 보기도 하나 확실치 않다. 근래의 발굴 결과, 몽촌 토성의 축조 연대가 3세기 중엽 또는 3세기 후반으로 추정되고,[18] 풍납 토성도 3세기 중반 이후로 추정되며,[19] 같은 시기에 석촌동 고분군의 봉토 있는 널무덤이 조성되기 시작하였고,[20] 또한 3세기 중엽부터 4세기 중엽까지에 해당하는 몽촌 I기의 백제 토기가 동쪽으로는 강원도 원주까지, 남쪽으로는 충남 천안과 홍성을 잇는 선 이북까지 분포한다는 것은,[21] 고이왕에 의한 백제의 제도 개편과 권력 집중 및 세력권 확장을 반영하는 것이라고 볼 수 있다. 3세기 후반 西晉의 동전무늬 도자기[錢文陶器]가 서울 몽촌 토성, 풍납 토성, 홍성 神衿城 등지에서 다수 출토된 것도[22]

---

16) 노태돈, 1975, 「三國時代의 部에 관한 硏究」, 『韓國史論』 2, 14~16쪽.
   노중국, 1988, 『百濟政治史硏究』, 一潮閣, 78~107쪽.
17) 노중국, 위의 책, 94쪽.
18) 박순발, 1989, 「漢江流域 原三國時代의 土器의 樣相과 變遷」, 『韓國考古學報』 23 ; 2001, 『漢城百濟의 誕生』, 서경문화사, 182쪽.
19) 박순발, 2001, 위의 책, 186쪽.
20) 위의 책, 150쪽.
21) 위의 책, 218쪽.
22) 권오영, 2001, 「백제국에서 백제로의 전환」, 『역사와 현실』 40, 한국역사연구회.

백제의 대외 교류 상황을 보이고 있다. 이러한 모습은 동일한 문화권에 속하는 한강 유역 및 충남 북부 지역 소국들이 교통의 요지인 한강 하류 지역 伯濟國을 중심으로 자체적인 통합 운동을 일으킨 것을 반영하고 있다.

같은 시기에 대한 중국 기록인 『晉書』에 의하면, 276년부터 291년 사이에 '東夷' 또는 '馬韓'으로 표현되는 소국들이 10국 내지 20국 정도의 규모를 이루어 西晉과 물자 교류를 이루고 있으며,[23] 282년에는 마한에서 역대에 걸쳐 중국과 교류가 없던 新彌諸國 등 20여 국이 함께 사신을 보내 서진에 조공하였다는 기록도 보인다.[24] 이는 마한 소국연맹체가 3세기 후반에 들어 철제 농기구의 보급, 농업 생산력의 발전 및 내륙 수운의 성장에 따라 다극화되어, 한강, 금강, 동진강, 영산강 유역 등의 3~4개 연맹체로 분열되어가는 현상을 가리키는 것이 아닌가 한다. 이러한 분열의 외적 요인으로는 마한 지역에서 통합 세력의 출현을 저지해 온 낙랑군과 대방군의 중계 교역 및 통제 기능이 약화된 탓도 있으며, 고구려 및 백제의 성장과도 깊은 관련이 있다.

다만 『진서』에 '마한'의 이름은 보여도 '백제'의 이름이 보이지 않는 것으로 보아, 아직은 백제 중심의 초기 고대국가가 대두되는 데에 일정한 제약이 있었던 듯하다. 『삼국사기』 백제본기에는 고이왕 13년(260) 이후 책계왕 13년(298)을 거쳐 분서왕 7년(304)까지 백제와 낙랑이 지속적으로 대결하고 있음을 전하고 있다. 그러므로 당시의 백제는 낙랑과의 대결 과정에 많은 힘을 소진하여, 마한 지역 내의 다른 세력들을 제치고 월등하게 성장할 수 없었고, 한반도 동남단의 가야 제국과 직접 교류할 정도의 여력도 없었던 듯하다.

한편 3세기 말 이후에는 김해 지방을 중심으로 해서 가야연맹체가 독점적으로 영도되기 시작하였다. 이 때 가야국의 중심은 현재의 김해 시내 쪽

---

23) 『晉書』 권3, 帝紀3 咸寧 2年·3年·4年, 太康 元年·2年·3年·7年·8年·9年·10年, 太熙 元年 ; 『晉書』 권4, 帝紀4 永平 元年條.
24) 『晉書』 권36, 列傳6 張華傳.

으로 옮겨졌으며, 그 최초의 고분은 김해시 대성동 29호분[25]이다. 이 고분은 대형 덧널무덤으로서 단단한 도질토기를 다량 부장하고 순장을 하였으며 오르도스 청동솥[銅鍑], 쇠로 만든 갑옷과 투구[鐵製甲冑], 騎乘用 마구 등의 북방 문화 요소를 부장하여, 강하고 부유한 지배자의 면모를 보여주었다.[26] 북방 문화 요소는 김해 지방의 가야국이 한반도 서북 지역과 원활한 교역 활동을 하고 있던 2세기 후반부터 나타나기 시작하였으나, 3세기 말 4세기 초 중국 북부를 중심으로 하여 동북아시아 세계에 전해진 외부 충격으로 인하여 집중적으로 나타난 것이다.[27] 그러나 이 시기까지 백제와 가야 사이의 교류 흔적은 출토 유물 상황에 반영되지 않고 있다.

(2) 김해 및 해남 중심 교역 체제의 개설(4세기)

4세기 전반에 낙랑군과 대방군이 고구려의 공격으로 멸망하고 그 유민이 한강 유역으로 대거 유입되면서, 백제는 이들을 수용하여 제도 정비와 생산력의 발전 면에 있어서 박차를 가할 수 있었던 듯하다. 한강 하류 유역에서 출토된 4세기 동진의 유물로는 청동 자루솥[鐎斗], 晉式 금동 허리띠[銙帶] 金具 등이 있어서, 백제와 동진 사이의 교섭을 확인할 수 있다. 그에 더하여 동진의 청자는 백제 지역에 속하는 서울의 풍납 토성, 몽촌 토성, 석촌동 고분군을 비롯하여 경기도 포천 자작리, 강원도 원주 법천리, 충남 천안 화성리 고분 등지에서만 다수 출토되어, 4세기의 백제 귀족이 중국 도자기를 많이 선호하고 있었던 것을 짐작케 한다. 이는 고구려나 신라, 가야, 왜 등과 달리, 백제에는 낙랑군과 대방군의 축출 이후 중국계 이주민들이 다수 그 영역으로 들어와 그 지배 계급의 일부를 구성하며 중국 본토 문화의 수요층으

25) 경성대학교박물관, 2000, 『金海大成洞古墳群 I』, 부산 : 경성대학교박물관, 141~153쪽.
26) 신경철, 2000, 「금관가야의 성립과 연맹의 형성」, 부산대학교 한국민족문화연구소 편, 『가야 각국사의 재구성』, 혜안, 45~72쪽.
27) 송계현, 2000, 「토론 요지 : 금관가야의 성립과 연맹의 형성」, 『가야 각국사의 재구성』, 부산대학교 한국민족문화연구소 편, 서울 : 혜안, 85~87쪽.

로 작용하였기 때문이라고 추정된다.[28]

그 결과 마한 지역 내에서 한강 유역을 점유한 백제의 우위는 점차 두드러지기 시작하였고, 낙랑-대방과의 교역에 의존하던 금강 및 영산강 유역의 소국들은 약화되었다. 이는 한반도 동남부에서 낙랑-대방과의 원거리 교역을 통해 발전하던 김해 가야국의 영도력에도 큰 지장을 초래하였다. 그리하여 마산 서쪽의 고성, 사천 등에 있는 浦上八國이 맹주국인 김해 가야국을 공격하는 등 난조를 드러내었고, 그 후 가야연맹은 함안 안라국 중심의 서부 지역과 김해 가야국 중심의 동부 지역으로 분열되었다.[29] 특히 김해 중심의 동부 가야는 대방-가야-왜로 이어지는 전통적인 해상 교역로에서 대방이 사라진 상태에서 왜와의 교역에 더욱 몰두할 수밖에 없었다. 4세기 후반에 속하는 김해 대성동 2호분, 13호분, 23호분에서 일본계 위세품인 바람개비모양 방패꾸미개[巴形銅器]가 나오는 것은 이를 반영한다.

백제는 4세기 전반에 肖古系의 비류왕이 40여 년간 재위하면서 왕권을 다진 이후, 4세기 중후반 근초고왕 대에 이르러서는 중앙 집권화를 완비하고 대외적인 팽창을 시작할 수 있었다. 백제 왕실의 고분군인 서울 석촌동 고분군에서는 4세기 후반에 기단식 돌무지무덤[基壇式積石塚]이 새로이 나타났고 그 중에 최초의 것이면서 최대(한 변 길이 50m)의 것인 석촌동 3호분은 근초고왕릉으로 추정된다.[30] 다만 그 중앙 집권화 과정을 보여주어야 하는 근초고왕 3년(348)부터 20년(365)까지의 기사가 전혀 나타나지 않는 것은 이해하기 어렵다. 또한 백제가 북쪽으로 대방 故地인 황해도 지역의 영유권을 둘러싸고 고구려와 대결하는 과정이나 중국 東晉과의 교역 사실에 대해서는 근초고왕 24년(369) 이래 근구수왕, 진사왕을 거쳐 아신왕 8년

28) 권오영, 2003, 「백제의 對中交涉의 진전과 문화변동」, 『강좌 한국고대사 제4권, 고대국가의 대외관계』, 가락국사적개발연구원, 6~11쪽.

29) 김태식, 1994a, 「咸安 安羅國의 成長과 變遷」, 『韓國史研究』 86, 서울 : 한국사연구회, 60쪽.

30) 김원룡 · 이희준, 1987, 「서울 석촌동3호분의 연대」, 『두계 이병도박사 구순기념 한국사학논총』.

(399)까지 『삼국사기』에 기록이 나타나나, 남쪽으로의 팽창이 어떠하였는 가에 대해서는 전혀 기록이 없는 것도 문제이다.

다만 앞서 언급한 바와 같이 아마도 『삼국사기』 백제본기 온조기의 기사 중에 상당수가 후대의 것이 부회된 것이 아닐까 짐작할 뿐이다. 그에 따르면, 온조왕 13년(서기전 6)에는 사신을 마한에 보내 도읍을 옮긴 것을 알리고 남쪽으로는 熊川을 경계로 삼았다고 하였다. 그에 이어 온조왕 24년(서기 6)에는 熊川柵을 세웠다가 마한 왕의 항의를 받고 이를 헐었으며, 同 26년(서기 8)에 마한을 습격하여 그 국읍(충남 천안 또는 충북 청주)을 병합하였고, 同 27년(서기 9)에는 마한 잔여 세력인 圓山城(충북 음성, 옛 지명 仍忽縣)과 錦峴城(충북 진천, 옛 지명 今勿奴郡)을 멸하여 그 백성들을 漢山 북쪽으로 옮겼다고 하였다. 또 同 34년(서기 16)에 마한의 옛 장수 주근이 牛谷城에서 반란 일으킨 것을 토벌하였으며, 同 36년(서기 18)에는 7월에 湯井城(충남 아산시)을 쌓고 8월에 원산성과 금현성을 수리하고 古沙夫里城(전북 정읍시 고부면)을 쌓았다고 하였다. 백제의 이러한 마한 병합 기사를 어느 시기의 것으로 볼 수 있을까?

그 편린을 보여주는 기사가 『일본서기』 신공황후[31] 섭정 46년부터 52년까지의 일련의 자료에 나온다. 그 자료는 워낙 훼손이 심하여 편년이나 줄거리에 대해서는 그대로 신빙할 수 없으나, 거기에 나열되는 지명 자료는 다른 데서 찾아보기 어려운 것으로서 주목할 필요가 있다.

「신공기」 46년(수정편년 서기 366년) 조의 기사에서, 백제는 卓淳國을 매개로 해서 왜국과 통교하기를 원했고, 탁순국은 그 중개 기능을 담당하였다. 그런데 「신공기」 49년(수정 369) 조의 기사에서, 왜국 장군 아라타 와케[荒田別] 등은 탁순국에 모여 백제 장군 木羅斤資 등의 지원군과 함께 신라를 쳐서 比自烌, 南加羅, 喙國, 安羅, 多羅, 卓淳, 加羅의 7국을 평정하고 古奚津에 이르러 南蠻 忱彌多禮를 잡아 백제에게 주었다고 하였다. 이에 백제

31) 『日本書紀』 神功皇后紀를 추후에는 「神功紀」라고 표기한다. 「欽明紀」 등도 마찬가지.

의 肖古王과 왕자 貴須가 군대를 거느리고 와서 만나니, 比利, 辟中, 布彌支, 半古 4읍이 저절로 항복하였다는 것이다.

「신공기」49년 조의 편년에 대해서는 원래 연대인 서기 249년에서 2주 갑을 내려 369년으로 보는 견해[32]와 3주갑을 내려 429년으로 보는 견해[33] 가 있다. 2주갑 인하 설은 기사 말미에 나오는 '肖古'를 백제 근초고왕으로 동일시하여 나온 설이고, 3주갑 인하 설은 '木羅斤資'가『삼국사기』백제본 기 개로왕 21년(475) 조에 나오는 木刕滿致의 아버지라는 점에 근거를 둔 것이다. 근래에는 3주갑 설이 유력하게 대두되는 형세이나, 「欽明紀」에도 '速古王' 때의 가야 제국과의 관련성을 말하고 있기 때문에, 근초고왕 때 가야 제국과 백제가 관련을 맺기 시작했다는 것과 그 뒤에 이어지는 전남 방면 공략 기사를 쉽사리 뒤로 미루기는 어렵다. 그러므로 지명이나 사건 개요와 연관된 대부분의 기사는 2주갑을 내려서 보아왔던 기존 설이 타당하 다. 다만 여기에서 '아라타 와케' 등의 일본인 이름은 후대의 조작이고 '목 라근자' 등의 백제인들이 활약한 시기는 3주갑을 내려 보아야 한다는 견해 가 옳다. 그렇다면 후술하듯이 목라근자의 역할은 5세기 전반에 '가라' 즉 고령의 반파국과 백제 사이의 연관성을 맺게 하는 데에 놓여 있었을 뿐이 고, 「신공기」49년 조와 같이 금관가야 및 해양 교역로 위주로 관련된 사건 의 전개는 4세기 후반의 일이고 목라근자와 직접적인 관련이 없다고 해야 할 것이다.

「신공기」49년 조 기사의 내용에 대해서는, 왜의 임나에 대한 군사 지배 가 개시되는 것으로 보는 견해,[34] 또는 백제의 가야에 대한 군사 정벌로 파

---

32) 那珂通世, 1888, 「日本上古代考」, 『文』1-8・9 ; 1958, 『外交釋史』제1권.
　　末松保和, 1949, 『任那興亡史』, 大八洲出版 ; 1956, 再版, 吉川弘文館, 4쪽, 17쪽.
33) 山尾幸久, 1978, 「任那に關する一試論」, 『古代東アジア史論集』下卷, 198~202쪽.
34) 末松保和, 앞의 책, 46~63쪽.
35) 천관우, 1977・1978, 「復元加耶史」上・中・下, 『文學과 知性』28・29・31 ; 1991, 『加耶 史研究』, 一潮閣.
　　김현구, 1985, 『大和政權の對外關係研究』, 吉川弘文館 ; 1993, 『任那日本府研究』, 一潮閣.

악한 다음, 백제가 이를 직할령으로서 지배했다거나,[35] 혹은 그 독립을 유지시킨 채로 일정한 부담을 지게 하거나 교역권을 장악했다는 견해,[36] 가야 전역이 아닌 남원·임실 지방의 일부 세력에 대한 일시적인 군사 행동으로 보는 견해[37] 등이 있으나, 역시 해석상 무리가 있다. 기사의 내용은, 왜가 쳐서 왜가 지배했다는 것도 아니고, 백제가 쳐서 백제가 지배했다는 것도 아니며, 왜가 쳐서 백제에게 주었다는 기묘한 것이기 때문이다. 바로 이 점에서 해결의 단서를 찾아야 하지 않을까 한다. 가야 멸망 이후의 사료인 「推古紀」 31년(623) 조 기사에서, 나카토미노 무라지 쿠니[中臣連國]가 "신라를 정벌하여 임나를 빼앗아 백제에 부속시키자"는 논의를 하고 있는데,[38] 여기서 '왜의 임나 탈취'란 왜가 신라를 치고 임나 땅을 영유하자는 것이 아니라, 왜가 임나 지역을 통하여 신라 문물이 아닌 백제 문물을 교역하는 체제를 마련하자는 의미이다. 고대 일본의 이러한 어법은 「신공기」에도 그대로 적용되는 것이다.

그러한 관점에서 여기에 열거된 국명들을 살펴 보건대, 경남 창녕의 비자발, 경남 김해의 남가라, 경남 밀양·영산의 탁국, 경남 함안의 안라, 경남 합천의 다라, 경남 창원의 탁순, 경북 고령의 가라 등이 나와 있어서, 모두 낙동강 유역에 면해 있다는 점이 공통적이다. 즉 '浦上八國'에 속하는 서부 경남 지역의 국가들이 배제되어 있는데, 이는 해로 및 수로를 사용하는 김해의 교역망이 우월성을 가질 수 있는 범위에 국한되어 있다. 그러므로 4세기 후반에 왜군이 평정했다는 7국은, 격파한 것이 아니라 김해를 중심으로 한 일련의 교역 체계로서 백제 및 왜와 연결되었다는 의미를 가지는 것이다. 서쪽으로 돌아 古奚津(위치 미상)에 이르러 南蠻 忱彌多禮(전남 해남군 현산면, 옛 지명 新彌國=浸溟縣)를 잡아 백제에게 주었다는 것도, 전남 해안

---

36) 노중국, 앞의 책, 121쪽.
　　이도학, 1995, 『백제 고대국가 연구』, 一志社, 192쪽.
37) 이영식, 1995, 「百濟의 加耶進出過程」, 『韓國古代史論叢』 7, 韓國古代社會硏究所, 199쪽.
38) 『日本書紀』 권22, 推古天皇 31년(623) 是歲條.

지역에 백제가 제2의 대왜 교역 중개 기지를 설정한 데서 나온 말이다.

「신공기」보다 사료적 가치가 훨씬 높은 「欽明紀」 2년(541) 조에서 백제 성왕의 회고담에 "옛날 우리 선조 速古王(근초고왕) 및 貴首王(근구수왕) 때에 安羅, 加羅, 卓淳의 旱岐들이 처음으로 사신을 보내 서로 통하여 친교를 두터이 맺었다."고 말한 것은[39] 이러한 상황을 적절하게 언급한 것이다. 더 이상의 전쟁이나 정복 행위는 생각할 수 없고, 다만 그 교역 체계를 신라가 방해하지 못하도록 가야나 왜를 북돋아 견제 또는 방어할 정도였던 것이다. 따라서 4세기 후반에 백제가 가야 지역에 진출한 것의 성격은, 사신의 왕래와 같은 평화적 수단으로 그들의 협조를 얻어 교역로를 개통했다는 것이며, 무력 정벌에 의한 직할 영토화나 속국 지배를 의미하지 않는다. 그 이후에도 5세기 후반까지 이들 지역에서 백제 문화와 구별되는 독자적 문화가 지속되고 있음은 이를 반영한다.

백제는 옛 낙랑 및 대방의 선진 문화를 영유하던 지역과 인물의 영유권을 둘러싸고 북방의 강국 고구려와 대결하지 않을 수 없었기 때문에, 남방 관계에서 전남이나 경남의 기존 세력과 무리한 대결 구도를 조성하기보다는, 그 자치 기반에 의존하면서 협력함으로써 정치적 안정과 경제적 이익을 도모하는 편이 유리하였을 것이다. 그러므로 4세기 후반에 백제가 가야 지역으로 진출한 목적은, 상호간의 우호 관계에 바탕을 두고 가야에 교역 거점을 설치함으로써 멀리 왜와 이어지는 안정적인 교역 체계를 모색한 것이라고 보아야 할 것이다. 특히 김해의 가야국은 제철 산업 기반을 중심으로 해서 한반도 서북부 및 왜와 교역하여 전통적으로 왜에게 물적 자원인 자체 생산의 덩이쇠[鐵鋌]와 중국계 선진 문물을 공급하고, 왜는 가야에게 그 대가로 인적 자원인 노동력 또는 군사력을 공급하는 밀접한 인적·물적 교류 관계를 이어왔고, 4세기에는 그들의 교류 범위가 일본열도 규슈[九州] 및 산인[山陰] 지역에서 나라[奈良] 분지의 가와치[河內] 세력까지 확대되었기 때문

---

39) 『日本書紀』 권19, 欽明天皇 2년(541) 4월 조.

에,[40] 백제로서는 왜와 연결되기 위해서 이들과 손을 잡지 않을 수 없었다.

한편 김해의 가야국과 함안의 안라국을 중심으로 하여 동서로 분열되었던 가야연맹에서는, 4세기 후반에 들어 백제가 선진 문물을 토대로 왜와의 원거리 교역로를 개척하려고 접근해 오자, 창원의 任那國, 즉 卓淳國이 그 중개 기능을 담당하였고, 곧이어 여기에 김해의 가야국이 가세하게 되었다. 백제가 전남을 거쳐 가야 지역에 와서 왜로 이어지는 해상 교역로를 개척한 것은, 낙랑·대방 멸망 이후 중국계 선진 문물 구입에 난조를 겪던 해당 지역의 소국들에 대해서 바람직한 방향으로 작용하였다. 그리하여 임나-가야를 중심으로 옛날과 같이 해로를 통하여 왜로 이어지는 중계 기지가 복원되면서 가야 제국은 재통합을 이룰 수 있었다.[41]

그러나 4세기 중후반 근초고왕 대에 백제는 황해도 지역부터 한강 및 금강 유역을 아우르는 큰 영토를 통치하는 중앙 집권 체제를 서서히 갖추면서 성숙한 고대국가 체제를 건설해 나가고 있었고, 낙동강 유역의 가야 세력은 영역 규모도 작은데다가 정치 체제도 소국들의 연맹 단계에 머무르고 있었다. 그런 규모와 체제의 우열이 있었기 때문에, 처음에는 평화롭게 시작된 관계라고 하더라도 차츰 소국 연맹체들은 백제에 의존하면서 개별적으로 종속되어갈 가능성이 있었다. 앞서 언급한 「흠명기」 2년(541) 4월 조에서 백제 성왕이 4세기 후반 당시의 가야 제국을 '子弟'라고 지칭한 것은 그러한 관계를 나타낸다.

그에 이어 탐미다례에 대한 언급이 이어지는 것은, 한강 하류에서 낙동강 하류까지의 해로를 안전하게 하기 위해서는 한반도 서남 해안인 해남 지방에 백제의 교두보를 마련할 필요가 있었기 때문이다. 일본 측 사료라는 한계성 때문에 왜군의 행위로 묘사되기는 했으나, "남녘 오랑캐 탐미다례를

---

40) 김태식, 2005, 「4世紀의 韓日關係史 -廣開土王陵碑文의 倭軍問題를 中心으로-」, 『한일역사공동연구보고서』 제1권, 한일역사공동연구위원회, 72쪽.

41) 김태식, 1994b, 「廣開土王陵碑文의 任那加羅와 '安羅人戍兵'」, 『韓國古代史論叢』 6, 韓國古代社會研究所, 86쪽.

잡았다(屠南蠻忱彌多禮)"는 표현에서 해남 지방의 세력을 '남녘 오랑캐[南蠻]'로 지칭할 수 있는 주체는 왜가 아닌 백제일 수밖에 없으며, 이를 마치 짐승을 죽일 때 쓰는 것처럼 '잡았다[屠]'고 표현한 것은 앞에서 비자발 등의 7국을 단순히 '平定' 했다고 한 것에 비해 그 대상을 훨씬 낮추어 본 것이다. 그러므로 백제는 탐미다례 또는 新彌國으로 나타나는 전남 해안의 해남 방면 세력과 교섭을 했다기보다는 일정한 강압을 통해 대외 교섭권을 박탈하고 이를 대신할 만한 교두보를 확보한 것이라고 볼 수 있다.[42] 해남 화산면 부길리의 독무덤에서 가야 계통의 덩이쇠와 쇠투겁창이 출토된 것으로[43] 보아, 이 지역은 가야와 일정한 교류가 있었던 곳임을 확인할 수 있다.

그렇다면 해상 교역로와 관련된 전라남도 해남에서 조금 내륙으로 들어간 쪽의 영산강 유역 세력들은 어떠한 동향을 보였을까? 논리적으로 볼 때, 백제가 해남 방면을 정벌하여 교두보를 건설했다면 그 영향력은 주변으로 퍼질 것이 마땅하나, 「신공기」의 관련 기사에는 그 지역과 관련된 정보가 분명치 않아 의문이다. 고고학적인 유적 및 유물의 분포 상황으로 보아, 이 지역에는 4세기 중후반경 독무덤으로만 구성된 낮은 분구묘의 등장과 함께 영산강 유역 양식 토기가 성숙해지나, 백제와 관련된 위신재는 아직 나타나지 않고 있다. 대략 근초고왕 및 근구수왕 대와 병행하는 4세기 중엽 내지 5세기 초의 백제 계통 금·은상감 고리자루큰칼[金銀象嵌環頭大刀]은 금강 이북 지역의 천안 용원리와 화성리, 청주 신봉동 고분군 등에서만 나타나며,[44] 낙동강 및 영산강 유역에는 파급되지 못하고 있다. 「신공기」 49년 조를 주요 근거로 하여 근초고왕 대에 백제는 전라남도의 마한 잔여 세력을 토벌했다고 보는 것이[45] 일찍부터 한국 고대사학계의 통설처럼 되었다. 그

---

42) 권오영, 1999, 『복암리고분군』, 전남대박물관, 310쪽.

43) 성낙준, 1993, 「해남 부길리 옹관유구」, 『호남고고학보』 1.

44) 박순발, 2000, 「百濟의 南遷과 榮山江流域 政治體의 再編」, 『韓國의 前方後圓墳』, 123쪽.

45) 이병도, 1970, 「백제 근초고왕 척경고」, 『백제연구』 1, 충남대학교 백제연구소 ; 1976, 『韓國古代史研究』, 博英社, 512~513쪽.

러나 그 시기에 영암군 시종면의 독무덤 계열 고분군에서는 묘제나 유물의 면에서 백제와의 연관성을 찾기 어렵기 때문에, 이곳에는 아직 백제의 예봉이 향하지 않았다고 볼 수밖에 없다.[46] 이는 무엇 때문일까?

백제에게 항복했다는 "比利 辟中 布彌支 半古"의 4읍은 백제의 영역에 포함된 것을 의미하며, 그 범위는 4읍의 지명 비정에 의해 결정된다. 그런데 이 4읍의 지명 배열은 『삼국지』 한전의 마한 54국 중의 일부와 통하는 바가 있고 이는 우연이 아닐 것이다. 그에 따르면 마한 소국 중에 제30국부터 제40국 사이의 소국들은 "駟盧國 內卑離國 感奚國 萬盧國 辟卑離國 臼斯烏旦國 一離國 不彌國 支半國 狗素國捷盧國"이다. 그 중에 "不彌國 支半國 狗素國 捷盧國"의 4국은 이미 기존 연구에 의하여 "不彌支國 半狗國 素捷盧國"의 3국으로 수정해야 하는 것이 밝혀졌다.[47] 그렇다면 그 소국들의 배열은 "駟盧國 內卑離國 感奚國 萬盧國 辟卑離國 臼斯烏旦國 一離國 不彌支國 半狗國 素捷盧國"으로 재정리된다.

그 중에 비교적 분명하게 지명 비정이 되는 것으로는 충남 홍성군 장곡면(옛 지명 沙尸良縣=沙羅)의 사로국, 전북 익산시 함열면(옛 지명 甘勿阿縣)의 감해국, 전북 김제시(옛 지명 碧骨縣)의 벽비리국, 전남 장성군 진원면(옛 지명 丘斯珍兮縣=貴旦縣)의 구사오단국 등이 있다. 만일 그 지명 배열에 서로 인접한 국명을 순서대로 나열한 규칙성이 있다고 한다면, 사로국과 감해국 사이에 있는 내비리국, 즉 比利는 홍성과 익산 사이에 있어야 한다. 그렇다면 '내비리=비리'는 전북 군산시 회현면(옛 지명 夫夫里)으로 비정하는 것이 좋다. '벽중'은 '벽비리국'과 마찬가지로 전북 김제시(옛 지명 辟骨)로 비정된다.[48] '불미지국'과 '반구국'은 구사오단국(전남 장성군 진원면) 인근에 있어야 하는데,[49] 불미지국 즉 布彌支에 대해서는 전남 나주

─────

46) 권오영, 1999, 앞의 책, 310쪽.
47) 內藤虎次郎, 「卑彌呼考」, 『藝文』 2-1 ; 李丙燾, 1976, 앞의 책, 262쪽.
48) 여기서 比利를 군산시 회현면으로 비정한 것은 필자가 처음이고, 辟中을 김제로 비정한 것은 鮎貝房之進, 末松保和, 이도학, 이영식 등에 공통적이다.

시(옛 지명 發羅郡=巴老彌)로 비정한 견해[50]가 있다. 그러나 그보다는『삼국사기』지리4의 당나라가 백제의 옛 땅에 설치하려던 도독부에 소속된 일곱 州 중의 하나인 分嵯州의 옛 이름 波知城이 불미지 또는 포미지에 더 가깝다고 생각된다. 파지성은『삼국사기』지리3의 백제 栗支縣의 다른 호칭으로서 '波知'는 지명의 음을 소리 나는 대로 표기한 것이고 '율지'의 '밤율(栗)' 자는 훈을 쓴 것이다. 그러므로 그 지명은 '밤지'로서 '불미지'나 '포미지'와 거의 유사하며, 지금의 전남 담양군 금성면에 해당된다. 그에 이어지는 '반구국' 즉 '반고'는 전남 나주시 반남면(옛 지명 半奈夫里縣=半那)으로 볼 수밖에 없다.

그러나 백제는 이 모든 곳을 직접 지배할 수 있었던 것 같지는 않고, '4읍이 저절로 행복했다.'는 표현도 백제의 주관적 관점에 의한 과장이라고 보인다. 왜냐하면「신공기」49년 조의 이어지는 기사에서 조공 맹약의 장소가 辟支山(전북 김제시)과 古沙山(전북 정읍시 고부면)이었다고 나오기 때문이다. 이로 보아 백제의 영향력은 맹약의 장소였다는 전북 서쪽 방면까지만 미쳤다고 보는 것이 옳다. 이는『삼국사기』백제본기에서 온조왕이 재위 26·27년에 사냥 나온 척하고 마한을 쳐서 멸하였다는 기사와 같은 것이고,[51] 아울러 10년 뒤인 36년에 古沙夫里城(전북 정읍시 고부면)을 쌓았다는 기사와 직통하는 것이다. 그러므로 4세기 후반에 백제의 영역은 전북 김제 및 고부까지, 즉 노령산맥 이북까지 확장되었으나,[52] 전남까지는 미칠 수 없었다. 그렇다면「신공기」49년 조에서 백제에게 항복했다는 4읍 중에 전남 지역의 布彌支(담양군 금성면)와 半古(나주시 반남면)는 공납 지배까지 미치지 못하고 일시적 교류에 그친 것이라고 하겠다. 4세기 중엽부터 5

---

49) 일리국의 위치는 알 수 없다.
50) 이병도, 앞의 책, 265쪽.
51) 이기동, 1987,「馬韓領域에서의 百濟의 成長」,『馬韓·百濟文化』10, 242쪽.
52) 이병도, 앞의 책, 513쪽.
　　이도학, 앞의 책, 140쪽.

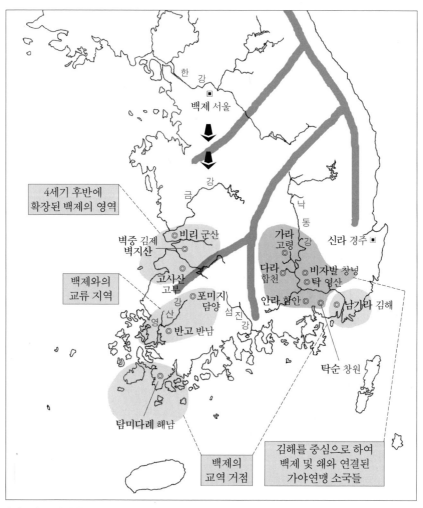

〈지도 1〉 4세기 후반 백제의 영역 확장 및 교역 거점 개설 상황

세기 후반까지에 해당하는 몽촌 Ⅱ기의 백제 토기가 남쪽으로 금강 하구 건너 전북 익산 지방까지 이르게 되었다는 고고학적 연구 결과는[53] 이와 같은 문헌 분석을 보완해 주고 있다.

지금까지 지명 비정한 결과를 지도로 표시하면 〈지도 1〉과 같다.

그 후 391년에 고구려 광개토왕이 왕위에 오르면서, 근초고왕 이래 백제의 발전 추세는 장애에 부딪히기 시작하였다. 고구려는 군사력의 우세를 확보하고, 396년에 백제의 북쪽 변경을 공략하여 한강 이북 지역을 점령하였고,[54] 400년에는 신라를 구원한다는 명목으로 군대를 파견하여 신라 영역 안에 들어온 이른바 '倭賊'을 공격하였다. 광개토왕릉비문의 '왜적'이란 것도 실은 백제의 후원을 받는 가야-왜 연합군으로서, 인원상의 주축은 가야인으로 구성되어 있는데, 고구려는 복식이 다른 왜를 과도하게 인식한 것일 가능성이 높다.[55] 그 왜군은 4세기 말에 고구려의 강한 공격으로 인하여 다급해진 백제의 요청을 받고 가야가 동원함으로써 신라 및 고구려와의 전쟁에 투입되었던 것이다. 가야는 이 때 무장 수준이 뒤떨어진 왜군의 무력 강화를 위하여 가야의 도질토기와 철기 및 갑주 관련 기술자들을 왜국에 원조해 주면서 일본열도를 전쟁 배후 기지로 개발하였으며, 일본 가와치[河內] 지역의 신흥 세력은 가야의 경제적, 기술적 지원을 좋은 기회로 여겨 군사 역량 강화 및 군대 파견에 힘을 썼다고 보인다.[56]

그러나 전쟁은 전반적인 문화 능력이나 군비가 좀 더 뛰어난 고구려-신라 연합군의 일방적인 승리로 끝나서, 고구려는 任那加羅 從拔城을 비롯한 몇몇 성을 평정하고 나서 거기에 순라병을 두어 지키게 하였다. 그 지역이 어딘지는 알 수 없으나, 대부분 가야연맹에 속하는 성들이라고 하겠다. 이런 과정을 거치면서, 김해의 임나가라를 중심으로한 가야연맹 제국은 한동안 재기하기 어려울 정도로 큰 타격을 입었다.[57] 다만 고구려-신라 연합군의 공격은 낙동강 하류 유역에 집중되었을 뿐이고, 그 군세가 낙동강 상류 유역이나 전남 방면으로 확산되었다는 문헌적, 고고학적 증거는 보이지 않는다.

53) 박순발, 2001, 앞의 책, 218쪽.
54) 『廣開土王陵碑文』廣開土王 永樂 6년 丙申(396) 조.
55) 김태식, 1994b, 앞의 논문, 97~98쪽.
56) 김태식, 2005, 앞의 논문, 73쪽.
57) 위의 논문, 99~101쪽.

5세기 초 이후로 김해, 창원 등지에서 대형 고분군을 축조하던 세력들이 사라지고, 김해 예안리 등의 일부 소형 고분군들만 지속되었던 것은 그러한 상황을 반영한다. 반면에 낙동강 동쪽의 부산, 양산, 창녕과 낙동강 서쪽의 성주 지방 등에서는 4세기 때보다 더욱 큰 고총 고분들이 나타나되, 그 내부의 문물들은 신라적인 성격의 것으로 변모되었다. 이처럼 낙동강 하구 및 연변의 주요 세력들이 파멸되어 쇠잔하거나 고구려의 후원을 받는 신라에 종속하는 자치 세력으로 전환된 상태에서, 그 수로를 통해서 백제나 왜의 문물이 운반될 수는 없었을 것이다. 즉 4세기 후반에 백제가 구축해 놓았던 김해 중심 교역 체제가 5세기 초에는 완전히 봉쇄되었다고 해도 과언이 아니다.

(3) 고령 및 나주 중심 교역 체제의 형성(5세기)

『삼국사기』 백제본기에 의하면, 5세기 이후로도 백제는 전지왕 원년(405), 5년(409), 14년(418), 비유왕 2년(428)에 걸쳐 빈번하게 왜국과의 공식적 교섭을 이루고 있었다. 또한 『송서』 왜국전과 본기에 의하면, 왜국은 宋 永初 2년(421) 이래 昇明 2년(478)까지 빈번하게 중국 남조 송에 조공 교섭을 하고 있었으니, 이들은 당시의 항해 기술로는 백제의 도움을 얻지 않고 중국에 도달할 수가 없었을 것이다. 478년의 왜왕 武 상표문에 "(송으로) 가는 길에 백제에 들러 선박을 꾸미고 수리하는데[道逕百濟 裝治船舫]"라는 구절이 나오는 것으로 보아, 백제의 역할을 확인할 수 있다. 이로 보아 백제는 대왜 교역의 최대 요충인 경남 김해 가야국의 거점을 상실했어도 왜와의 교통을 이룰 수 있었다고 보인다. 이는 어떻게 가능하였을까?

늦어도 5세기에 백제는 지방 지배의 거점이 되는 일부 성 · 읍에 子弟 · 宗族 등의 지방관을 파견하여 통치하는 檐魯制를 실시하고 있었다고 추정되는데,[58] 그 범위는 앞서 말한 노령산맥 이북의 직할 통치 지역이었다. 그리고 전남 해안의 해남 지방은 교역 거점으로 활용하고 영산강 유역의 정치체에는 자치를 허용하면서 교류하는 정도였지만, 몇 세대에 걸쳐 이들이 백제의 선진 문물에 의존하는 상태가 지속되면서 차츰 이 지역에 대한 백제의 영향력이 강화되었을 것이다.

전남 서해안에서 벗어난 영암군 시종면이나 나주시 반남면 등의 영산강 유역 세력에 대해서, 혹자는 영산강 유역이 5세기 말 내지 6세기 중반까지 백제에 대하여 독립적인 사회였다고 보기도 한다.[59] 그러나 이 지역에 대해서는 이미 4세기 후반에 해남 지방에 교두보를 보유하고 있던 백제가 언제부터인가 무력적인 제재나 개편 없이 공납 지배를 실시하게 되었다고[60] 추정하는 것이 좋다. 영산강 유역에서 규모가 매우 큰 독무덤의 경우 墳丘의 크기로 미루어 볼 때 被葬者의 권력 집중도가 매우 크다고 보임에도 불구하고 부장품이 매우 빈약한 것은, 이 지역 생산물의 상당수가 공물의 형태로 빠져나갔기 때문이라는 견해[61]도 있다. 다만 그 지역에 대한 백제의 공납 지배가 시작된 시기는 4세기 후반보다 좀 더 늦추어 볼 필요가 있다.

비교적 독립성을 띠고 있는 각 지역의 관계를 설명할 때는 묘제보다 유물 상호간의 관계를 주목하는 것이 더욱 중요하다. 그런 관점에서 볼 때, 4세기 후반에는 영산강 유역 고분군의 묘제나 유물에서 백제와의 연관성을 거의 찾기 어려운 반면에, 5세기 중후반의 것으로 추정되는 나주 반남면 신촌리 9호분의 대형 독무덤에서 백제 계통의 金銅冠과 금동장식 신발[金銅飾履] 등의 복식 유물과 백제 계통의 은상감 단봉무늬 고리자루큰칼[銀象嵌單鳳文環頭大刀]이 출토된 것은 주목할 만하다. 5세기 중후반 내지 6세기 전반의 옹관 Ⅲ유형의 출토 유물에서 무기류나 장신구의 조합상, 관 못과 같

58) 노중국, 1988, 앞의 책 ; 1991, 「百濟의 檐魯制 實施와 編制基準」, 『啓明史學』 2.
    김영심, 1990, 「5~6세기 百濟의 地方統治體制」, 『韓國史論』 22.
    다만 노중국은 담로제 실시의 기원을 4세기 후반 근초고왕 대에 두고 있고, 김영심은 5세기 중·후반 개로왕 대에 두고 있다.
59) 岡內三眞, 1996, 「前方後圓形墳の築造モデル」, 『韓國の前方後圓形墳』, 雄山閣.
    강봉룡, 1999, 「영산강유역 고대사회와 나주」, 『榮山江流域의 古代社會』, 최성락 편저, 學研文化社, 189쪽.
60) 문안식·이대석, 2004, 『한국고대의 지방사회 -영산강유역의 역사와 문화를 중심으로-』, 혜안, 107쪽.
61) 이현혜, 2000, 「4~5세기 영산강 유역 토착세력의 성격」, 『歷史學報』 166, 30쪽.

은 목관 사용 흔적이나 꺾쇠와 같은 목제 시상의 사용 등은 백제의 요소로 보는 것이 타당하며, 거기에는 녹각제 직호무늬 쇠손칼손잡이[鹿角製直弧文刀子柄], 원통형 토기 등과 같은 왜계 유물도 일부 섞였으나 역시 백제계 유물이 주류를 이룬다.[62] 백제계 유물의 새로운 등장은 백제와의 보다 직접적인 교섭에 의한 것이 틀림없다.

그렇다면 5세기 중반에 독무덤 고분군의 중심이 영암군 시종면에서 나주시 반남면으로 옮겨지고 분구의 크기가 커져서 고총으로 된 것도, 이 지역에 백제의 지원이 특정 세력에게 선택적으로 집중되면서 나타난 변화라고 하겠다. 옹관이라는 묘제는 그대로 유지되고 있음으로 보아 아직 이 지역의 토착 세력이 완전히 해체되지는 않은 듯하나, 5세기 중후반에는 이미 그 수장이 백제의 벼슬을 받고 대외적으로 '백제의 영토'라고 칭해졌을 가능성도 있다. 5세기 이후 이 지역을 가리키는 국명이 어느 기록에도 전하지 않는 것은 그런 때문이다.

다만 일본에서 4세기 말 이후에 나타나는 도질토기인 스에키[須惠器]가 처음에는 낙동강 하류 유역 및 서부 경남 지역의 토기를 따라 만들어지다가 5세기 후반 이후에는 영산강 유역의 토기 양식으로 변화한 것은[63] 무슨 의미를 띠는 것일까? 영산강 유역의 대표적인 토기 양식은 뚜껑접시[蓋杯], 귀때단지[有孔廣口小壺], 장군형 토기의 세 가지였는데, 이 토기들은 5세기 중엽부터 일본열도 오사카 스에무라[陶邑] 도요지의 주류를 이루게 된다.[64] 그 원인을 일본 야마토 정권의 선택에 의한 것으로 보기도 하고 혹은 영산강 유역 주민들의 일본열도 이주에 의한 것으로 보기도 하지만, 양 지역의 토기 유물 출토 상태로 보아 영산강 유역의 세력들은 정치적이 아닌 일반

---

62) 이정호, 1999, 「영산강유역의 고분 변천과정과 그 배경」, 『榮山江流域의 古代社會』, 최성락 편저, 學研文化社, 114쪽.

63) 酒井清治, 2001, 「倭における初期須惠器의 系譜와 渡來人」, 『4~5世紀 東亞細亞 社會와 加耶』(제7회 加耶史 국제학술회의 발표요지), 김해시, 99~101쪽.

64) 신경철, 2000, 「古代의 洛東江, 榮山江, 그리고 倭」, 『韓國의 前方後圓墳』, 충남대학교출판부, 180~194쪽.

생활 차원에서는 백제에 대하여 독자성을 유지하면서 일본열도와 활발한 교섭을 벌이고 있었다고 볼 수 있다. 그 시기에 영산강 유역에서는 이렇다 할 왜계 유물이 나타나지 않아서 문물의 전래가 영산강 유역에서 일본열도로 일방적인 면모를 띠는데, 그 이유는 주민 또는 기술자의 이주에 의한 것으로 보는 것이 보통이나[65] 아직 분명치 않다.

영산강 유역의 주도 세력이 5세기 중후반 이후 백제에 경도된 것은 백제 비유왕(427~455)과 개로왕(455~475)의 적극적인 대외 교섭 정책과 무관하지 않다고 보인다. 백제는 앞서 언급했듯이 비유왕 2년(428)에 50명 이상으로 구성된 대규모의 왜국 사절단을 받아들이고 그 후로도 왜와의 교섭을 이어나갔으며, 중국 방면으로는 송나라로 구이신왕 5년(424)에 이어 비유왕 3년(429), 14년(440), 24년(450), 개로왕 3년(457), 4년(458), 17년(471)에 사신을 보내고[66] 북위로도 개로왕 18년(472)에 사신을 보냈으며,[67] 한반도 남부 쪽으로도 비유왕 7년(433) 및 8년(434)에 신라에 사신을 파견하여 좋은 말과 흰 매를 보내는 방식으로 우호 관계를 텄다.[68] 백제의 이러한 대외 교섭은 고구려를 겨냥한 것으로, 특히 433년과 434년에 신라에 사신을 보낸 것은 고구려에 대항하는 한반도 남방 제국의 동맹 네트워크를 구성하기 위한 것이었다고 생각된다. 그렇다면 이를 전후해서 백제는 영산강 유역에 대해서도 적극적인 교섭 의지를 보였을 가능성이 높다. 5세기 중반 나주 반남 고분군의 성장은 백제의 이러한 조치에 영향을 받았던 것이다.

한편 5세기 전반에서 중엽에 이르는 시기까지 신라 측에 경도되지 않은 낙동강 서쪽 지역의 가야 소국들은 어떠한 상태에 있었을까? 여기에 대해서는 아무런 문헌 기록도 남아 있지 않다. 신라에 종속되어 있었을까? 자립 기

---

65) 酒井淸治, 2001, 앞의 논문.
　　신경철, 위의 논문.
66) 『宋書』 권97, 列傳57 夷蠻傳 百濟國 및 『三國史記』 권25, 百濟本紀3 비유왕 3년, 14년 조.
67) 『魏書』 권100, 列傳88 百濟國傳 및 『三國史記』 권25, 百濟本紀3 개로왕 18년 조.
68) 『三國史記』 권25, 百濟本紀3 비유왕 7년 및 8년 조.

반을 스스로 영위하고 있었을까? 백제에 협조하며 그와 교통하고 있었을까? 왜와의 관계는 어떻게 유지되고 있었을까?

고고학적인 유물 출토 상황으로 보아, 고령, 합천, 거창 등 낙동강 서안 가야 소국들이 신라에 종속되거나 경도되어 있지 않았던 것은 분명하다. 낙동강 동안 문화권에 속하는 성주나 대구, 창녕 등지에서 투창이 2단 교열로 뚫린 뚜껑굽다리접시[二段交列透窓有蓋高杯]와 V자형 목 달린 굽다리목항아리[V字形頸部臺附長頸壺]와 같은 신라 토기가 출토되는데 비하여, 낙동강 서안 지역은 그에 영토적으로 인접하였음에도 불구하고 투창이 2단 직렬로 뚫린 뚜껑굽다리접시[二段直列透窓有蓋高杯]와 뚜껑목항아리[有蓋長頸壺] 및 사발모양 그릇받침[鉢形器臺]과 같은 가야 토기가 주로 출토되기 때문이다. 이는 그들 사이에 정치적인 대립상이 존재한다는 것을 방증하고 있다. 또한 낙동강 서쪽 지역의 토기 유물에서는 백제나 왜와도 특별한 관계였음을 입증할 만한 것도 잘 보이지 않는다.

5세기 이후 낙동강 서쪽의 후기 가야 문화권은 그 내부에서 상호 구분되는 면모를 보이는데, 크게 보아 고령권, 함안권, 고성-진주권, 김해권 등의 4개 권역으로 구분된다. 그 중에서 5세기 전반 내지 중엽의 시기에 고령권과 김해권은 그다지 발전적인 모습을 보이지 않는데 비하여, 함안권과 고성-진주권은 비교적 발전하는 추세를 띠고 있다.

함안에는 의령, 칠원, 마산, 진북, 군북을 포함한 일대에 소형 군집분과 중소형 봉토분으로 조합된 하위 고분군 그룹들을 거느린 도항리 고분군이 비약적인 발전을 보이는 것이 특징적이어서, 5세기 중후반의 도항리 4호분과 같은 경우에는 봉토 직경이 40m에 달할 정도로 대형 고총을 이루기도 하였다. 그러나 화염형 투창이 뚫린 굽다리접시[火炎形透窓高杯]가 특징적인 함안 양식 토기 문화권은 4세기부터 6세기까지 특별한 권역의 변화가 없어서, 다른 지역으로 문화권이 넓혀지지도 못하였고, 다른 문화권의 침범을 거의 허용하지도 않아서[69] 고립적이고 자급자족적 특성을 보여주었다.

반면에 고성 양식 토기의 존재 범위는 매우 넓게 나타나서, 4세기 후반부터 5세기 중엽까지의 시기에 고성, 사천, 진주 지방은 그에 인접한 거창,

함양, 아영 지방의 세력권이나 함안, 의령, 칠원 지방의 세력권과 활발하게 교류하는 면모를 띠었다.[70] 그러나 긴 장방형 투창이 1단으로 뚫린 뚜껑굽다리접시[一段細長方形透窓有蓋高杯]를 특색으로 하는 이 토기권은 그들 사이에 토기 양식이 유사하다는 것을 알 수는 있어도 그 중심지를 알기 어려워서, 발전의 주체를 찾을 수 없는 특이한 존재 양상을 보이고 있다. 이는 연맹 전체의 발전을 선도할 수 있는 강대한 힘과 경제력을 갖춘 존재가 이 토기권에서는 배출될 수 없는 한계성이 있었다는 것을 반영한다.[71] 물론 이들 지역에도 백제의 문화적 영향력과 같은 것은 보이지 않으나, 백제로서는 5세기 전반에 경남 서부의 고성-진주권 세력들의 유통망을 이용하지 않을 수 없었을 것이다.

그런데 『일본서기』神功紀와 應神紀의 기록에는 서기 262년에 백제 장군인 木羅斤資가 왜왕의 명령을 받아 加羅의 사직을 복구해 주었다거나,[72] 294년에 그의 아들인 木滿致가 아버지의 공으로 임나를 오로지하고 백제와 왜국을 왕래하면서 백제 조정에서 높은 권세를 누렸다는[73] 등의 기록이 나온다. 이 기사들을 문장 그대로 믿을 수는 없지만, 『삼국사기』 백제본기 개로왕 21년(475) 조의 木劦滿致와 관련하여 그 편년을 3갑자 내려서 보고[74] 제한적인 사실성을 인정한다면 그 시기를 442년 및 474년으로 결정하게 되어, 5세기 중엽 이후로 '가라' 즉 고령의 伴跛國을 중심으로 한 백제-왜 교류 관계가 존재했던 것을 추정해 볼 수 있다. 그 교류의 성격을 분명히 알 수

69) 이성주, 1999, 「고고학을 통해 본 아라가야」, 『고고학을 통해 본 가야』(제23회 한국고고학 전국대회 발표요지), 한국고고학회.
70) 안재호, 1997, 「철겸의 변화와 획기」, 『가야고고학논총』 2, 서울 : 가락국사적개발연구원, 79~88쪽.
　　박천수, 1999, 「器臺를 통하여 본 가야세력의 동향」, 『가야의 그릇받침』, 국립김해박물관, 98쪽.
71) 김태식, 2002, 『미완의 문명 7백년 가야사 제2권』, 푸른역사, 179~182쪽.
72) 『日本書紀』 권9, 神功皇后 攝政 62년(262) 조.
73) 『日本書紀』 권10, 應神天皇 25년(294) 조.
74) 山尾幸久, 1978, 앞의 논문, 198~202쪽.

는 없지만, 백제 귀족인 목씨의 활동을 매개로 하여[75] 새로이 고령의 반파국이 백제의 대왜 교통에 협조한 것을 가리키는 것이 아닐까 한다. 『宋書』의 기록으로 보아, 개로왕 4년(458)에 개로왕의 추천으로 송나라로부터 관작을 받은 11인 중에 8인이 백제의 왕족인 餘氏인데[76] 그들과 어깨를 나란히 하여 木羅斤資로 추정되는 沐衿[77]이 龍驤將軍의 작호를 받은 것은, 개로왕이 그의 이러한 공로를 크게 인정한 덕분이라고 보인다. 多沙城을 백제의 '왕래하는 역[往還路驛]'으로 주었다는 「신공기」 50년 조의 기사로 보아, 백제와 반파에 의하여 경남 하동 방면이 대왜 교역의 중간 기착지로 이용된 것을 짐작할 수 있다.

백제가 가야 지역 중에서도 내륙 깊은 곳에 있던 고령의 반파국에 주목하지 않을 수 없었던 이유는, 그들의 제철 산업 기반과 대왜 교역 능력 때문이라고 할 수 있다. 5세기 초에 김해의 가야국을 중심으로 한 전기 가야연맹이 붕괴되고 난 후에, 가야의 철 생산 및 교역 체계도 붕괴되어 왜는 한동안 곤란을 겪었으나, 고령 지방의 반파국이 김해 지방으로부터 도질토기 및 제철 관련 기술자들을 일부 수용하여, 얼마 후에 그 토기 문화를 계승하고 가야산 기슭 야로 지방(경남 합천군 야로면과 가야면 일대)의 철광산을 개발함으로써 제철 산업을 복구하고,[78] 이를 토대로 대왜 교역을 주도하기 시작하였기 때문이다. 5세기 후반까지도 철 생산을 독자적으로 할 수 없어서 교역을 통하여 가야로부터 鐵素材를 입수해서 이를 가지고 단야 과정을 거쳐 철기를 생산하였던 왜로서는[79] 한반도 남부, 특히 전통적으로 밀접한 교역을 이루던 가야와의 교류가 필수적이었다고 하겠다.

한편 고령의 반파국으로서도 5세기 2/4분기에 들어 백제 목씨 세력과 제

---

75) 이도학, 앞의 책, 195~197쪽.
76) 『宋書』 권97, 夷蠻傳 百濟國.
77) 김기섭, 2000, 『백제와 근초고왕』, 학연문화사, 166쪽.
78) 김태식, 1986, 「後期加耶諸國의 성장기반 고찰」, 『釜山史學』 11 ; 2002, 『미완의 문명 7백년 가야사 1권』, 푸른역사, 176쪽.

휴하게 된 것은 자신의 세력 확장에 큰 도움이 되었다. 그리하여 이 시기에 반파국은 大加耶로 국명을 바꾸면서 주변 세력들을 모아 후기 가야연맹을 결성하였다. 『宋書』倭人傳의 왜왕 濟가 451년에 받은 爵號에 김해의 금관국을 가리키는 '任那'와 함께 '加羅'가 나오는 것으로 보아 고령의 반파국이 加羅國으로 국호를 바꾼 것은 5세기 중엽으로 볼 수 있다.[80]

또한 백제 계통의 금·은상감 고리자루큰칼이 5세기 2/4분기로 편년되는 고령 지산동 32NE-1호분과 남원 월산리 M1-A호분에서 출토되고, 이미 4세기경에 서천 오석리, 부여 저석리, 공주 분강리, 남산리, 청주 신봉동 등의 금강 유역에서 출토되던 낫, 살포, 따비, 도끼 등의 축소모형 철제 농기구가, 한편으로는 4~5세기의 영암 내동리, 만수리, 신연리 등 영산강 유역에 퍼지고,[81] 다른 한편으로는 5세기 이후의 고령 지산동, 본관동, 쾌빈동, 남원 월산리, 임실 금성리 고분군 등의 고령 양식 토기문화권으로 퍼진 것은, 백제 귀족인 목씨의 활동 결과를 반영한다고 보인다.[82] 또한 고령의 토기 양식이 5세기 중엽에 일차적으로 남원 일대까지 퍼지고, 그때 이후로 일본열도 규슈[九州] 및 세토 내해[瀨戸内海] 연변에도 고령 계통의 위세품과 고령 양식 토기가 분포되기 시작하였으며,[83] 축소모형 철제 농기구가 4세기 말부터 6

79) 藤尾愼一郎, 2004, 「彌生時代の鐵」, 『國立歷史民俗博物館研究報告 110 -第五回歷博國際 シンポジウム : 古代東アジアにおける倭と加耶の交流-』, 佐倉 : 國立歷史民俗博物館, 3~29쪽.
東潮, 2004, 「弁辰と加耶の鐵」, 같은 책, 31~54쪽.
穴澤義功, 2004, 「日本古代の鐵生産」, 같은 책, 73~88쪽.
大澤正己, 2004, 「金屬組織學からみた日本列島と朝鮮半島の鐵」, 같은 책, 89~122쪽.
80) 李鎔賢, 1999, 「加耶と東アジア諸國」, 日本 國學院大學 大學院 博士學位論文.
81) 김기섭, 2000, 앞의 책, 166쪽.
82) 박순발 교수는 청주 신봉동 고분군의 출토 유물을 기반으로 하여 백제 귀족 목씨의 세력 근거지의 하나로 청주 지역을 손꼽고 있다(박순발, 2000, 앞의 논문, 130쪽).
83) 박천수, 1994, 「도래계 문물에서 본 가야와 왜에 있어서의 정치적 변동」, 『동아시아 고대사』, 고고학연구회, 동경.
定森秀夫, 1997, 「초기 스에키와 한반도제 도질토기」, 『한국고대의 토기』(특별전 도록), 국립중앙박물관, 173~174쪽.

세기 초엽에 이르는 기간에 걸쳐 성행하고 있었다는 사실은,[84] 고령 지방에 중심을 둔 대가야가 자신의 문물과 함께 일부의 백제 문물을 가지고 왜와 교류한 것을 반영한다. 다만 고령 지산동 고분군의 해당 시기 유물에 백제계 문물의 요소는 고리자루큰칼과 같은 일부 위세품에 지나지 않고 토기를 비롯한 대부분의 생활 유물은 재지 기반의 독자적인 것이었다는 점으로 보아, 이 당시에 목씨의 매개를 통해 고령 지방에 미친 백제의 영향력은 강압적인 성격이 아니라 고령 세력의 선택에 의한 상호 동맹적인 성격의 것이었음을 알 수 있다.

그러나 5세기 후반에 이르러 국제 관계는 다시 크게 동요하였다. 즉 신라는 470년에 추풍령을 넘어 진출하여 三年山城(지금 충북 보은)을 축성하며 서북방 개척을 시작하였고, 고구려는 475년에 백제 수도 漢城을 공략하여 함락시켰으며, 백제는 이에 따라 쫓겨 내려와 熊津으로 천도하였다. 이러한 위기를 맞이하여, 백제는 내부적으로 여러 분란이 잇따랐고, 외부적으로 주변 지역에 대한 장악력이 현저하게 약화되었다. 이를 전후하여 경북 고령의 지산동 고분군 축조 집단, 즉 大加耶 중심의 후기 가야연맹체는 소국들과의 영속 관계를 크게 강화하였으며, 문주왕의 남천을 보필하였던 목만치 일파도 천도 초기의 정쟁에서 패배하여 왜국으로 이주한 듯하다.[85] 따라서 백제에서 가야 지역을 통하여 왜로 가는 교통로, 또는 왜에서 가야를 거쳐 백제로 가는 교통로는 다시 두절되기에 이르렀다.

이 당시에 대가야는 크게 팽창하여, 479년에 加羅王 荷知는 가야연맹으로서는 처음으로 중국 南齊에 사신을 보내 '輔國將軍本國王'의 작호를 받았고, 481년에 고구려가 말갈과 함께 신라 狐鳴城(경북 영덕군 영덕읍, 옛 지명 也尸忽郡) 등 일곱 성을 빼앗고 다시 彌秩夫(경북 포항시 흥해읍, 옛 지명 退火郡)로 진군하는 것을, 백제와 함께 원병을 보내 신라군을 도와 막

---

84) 都出比呂志, 1967, 「農具鐵製化の二つの劃期」, 『考古學硏究』 13卷 3號.
85) 山尾幸久, 1978, 「任那に關する一試論 -史料の檢討を中心に-」, 『古代東アジア史論集』 下卷, 末松保和博士古稀記念會.

기도 하였다. 또한 백제의 부진을 틈타 서쪽으로 진출하여 소백산맥을 넘어 내장산-무등산-제암산-존제산 등으로 이어지는 湖南正脈 서쪽 줄기를 경계로 삼아 그 안에 있는 섬진강 수계의 소국들을 포괄하였다.[86] 토기 유물로 보아 고령의 지산동 세력은 이미 5세기 중엽에 전라북도 장수군 천천면 삼고리 고분군과 남원시 아영면 월산리 고분군 축조 집단과 긴밀한 교류 관계에 바탕을 두고 후기 가야연맹체로 포섭하였다.[87] 전라남도 순천 운평리 1호분에서 고령 양식의 5세기 말 내지 6세기 초엽의 뚜껑목항아리[有蓋長頸壺]와 그릇받침[器臺]이 고성-진주 양식의 긴 장방형 투창이 1단으로 뚫린 뚜껑굽다리접시[一段細長方形透窓有蓋高杯]들과 함께 출토된 것은[88] 이런 관계가 전남 동부 지역까지 확산되었음을 뒷받침하는 증거이며, 거기에 백제계나 왜계 유물의 요소가 전혀 없는 것으로 보아 대가야가 순천 지방에 미친 영향력이 독자적이었음을 알 수 있다.

한편 백제는 475년에 웅진으로 옮겨 천도 초기의 극심한 혼란기를 거친 이후, 동성왕 대 후반에는 王都 5部制와 담로제를 정비하여 지방에 대한 통제를 강화한 듯하다. 물론 개로왕 대인 472년에 북위에 사신으로 갔던 餘禮가 중국식의 冠軍將軍號 외에 弗斯侯라는 직함을 가지고 있는 것으로 보아[89] 그 기원을 한성시대 말기로 올릴 수 있다. 그러나 백제 왕 牟大, 즉 동성왕이 490년에 南齊에 보낸 상표문에는 面中王, 都漢王, 八中侯, 阿錯王, 邁盧王, 弗斯侯,[90] 또 495년에 보낸 상표문에는 邁羅王, 辟中王, 弗中侯, 面中侯 등의 王·侯號가 나타나[91] 그 본격적인 제도화를 확인할 수 있다.

각 지명에 대해서 기존 설에서는 弗斯를 전북 전주시(옛 지명 完山, 比斯

---

86) 곽장근, 1999, 『호남 동부지역 석곽묘 연구』, 서경문화사.
87) 김태식, 2002, 앞의 책, 제1권, 183~185쪽.
88) 이동희, 2006, 『순천 운평리 고분 발굴조사 자문위원회 자료』, 전라남도·순천시·순천 대학교박물관.
89) 『魏書』 권100, 列傳88 百濟國 延興 2년(472) 조.
90) 『南齊書』 권58, 列傳39 百濟國傳 永明 8년(490) 조.
91) 위의 책, 百濟國傳 建武 2년(495) 조.

伐), 面中을 광주광역시(옛 지명 武珍州), 都漢을 전남 고흥군 두원면(옛 지명 豆肹縣) 또는 나주군 다시면(옛 지명 豆肹縣), 八中을 전남 나주시(옛 지명 發羅郡) 또는 나주시 반남면(옛 지명 半奈夫里郡), 阿錯을 전남 신안군 압해면(옛 지명 阿次山郡), 邁盧=邁羅를 전북 군산시 옥구읍(옛 지명 馬西良縣) 또는 전남 보성군 회천면(옛 지명 馬斯良縣), 弗中을 전남 순천시 낙안면(옛 지명 分嵯郡, 夫沙郡, 分沙郡) 또는 고흥군 동강면(옛 지명 比史縣), 辟中을 전북 김제시(옛 지명 碧骨縣) 등으로 비정한 바 있다.[92]

그런데 여기서 몇몇 지역을 빼고는 대개 전남 서부 일대로 비정되는 것에 주목할 필요가 있다. 게다가 위에서 弗斯는 전북 전주시가 아니라 弗中과 마찬가지로 전남 낙안이나 동강을 가리키는 것일 수도 있고, 여기서의 辟中은 전남 보성군 보성읍(옛 지명 伏忽郡)이나 보성군 복내면(옛 지명 波夫里郡)일 가능성도 있다. 그렇다면 백제의 지방관에 대한 왕·후 작호 책봉은 전국적으로 설정된 것이 아니라, 5세기 후반부터 말기에 걸쳐 영산강 유역을 비롯한 전남 서부 일대가 백제의 직할 영역으로 편입되면서 나타난 과도기적 현상으로 보아야 할 것이다. 또한 『삼국사기』 백제본기에서 문주왕 2년(476)에 耽羅國이 방물을 바치고 동성왕 20년(498)에 탐라가 '공물을 바치지 않아[不修貢賦]' 왕이 친히 정벌하려고 武珍州(광주광역시)에 이르니 탐라가 사신을 보내 죄를 빌었다고 한 것은, 공납 관계에 있던 백제의 중앙과 전남 영산강 유역 세력과의 관계가 5세기 말엽에는 직접적인 지배로 변화됨으로써 그 지역과의 교통이 절실한 제주도가 자진하여 백제의 속국으로 되었다는 것을 의미한다.[93]

여기서 생각해 보아야 할 것이 영산강 유역 및 전남 서해안 일대에서 발

---

92) 위의 지명 비정은 末松保和가 『任那興亡史』(1956, 吉川弘文館)에서 비정한 것에 대해 필자가 현재 지명으로 고쳐놓은 것이다.
93) 『日本書紀』 권17, 繼體天皇 2년(508) 12월 조에는 "南海中耽羅人 初通百濟國." 이라고 하여 시기가 약간 늦게 잡혀 있으나, 당시에 탐라와 관련하여 백제에게 기념될 만한 일이 있었다는 사실을 전하고 있다.

견된 前方後圓墳들이다. 즉 영암 자라봉 고분, 광주 월계동 1·2호분 및 명화동 고분, 해남 조산 고분, 함평 신덕 고분 등 영산강 유역에 분포한 10여 기의 전방후원분은 대개 5세기 후반부터 6세기 전반까지의 백제 웅진시대로 편년되며, 이들 고분의 내부 구조인 굴식 돌방은 일본 北部九州型 석실과 비슷하다.[94] 일반적으로 영산강 유역에 전방후원분이 축조되는 배경에는 왜인의 관여가 있었고, 그 국제적 계기는 한성 함락과 웅진 천도에 있다고 본다. 이 문제의 핵심은 전방후원분들에 묻힌 피장자가 재지 수장인가 또는 왜인인가 하는 문제와, 그 무덤들의 조성에 가장 많은 관여를 한 것이 백제 왕권인가, 일본열도의 여러 왜 집단인가, 나주 반남면 세력인가, 혹은 그 외의 재지 세력인가 하는 점이다.[95]

그 중에서도 가장 유력한 설은 웅진기에 백제가 영산강 유역으로 영역적 지배를 관철해 나가고 반남면을 중심으로 한 기존 지역 통합의 구심력을 와해시키는 과정에서 나타난 지역 집단의 일시적 정치적 자립성의 확대의 결과로 재지 수장들이 자신의 묘제에 일본 각 지역 세력과의 정치적 친연 관계를 표방한 것이라는 '在地首長標榜說'[96]과, 한성의 함락으로 인한 통치 기구의 일시적 와해로 인해 자력으로 남방을 통치할 역량을 결여하게 된 백제 측이 北九州의 왜인 호족들을 이 지역에 집단적으로 정착시켰던 흔적이라는 '倭系百濟官僚說'[97]이다.

영산강 유역의 전방후원분 중에 발굴된 것들을 중심으로 볼 때, 전체적인 분구의 평면 형태는 일본열도의 것과 같지만 분구에 段築 수법이 보이지

---

94) 박순발 외 4인, 2000, 『韓國의 前方後圓墳』, 충남대학교출판부.
  朝鮮學會 編, 2002, 『前方後圓墳と古代日朝關係』, 同成社.
95) 권오영, 2005, 「고고학자료로 본 백제와 왜의 관계 -영산강유역의 전방후원분을 중심으로-」, 『왜 5왕 문제와 한일관계』, 한일관계사연구논집편찬위원회 편, 경인문화사.
96) 박순발, 2002, 「榮山江流域における前方後圓墳の意義」, 『前方後圓墳と古代日朝關係』, 朝鮮學會編, 同成社, 238쪽.
  田中俊明, 2002, 「韓國の前方後圓形古墳の被葬者·造墓集團に對する私見」, 『前方後圓墳と古代日朝關係』, 朝鮮學會編, 同成社, 257~258쪽.

않고, 분구 주위에 묻힌 원통형 토기는 외형상 일본열도의 하니와[埴輪]와 흡사하나 구체적인 성형 또는 겉면 조정 등의 제작 기법이 일본식과 달라 현지 생산품으로 보인다. 전방후원분의 내부 구조인 굴식 돌방[橫穴式石室] 안에서 나온 유물로는 대가야계의 토기 뚜껑(명화동), 백제계의 세발토기, 입 큰 목항아리, 원통모양 그릇받침(모두 월계동 1호분), 쇠못과 관 고리로 구성된 목관(신덕 1호분), 왜계의 廣帶二山式 金銅冠과 반구형 장식금구 붙은 큰칼(신덕 1호분),[98] 재지계의 토기 등이 출토되었다. 검릉형 말띠드리개[劍菱形杏葉]와 f자형 재갈멈추개[f字形鏡板](조산 고분), 반구형 말띠꾸미개[半球形雲珠]와 재갈쇠[銜](신덕 1호분) 등의 마구는[99] 백제, 대가야, 왜에 공통적으로 나오므로 어느 계열인지 분명치 않다.

아직은 출토 유물이 충분치 않아서 이들이 재지 수장이면서 스스로 왜계 세력이라고 표방한 것인지 아니면 백제계 왜인 관료인지 단정할 수 없으나, 고분의 외형이 전방후원분이고 위신재로 보이는 금동관과 큰칼이 왜계라는 것은 매우 중요하다. 앞으로 좀 더 많은 유물이 나오면 결론을 수정할 수도 있다는 전제 아래 그 묘제와 일부의 위신재를 중시하는 입장에서 볼 때, 이들은 원래 재지 수장이었고 그 중에 일부는 생활 용기로 백제 토기를 쓸 정도로 백제 문화에 경도되었던 세력이나, 5세기 후반의 백제 수도 함락을 보고 스스로 왜계로 전향하려고 선택했던 것일 가능성이 높지 않을까 한다. 물론 여기에는 전남 서부 지역과 일본 규슈 세력들 사이의 상호 연계가 있었을 것이다.

이에 대해서 백제 동성왕은 자신이 중국이나 한반도 및 왜에서 국제적으

<hr />

97) 주보돈, 2000, 「百濟의 榮山江流域 支配方式과 前方後圓墳 被葬者의 性格」, 『韓國의 前方後圓墳』, 충남대학교 출판부, 92쪽.
박천수, 2003, 「考古資料로 본 古代 韓半島와 日本列島의 交流」, 한일역사공동연구위원회 1분과 제9차합동회의(국립김해박물관, 2003. 6. 21.) 발표요지.

98) 함순섭, 1997, 「小倉 Collection 金製帶冠의 제작기법과 그 계통」, 『고대연구』 5, 고대연구회, 95쪽의 주80.

99) 유물 사진은 국립중앙박물관, 1999, 『백제』(특별전 도록), 87~88쪽, 96~103쪽 참조.

로 인정받는 세력임을 입증하기 위해서 외교적으로 여러 가지 노력을 하였다. 전남 지역에 대해서는 통치 가능한 곳에 지방관을 파견하고 이를 중국으로부터 인정받으려고 했다. 동성왕의 484·486년과 490·495년의 네 차례에 걸친 南齊 조공과 그 중 490년대 두 차례의 왕·후 작호 가칭은 이와 밀접한 관련이 있다. 또한 일본 규슈의 구마모토현 에타 후나야마[江田船山] 고분의 부장품에 보이듯이, 백제는 일본열도 각지에도 백제의 선진 문물을 파급시켜 자신과의 연계 필요성을 입증해 보이기도 했다. 동성왕 3년(481)에 가야와 함께 신라에 원병을 彌秩夫(경북 포항시 흥해읍)에 보내 고구려군을 물리치고, 7년(485)에 신라에 사신을 보내 예방한 것이나, 15년(493)에 신라에 혼인을 청하여 결혼 동맹을 맺은 것도 그러한 외교의 일환이다. 한편으로는 동성왕 20년(498)에 탐라를 빌미로 삼아 무진주(광주광역시)까지 진격하여 무력시위를 하기도 했던 것이다. 백제의 이러한 노력들의 결과, 영산강 유역은 대부분 6세기 초까지는 백제의 직접적인 지배 영역으로 편입되었다.

2. 가야 복속을 위한 백제의 외교적 시도

(1) 섬진강 유역의 장악 -대가야와의 충돌-

『삼국사기』 백제본기에 따르면 5세기 말 이후 6세기에 들어서면서도 백제는 계속해서 고구려와의 전쟁을 치루고 있었다. 동성왕 16년(494)에 고구려가 신라의 薩水原(충북 괴산군 청천면, 옛 지명 薩買縣)과 犬牙城을 치고, 17년(495)에 고구려가 백제 雉壤城(강원도 원주 치악산 일대)[100]을 쳤다든

---

100) 雉壤城은 신라 漢州 海皐郡 雉澤縣(황해 연백군 은천면)의 고구려 때 지명인 刀臘縣의 별명으로 雉嶽城이라고도 나오나 그것과의 동일 여부는 단언하기 어려우며, 오히려 현재 강원도 원주시 동쪽 경계에 있는 雉岳山 일대의 성일 가능성이 높다. 고구려의 공격에 놀란 백제가 신라에게 구원을 요청하자 신라가 장군 덕지를 보내 구원케 하였다는 정황으로 보아서도 황해도 은천보다는 강원도 원주 일대가 어울린다.

가, 무령왕 3년(503)과 6년(506)에 말갈이 백제의 高木城(경기 연천군 연천읍, 옛 지명 功木達縣)을 공격했다든가, 7년(507)에 고구려가 백제의 漢城(경기 하남시)을 치려고 橫岳(서울 북한산)[101]에 나아갔다든가, 12년(512)에 고구려가 백제의 加弗城과 圓山城(충북 음성군 음성읍, 옛 지명 仍忽縣)을 함락시켰다든가 하는 기록들이 그것이다.

위에서 말갈이 백제를 공격했다는 것은 고구려의 작전에 의한 것으로 보아도 좋을 것이다. 이렇게 볼 때, 당시의 전쟁터는 북으로는 고목성(경기 연천)으로부터 남으로는 한성(경기 하남시) 또는 치악성(강원 원주 치악산 일대), 살수원(충북 괴산군 청천면), 원산성(충북 음성)에 이르기까지 변화하고 있으며, 백제와 고구려 양국의 공방이 매우 치열하고 영토 소유의 변화가 심하였음을 알 수 있다. 다만 백제가 고목성을 영유하고 있었다면, 이는 5세기 말 내지 6세기 초에 일시적으로 백제가 한강 이북까지 북상하였다가 도로 빼앗긴 것을 나타낼 수도 있다. 그렇다면 무령왕 21년(521)에 중국 양나라에 사신을 보내 "거듭해서 고구려를 격파하고 이제 처음으로 (양나라와) 우호를 통한다. 백제는 다시 강국이 되었다."[102]라고 언급한 것이 허망한 말이 아님을 알 수 있다. 게다가 앞 절에서 언급했듯이 백제는 6세기 초까지 영산강 유역을 대부분 영역에 편입시켰다.

이러한 성공적 분위기 속에서 백제는 6세기 초에 동남방으로 더욱 진출하여 전남 동부와 전북 동부 지역 일대를 경략하기 시작하였다. 이 지역은 섬진강 유역으로서, 5세기 중엽까지 백제의 영향력이 뻗친 흔적이 거의 보이지 않으며, 대가야가 후기 가야연맹을 결성하면서부터는 그에 동조했던 곳이다. 대가야의 왕정에서 중요한 祭禮가 행해질 때 연주되었을 우륵 12곡[103] 중에 몇 곡의 이름이 이 지역의 명칭을 띠고 있기 때문이다.[104] 즉 12곡

---

101) 金正浩의 『大東地志』 권1 漢城府 山水條에서 "三角山 距府北十五里 百濟稱負兒岳 又云 橫岳 又云舉山"이라 하여, 횡악을 현재의 서울 北漢山으로 비정하였다. 이와는 달리 음운의 유사성에 근거하여 강원도 橫城으로 비정하는 견해도 있다.

102) 『梁書』 권54, 列傳48 諸夷傳 百濟 普通2年條.

명 중에서 奇物, 達已, 勿慧 등은 호남 동부 지역에 비정될 수 있다.

上·下奇物에 대해서는 경북 김천(옛 지명 今勿縣)으로 보는 견해가[105] 있었으나, 이는 전북 남원 및 임실 지방으로 비정하되, 上奇物은 지금의 임실군 임실읍(옛 지명 任實郡) 및 장수군 번암면(옛 지명 居斯勿縣), 下奇物은 남원시(옛 지명 古龍郡)로 보는 것이 옳다.[106] 『梁職貢圖』百濟國使圖經에는 '上己文'만 나오는 것으로 볼 때, 백제가 중시하는 것은 하기물보다는 상기물이었다. 상기물은 전략적 요충인 장수군 번암면에 중점을 두되 행정구역상 그를 관할하는 郡인 임실군 임실읍을 포함하는 것으로 생각된다.

達已에 대해서는 경북 의성군 다인면(옛 지명 達已縣),[107] 또는 경남 하동(옛 지명 韓多沙郡)[108] 등으로 보는 견해들이 있었다. 그러나 의성이나 대구는 이미 가야가 아닌 신라 세력권에 속하는 지역이라 비정이 곤란하고, '달이'를 '달사'로 읽어 多沙=帶沙로 비정하는 것은 '사'를 '여섯째지지 사(巳)'로 借字한 사례가 거의 없다는 점에서 생소하다. 그러므로 이를 『일본서기』의 哆唎와 동일시하여 전남 여수시(옛 지명 猿村縣)와 그에 인접한 여수시 돌산읍(옛 지명 突山縣) 일대로 보는 것이 온당하다.

勿慧도 후기 가야연맹 소속의 어느 지방 음악인 듯하나, 그 위치를 알 수

---

103) 『三國史記』 권32, 雜志1 樂 "于勒所製十二曲 一曰下加羅都 二曰上加羅都 三曰寶伎 四曰達已 五曰思勿 六曰勿慧 七曰下奇物 八曰師子伎 九曰居烈 十曰沙八兮 十一曰爾赦 十二曰上奇物."

104) 우륵 12곡의 伎樂名 및 地名에 대한 기존 설에 대해서는 김태식, 1993, 앞의 책, 292~295쪽 참조.

105) 김동욱, 1966, 「于勒十二曲에 대하여」, 『新羅伽倻文化』 1, 27쪽.

106) 김태식, 1985, 「5세기 후반 大加耶의 발전에 대한 硏究」, 『韓國史論』 12, 76~86쪽 ; 1993, 앞의 책, 293쪽.
田中俊明, 1990, 「于勒十二曲と大加耶連盟」, 『東洋史學硏究』 48-4 ; 1992, 『大加耶連盟の興亡と'任那'』, 吉川弘文館, 106쪽.

107) 이병도, 1977, 『國譯三國史記』, 乙酉文化社, 507쪽.
양주동, 1965, 『古歌硏究』, 一潮閣, 31쪽.
김동욱, 앞의 논문, 17쪽.

108) 田中俊明, 1990, 앞의 논문 ; 1992, 앞의 책, 107쪽.

없다. 이를 전남 무안(옛 지명 勿阿兮郡)[109]이나 경남 함양군 안의면(옛 지명 馬利縣),[110] 경북 군위군 효령면(옛 지명 芼兮縣),[111] 또는 경남 고성군 상리면(옛 지명 蚊火良縣)[112]으로 보는 견해 등이 있으나, 모두 분명치 않다. 음운 상으로 보아서는 무안의 물아혜가 가장 비슷하나, 전남 서해안에 위치하여 동떨어져 있다. 또한 대가야의 세력권을 추정해 볼 때 군위는 어렵다고 생각되고, 안의나 상리는 조금 작은 세력들이라 주저된다. 「繼體紀」의 牟婁와 滿奚, 『양직공도』 백제국사 도경의 麻連 등과 관련하여, 물혜는 전남 광양시 광양읍(옛 지명 馬老縣) 일대의 음악으로 비정된다.

이로 보아 호남 동부 지역에 속하는 상기물(지금 전북 임실군 임실읍 및 장수군 번암면), 하기물(지금 전북 남원시), 달이(지금 전남 여수시 및 여수시 돌산읍), 물혜(지금 전남 광양시 광양읍)의 지방 음악이 5세기 후반 내지 6세기 초엽에 대가야 궁정에서 연주된 적이 있으며, 이는 그 지역의 소국들이 후기 가야연맹체에 속해 있었던 것을 의미한다.

그런데 『일본서기』 계체 6년(512) 12월 조에 의하면, 백제 사신이 왜에 가서 임나국의 上哆唎, 下哆唎, 娑陀, 牟婁 4현을 달라고 하자, 왜의 조정에서 哆唎國守 호즈미노오미 오시야마[穗積臣押山]의 말을 듣고 이를 백제에게 주었다고 나온다. 여기서 '호즈미노오미 오시야마'는 왜에서 4월에 백제로 파견되었던 사신이며, 상다리 등 4현을 백제에게 주었다는 것은 그 지역을 통해서 이제부터는 백제와 교역한다는 것을 왜가 인식한 정도로 파악해야 할 것이다.

위에서 上·下哆唎는 전남 여수시(옛 지명 猿村縣)와 여수시 돌산읍(옛 지명 突山縣), 娑陀는 전남 순천시(옛 지명 欱平郡=沙平縣), 牟婁는 전남 광양시 광양읍(옛 지명 馬老縣)에 비정된다.[113] 앞서 언급했듯이 전라남도 순

109) 末松保和, 앞의 책, 242쪽.
110) 양주동, 앞의 책, 31쪽.
111) 김동욱, 앞의 논문, 27쪽.
112) 田中俊明, 1990, 앞의 논문, 138쪽 ; 1992, 앞의 책, 107~109쪽.

천 운평리 1호분에서 고령 양식의 5세기 말 내지 6세기 초엽의 뚜껑목항아
리와 그릇받침이 출토된 것은 이 지역이 당시까지 대가야의 동조 세력이었
음을 확인시킨다. 그런데 백제가 다시 안정을 되찾은 6세기 초 이후, 백제
관리들은 섬진강 하구의 서쪽에 해당하는 이 지역을 왜와의 교역을 빙자하
여 대가야의 양해 없이 마음대로 출입하기 시작한 듯하다. 호즈미노오미 오
시야마는 처음에 왜의 사신으로서 백제에 왔지만 다리국에 주재하면서 백
제의 이익을 대변하는 것으로 보아, 이미 친백제 왜인 관료 혹은 왜계 백제
관료가 되었다고 보아도 좋을 만한 인물이었다.

이런 조치에 대하여 대가야가 반발한 흔적이 나타나지 않는데, 이는 백
제와 행정 구역 상으로 연접해 있으면서 소규모였던 이 지역 소국들이 이미
백제의 공작에 동조했거나, 혹은 대가야가 그러한 책략의 위험성을 잘 몰랐
기 때문이 아닐까 한다. 호즈미노오미 오시야마의 보고에서 "이 네 현은 백
제와 가까이 이어져 있어서 (중략) 아침 저녁으로 쉽게 통하고 닭과 개도 구
별하기 어려우므로, 이제 백제에게 주어 같은 나라로 만드는 것이 굳게 지
키는 책략"이라고 한 것은,[114] 후대의 작문에 지나지 않는다 해도 대세에
순응할 수밖에 없었던 당시 현지인들의 인식을 반영하는 측면이 있었다고
생각된다. 현지 세력들의 자세가 그러하였다면, 대가야도 함부로 다투기 어
려웠을 것이다. 이로 인하여 전남 광양, 순천, 여수 지방은 백제의 책략에 대
한 왜와 현지 세력들의 동조로 일거에 백제의 영역으로 편입되었다.

이듬해인 「계체기」 7년(513) 조에는, 백제가 伴跛國에게 빼앗긴 己汶 땅
을 왜에게 돌려달라고 요청하자, 왜는 百濟, 斯羅(=신라), 安羅, 伴跛(=대가
야) 등의 사신이 모인 자리에서 己汶과 滯沙를 백제에게 주었다는 기록이
나온다. 이것 역시 왜와의 교역을 빙자하여 가야연맹의 소속국인 기문, 즉
남원·장수·임실 지방을 잠식해 들어오는 백제의 외교 방식을 보여주는

113) 전영래, 1985, 「百濟南方境域의 變遷」, 『千寬宇先生還曆紀念韓國史學論叢』, 146쪽.
114) 『日本書紀』 권17, 繼體紀 6년(512) 12월 "哆唎國守穗積臣押山奏日 此四縣 近連百濟 遠
隔日本. 旦暮易通 鷄犬難別. 今賜百濟 合爲同國 固存之策 無以過此."

것일 뿐이며, 왜는 선진 문물의 면에서 반파국 즉 대가야보다 우월한 백제의 유도에 따르지 않을 수 없었을 것이다. 혹자는 여기서 신라뿐만 아니라 가야연맹의 소속국이던 함안의 안라국도 왜의 조치에 동조했으므로, 이로부터 후기 가야연맹은 해체되어 대가야와 안라 중심의 둘로 분열되었을 것이라고 하였다.[115] 그러나 여기서 왜의 왕정에 백제, 신라, 안라, 대가야의 사신들이 모두 모였다는 것은 믿기 어려우며, 왜의 조치에 신라와 안라가 동조하였는지의 여부도 이 기사만으로는 확인하기 어렵다.

백제가 이처럼 기문(전북 남원·장수·임실)과 체사 즉 帶沙(경남 하동)를 무단으로 이용하겠다고 선언하자, 대가야는 민감하게 반응하였다. 이듬해인 「계체기」 8년(514) 조에 의하면, 반파 즉 대가야가 子呑과 帶沙에 성을 쌓아 滿奚에 이어지게 하고, 봉화, 척후, 저택, 누각을 설치하여 日本에 대비하였으며, 또한 爾列比와 麻須比에 성을 쌓아 麻且奚·推封에까지 뻗치고, 사졸과 병기를 모아서 新羅를 핍박했다는 기록이 나온다. 이는 백제의 침탈 방식에 대응하여, 대가야가 변경 지역에의 축성을 통해 무력으로 저지하려는 태도를 전하고 있다.

여기서 帶沙를 경북 달성군 하빈·다사면(옛 지명 多斯只縣)으로 비정하는 견해도 있지만,[116] 가야와 백제 사이의 분쟁 지역이라면 역시 경남 하동군(옛 지명 韓多沙郡) 일대로 보는 것이 타당하다. 『삼국사기』 신라본기 유례 이사금 11년(294) 조에 多沙郡이 상서로운 벼를 바쳤다는 기록이 나오니, 이는 한다사군을 그저 다사군으로도 불렀다는 증거가 된다. 다만 신라시대 다사군의 위치는, 지금의 하동군 하동읍이 아니라, 하동군 고전면 일대에 비정되므로,[117] 대사의 위치도 지금의 하동군 고전면 일대로 보아야 한다. 또한 그 곳에 쌓았다는 성의 위치는 고전면 북방 陽慶山의 주성이 아닐까 한다. 혹자는 대사성의 위치를 하동군 악양면 평사리의 姑蘇城으로 보

---

115) 鈴木英夫, 1996, 『古代の倭國と朝鮮諸國』, 靑木書店, 189쪽.
116) 천관우, 1978, 앞의 논문(하), 115쪽.

았는데,[118] 지명이나 입지 조건으로 보아 불가능하지는 않다.

子呑은 「欽明紀」 2년(541) 4월 조 등에 보이는 子他와 같다고 보인다. 자탄과 자타의 訓은 일반적인 『일본서기』 流布本에서는 '고톤 コトン', '고타 コタ'로 하고 『釋日本紀』에서는 '시톤 シトン', '시타 シタ'라고 하였다. 그 발음에 따라 居陁 즉 지금의 경남 진주 또는 거창이라 한 설과,[119] 漆吐 즉 지금의 경남 칠원이라 한 설로[120] 견해가 나뉜다. 그러나 칠원 지방은 함안, 마산, 김해로 연결되는 남부 가야 지역에 속하며 530년 전후한 남가라, 탁순, 탁기탄의 신라 병합 때 몰락한 것으로 추정되는데, 子他는 540년 이후의 「흠명기」에 여전히 나타나고 있으므로 이를 칠원으로 보기는 어렵다.

그러므로 자탄·자타는 '고톤·고타'로서 발음되어 우리 지명에서의 '거타'와 같다고 해야 한다. 그런데 진주에 菁州를 설치하는 기사를 살펴보면, 『삼국사기』 지리지에서는 "居陁州를 나누어 菁州로 삼았다"고 기록했으며, 신라본기 신문왕 5년 조에는 "다시 完山州를 설치하고 龍元을 총관으로 삼되 居列州를 빼내어 菁州를 설치했다."고 표현하였다. 이 두 기사는 거창의 거열주를 폐지하고 그 곳에 있는 군단을 둘로 나누어 하나는 완산주(지금 전주)로 보내고 하나는 거타(지금 진주)로 보내어 청주를 설치하는 상황을 설명한 것이다. 그런 과정 중에 청주의 옛 지명이 거타라는 사실을 잃어버리고 거열과 혼동한 결과 위와 같은 기록이 나왔던 것이다. 따라서 자탄=자타는 진주로 보는 것이 옳다.

---

117) 『增補文獻備考』 권17 河東郡條에 의하면, 하동군의 치소는 역대 변화가 없었으나, 조선 후기 숙종이 그 치소를 陳沓面 豆谷으로 옮겼고, 영조가 치소를 螺洞으로 옮겼다가 다시 項村으로 옮겼다. 그러므로 조선 전기 이전의 치소는 『신증동국여지승람』 하동현 산천 조와 비교해 보아야 한다. 그에 따르면 金鰲山이 현의 남쪽 3리에 있고, 牧島가 현의 서쪽 10리에 있다고 한 것으로 보아, 현재의 읍에서 동남쪽의 하동군 고전면 일대에 해당한다.

118) 田中俊明, 1992, 『大加耶連盟の興亡と'任那'』, 吉川弘文館, 129~131쪽.

119) 末松保和, 1949, 앞의 책, 127쪽.

120) 전영래, 1981, 『南原草村里古墳群發掘調査報告書』, 76쪽.

滿奚는 대가야가 진주(子呑)와 하동(帶沙)에 성을 쌓고 진출하던 곳이라한다. 진주로부터 서쪽으로 나아가 하동에 이르러 더 나아가면 전라남도로들어가게 되는데 섬진강을 거슬러 올라가면 구례군이고 섬진강구로 내려가면 광양시이다. 그런데 광양시 광양읍의 옛 지명이 馬老縣으로서 만해와 지명 발음이 비교되고, 임나 4현 중의 牟婁와 우륵 12곡 중의 勿慧 및 『양직공도』 백제국사 도경 소재 소국명 중의 麻連도 이 곳에 비정되며, 지금도 섬진강구 서안에 伽倻山, 마로산성이 있고 馬龍里라는 지명이 있는 것으로 보아, 만해는 광양 일대로 보는 것이 타당하다. 대가야가 하동과 광양을 점유했다면 섬진강 수로는 완전히 그의 수중에 있는 것이라고 하겠다.

推封에 대해서는 경북 현풍(옛 지명 推良火) 설과[121] 경남 밀양(옛 지명推火) 설이[122] 있다. 음운 상으로는 두 곳이 다 가능하겠으나, 현풍설은 기문·대사를 낙동강 상류 지역으로 본 조건 아래 진행되었던 추정이므로 옳지 않고, 밀양으로 봄이 타당하다.

爾列比에 대해서는 경북 자인(옛 지명 奴斯火) 설과[123] 경남 의령(옛 지명 獐含) 설이[124] 있다. 대가야가 대구광역시 일대를 넘어 경북 경산시 자인면까지 진출했다는 것은 과도하며, 대가야가 신라 쪽으로 진출하기 위해의령으로 나아간다는 것은 방향이 틀린 듯하다. 고령에서 낙동강 동쪽으로진출하기 위해서는 ① 바로 동쪽으로 금산재를 넘어 성산면으로 나아가 낙동강을 건너 달성군 논공 쪽으로 나아가든지, ② 또는 북쪽으로 성주까지갔다가 거기서 무계진을 건너 달성군 다사 쪽으로 나아가든지, ③ 아니면남쪽으로 합천을 거쳐 의령군 부림까지 나아가 거기서 낙동강을 건너 창녕쪽으로 나아가게 된다. 그런데 고령은 북쪽 성주와 동쪽 대구에 신라 소국이 있어서 길이 막혀 있었고, 합천·부림 방면으로는 길이 열려 있는 상태

121) 今西龍, 1919, 「加羅疆域考」, 『史林』 4-3 ; 1970, 『朝鮮古史の研究』, 360쪽.
122) 末松保和, 1949, 앞의 책, 127쪽.
123) 위의 주석과 같음.
124) 전영래, 1983, 『南原月山里古墳群發掘調査報告』, 원광대학교 마한백제문화연구소, 77쪽.

였다. 게다가 부림의 옛 지명이 辛爾縣으로서 이열비와의 음운 대비도 가능하다고 보이므로, 이열비는 의령군 부림면으로 보는 것이 타당하다.

麻須比에 대해서는 삼가(옛 지명 三支 · 麻杖)설[125]이 있으나, 三支縣의 현 위치는 합천군 삼가면이 아니라 서북쪽으로 15킬로미터 가량 떨어진 대병면이다.[126] 이 지역은 대가야에서 신라로 나아가는 길로는 더욱 적합지 않다. 또한 이열비(부림)와 마수비에 성을 쌓아 추봉 즉 밀양까지 세력을 뻗쳤다면, 마수비는 부림과 밀양 사이에서 비정할 수밖에 없게 된다. 그러므로 마수비를 그 중간에 있는 교통의 요지인 창녕군 영산면 일대로 비정할 수 있는데 그 곳에 성을 쌓았다는 것으로 보아서는 그에 인접한 계성면일 가능성도 있다.

麻且奚의 위치에 대해서는 추봉 즉 밀양시 부근의 교통 요지인 삼랑진읍을 들 수 있다. 삼랑진읍은 옛 지명이 推浦縣으로서[127] 발음이 '밀개'라면 마차해와의 비교도 가능하다. 『삼국사기』 김유신전 상권 을사년(645) 조에 백제군이 쳐들어왔다는 買利浦城도 같은 곳이다. 이렇게 볼 때, 대가야는 부림 · 영산에 축성하여 신라에 대비하고, 그를 근거로 하여 밀양 · 삼랑진까지 때때로 힘을 미치고 노리면서 신라와 대립하였던 것이다.

위와 같이 지명 비정한 결과를 지도로 표시하면 〈지도 2〉와 같다.

---

125) 위의 주석과 같음.
126) 『新增東國輿地勝覽』 권31 三嘉縣 建置沿革 및 古跡條에 의하면, 신라의 三支縣(三岐縣)은 조선 태종이 嘉壽縣과 합쳐서 三嘉縣으로 낮추었다가, 관아를 嘉壽로 옮겼다. 그러므로 옛 三岐縣은 三嘉에서 북쪽 47리에 있으며, 현재의 陜川郡 大幷面 倉里 일대에 해당한다.
127) 신라 推浦縣은 경덕왕이 密津縣으로 이름을 고쳤다. 密津縣의 고려시대 이름은 알 수 없으나, 『신증동국여지승람』에서는 靈山 남쪽 30리의 蔑浦(지금의 昌寧郡 南旨)가 발음상 推 · 密과 가깝다고 하여 이곳에 비정했다(권26 密陽都護府 古跡條). 그러나 위치상으로 밀양에서는 멀리 떨어져 있으면서 영산과는 인접해 있는 곳이라, 그 고증을 그대로 따를 수 없다. 밀양의 領縣이 될 만한 津處로는 密陽郡 三浪津邑(옛 지명 龍津)이나 下南邑(옛 지명 守山津)도 가능하다. 특히 '龍'이 '密 · 推'와 발음이 통하고, 玄驍縣(현풍)의 옛 지명인 推良火를 三良火라고도 하여 '推'와 '三'이 서로 통하는 것을 보면, 三浪津邑이 密津縣이었을 가능성이 높다.

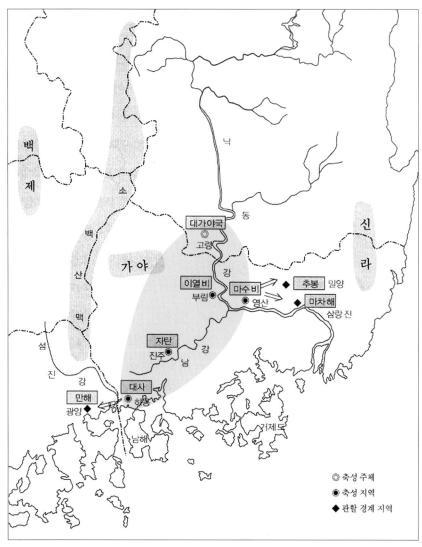

〈지도 2〉 510년대 대가야의 축성 및 세력 영향권 상황

　이로 보아 자탄은 경남 진주시(옛 지명 菁州, 居陁), 대사는 경남 하동군 고전면(옛 지명 韓多沙郡), 만해는 전남 광양시 광양읍(옛 지명 馬老縣)에 비정되므로, 대가야가 진주와 하동 지방에 성을 쌓고 광양 일대까지 감시를

하면서 백제와 왜의 교역을 막으려는 의지를 확인할 수 있다. 또한 이열비는 경남 의령군 부림면(옛 지명 辛爾縣, 省熱縣), 마수비는 경남 창녕군 영산면(옛 지명 西火縣), 마차해는 경남 밀양시 삼랑진읍(옛 지명 推浦縣), 추봉은 경남 밀양시(옛 지명 推火郡)에 비정되므로, 부림에서 낙동강을 건너 영산 일대까지 영역을 확보하고 밀양 방면까지 힘을 뻗치는 대가야의 면모를 볼 수 있다.

이듬해인 「계체기」 9년(515) 조에 의하면, 왜의 모노노베노 무라지[物部連]는 수군 500명을 이끌고 곧장 帶沙江에 이르렀으나, 대사강에 머물러 있은 지 6일 후에 伴跛가 군대를 일으켜 와서 공격하므로, 무서워서 달아나 간신히 목숨을 건지고 汝慕羅에 정박했다고 나온다. 이는 왜의 사신단이 가야 연맹의 반발을 무릅쓰고 帶沙 즉 하동에 와서 백제와 교역하려고 기다리다가, 급기야 반파 즉 대가야의 공격을 받아 물러나는 상황을 보이고 있다. 백제의 하동 지방 경략은 쉽지 않았던 것이다.

그러나 「계체기」 10년(516) 조에 의하면, 모노노베노 무라지[物部連]가 己汶(지금 남원, 장수, 임실)에 도착하여 백제 관리의 인도를 받아 백제 왕정에 들어가 후한 교역을 이루었다는 기록이 나온다. 섬진강은 하구에서는 강줄기가 전남 광양과 경남 하동의 경계를 이루지만, 하구만 통과하면 곧바로 지리산 서쪽의 전남 구례 및 전북 남원 일대로 이어진다. 그러므로 왜 사신 일행은 대가야의 감시가 소홀한 틈을 타서 하동 지방을 통과하여 기문에 도착할 수 있었던 듯하다.

이로 보아, 백제와 육지로 접해 있던 기문에 이미 백제의 관리가 상주하고 있었음을 알 수 있으며, 이에 대해서는 대가야가 다툴 여력이 없었던 것을 알 수 있다. 즉 516년을 기점으로 하여 백제는 하구를 제외한 섬진강 유역 세력들을 모두 복속시킴으로써, 현재의 전남 및 전북 동부 지역 일대를 장악하였다고 볼 수 있다. 이러한 영토 확장의 성공은 훗날 백제가 泗沘 천도를 하면서 五方制를 실시하는 기반이 되었을 것이다.

백제가 520년경에 중국 남조의 양나라에 조공하였을 때의 기록인 『梁職貢圖』百濟國使圖經[128)]에서 "옆에 있는 소국으로 叛波, 卓, 多羅, 前羅, 斯

羅, 止迷, 麻連, 上己文, 下枕羅 등이 있어서 그(백제)에게 부속되어 있다."
고 되어 있는 것은 당시 백제의 주변 인식을 보여준다.

　여기서 앞 부분에 나오는 '叛波'는 경북 고령의 대가야국을 가리키고,
'卓'은 경남 창원시의 탁순국, '多羅'는 경남 합천의 다라국, '前羅'는 경남
함안의 안라국으로서[129] 모두 가야연맹의 일원들이다. 그에 이어 나오는
'斯羅'는 경북 경주의 신라국을 가리키는 다른 칭호이다. 이들은 모두 당시
에 백제에게 부속되어 있지 않은 독립적이거나 혹은 적대적인 세력들인데,
백제는 이들을 자신에게 부속된 소국들이라고 중국 양나라에 소개한 것이
다. 게다가 대가야를 '가라'로 부르지 않고 그 옛 이름인 '반파'로 칭한 것
은 후기 가야연맹의 맹주로서의 자격을 인정하지 않겠다는 백제의 의도를
보이고 있다. 신라를 구태여 '사라'라고 칭한 것도 앞 시대의 소국이었을
때의 신라를 연상시키는 고의적인 호칭이라고 하겠다.

　반면에 그에 이어지는 소국들은 가까운 시기인 5세기 말 내지 6세기 초
에 백제가 병합한 지역들이다. 즉 '止迷'는「신공기」의 '忱彌多禮'와 같은
것으로 보아 전남 강진으로 보는 설이 있는데,[130] 본고의 앞에서 이를 해남
군 현산면으로 추정한 바 있으므로 여기서는 해남으로 비정한다. 해남군에
는 현산면 월송리 조산 고분, 북일면 방산리·신방리 고분, 삼산면 창리 고
분 등 5세기 말 6세기 초의 전방후원분들이 곳곳에 분포해 있어서 전남 서
부 지역에서 비교적 끝까지 독립 세력임을 주장했었다고 보인다. '麻連'은
앞에서 보았듯이 510년경에 백제가 병합한 전남 광양의 소국이고, '上己文'
은 전북 장수군 번암면 및 임실군 지방의 소국이다. '下枕羅'는 제주도를

---

128) 이홍직, 1965,「梁職貢圖 論考 -특히 百濟國使臣圖經을 中心으로-」,『高大60周年紀念論
　　文集·人文科學篇』; 1971,『韓國古代史의 研究』, 新丘文化社, 재수록, 388쪽. 양 직공도
　　는 양나라 元帝(재위 552~554) 蕭繹이 즉위하기 전에 만든 것으로 그 기록에 나오는 가장
　　늦은 연호는 大通 2년(528)으로 그치고 있으므로, 묘사 시대는 520년경으로 볼 수 있다.
129) 김태식, 1985,「5세기 후반 大加耶의 발전에 대한 研究」,『韓國史論』12, 64쪽, 87쪽 ;
　　2002,『미완의 문명 7백년 가야사 2권』, 215쪽.
130) 김기섭, 2000,『백제와 근초고왕』, 학연문화사, 173쪽.

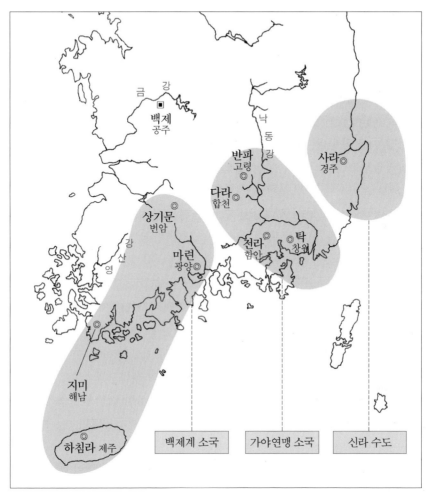

〈지도 3〉 『양직공도』에 나타난 520년대 백제의 주변 소국

가리키는 듯하다. 그렇게 볼 때, 『양직공도』 백제국사 도경에 보이는 백제의
주변 인식은, 백제가 외교적인 수단을 통해 전남 동부의 섬진강 유역까지 이
미 차지하고 나서, 소백산맥 동쪽으로 움츠러든 가야연맹과 그 동쪽의 신라
도 그와 같은 일개 소국으로 보고 앞으로 경영하겠다는 의도 그 자체였다.

  이와 같은 지명 비정 결과를 지도로 표시하면 〈지도 3〉과 같다.

(2) 가야 남부 지역에의 군대 진주

백제 성왕은 서기 523년에 즉위한 직후 고구려 군사가 浿水에 이르자 좌장 至忠을 보내 물리쳤다고 하였으나, 패수의 위치는 분명치 않다. 백제는 이어서 고구려와의 전쟁에 대비하여 성왕 3년(525)에 신라와 사신을 교환하고 4년(526)에는 웅진성(충남 공주시)을 수리하고 沙井柵(지금 대전광역시 중구 사정동)을 세웠다. 성왕 7년(529)에는 고구려에게 백제 북쪽 변경의 穴城을 함락당하고 五谷의 벌판에서도 크게 패하였다.[131] '오곡'은 『삼국사기』 지리지로 보아서는 漢州 북부로서 황해도 서흥에 해당하나, 백제가 과연 그곳까지 올라가서 고구려에 대항할 수 있는지 의문이므로, 여기서는 확정하기 어렵다. 여하튼 성왕 초반의 백제는 고구려의 공세에 시달리며 泗沘(지금 충남 부여) 천도를 준비하고 있었음을 알 수 있다. 신라와도 외형적인 화친을 유지할 수밖에 없었다.

그러므로 백제는 가야 지역을 더 이상 공략하기가 쉽지 않아서 외교적으로만 접근했던 듯하다. 그동안 대가야 이뇌왕은 522년에 신라 법흥왕조와 결혼을 이루고 524년에는 두 왕이 국경 부근에서 회동을 하는 등 공고한 관계를 유지하였다. 그러나 529년을 전후하여 신라의 책략으로 刀伽, 古跛, 布那牟羅의 세 성과 창원 탁순국의 북쪽 변경 다섯 성이 함락됨으로써 가야 소국의 하나인 밀양·영산 지방 喙己呑國이 신라에 병합되었다. 이 문제로 인하여 가야연맹 안에 내분이 일자, 백제는 531년에 전격적인 군사 행동을 취하여 安羅에 이르러 乞乇城을 군영으로 삼았다. 걸탁성은 함안 부근의 성일 것이나 정확한 위치는 알 수 없다. 또한 532년에 신라가 김해 南加羅國 즉 金官國을 병합하자, 백제는 얼마 후에 더욱 군대를 전진시켜 칠원 久禮牟羅城(=구례산성)을 축성하였다. 이는 가야 제국을 직접적으로 침공한 것이 아니라, 신라로부터 가야 제국을 보호를 해준다는 명분 아래, 가야의 요

---

131) 『三國史記』 권26, 百濟本紀4 성왕 원년, 3년, 4년, 7년 조.

청을 받아 가야와 신라의 변경에 방어군을 주둔시킨 것이었다.[132]

구례모라성에 군대를 주둔시켜서 신라의 진출을 일단 억제한 백제는, 그후 멀지 않은 시기에 안라에 친백제 왜인 관료 印支彌를 파견하여 이른바 '任那日本府' 즉 '安羅倭臣館'을 설치하였다. 백제는 아마도 자기 나라에 온 왜국 사절인 印支彌를 포섭하여 왜에 가까운 안라의 객관에 주재케 한다는 명분으로 일을 추진하였으되, 그에게 맡긴 공식적인 직무는 백제와 왜 사이의 통상적인 교역의 대행이었을 것이다. 즉 백제는 534년에 구례모라성을 축조하여 탁순에 압력을 넣을 수 있게 된 계기를 맞이하여, 5세기 후반 이래의 대왜 교섭 부진을 만회하려고 노력하였을 것이 예상된다. 그러면서도, 당시 화친 관계에 있던 신라나 해당 지역에 있는 가야 제국으로 하여금 강한 거부감을 가지지 않도록 할 필요가 있었다. 그래서 백제는 가야연맹 남부 제국의 새로운 영도자로 대두할 가능성이 있는 안라에 친백제계 왜인들이 상주하는 기구를 설치하고, 그를 매개로 하여 대왜 교섭에 유리한 卓淳의 통로를 설치 운영하고, 궁극적으로는 이를 통해서 안라의 주요 인사들을 회유함으로써 안라를 무력화시키고 흡수하려 했다고 보인다. 그것이 백제가 안라에 印支彌를 파견한 이유이고, 그 시기는 백제의 가야 남부 지역 공략이 일단 완료된 534년 이후 그리 멀지 않은 때였을 것이다. 한편 안라는, 구례모라성(지금 경남 함안군 칠원면)에 백제의 군대가 주둔해 있는 상태에서, 백제의 조치에 대하여 협력하지 않을 수 없었을 것이다.[133]

이렇듯 왜국과는 거의 무관하게 백제의 의도와 안라의 부응에 의하여 안라왜신관이 성립되었다고 보인다. 그러므로 성립 당시의 안라왜신관은 안라에 위치하는 왜국 사절 駐在館의 명분을 지니되, 실제적으로는 친 백제계 왜인들로 구성된 백제-왜 사이의 교역 기관과 같은 성격을 띠는 것이었다. 그럼으로써 백제는 안라·탁순을 거쳐 왜로 통하는 교역로를 잠정적으로

132) 김태식, 1993, 앞의 책, 189~217쪽.
133) 위의 책, 229~236쪽.

확보하고, 그러한 교역을 빌미로 하여 신라와의 마찰을 피하고 가야 지역의 동향을 감시하고 궁극적으로는 안라를 비롯한 가야 남부 지역을 복속시키려고 한 것이다.

대군을 움직이지 않고 이처럼 경제적으로 가야 지역에 대한 감시 체제를 만들어 놓은 이후, 백제는 538년에 사비로의 천도를 단행하였다. 천도와 아울러 백제는 기존의 지방 지배 체제인 담로제를 중층적으로 정비하여 方-郡-城體制를 마련한 것으로 보인다.[134] 그리하여 기존의 충남, 전북, 전남 지역에 5방을 설치하면서 지방을 재편하고, 섬진강 수로를 안정시키기 위한 관건이었던 가야의 帶沙, 즉 하동 지방까지 잠식해 들어갔다. 『일본서기』 흠명기에 의하면 543년에는 이미 '임나의 下韓'에 백제의 郡令・城主가 배치되어 있음이 확인된다. 여기서 '임나의 하한'이란, 위치 상으로 보아 전남・북의 섬진강 유역 일대와 경남 서남부의 하동 일대로 추정되고, 그 배치 시기는 천도 직후이며, 군령・성주의 성격은 백제의 방-군-성 체제에서 지방 군현을 통치하는 지방관이라고 볼 수 있다.

이렇게 530년대에 후기 가야의 남부 지역 소국들은 백제와 신라의 분할 점령으로 인하여 거의 소멸되었다. 다만 신라에게 병합된 가야 동남부 지역의 탁기탄국과 금관국은 자립성을 잃고 군현으로 편제된 것에 비하여, 백제에게 점령된 칠원 구례모라성 서쪽의 가야 서남부 지역 소국들은 자립성을 보유한 채로 백제의 영향권 아래 들게 되었다. 다만 그 상태에서 백제는 가까운 하동 등지를 서서히 행정구역으로 만들어 나가고 있었다.

5세기 후반 이후 6세기 초에 걸쳐서 세력을 떨치며 영역을 확대해 나간 대가야 중심의 후기 가야연맹은, 아직 그 영역을 제도적으로 정비하지 못한 6세기 전반에 들어, 고대국가 성장도가 우월한 백제와 신라의 조직적인 침투에 의하여 분열되어 그 남부 제국을 잃었다. 그 결과 후기 가야연맹은 남부 지역의 영토 및 주권이 축소되는 과정 중에 약화되어, '가야'로서의 통

---

134) 노중국, 앞의 책, 248쪽.

합 움직임은 상당한 타격을 입고만 것이다.

백제가 전남·북의 섬진강 유역 일대와 경남 서남부 일부 지역에 설치한 군령·성주들은 아마도 5방 중의 南方領에 의하여 통괄되었을 것으로 추정된다. 南方 久知下城의 위치에 대해서는 전북 김제시 금구면(옛 지명 仇知只山縣),[135] 전남 장성군 진원면(옛 지명 丘斯珍兮縣),[136] 전북 남원시(옛 지명 古龍郡)[137] 등으로 비정하는 설이 있다. 백제의 方에는 1,000명 내외의 군사가 상존하고 十郡이 영속되어 있었으므로, 각 방은 어느 정도의 거리를 유지하면서도 군사적인 요충에 자리잡고 있었을 것이다. 그런데 北方熊津城이 충남 공주시, 東方 得安城이 충남 논산군 가야곡면, 中方 古沙城이 전북 정읍시 고부면인 것은 거의 명백하므로, 南方 久知下城과 西方 刀先城은 전남 지역을 중심으로 비정하는 것이 좋을 듯하다. 고고학적 유적으로 보아서는 남방을 전북 남원시로 보고 서방을 전남 나주·영암 일대로 보는 전영래의 설이[138] 일리가 있다고 하겠으나, 지명 발음의 일치도가 너무 낮은 것이 문제이며, 두 지역은 큰 읍이라고는 해도 군사적인 요충이라고는 볼 수 없다. 그런 점에서 볼 때, 아직 고고학적인 유적 확인은 없지만 서방을 전남 진도군 군내면(옛 지명 徒山縣)으로 보고, 남방을 이병도 설에 따라 전남 장성군 진원면(옛 지명 丘斯珍兮縣)으로 보는 것이 어떨까 한다. 이들 지역은 지명 발음상의 유사성이 매우 높으며, 진도는 서남해 교통상의 요충이라고 할 수 있고, 장성군 진원면은 지금도 호남선 철도와 호남 고속도로가 갈라지는 육로 교통상의 요충이기 때문이다. 만일 그렇다면 가야 영내로 잠식해 들어간 군령·성주들은 장성 진안의 남방령으로부터 곡성-구례-하동-단성-의령의 노선을 통해 연락을 주고받았을 것이다. 이들 군령·성주의 배

135) 今西龍, 1934, 「百濟五方五部考」, 『百濟史硏究』.
136) 이병도, 1977, 『國譯三國史記』, 563쪽.
137) 전영래, 1988, 「全北地方의 百濟城」, 『百濟의 國家發展과 城郭』.
   김영심, 1990, 「5~6세기 百濟의 地方統治體制」, 『韓國史論』 22, 104쪽.
138) 전영래, 위의 논문.

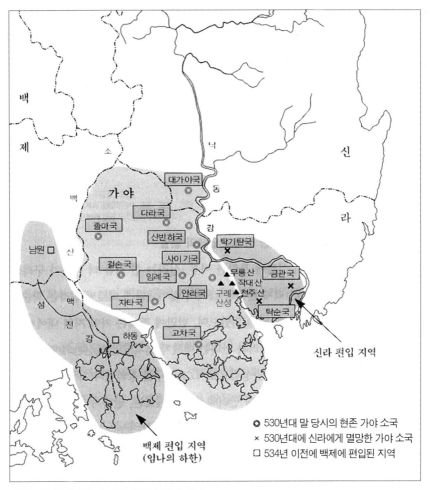

<지도 4> 530년대 말 가야연맹의 지역 범위

치는 가야 내의 유력한 소국들을 자극하지 않으면서 섬진강 수운을 보호하고 칠원의 구례산성을 후원하기 위한 최소한의 방책이었을 것이다.

　백제의 가야 지역 공략은 군대의 진주를 배경으로 하면서도 신라 및 가야 제국을 지나치게 자극하지 않는 선에서 조심스럽게 이루어지고 있었다. 그러나 창원의 卓淳國은 가야 남부 지역의 유일한 독립 지대였는데, 그 북부의 구례산성을 점령하고 있던 백제로부터 지속적인 억압을 받다가, 스스로 신라에 투항하여 편입되었다. 탁순국이 신라에게 멸망된 시기는, 백제가 泗沘(지금 충남 부여) 천도 등으로 인하여 대외적인 문제에 적극적인 대응을 하기 어려운 538년 직후의 어느 시기였을 것으로 추정된다. 그 후 신라는 한 걸음 더 나아가 구례산성(칠원)에 주둔한 백제 군사를 물리쳐 쫓아냈다.[139] 이로써 신라는 탁순국의 영유를 확고히 할 수 있었으며, 반면에 백제는 가야 병합을 위한 전진 기지를 상실하게 되었다.

지금까지의 사건 전개 결과를 지도로 표시하면 〈지도 4〉와 같다.

(3) 가야 전역의 부용화 및 상실[140] -신라와의 충돌-

530년대 말 신라의 탁순국 및 구례산성 확보 이후, 백제가 함안의 안라국에 설치했던 왜신관도 그 무력적 배경을 잃고 혼돈에 빠졌다. 이에 안라는 백제의 의사와 관계없이 왜신관의 인원을 的臣, 吉備臣, 河內直, 移那斯, 麻都 등의 친안라 왜인 관료들로 재편성함으로써 그 기구를 장악하였다. 그리하여 안라왕은 이를 가야연맹 제국이 신라와 백제로부터의 외부 압력을 막아내는 방패막이로 활용하였고, 그런 과정 중에 가야연맹 내에서 안라의 지위를 높이려고 하였다. 안라는 그 후 세력을 주변의 가야 남부 지역으로 확대함으로써, 북부의 대가야에 버금가는 또 하나의 중심 세력으로 대두할 수 있었다.[141]

여기서 6세기 중엽 가야 지역의 유적 상황을 살펴보면, 이들은 전반적으로 묘제 및 토기 유물 등의 면에서 전 시대 이래의 문화 기반을 거의 그대로

---

139) 『日本書紀』권19, 欽明天皇 5년 3월 조의 聖王 회고담 "신라는 봄에 탁순을 취하고, 나아가 우리 구례산성을 쫓아내고 나서, 마침내 그를 가졌다."

140) 이 節의 내용은 김태식, 1993, 앞의 책 제5장 「加耶聯盟의 崩壞」의 내용을 요약하되 백제를 주체로 하여 재편성한 것이므로, 일일이 주석을 달지 않는다. 다만 그 책의 내용과 달리 지명 비정을 한 것은 새로이 주석을 달았다.

141) 김태식, 1991, 「530년대 安羅의 '日本府' 經營에 대하여」, 『蔚山史學』 4 ; 1993, 앞의 책, 241쪽.

유지하면서 성장했다. 다만 고령, 합천, 거창, 진주 등 주로 대가야 문화권에는 굴식 돌방무덤[橫穴式石室墳] 및 세발토기[三足器] 등 백제 문물의 요소들이 약간 추가된다. 백제 계통의 굴식 돌방무덤인 고령 고아동 벽화고분과 진주 수정봉 2·3호분, 합천 창리 A지구 e유구 출토 뚜껑세발토기[有蓋三足器], 거창 말흘리 2호분 출토 백제 양식의 입술에 덧띠 돌린 목항아리[二重口緣短頸壺], 진주 수정봉 2호분 출토 청동 주발[銅盌] 등이 그것이다.

특히 섬진강 하구의 '帶沙'로서 백제로부터 전략적 가치에서 주목을 받던 하동 지방에서는 고이리 나15호분 출토의 납작밑 주발[平底盌], 귀때단지[有孔廣口小壺], 납작밑 목항아리[平底長頸壺] 등과 같이 전반적인 토기 형태에서 가야 토기와는 이질적인 백제 토기의 영향이 거론되고 있다.[142] 다만 2010년에 (재)동아세아문화재연구원이 경남 하동군 하동읍 흥룡리 고분군을 발굴하여, 5세기 후반에서 6세기 전반으로 추정되는 움식 돌덧널무덤 1기를 확인하였다. 거기서 출토된 토기 가운데에는 고령 양식 토기의 비중이 높았으므로, 그때까지는 여전히 대가야의 영향력 아래 있었음을 확인할 수 있다.

반면에 함안, 고성, 사천 등의 가야 서남부 지역은 여전히 기존의 문화 기반을 유지 발전시킬 뿐이고 상대적으로 백제 문물의 영향이 희박하다. 또한 후기 가야 지역 전체의 고분 분포 상황을 통관해 볼 때, 개개의 봉분 및 고분군의 규모가 가장 큰 것은 고령 지산동 고분군과 함안 말산리·도항리 고분군이다. 이는 고령과 함안의 지배 세력들이 가야 말기에 문화 성격이 서로 구별되는 가야 북부 및 남부 지역의 중심 세력이었음을 확인케 한다.

가야 남부 지역에 안라국이 주도하는 자주적 성격의 연맹체가 형성되자, 백제는 가야 지역의 최대 세력인 대가야와 그에 동조하는 가야 북부 지역에 대해서는 이전의 적대 관계에서 벗어나서 적극적으로 포섭하고자 일단의 문물 공세를 폈다. 그러한 과정에서 가야 북부의 대가야 측 소국들은 신라의 배반과 남부 지역 안라 측 소국의 독립적 태도에 대응하기 위하여 쉽사

---

142) 경상대학교박물관, 1990, 『河東古梨里遺蹟』, 74쪽.

리 친백제적인 성향으로 기울어졌으니, 고령, 거창, 합천 등 대가야 문화권 일부에서 나타나는 백제 문물 요소는 그의 반영이다.

이제 안라는 신라 및 왜국과의 친분을 내세움으로써 백제에 대하여 좀 더 독자적인 자세를 취할 수 있게 되었고, 대외적으로 대가야에 못지않은 가야연맹 중심 세력의 하나로 대두했다. 이러한 안라의 대두로 말미암아, 이제 가야연맹은 남북으로 분열되어 大加耶-安羅 二元體制 시대로 돌입했다.

540년대의 신라는 진흥왕이 즉위하여 제도 정비와 함께 팽창을 도모하고 있었고, 백제도 성왕이 사비 천도 이후 중흥을 모색하고 있었다. 그러나 그들은 북방의 강국인 고구려의 남하 정책에 함께 대항해야 했기 때문에, 가야 지역에 대한 패권을 둘러싸고 즉각적인 무력 충돌을 벌일 수는 없었다. 반면에 가야연맹은 내부적으로는 10개 정도의 소국들이 대가야 및 안라를 중심으로 한 남북의 이원 체제로 갈라져 있었으나, 대외적인 면에서는 동일한 보조를 취하고 있었다.

그래서 백제 성왕은 541년에 신라에 사신을 보내 화해를 요청하고, 한편으로는 가야연맹의 회의 요청을 받아들였다. 성왕은 당시의 국제 관계 속에서는 무력으로 모든 일을 해결하려고 하는 것이 무리이므로, 가야연맹 제국을 자발적으로 백제에게 부용화시킴으로써 당분간 그들의 현실적인 지배 체제를 그대로 이용하면서 간접 통치하는 방향을 모색했던 것이 아닐까 한다.

그리하여 541년 4월에 安羅(경남 함안), 加羅(경북 고령군 고령읍), 卒麻(경남 함양군 함양읍),[143] 散半奚(경남 합천군 초계면), 多羅(경남 합천군 합천읍), 斯二岐(경남 의령군 부림면), 子他(경남 진주시) 등 가야 지역 7개

---

143) 졸마국은 발음으로 보아 전기 가야의 走漕馬國과 동일한 소국인 듯하다. 유사성의 정도가 높지는 않으나 함양의 옛 지명인 速含郡과 비교 가능하다. 필자는 졸마국을 일차로 진주에 비정하였으나(김태식, 1993, 앞의 책, 160~161쪽), 지명 유사성에 문제가 있어서 새 책을 내면서 수정하였다(김태식, 2002, 앞의 책 제2권, 167쪽). 졸마국은 경남 지역의 대형 고분군 중에서 마지막으로 남는 함양군 함양읍 백천리 고분군과 그에 수반하는 수동면 상백리 고분군을 축조한 세력이었다.

소국의 旱岐들과 안라왜신관 관리, 즉 가야연맹을 대표하는 사신단이 백제에 모였다. 이 제1차 사비 회의에서 가야연맹의 사신단은 자신들의 독립 보장 및 백제와 화친하게 될 때 예상되는 신라의 공격에 대한 우려를 표시하였다. 이에 대하여 백제 성왕은 자신이 가야 문제에 대하여 이미 왜와 협조하고 있음을 과시하고, 만일 신라가 쳐들어오면 가서 구해줄 것이라는 말을 하고, 물건들을 줄 뿐이었다.[144] 백제는 안이한 자세로 신라보다 먼저 가야연맹 제국을 부용국으로 삼으려고 한 것이다.

그러나 가야연맹 제국은 백제와의 교섭 결과에 불만을 품었기 때문에, 제1차 사비 회의는 상호간의 이해관계 조정에 실패하였다. 가야와 백제 사이의 첫 번째 교섭은 상호간의 구체적인 요구 사항이 쟁점화 되지 못하고 잠복해 있는 상태에서, 별다른 성과를 내지 못하고 끝났다.

그 후 백제는 3년에 걸쳐 가야연맹 및 왜와 각각 의사 타진을 하면서, 가야연맹을 신라로부터 단절시키고 왜와의 교류를 백제가 독점하는 방안을 모색하였다. 그러는 중에 가야인들이 백제에 대하여 불만을 가지는 이유가 어디에 있는가를 알아내고, 백제의 계획을 방해하는 무리들이 누구인가를 확인하였으며, 왜도 안라의 의사에 상당히 동조하고 있음을 발견하였다. 왜는 한반도의 선진 문물을 안정적으로 받아들일 수 있는 교역 체제를 마련하는 것이 중요하였으며, 전통적으로 그 중계 역할을 맡아온 가야연맹의 유도는 긴요하였다. 그리하여 백제는 가야 전역을 일괄적으로 부용화시키는 합의를 이끌어내기 위하여 제2차 사비 회의를 소집하였다.

그리하여 544년 11월에 다시 안라, 가라, 졸마, 사이기, 산반해, 다라, 자타, 久嗟(지금 경남 고성군 고성읍) 등 8국의 대표들과 왜신관 관리가 백제에 갔다. 여기서 백제 성왕은 이 회의에서 세 가지 계책을 제시하였으니, 이를 요약하면, ① 가야연맹 보호를 위하여 왜군 3,000 병사를 요청하여 백제군과 함께 가야의 변경 6성에 주둔시키는 문제, ② 南韓에 있는 백제의 군령·성주를 내보낼 수 없다는 변명, ③ 왜신관의 吉備臣, 河內直, 移那斯, 麻都 등을 本處로 송환하는 문제 등이었다.[145]

이 계책은, 백제가 그 6성을 왜 및 가야연맹의 협조 아래 운영하고, 이를 바탕으로 신라군을 쳐서 구례산 5성을 회복하고, 아울러 장차 가야 전역의 직할 통치를 위해 이미 배치된 군령·성주를 존속시키며, 안라 중심의 독자 세력 추진 집단인 안라왜신관을 무력화시키려는 것이었다. 그러나 가야인들이 보기에, 신라와의 교통을 끊고 백제의 부용 세력으로 되는 조건으로 성왕이 제시한 것은 백제 주도의 임시적인 미봉책이고 일종의 협박이었다. 그래서 가야연맹의 집사들은 백제의 세 가지 제안을 완곡하게 거절하였으니, 결국 가야연맹과 백제 사이의 제2차 사비 회의도 결렬되었다.

그래서 백제는 545년부터 3년에 걸쳐 문물 증여를 통해서 가야연맹의 마음을 달래고 왜국에 대해서도 백제 문물의 우수성을 입증시킴으로써, 그 대가로 기존의 세 가지 계책을 관철시키려고 노력하였다.[146] 그에 대한 화답으로 왜는 548년 1월에 병사를 파견할 것을 약속하였다.[147] 가야 지역 일부 세력들도 백제의 거듭되는 선진 문물 증여에 의하여 경계심이 이완되다가 결국 친 백제적인 태도로 돌아서는 경우가 있었을 것이다.

이에 대하여 안라는 대항 체제를 다시 정비할 여유를 얻기 위하여 고구려에게 백제 정벌을 요청하였다. 그리하여 548년 정월에 고구려가 濊兵 6천을 보내 백제의 獨山城 즉 馬津城(지금 충남 예산군 예산읍)을 공격해 왔으나,[148] 이 전쟁은 신라의 신속한 참전으로 인하여 고구려가 패배하고, 고구려와 안라 사이의 밀통이 발각되었다. 그러자 백제는 가야 외곽지역에 왜군 및 백제군을 배치하는데 필요한 왜 및 가야연맹의 협조를 확신할 수가 없어서, 왜에 병사 파견 중지를 요청하였고, 왜는 자신이 그 배후에 있지 않다는

---

145) 위의 책, 欽明天皇 5년(544) 11월 조.
146) 위의 책, 欽明天皇 6년 5월·9월 조, 7년 6월 조, 8년 4월 조.
147) 위의 책, 欽明天皇 9년 봄 정월 조.
148) 『三國史記』 권26, 百濟本紀4 聖王 26년(548) 정월 조.

점을 변명하였다.[149] 당시 안라왜신관의 실체는 안라왕에게 소속된 안라국의 특수 외무관서로서 기능하고 있었기 때문에, 실제로 왜왕은 왜신관의 행위에 대하여 알지 못했을 것이다.

반면에 안라국은, 자신들이 강하다고 믿었던 고구려군이 무력하게 패배하자 백제의 추궁에 대하여 답변할 수 없었고, 또 이제는 자신들의 외교 능력의 한계성이 드러나서 다른 가야 소국들의 反백제 분위기를 주도할 수도 없게 되었다. 이로 인하여 백제가 안라를 강박하고 왜국이 안라로부터 돌아서자, 안라의 상층부는 무력화되었다. 이후로는 가야연맹의 어느 한 나라나 왜가 백제의 의사에 반대하여 행동하는 기사가 나타나지 않는다. 즉 백제 성왕은 549년경에 가야연맹에 대한 부용화를 끝마쳤으며, 왜에 대해서도 선진 문물을 매개로 하여 영향력을 미치는 大盟主의 위치에 섰다. 이는 백제 성왕의 외교 정책이 대성공을 거둔 순간이었다.

그 후 백제는 가야 제국의 외교권을 장악하고 551년의 한강 유역 탈환 작전에 이들을 동원하기도 하였다. 또한 백제는 왜에 불상, 경론 등의 문물을 전수하면서 군병을 요청하였다. 백제는 가야연맹의 군대와 아울러 왜의 군대도 계속적으로 동원하는 체제를 모색 중이었으며, 궁극적인 목적은 신라를 공격하여 병합하기 위한 것이었다고 추측된다.

이러한 백제의 웅대한 계획이 아직 준비를 갖추지 못한 사이에, 신라는 553년 7월에 백제의 한강 하류 유역을 기습적으로 빼앗고 新州(경기 하남시)까지 설치하였다.[150] 신라가 그동안 협력해오던 백제를 공격하여 한강 유역을 빼앗은 시점은 너무도 절묘한 바가 있다. 그래서인지 같은 사건에 대하여 백제의 관점을 보이는 『일본서기』에서는 552년 조에 "백제가 漢城과 平壤을 버렸기 때문에 신라가 한성에 들어가 살았다."[151]라고 기록하였다. 이 사건에서 신라가 한성을 점령한 시기는 편년 자료의 성격상 『삼국사

149) 『日本書紀』 권19, 欽明天皇 9년(548) 4월 조.
150) 『三國史記』 권4, 新羅本紀4 眞興王 14년(553) "秋七月 取百濟東北鄙 置新州 以阿湌武力 爲軍主."

기』쪽을 따라 553년으로 보는 것이 타당하다. 그런데 그 원인에 대해서는 신라의 일방적인 백제 공격에 의한 한강 하류 점탈로 보기보다는 552년이나 553년 초 고구려와 신라의 和約에 의한 백제 협공으로 보는 것이 대세이다.[152] 그 때 고구려는 이미 상실한 한강 유역과 함께 함흥평야 일대를 신라에게 넘겨주고, 대신에 양국이 화평한 관계를 맺는다는 것이 주된 내용이었을 것으로 추측된다.[153]

이에 대하여 백제는 554년 7월에 뒤늦게나마 백제-가야-왜 연합군을 조직하여 신라의 管山城 공격에 착수하였다. 이 전쟁의 장소는 관산성 즉 충북 옥천 지방이었으나, 실질적으로는 한강 하류 유역과 가야 지역에 대한 영토권을 누가 차지하는가를 다투는 일대 결전이었다. 이 전쟁은 『삼국사기』의 기록과 같이 백제와 가야가 신라를 침으로써 유발된 것이며, 여기서 백제와 가야의 연합군이 패하여 무려 군사 29,600명이 전사하는 대규모의 것이었다. 그런데 『일본서기』의 기록에 의하면, 백제는 554년 6월에 왜군 1,000명을 받아 12월 9일에 函山城 즉 관산성을 공격하였고, 竹斯島 즉 규슈의 왜군을 더 보내 任那를 도와주기를 바라며, 백제는 군사 10,000명을 보내임나를 돕고 있다고 하였다.[154] 그렇다면 이 전쟁에서 전사한 29,600명 중에 18,600명 이상이 임나 즉 가야의 군대이니, 관산성 전투의 주력 부대가 가야군이었던 셈이다.

말하자면 백제는 고구려의 배후 공격에 대비하기 위하여 백제-가야 연합군의 대부분을 가야인으로 구성하여 신라에 대한 공격에 나선 것이다. 그래서 백제군을 더 투입하지 못하고 왜군의 증원을 계속해서 요청했다. 그러나 그처럼 무모한 공격이었음에도 불구하고 백제-가야 연합군이 첫 전투에서

---

151) 『日本書紀』 권19, 欽明天皇 13년(552) "是歲 百濟棄漢城與平壤 新羅因此入居漢城. 今新羅之牛頭方尼彌方也.[地名未詳]"

152) 노태돈, 1976, 「高句麗의 漢水流域 喪失의 原因에 대하여」, 『韓國史研究』 13 ; 1999, 『고구려사 연구』, 사계절, 429~433쪽.

153) 위의 책, 433쪽.

154) 『日本書紀』 권19, 欽明天皇 15년(554) 12월 조.

예상 외로 관산성을 함락시키자 성왕을 비롯한 백제 조정은 한껏 고무되었
다. 그래서 성왕은 그 전투를 지휘하고 있던 아들 餘昌을 위로하기 위해 50
여 명이라는 소수 병력의 호위 아래 久陀牟羅塞(충북 옥천)[155]로 가다가,
그 첩보를 미리 알고 狗川(충북 옥천군 군서면 월전리 군전마을 입구 西華
川)[156]에서 길목을 지키며 대기하던 新州軍主 金武力 부대의 裨將인 三年
山郡의 高干 都刀에게 잡혀 뜻하지 않은 죽음을 당했던 것이다.

이로 인하여 554년의 관산성 전투에서 백제-가야 연합군은 크게 패배하
였으며,[157] 결국 백제는 어렵게 부용화시킨 가야연맹을 신라에게 빼앗길
수밖에 없었다. 그리하여 560년경에 안라(경남 함안)가 투항하고, 562년에
가야의 맹주국인 대가야=가라(지금 경북 고령)가 신라에게 점령되었으며,
이를 전후로 졸마(지금 경남 함양), 산반해(지금 경남 합천 초계), 다라(지금
경남 합천), 사이기(지금 경남 의령 부림), 자타(지금 경남 진주), 고차(지금
경남 고성), 乞湌(지금 경남 산청), 稔禮(지금 경남 의령)[158] 등의 소국들도
항복하였다. 그런 상태에서는 가야 서남부 지방의 대사(지금 경남 하동) 등
지에 들어와 있던 백제 군령·성주들도 견디지 못하고 후퇴한 것으로 추측
된다. 따라서 이 때 백제는 섬진강-지리산-소백산맥으로 이어지는 자연 경
계를 이용하여 그 추세를 차단하고, 광양·구례·남원·장수 일대까지만

---

155) 久陀牟羅塞는 지금 경북 安東市의 옛 이름인 古陁耶郡과 발음이 비슷하나 확실치 않다.
　　그리고 충북 옥천의 管山城을 함락시킨 직후에 경북 안동까지 진격하여 그 곳에 성채를
　　쌓고 있었다고 보기도 어렵다. 그러므로 구타모라새는 관산성 아래의 마을에 세운 임시
　　성채였다고 보는 것이 좋을 듯하다.
156) 정구복 외, 2011,『개정증보 역주 삼국사기4 주석편(하)』, 한국학중앙연구원출판부, 180쪽.
157)『三國史記』권26, 百濟本紀4 聖王 32년 7월 조, 권4 新羅本紀4 眞興王 15년 7월 조.
　　『日本書紀』권19, 欽明天皇 15년 12월 조.
158) 稔禮國은 前稿에서 잠정적으로 함양 지방에 비정하였으나(김태식, 1993, 앞의 책, 161
　　쪽), 발음 차이가 커서, 새 책에서 의령군 의령읍 일대로 수정하였다(김태식, 2002, 앞의
　　책 2권, 204쪽). 이 지역의 본래 이름은 獐含縣(奴含村)이고 경덕왕 때의 이름은 宜寧縣
　　으로서 발음이 비슷하다. 의령군 의령읍에는 중동리, 상리, 중리, 하리, 서동리, 정암리,
　　무전리 고분군 등 해당 시기의 유적이 있어서, 임례국으로 비정해도 손색이 없다.

그대로 확보할 수 있었다.

백제는 왜와의 교역이 전통적으로 지역 발전에서 중요한 부분을 차지하는 가야연맹의 약점을 외교적인 방식으로 공략하여 549년경에 가야에 대한 공납 지배를 관철하게 되었으나, 고구려와의 국경 분쟁으로 인하여 대군을 투입할 수 없었던 백제가 554년에 무모하게 신라에 대하여 관산성 전투를 일으켜 가야군과 소수의 왜군 위주로 이에 임했다가 크게 패배하자, 국내외적으로 분란을 겪게 되어 가야 전역이 신라의 수중에 들어가는 것을 막을 수 없었던 것이다. 북방 고구려와의 장기적이고 고질적인 전쟁 상태에 있었던 백제로서는 남방의 신라, 가야, 왜 등을 모두 외교적으로 주도하여 통합시키는 것이 긴요한 방책이었는데, 6세기 중엽에 이르러 가야연맹을 일단 부용화시켰다고 해도 이를 제도적으로 정착시키지 못했고 또한 신라라는 강적이 새로이 대두하는 것을 외교적으로 다스리지 못한 것이 가야 지역을 상실한 주요 원인이었다.

4. 맺음말

백제가 가야 지역과 어떠한 관계를 맺어나갔는가 하는 문제는, 백제의 발전 과정과 지방제도, 가야 제국의 정치 발전 형태 및 당시의 고구려, 신라, 왜, 중국을 포함한 국제 관계와 따로 떼어서 생각할 수 없다. 그런 관점에 따라 본고에서 고찰한 바를 정리하면 다음과 같다.

1) 4세기 중엽 근초고왕 대에 백제는 중앙 집권화를 완비하고 대외적인 팽창을 시작하여 노령산맥 이북의 전북 김제-고부 線까지 직할 통치를 실시하여 영토를 넓혔으며, 전남 서해안의 해남과 경남 김해 지방에는 기존의 마한 및 가야 제국들과 협력하여 해당 지역에 백제의 對倭 교역 거점을 설치함으로써 신라에 대한 견제를 도모하였다. 그러나 4세기 말 5세기 초에 고구려군의 공격을 받아 가야연맹의 중심지가 파괴됨으로써 백제는 경남 지역의 교역 거점을 상실하였다.

2) 5세기 전반 이후 백제는 비유왕과 개로왕이 적극적 대외 교섭 정책을 추진하여 고구려에 대항하는 한반도 남방의 동맹 네트워크를 구성하고자 노력하였다. 그 결과 5세기 중엽에는 전남 나주 반남 고분군 축조 세력을 지원하여 이를 중심으로 영산강 유역 일대에 대한 공납 지배를 실시하고, 백제 귀족 木羅斤資(=沐衿) 및 木滿致(=木劦滿致)의 활동을 매개로 고령의 반파국 즉 대가야와 제휴하여 낙동강 유역 및 섬진강 유역 가야 세력들의 협조 아래 활발한 교통이 가능하였다. 그러나 5세기 후반에 고구려에 의해 백제 수도 漢城이 함락됨에 따라 대가야 중심의 후기 가야연맹체가 크게 강화되고, 가야 지역 교통의 중개를 맡았던 목만치가 政爭에서 패배하고 왜국으로 이주함으로써 백제-가야-왜의 교통로는 다시 두절되었다.

3) 5세기 말 6세기 초에 백제는 檐魯制를 정비하여 전남 서부 영산강 유역을 직접 지배 영역으로 편입하고, 전남 동부 上·下哆唎(전남 여수시와 돌산읍), 娑陀(전남 순천시), 牟婁(전남 광양시 광양읍)와 전북 동부 己汶(전북 남원·장수·임실) 일대를 외교적으로 공략하였다. 그러자 이 지역의 후기 가야연맹 소국들은 왜와의 교역을 빙자하여 잠식해 들어오는 백제에게 동조하여 스스로 그에 귀속되었다. 이에 대해 대가야는 백제와의 동맹 관계를 단절하고 섬진강-소백산맥을 경계로 방어를 하며 반발하였다.

4) 530년대에 백제는 가야 지역 내의 분열을 틈타 乞乇城 및 久禮牟羅城(경남 칠원)에 군대를 진주시켰으며, 가야 남부의 주요 소국인 安羅國(경남 함안)의 부응을 받아 그곳에 왜국 사절 駐在館의 명분을 지니면서 친백제계 왜인들로 구성된 백제-왜 사이의 교역 기관을 설치하였다. 538년 사비 천도 직후에는 方-郡-城體制를 마련하면서 任那 下韓 즉 전남·북의 섬진강 유역 일대와 경남 서남부의 하동 일대에 지방관(郡令·城主)을 배치하고 南方 久知下城(전남 장성군 진원면)을 통해 관할하였다.

5) 540년대에 백제는 나머지 가야 전역을 달래어 屬國으로 만들려고 노력하여 두 차례에 걸친 사비 회의와 그에 이은 선진 문물 증여를 통해 549년경에 이들을 附庸化시키는데 성공하였다. 그리하여 백제는 가야 제국의 외교권을 장악하고 551년의 한강 유역 탈환 작전에 이들을 동원하기도 하였

으나, 554년의 관산성 전투 패배와 562년의 가야연맹 몰락으로 이 지역을 모두 신라에게 빼앗기고 말았다.

6) 백제는 위덕왕 때 귀족 연합 정권이 조성된 이후 정복 전쟁을 통하여 옛 가야 지역을 복구하고자 하였으나, 두 차례의 신라 침공에 실패하고 그의 사후에는 왕위 계승과 관련하여 정세 불안 상태를 드러냈다. 7세기에 들어 백제 무왕도 두 차례에 걸쳐 阿莫山城=母山城(전북 남원시 아영면) 공격에 실패하였으나, 624년에는 速含(경남 함양군 함양읍), 櫻岑(함양군 수동면 상백리), 穴柵(산청군 단성면) 등의 6城을 빼앗아[159] 옛 가야 소국들 중에 卒麻國과 乞飡國 두 나라의 故址를 점령하였다. 그에 이어 무왕은 636년에 장군 于召를 보내 신라 獨山城(경북 성주군 가천면)을 공격하려고 하다가, 玉門谷(경남 합천군 가야면 구원리 일대)에 매복해 있던 신라 장군 閼川에게 붙잡혀[160] 더 이상의 가야 故地 탈환에는 실패하였다. 의자왕은 왕위에 오른 직후 642년에 전군을 이끌고 獼猴城(위치 미상)을 비롯한 40여 성과 大耶城(경남 합천군 합천읍)을 함락시킴으로써[161] 김해와 고령 지방을 포함한 옛 가야 지역의 대부분을 군사적으로 점령하였다.

7) 옛 가야 지역이 백제에게 넘어가게 되자 신라는 김유신을 압독주(경북 경산시) 군주로 임명하여 644년부터 반격에 나섰다. 그 공세를 받아 백제는 신라에게 加兮城(경북 고령군 우곡면), 省熱城(경남 의령군 부림면), 同火城(경북 구미시 인의동)을 비롯한 7성을 다시 빼앗겼고[162] 648년에는

---

159) 『三國史記』 권27, 百濟本紀5 武王 25년 조, 권4, 新羅本紀4 眞平王 46년 조, 권47, 列傳7 訥崔傳. 여기서 穴柵은 全榮來, 1985, 「百濟南方境域의 變遷」, 『千寬宇先生還曆紀念韓國史學論叢』, 154쪽의 견해를 따라 산청군 단성면으로 비정하였다. 또한 櫻岑은 金東鎬, 1972, 『咸陽上栢里古墳群發掘調査報告』(東亞大學校博物館)의 견해를 따라 상백리 고분군 일대 '앵구밭' 및 그 뒷산으로 비정하였다.

160) 『三國史記』 권27, 百濟本紀5 武王 34년 5월 조, 권5, 新羅本紀5 善德王 5년 5월 조, 권41, 金庾信傳 上 眞德王 원년(647) 조.

161) 『三國史記』 권28, 百濟本紀6 義慈王 2년 7월 조, 권5, 新羅本紀5 善德王 5년 5월 조.

162) 『三國史記』 권28, 百濟本紀6 義慈王 4년 9월 조, 권5, 新羅本紀5 善德王 13년 9월 조, 권41, 列傳1 金庾信傳 上.

玉門谷(경남 합천군 가야면) 일대에서 신라의 반격을 받아 크게 패하였다.[163] 그 후 백제는 낙동강 유역에서 신라와 공방전을 벌이면서 가야 지역을 방어하고 659년에 신라에게 빼앗겼던 獨山城(경북 성주군 가천면)과 桐岑城(경북 구미시 인의동)을 다시 공격하기도 하였다.[164] 그러나 그 격전이 끝나지 않은 채 660년에 나당 연합군이 결성되어 백제 수도를 공략하였다. 이 때 신라군은 백제에 의하여 점유되고 있던 옛 가야 지역을 통과하지 못하고 대전 방면으로 우회하여 황산벌로 나아갈 수밖에 없었다.[165] 그러므로 660년에 백제 도성이 함락되었어도 옛 가야 지역은 아직 백제군의 휘하에 들어 있었다. 그 후 3년 뒤인 663년에 신라는 이 지역에 대한 정벌군을 출동시켜, 居列城(경남 거창군 거창읍)을 공취하고, 居勿城(전북 장수군 번암면)과 沙平城(전북 임실군 신평면)을 함락시킨 다음, 德安城(충남 논산시 가야곡면)을 공략하였다.[166] 이 원정에서 평정된 성 중에서 거열성, 거물성, 사평성은 옛 가야 지역의 서쪽 요충들이었으니, 이로 인하여 가야 지역의 소유권은 다시 신라에게로 귀속되었다.

그러므로 백제의 가야 지역 진출 관계를 간단하게 요약하면, 4~5세기에는 가야 세력과의 협력을 통해 교역 거점의 확보를 하고 있었으며, 6세기에는 일부 군사적 점령과 일부 타협에 의한 附庸化 정책을 추구하였으며, 이 것이 모두 실패한 이후 7세기에는 신라와의 군사적 대결을 통해 이 지역을 정복하려고 노력하였다. 백제의 이러한 정책들은 그들의 지방 제도 정비 과정과 맞물려 진행되면서 항상 거의 성공하였으나, 번번이 고구려 및 신라 등과의 경쟁에 져서 실패하고 말았다. 이러한 단계적 과정들을 볼 때, 백제가 4세기부터 가야 지역을 군사적으로 점령하였다는 일부 학설들은 백제사

---

163) 『三國史記』 권28, 百濟本紀6 義慈王 8년 3·4월 조, 권5, 新羅本紀5 眞德王 2년 3월 조, 권41, 列傳1 金庾信傳 上 眞德王 大和 원년 무신 조.
164) 『三國史記』 권28, 百濟本紀6 義慈王 19년 2월 조.
165) 『三國史記』 권28, 百濟本紀6 義慈王 20년 6월 조, 권5, 新羅本紀5 太宗武烈王 7년 7월 9일 조, 권47, 列傳7 官昌傳.
166) 『三國史記』 권6, 新羅本紀6 文武王 3년 2월 조.

의 합리적 설명을 위해서도 재검토되어야 한다.

* 이 글의 원전 : 金泰植, 2007, 「加耶와의 관계」, 『百濟의 對外交涉』(백제문화사대계 연구총서 제9권), 공주 : 충청남도역사문화연구원, 141~194쪽. 다만 머리말과 맺음말의 내용은 다음 논문의 것을 토대로 수정함. 金泰植, 1997, 「百濟의 加耶地域 關係史 : 交涉과 征服」, 『百濟의 中央과 地方』(百濟研究論叢 第5輯), 유성 : 忠南大學校 百濟研究所, 43~84쪽.

2.
칠지도
백제-가야-왜국 관계의 열쇠

1. 칠지도의 발견 경위

七支刀는 고대 한일관계사에서 백제와 왜국 사이의 특별한 관계를 보여주는 매우 중요한 유물이다. 그러나 이것을 다룰 때는 여간 조심하지 않으면 안 된다. 왜냐하면 이것이 일본에서는 任那日本府說, 즉 왜가 가야 지역을 정복하고 지배했다는 견해를 증명하는 자료로 쓰이기 때문이다.

칠지도는 길이 약 74cm의 대형 창 모양 철기로, 날 양쪽에 가지가 세 개씩 어긋나게 솟아 있고, 그 날 앞뒤 넓적한 면에 금으로 상감한 명문 총 61자가 새겨져 있다. 바로 그 내용을 둘러싸고 한국과 일본이 날카롭게 맞서 왔다.

칠지도를 발견한 곳은 일본 奈良縣 텐리시[天理市] 후루쵸오[布留町]에 있는 이소노카미 신궁[石上神宮]이다. 이소노카미 신궁은 고대 일본 건국 때 사용되었다는 전설적인 칼을 모시는 큰 신사로서, 군사를 관장하던 모노노베[物部] 씨가 관리하였고 야마토 정권의 무기고 역할도 함께 했다. 거기서 칠지도를 발견한 것은 그리 오래된 일이 아니며, 그 경위는 한편으로는 대견하고 신비로우나 한편으로는 음습하고 은밀한 범죄의 기운이 느껴진다.

일본에서 한창 근대화를 추진하던 1874년, 스가 마사토모[菅政友]라는

〈그림 1〉 이소노카미 신궁 소재
칠지도(복제품)

사람이 이소노카미 신궁의 大宮司로 부임하였다. 국학을 공부하고 『大日本史』 편찬에 참여한 경력이 있는 그는, 신궁 창고의 겹겹이 봉인된 나무상자 속에서 이상하게 가지가 돋친 쇠창을 발견하였다. 그 쇠창은 전면에 두꺼운 쇠 녹이 슬어 있었지만, 잘 보면 군데군데 금색이 어렴풋이 빛나고 있었다. 신궁의 물품 목록에는, 이 쇠창이 가지가 여섯 개 달린 투겁창이라는 뜻의 "六叉鉾"라고 기록되어 있었다. 원래 투겁창이란 창날의 아래쪽 끝이 나무 봉을 감싸면서 덮어 끼울 수 있도록 만들어진 창인데, 이 쇠창은 그렇게 생기지 않고 오히려 뾰족하고 긴 슴베가 달려 나무 손잡이에 꽂도록 되어 있는 걸로 보아, 투겁창은 아니었다. 그냥 창이거나 아니면 양날 검으로 볼 수 있는 형태이다(그림 1).

신궁의 전통에 따르면, 신의 몸체에 버금가는 신궁의 보물을 조사하는 것은 대단히 불경스러운 일이었다. 그러나 그는 금빛 글자를 보기 위하여 남몰래 끌 같은 것으로 녹을 갈아냈다. 그 결과 그는 앞면에서 "泰□四" 등 십여 자를 판독하였고, 그 밑에 있는 글자와 뒷면의 글자들은 군데군데 읽을 수는 있어도 전체 내용을 알 수는 없었다. 그런데 그는 이 상태에서 작업을 중단하고 말았다. 중단한 까닭은 알 수 없지만, 그는 당시에 알아낸 글자 위치를 대략 그려 '이소노카미 신궁 寶庫 所藏 六叉刀銘'이라는 제목으로 메모해 보관하였고, 이는 훗날 그의 문집 『스가 마사토모 전집』(1907)에 실리게 된다. 그러나 스가는 4년 동안 이소노카미 신궁에 재임한 자신이 육차모에 손을 댄 사실을 일체 함구하였다.

그로부터 18년이 지난 1892년, 도쿄제국대학 호시노 히사시[星野恒] 교수가 당시 이소노카미 신궁 궁사였던 스즈키[鈴木眞年]한테서 '육차도' 메모를 받아, 이것이 곧 『日本書紀』神功皇后紀에 나오는 '칠지도'라는 연구 결과를 『사학잡지』에 발표하였다. 최초로 공개된 칠지도 명문의 판독문은 다음과 같다.[1]

〈앞면〉
泰初四□□月十一日
丙午正□造

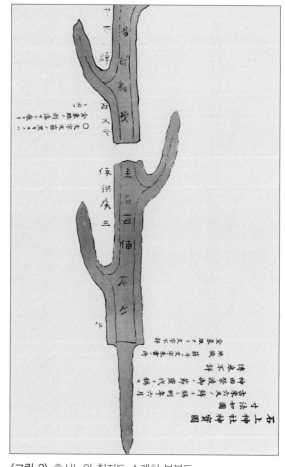

〈그림 2〉 호시노의 칠지도 스케치 부분도

그 메모가 스즈키가 쓴 것인지, 아니면 스가가 신궁을 떠날 때 메모를 한 부 더 만들어서 육차모 상자에 함께 넣어둔 것인지는 확실치 않다. 그런데 호시노의 논문에 실린 스케치를 보면 그 칠지도는 아래에서 삼분의 일 정도 위치에서 부러져 있다(그림 2). 그런데 한 가지 이상한 점은 이를 가장 먼저 발견한 스가가 어디서도 부러진 사실

1) 星野恒, 1892, 「七枝刀考」, 『史學雜誌』37, 東京.

을 얘기한 적이 없었다는 사실이다. 그가 발견한 당시에 부러져 있었다면, 이 문제를 언급했어야 옳다. 혹시 스가에게 칠지도를 부러뜨린 혐의가 있는 것은 아닐까?

어쨌든 그것이 칠지도라는 사실이 세상의 주목을 끌자, 스가는 지난 경력 덕분으로 이소노카미 신궁 궁사가 현장을 지켜보는 가운데 그 보검을 다시 손에 들고, 전에 미처 다 갈지 못한 부분까지 갈아서 금 상감 글자를 모두 드러나게 하였다. 이때는 과학 장비가 발달하지 않았기 때문에 안타깝게도 거친 연마 작업 중에 일부 글자가 훼손되어 알 수 없게 되고 말았다. 그 결과 스가는 대부분의 글자를 판독하여 이를 두 번째 메모로 남겼고, 그 제목을 "야마토국 이소노카미 신궁 소장 칠지도"라고 하였다.

이 메모에서 그는 연호의 두 번째 글자는 분명치 않지만, 西晋 武帝 泰始 4년(268)에 만들어진 것이라고 추정하였다. 그리고 이 메모를 쓴 후, 「任那考」[2]라는 논문에서, 이소노카미 신궁의 칠지도는 『일본서기』 신공황후기에서 백제가 헌상했다는 그 칠지도임에 틀림없다고 확신하였다. 스가의 처신에 다소 미심쩍은 점이 있기는 하나, 여하튼 이런 과정을 통해서 칠지도는 세상에 모습을 드러냈다.

2. 칠지도 원문과 관련 문헌 사료

그 후 여러 학자들이 칠지도의 명문을 정밀하게 추적하였고, 그 결과 가장 사실에 가깝다고 보이는 석문은 다음과 같다.

〈앞면〉
泰□四年五月十六日丙午正陽造百練(銕)七支刀(出)辟百兵宜供供侯王□□□□(祥)

---

2) 菅政友, 1893, 「任那考」; 1907, 『菅政友全集』.

〈뒷면〉

先世以來未有此刀百濟王世(子)奇生聖音故爲倭王旨造傳示後世

　*괄호 안의 글자는 다른 자로 볼 수도 있는 것

　이 석문은 2000년에 기무라 마코토[木村誠]가 판독한 원문[3]을 필자가 일부 수정한 것으로서, 앞면이 34자, 뒷면이 27 자로서 총 61자가 된다. 기무라는 앞면 다섯 째 글자인 '五'를 '十(一)' 의 두 글자로 판독하였으 나, 이는 글자 간격으로 보아 따르기 어려워서, 여기서는 '五'로 고쳤다. 앞면 두 번째 글자는 대 개 '和' 또는 '始'로 보 는 글자이나, 여기서는

〈그림 3〉 칠지도 앞면 34번째 글자 '祥'

알 수 없다고 처리하였다. 또한 앞면 마지막 글자는 왼쪽에 'イ'이 홈의 상 태로 보이고 그 오른쪽의 중간 하단에 '丁' 모양의 금박이 남아 있다(그림 3).[4] 그러므로 이것은 '作'이 될 수는 없고, 오히려 '祥'일 가능성이 높다. 그밖에 확실치 않은 글자들은 괄호 안에 표시해 두었다. 이처럼 석문의 안 전성을 보류하고 여러 가지 해석 가능성을 남겨둔 채로, 독자들의 편의를 위해 일단 번역하면 다음과 같다.

---

3) 木村誠, 2000, 「百濟史料としての七支刀銘文」, 『人文學報』 第306號, 東京都立大學 人文學部.
4) 村山正雄, 1996, 『石上神宮七支刀銘文圖錄』, 吉川弘文館.

〈앞면〉

태□ 4년 5월 16일 병오날 12시에 백 번 제련한 쇠로 칠지도를 만들었으니 나아 가 온갖 병사를 물리치리라. 후왕에게 적합하다. …… 상서로우리라.

〈뒷면〉

예전에는 이런 칼이 없었으나, 백제 왕세자가 기이하게 태어나 성스러운 덕이 있 기 때문에 왜왕을 위해서 일부러 만들었다. 후세에 전하여 보여라.

위의 해석을 보면, 이 칼의 이름은 '칠지도'이고, 이는 백제 왕세자가 왜 왕을 위해 만들어준 것임을 알 수 있다. 그런데 그 칠지도가 『일본서기』 신 공황후 52년 조에 다음과 같이 나온다.

신공황후 섭정 52년(252) 가을 9월 정묘삭 병자에 久氐 등이 치쿠마 나가히코[千 熊長彦]를 따라와서, 七枝刀 한 □, 七子鏡 한 面 및 갖가지 귀중한 보물을 바치고 나서 아뢰었다.

"신의 나라 서쪽에 강물이 있는데 그 원류는 谷那鐵山에서 나옵니다. 그곳은 멀어서 7일을 가도 미치지 못합니다. 이 물을 마시고 이 산의 철을 가져다가 성스 러운 조정을 영원히 받들겠습니다. 그래서 손자 枕流王에게 일러, '지금 우리가 통하는 바다 동쪽의 귀한 나라는 하늘이 인도해주신 것이다. 그리하여 <u>하늘의 은 혜를 내리시어 바다 서쪽을 떼어 우리에게 주셨다</u>. 이로 말미암아 나라의 기반이 굳건히 다져졌다. 네가 화친을 잘 닦고 토산물을 거두어들여 끊임없이 공물을 바 친다면, 죽은들 무슨 한이 있겠느냐? 라고 말하였습니다."

이 뒤로부터 해마다 계속해서 조공하였다.

이 기사에서 밑줄 친 '하늘(일본)이 바다 서쪽을 떼어 우리(백제)에게 주 었다'는 구절은 『일본서기』 신공황후기 49년(249) 조의 기사 내용을 가리킨 다. 이를 요약하면, 신공황후가 군사를 보내 비자발, 남가라, 탁국, 안라, 다 라, 탁순, 가라의 일곱 나라를 평정하고, 군사를 옮겨 서쪽으로 돌아 古奚津 에 이르러 남녘 오랑캐 忱彌多禮를 잡아 백제에게 주었으며, 그 왕 초고와 왕자 귀수도 군사를 거느리고 와서 모이니, 비리, 벽중, 포미지, 반고의 네 읍이 저절로 항복하였다는 것이다. 그리하여 백제왕이 앞으로는 언제나 봄 가을로 조공하겠다고 맹세했다고 한다.

그러므로 신공황후 52년에 백제가 일본에 칠지도를 준 것은, 왜국이 임나 7국을 평정하고 탐미다례를 잡아 백제에게 준 보답이라는 것이다. 즉, 임나일본부설을 주장하는 사람들은, 현재 존재하는 칠지도가 왜국이 임나를 정복하고 지배한 사실을 뒷받침하는 증거물이라고 보고 있다.

한편 이 기사에 해당되는 사건이 『고사기』에서는 다음과 같이 나온다.

> 應神天皇의 시대에 (중략) 백제국주 照古王이 阿知吉師를 보내 암수 말 한 쌍을 바치고 또 큰 칼[橫刀]과 큰 거울[大鏡]을 바쳤다.

여기서 아지길사, 즉 아직기가 가져간 큰 칼과 큰 거울이 곧 칠지도와 칠자경을 가리키는 것일까? 그렇게 보기에는 몇 가지 걸리는 문제가 있다.

우선 칠지도를 주었다는 백제왕이 『일본서기』에는 '肖古王'으로 되어 있고 『고사기』에는 '照古王'으로 되어 있다. 또한 이를 가지고 간 백제 사신이 『일본서기』에는 '久氐等'으로, 『고사기』에는 '阿知吉師'로 되어 있으며, 이를 받았다는 왜왕이 『일본서기』에는 신공황후인 반면 『고사기』에는 응신천황으로 나와 있다.

이처럼 두 기록에 등장하는 인물들의 이름이 각각 일치하지 않으며, 무엇보다 신공황후가 실재 인물인지 단정할 수 없다는 점이 문제이다. 다만 응신천황은 270년부터 310년까지 재위한 것으로 되어 있으나 대개 5세기 초의 인물로 보고, 백제의 조고왕, 즉 근초고왕은 346년부터 375년 사이에 재위한 왕이니, 시대상 앞뒤가 맞지 않는다. 도대체 어디까지가 사실일까?

3. 칠지도의 제작 연대에 대한 기존 설들

칠지도와 관련하여 가장 중요한 문제는 제작 연대이다. 제작 연대를 밝히는 데 중요한 열쇠인 연호의 첫 번째 글자는 대개 '泰' 또는 그와 유사한 글자로 보이고 두 번째 글자는 거의 보이지 않는다. 이를 칠지도 발견 초기의 연구자들[5]은 대개 '泰初'로 판독하여, 칠지도 제작 연도를 西晉 泰始 4년(268)으로 보았다. 이는 당시 학자들이 이른바『일본서기』에 기록된 신공황후의 삼한 정벌 연대를 249년으로 보았기 때문에, 그와 가장 가까운 시기에서 '泰'로 시작되는 중국 연호를 찾았던 것이다.

그러나 스에마쓰 야스카즈[末松保和]의『임나흥망사』[6]가 나온 이후『일본서기』의 신공기 기년을 2주갑(120년) 내리는 것이 타당하다는 수정론이 널리 퍼지자, 후쿠야마 토시오[福山敏男]가 이를 '泰和'로 판독하고 칠지도 제작 연도를 東晉 太和 4년(369)으로 보는 연구 결과를 내놓았으며,[7] 그 이후 대부분의 연구자들[8]은 이를 따르고 있다. 칠지도의 연대를 369년으로 보는 것은『일본서기』신공황후기의 기사에 신뢰를 두는 것이고, 그렇게 되면 이른바 '임나일본부설'에서 말하는 고대 왜국의 임나 7국 평정 사실을 부인하기 어렵게 된다. 왜냐하면 '임나일본부설'이란 왜군이 369년에 임나를 정벌하여 거의 200년 가까이 지배하다가 562년에 신라에게 이를 빼앗겼다고 보는 학설이기 때문이다. 일본학계에서 칠지도 연구의 의미는 바로 거기에 있다. 한국에서 일부 학자가 이 편년을 인정한 것은,[9] 가야사에 대해서는 크게 신경을 쓰지 않고 다만 백제 근초고왕의 영광을 높이려는 의도였다고 생각된다.

반면 한국 쪽에서는 이를 백제 고유의 연호인 '泰和'로 보는 견해가 나

5) 菅政友, 1907,「大和國石上神宮寶庫所藏七支刀」,『菅政友全集』雜稿 1.
　高橋健自, 1914.「京畿旅行談」,『考古學雜誌』5-3.
　喜田貞吉, 1918,「石上神宮の神寶七枝刀」,『民族と歷史』1-1.
　大場磐雄, 1929,『石上神宮寶物誌』, 吉川弘文館.
　末永雅雄, 1941,「象嵌銘文を有する鉾 -七支刀」,『日本上代の武器』, 弘文堂.
6) 末松保和, 1949,『任那興亡史』, 大八洲出版 ; 1956, 再版, 吉川弘文館.
7) 福山敏男, 1951,「石上神宮の七支刀」,『美術研究』158 ; 1951,「石上神宮の七支刀 補考」,『美術研究』162 ; 1952,「石上神宮の七支刀 再補」,『美術研究』165 ; 앞의 세 논문 모두 1969,『日本建築史研究』재수록 ; 1971,『論集日本文化の起源』第二卷, 平凡社 재수록.

왔다. 먼저 이를 제기한 것은 이병도이다. 그는 태화를 백제 근초고왕의 연호로서 서기 372년일 것으로 보았다.[10] 그러나 이 견해는 여전히 칠지도를 신공황후의 삼한 정벌과 연관시켜보는 관점에서 벗어나지 못하였다. 이 문제에 대해 새로운 관점을 제시한 사람은 북한의 김석형이다. 그는 백제 연호가 失傳되어 구체적인 연대는 알 수 없으나 5세기 무렵으로 추정하였고,[11] 손영종은 날짜 간지를 중시하여 고증한 결과, 태화 4년을 腆支王 때인 408년으로 보았다.[12] 연민수는 이를 원천적으로 좀 더 면밀하게 고찰하여 백제 고유 연호인 '奉□'로 보고 구체적인 연대를 무령왕 4년인 504년으로 보았다.[13]

한편 일본의 미야자키 이치사다[宮崎市定]는 중국사의 관점에서 이 문제

---

8) 榧本杜人, 1952,「石上神宮の七支刀と其銘文」,『朝鮮學報』3, 天理 : 朝鮮學會.

西田長男, 1956,「石上神宮の七支刀の銘文」,『日本古典の史的研究』, 理想社.

三品彰英, 1962,「石上神宮の七支刀」,『日本書紀朝鮮關係記事考證』上, 吉川弘文館.

藤間生大, 1968,「七支刀」,『倭の五王』, 岩波新書.

栗原朋信, 1970,「七支刀の銘文よりみた日本と百濟 東晉の關係」,『歷史教育』18-4.

上田正昭, 1971,「石上神宮と七支刀」,『日本なかの朝鮮文化』9.

古田武彦, 1973,『失われた九州王朝』, 朝日新聞社.

佐伯有淸, 1977,『七支刀と廣開土王碑』, 吉川弘文館.

坂元義種, 1978,「古代東アジアの日本と朝鮮 -大王の成立をめぐって-」,『古代東アジアの日本と朝鮮』, 吉川弘文館.

神保公子, 1981,「七支刀銘文の解釋をめぐって」,『東アジア世界における日本古代史講座』3.

鈴木靖民, 1983,「石上神宮七支刀銘についての一試論」,『坂本太郎頌壽記念日本史學論集』上.

木村誠, 2000, 앞의 논문.

9) 李道學, 1990,「百濟 七支刀 銘文의 再解釋」,『韓國學報』60.

10) 李丙燾, 1974,「百濟七支刀考」,『震檀學報』38, 서울 : 진단학회 ; 1976,『韓國古代史硏究』, 博英社, 재수록.

11) 金錫亨, 1963,「삼한 삼국의 일본열도 내 분국에 대하여」,『력사과학』1963-1 ; 1966,『초기조일관계연구』.

12) 손영종, 1983,「백제 7지도의 명문해석에서 제기되는 몇 가지 문제」(1),『역사과학』1983-4.

13) 延敏洙, 1994,「七支刀銘文の再檢討 -年號の問題と製作年代を中心に-」,『年報 朝鮮學』第4號.

를 검토하여, 동진 태화 4년설을 부정하고 중국 南宋 泰始 4년(468)설을 내놓았으며,[14] 이진희는 처음에 北魏 太和 4년(480)설을 주장하다가,[15] 후에 미야자키의 설에 동조하였다.[16]

4. 칠지도 제작 이유에 대한 각양각색의 해석

칠지도 명문에서 또 하나 중요한 문제는 "百濟王世子奇生聖音"이라는 구절을 어떻게 해석하는가이다. 이것 역시 각자의 입장에 따라 서로 다른 견해를 보인다. 칠지도를 발견한 초기에는 이 구절을 거의 해석하지 못하다가, 후쿠야마 토시오가 "백제왕세자가 목숨을 왜왕의 은혜에 의지하고 있기 때문에"라고 해석하였고,[17] 가야모토 토진[榧本杜人]은 '音'을 '晉'으로 판독하여, "백제왕세자가 목숨을 성스러운 진나라에 의지하고 있기 때문에"라고 해석하였다.[18] 후쿠야마와 가야모토는 이런 문구 해석을 근거로 하여 백제왕세자가 왜왕에게 칠지도를 헌상했다고 보았다. 백제 헌상설은 그 외에도 많은 사람들이 주장하여 과거에는 일본학계에서 주류를 차지하였으

14) 宮崎市定, 1982, 「七支刀銘文試釋」, 『東方學』 64 ; 1983, 『謎の七支刀 -五世紀の東アジアと日本-』, 中央公論社 ; 1992, 『謎の七支刀』(文庫版), 中央公論社.
15) 李進熙, 1973, 「古代朝日關係史の歩み」, 江上波夫, 上田正昭編 『日本古代文化の成立』 ; 1973, 「七支刀研究の歩み」, 『好太王碑の謎』, 講談社 ; 1980, 『廣開土王碑と七支刀』.
16) 李進熙, 1987, 「日本にある百濟の金石史料」, 『馬韓百濟文化研究の成果と課題』(第九回馬韓百濟文化國際學術會議), 圓光大學校 馬韓百濟文化研究所.
17) 福山敏男, 1951, 앞의 논문.
18) 榧本杜人, 1952, 앞의 논문.
19) 菅政友, 1907, 앞의 책.
    高橋健自, 1914, 앞의 논문.
    喜田貞吉, 1918, 앞의 논문.
    大場磐雄, 1929, 앞의 책.
    末永雅雄, 1941, 앞의 논문.
    三品彰英, 1962, 앞의 책.

나,[19] 요즘은 그렇게 보는 사람이 없다. 구리하라 호우신[栗原朋信]은 동진이 백제를 통하여 왜왕에게 하사했다고 보았으나,[20] 마찬가지로 이에 동조하는 사람은 없다.

니시타 나가오[西田長男]는 '奇生'은 근초고왕 때의 왕세자인 '貴須'를 가리키며 '聖音'은 존칭이라고 보았는데,[21] 미시나 쇼에이[三品彰英]는 이를 받아들이면서 '聖音'은 왕자의 경칭인 '세시무'로 훈독해야 한다고 보았다.[22] 미시나가 내놓은 견해는 그 뒤로 많은 지지[23]를 얻었다. 그러나 '奇生'과 '貴須'의 한자가 너무 다르기 때문에, '奇'한 자만을 '귀수'의 약칭으로 보기도 하고,[24] 혹은 '奇'를 '昆支'의 약칭으로 보기도 한다.[25]

또 하나의 주류는 '聖音'을 '성스러운 덕'을 표시한다고 보거나,[26] '성스러운 계시'를 받은 것으로 보아,[27] 이 구절이 백제 왕세자를 훌륭한 사람으로 표현한 것이라고 내세운다. 이들은 백제 왕세자가 왜왕보다 높은 위치에서 칠지도를 하사했다는 백제 하사설[28]이나 대등한 위치에서 주었다는 백제 증여설[29]의 계보에 속한다. 혹은 '聖音'을 불교 '석가 세존의 은택'으로 보거나,[30] 도교 '신선의 가르침'으로 보아,[31] 백제 왕세자의 신앙 생활을 표시한다고 본 견해도 있다.

이처럼 기존의 연구 성과들을 살펴볼 때, 칠지도는 백제 왕세자가 만들

20) 栗原朋信, 1970, 앞의 논문.
21) 西田長男, 1956, 앞의 논문.
22) 三品彰英, 1962, 앞의 책.
23) 藤間生大, 1968, 앞의 논문.
     李丙燾, 1974, 앞의 논문.
     佐伯有淸, 1977, 앞의 책.
     坂元義種, 1978, 앞의 논문.
24) 鈴木靖民, 1983, 앞의 논문.
     木村誠, 2000, 앞의 논문.
25) 金昌鎬, 1989, 「百濟 七支刀 銘文의 再檢討 -일본학계의 임나일본부설에 대한 반론(3)-」, 『歷史敎育論集』13·14合(서연 김영하교수 정년퇴임 기념 사학논총).
26) 宮崎市定, 1992, 앞의 책.
27) 延敏洙, 1994, 앞의 논문.

어 왜왕에게 주었다는 것 외에는 정확한 사실을 알 수 없는 상태이다. 고대 한일관계사를 밝히는 매우 중요한 역사 자료인 칠지도가 현재까지 일본 이소노카미 신궁에 남아 보존되어왔고, 그 금상감 명문이 거의 남아 있는 것은 기적에 가깝다. 그런데도 정작 그것을 언제, 왜 주었는지 알 수 없어 안타깝기 그지없다. 그 근본 까닭은 일본에 남아 있는 고대 문헌 사료들이 상당히 조작되었고, 그리고 한국에 신라 관련 사료는 제법 있어도 백제나 가야 등 다른 나라에 관한 사료가 너무 부족하기 때문이다.

5. 칠지도의 모델 '元嘉刀'와 '中平刀'

지금까지 칠지도와 관련한 연구 상황으로 볼 때, 백제의 어떤 왕세자가 왜왕에게 칠지도를 주었다고 볼 수 있다. 그런데 그 이유와 시기가 『일본서기』나 『고사기』에 나오는 내용과 같은지가 문제이다. 만약 칠지도가 실제로

---

28) 金錫亨, 1963, 앞의 논문.
    藤間生大, 1968, 앞의 논문.
    上田正昭, 1971, 앞의 논문.
    李丙燾, 1974, 앞의 논문.
    坂元義種, 1978, 앞의 논문.
    손영종, 1983, 앞의 논문.
    李道學, 1990, 앞의 논문.
    延敏洙, 1994, 앞의 논문.
29) 古田武彦, 1973, 앞의 책.
    平野邦雄, 1975, 「ヤマト王權と朝鮮」, 『岩波講座日本歷史1』, 岩波書店.
    佐伯有淸, 1977, 앞의 책.
30) 村山正雄, 1979, 「七支刀銘字調査の一端」, 『三上次男頌壽記念 東洋史 考古學論集』;
    1979, 「'七支刀'銘字一考 -櫛本論文批判を中心として-」, 『朝鮮歷史論集』上, 龍溪書舍;
    1996, 앞의 책.
31) 山尾幸久, 1982, 「七支刀の銘について」, 『村上四男博士和歌山大學退官記念朝鮮史論集』,
    開明書院; 1989, 『古代の日朝關係』, 塙書房.
    木村誠, 2000, 앞의 논문.

4세기 후반에 만들어진 것이 입증되면, 『일본서기』 신공황후 관련 기사의 사료적 가치를 상당히 신뢰할 수밖에 없게 된다.

그런데 칠지도의 제작 연대를 추정하는 데 참고가 될 만한 유물이 있으니, '元嘉刀'라는 중국 칼이다. 그 명문 앞머리에 '元嘉'라는 연호가 나온다. 원가도의 실물은 현존하지 않고, 명문을 탁본해 놓은 것만 송나라 王厚之의 『鐘鼎款識』과 이를 전재하여 실은 청나라 馮雲鵬의 『金索石索』에 나올 뿐이다. 거기서 그들은 원가도를 後漢 원가 연간의 것이라고 보았다. 그 명문의 전문은 다음과 같다.

元嘉三年五月丙午日造此(供)官刀長四尺二(寸服者)宜侯王大吉祥
　*괄호 안의 글자는 추정한 것

원가 3년 5월 병오날에 이 '공관도'를 만들었고, 길이는 네 자 두 치이며, 이를 몸에 지니는 자는 후왕에게 적합하니, 크게 길하고 상서로울 것이라는 내용이다. 내용도 내용이지만, '연호+몇 년+5월+병오+造…刀+宜侯王'과 같이, 칠지도와 문장 구조가 같고 중요한 대목에 들어가는 주요 어휘도 같은 것으로 보아, 칠지도는 '원가도'를 본받아 만들어졌다고 보인다.

그렇다면 원가도는 언제 만들어졌을까? 일반적인 통설은 원가도를 후한 桓帝 원가 3년의 것으로 보나, 반드시 그렇게만 보기는 어렵다. '원가'라는 연호를 쓴 중국 왕은 하나 더 있으니, 남조의 송나라 文帝이다. 남조의 송나라는 흔히 劉宋이라고 부른다. 그렇다면 후한 원가 3년(153)이 맞을까, 아니면 유송 원가 3년(426)이 맞을까?

이에 대해서 미야자키[宮崎市定]는 매우 설득력 있는 이유를 내놓아, 원가도는 유송 원가 3년(426)에 제작된 것이라고 하였다. 그 까닭은 첫째로 후한 환제 시기는 나라가 매우 어지러워 원가 3년 5월에 연호를 永興으로 바꾸었기 때문이다. 둘째로 가장 먼저 도검에 금상감 명문을 새긴 것은 기원전 5세기 춘추시대이나 그 후 한나라나 삼국시대까지는 명문이 대개 두 자 내지 네 자 정도로 짧아 대략 4세기 말까지는 긴 명문이 새겨진 도검이 세상에 없었다. 셋째로 지금까지 알려진 바로는 도검에 긴 명문을 새긴 것은 오호십육국시대 말기 大夏天王 赫連勃勃이 龍昇 2년(408)에 만든 龍雀刀이며 그 칼에는 4언 절구 여덟 줄의 서른 두 자로 된 획기적으로 긴 명문이 새겨져 있다는 것이다. 그러므로 이에 대항하여 유송의 문제가 426년에 스물일곱 자를 새긴 원가도를 만들었을 가능성은 충분히 있다고 하였다.[32]

그러나 최근에 필자는 미야자키의 연구가 잘못되었다는 것을 일본 동경국립박물관에서 발견하였다. 일본 나라현 텐리시[天理市] 이치노모토정[櫟本町] 도다이지야마[東大寺山] 고분(1960년 조사)에서 출토된 유물 중에 후한 靈帝 때의 연호 中平(184~189)을 포함한 스물 네 자가 금 상감으로 새겨진 쇠칼이 있었다. 그 명문을 살펴보면 다음과 같다.

中平□年五月丙午造作支刀百練淸剛上應星宿下辟不祥[33]

중평 □년 5월 병오날에 백 번 제련한 맑은 쇠로 '작지도'를 만들었으니 위로는 별들에 응하고 아래로는 상서롭지 못한 것을 물리친다는 뜻이다. 칼의 이름인 '작지도'는 '칠지도'와 비슷하나, 보존 상태가 좋지 않아 어떤 모양의 가지가 있었는지는 확인할 수 없다. 이 명문도 '연호+몇 년+5월+병오+造…刀'까지의 형식이 칠지도와 같고, '宜侯王'이라는 구절은 없지만 '百練'이나 '辟'과 같은 글자가 일치하고 있다. 이 칼은 날 부분은 쇠로 만들어져 길이가 110센티나 되고, 명문은 그 날의 넓은 부위의 한 쪽으로만 새겨져 있다. 그렇다면 앞의 원가도도 그에 앞서는 후한 환제 때의 것이라고 해도 무방할 듯하다.

중평명 고리자루큰칼, 즉 중평도의 자루는 청동으로 따로 만들어 붙였는데, 끝이 둥근 고리모양이고 고리 안에 이른바 '三葉文'이 들어 있으며 고리 밖에는 서로 다르게 생긴 꽃잎 모양 장식 다섯 개가 대칭을 이루며 붙어

---

32) 宮崎市定, 1992, 앞의 책.
33) 東京國立博物館, 1988, 『特別展 日本の考古學 -その步みと成果-』, 226쪽.

〈그림 4〉 (전)도다이지야마 고분 출토 중평명 고리자루큰칼

있다. 이 청동제 고리는 일본에서 제작된 것으로 추정된다.[34] 도다이지야마 고분에서는 모두 13자루의 쇠칼이 출토되었고 그 가운데 5자루에는 청동으로 만든 둥근 고리가 붙어 있었는데,[35] 중평도는 그 중 하나이다(그림 4).

게다가 이 고분에서는 청동 화살촉, 바람개비모양 방패꾸미개[巴形銅器], 벽옥제 돌화살촉[碧玉製石鏃], 돌팔찌[石製腕飾], 가죽제 갑옷[革製短甲] 등이 출토되었다.[36] 이 유물들은 일본 고고학의 편년에서 4세기 중엽 내지 ㄴ후반의 것으로 추정되므로, 중평도는 중국 후한의 쇠칼에다가 일본에서 4세기 중후반에 청동 고리자루를 붙여서 만든 것이라고 생각된다. 그 밖의 유물들은 모두 전형적인 일본 무기와 장신구들이다.

그렇다면 칠지도는 2세기 후반 후한대의 원가도와 중평도를 모델로 삼아 만든 것일까? 명문의 형식으로 보아 그럴 가능성은 없지 않다. 적어도 중평도는 4세기 후반까지 세상에 전하고 있다가 일본에서 고분의 부장품으로 묻힌 것을 확인할 수 있다. 그러므로 백제에서 칠지도를 만든 사람들도 상당히 후대까지 그런 칼을 소장하고 있으면서 이를 모델로 삼았을 수 있으나, 그 제작 시기는 언제였을까? 특히 칠지도는 중국이 아닌 백제에서 만든 것이라는 점이 중요하다.

34) 古谷毅, 1999, 「ヤマト(倭)政權の成立」, 『日本の考古 ガイドブック』, 東京國立博物館編, 85~87쪽.
35) 上田正昭, 1965, 『歸化人』, 中公新書, 47쪽.
36) 古谷毅, 1999, 앞의 논문.

6. 칠지도의 실제 제작 시기

지금 한국과 일본에 남아 있는 금 또는 은상감 명문이 있는 쇠칼들, 즉 한국 창녕 교동 11호분 출토 고리자루큰칼,[37] 일본 동경박물관 소장 고리자루큰칼,[38] 사이타마현[埼玉縣] 사키타마[埼玉] 이나리야마[稻荷山] 고분 출토 금상감 辛亥銘 철검,[39] 구마모토현[熊本縣] 에타 후나야마[江田船山] 고분 출토 은상감 대도[40] 등은 모두 5세기 후반 내지 6세기 전반에 만든 것으로서, 동아시아에서 그 유행 시기가 언제였는지를 보여주고 있다. 쇠칼에 상감 명문을 새기는 전통이 2세기 후반의 후한 말기 이후 한동안 보이지 않다가 오호십육국시대 말기인 5세기 들어(408년) 용작도가 만들어진 것은 그런 문화의 개시를 알리는 것이었을 가능성이 높다. 그러므로 연호의 이름이 확실치 않은 상태에서, 그 연호를 증거로 삼아 칠지도의 제작 시기를 5세기 후반보다 훨씬 앞선 369년으로 추정하는 것은 무리다.

또한 『일본서기』에 백제 사신이 칠지도와 함께 가져갔다고 나오는 칠자경은 원형 거울의 언저리에 작은 원이 일곱 개 새겨진 청동 거울이다. 그런데 이렇게 생긴 거울은 한나라 때에는 만들어진 적이 없고, 근래 무령왕릉에서 출토된 바 있다. 그 모습을 보면 청동제 원형 거울의 바깥쪽 테두리와 안쪽 테두리 사이에 원형 꼭지가 도드라진 원형 무늬 7개를 두고 그 사이에 가는 선으로 새긴 四神과 三瑞獸를 하나씩 배치하였다(그림 5). 무령왕은 523년에 붕어하였고, 3년상을 거쳐 525년에 매장되었으니, 이 거울은 6세기 전반의 것이라고 하겠다. 백제에서 왜국으로 칠자경을 보냈다면 무령왕릉의 七子獸帶鏡과 유사한 것이었다고 생각한다. 그렇다면 칠지도는 525년 무렵 또는 그보다 앞서는 가까운 시기에 만들어진 것으로 보아야 한다.

---

37) 韓永熙・李相洙, 1990,「昌寧 校洞 11號墳 出土 有銘圓頭大刀」,『考古學誌』2.
38) 早乙女雅博・東治治之, 1990,「朝鮮半島出土의 有銘環頭大刀」,『MUSEUM』467.
39) 埼玉縣教育委員會, 1980,『埼玉稻荷山古墳』.
40) 東京國立博物館編, 1993,『江田船山古墳出土 國寶 銀象嵌銘大刀』, 吉川弘文館.

이것이 의미하는 바는 무엇일까?『일본서기』신공황후 46년 조부터 52년 조까지 이어지는 기사군은 임나일본부설, 즉 '남한경영론'의 핵심을 이루는 것으로서, 조작된 것일 가능성이 높다. 그러나 거기에는 근초고왕의 남방 경략과 관련된 기사가 포함되어 있어서 백제사 연구자 중에 이것만은 믿으려는 사람들이 많다. 칠지도 증여 기사는 현존하는 칠지도

〈그림 5〉 무령왕릉 출토 청동제 칠자수대경

와 맞물려 이를 입증하는 빌미로 이용되어 온 것이다.

그 기사들은『일본서기』편찬자가 훼손한 부분도 있으나, 그 원전인『百濟記』는 상당 부분 일본 거주 백제 유민들의 입장을 반영하여 만든 것이고, 거기에는 후대의 관념으로 인한 조작이 많다. 그렇다고 해서 근초고왕 때 백제와 왜 사이에 교류가 시작되었다는 것까지 부인할 필요는 없다. 이와 관련해서는『일본서기』흠명천황기에 근초고왕 때의 백제와 가야 제국 사이의 통교에 대하여 백제 聖王이 언급한 기사[41]가 있기 때문이다.

그러나 칠지도의 연대가 위와 같이 5~6세기 무렵이라면,『일본서기』신공황후기 기사는 대부분 믿을 수 없고, 또 그와 비슷한 사건이 근초고왕 때의 일이라고 볼 근거도 없게 된다. 그러므로 백제가 칠지도를 왜국에 보낸 경위에 대해서는, 지금까지 발견된 여러 가지 고고학적 증거에 따라 5세기 후반 내지 6세기 전반의 시점에서 다시 살펴보아야 한다. 일본사학계에서

---

41)『日本書紀』卷19, 欽明天皇 2年 夏4月 "聖明王曰 昔我先祖速古王貴首王之世 安羅加羅卓淳旱岐等 初遣使相通 厚結親好 以爲子弟 冀可恒隆."

칠지도의 발견 당시인 1892년 이래 그 제작 연대를 268년으로 보다가 1951년 이후에는 거의 일제히 369년으로 보는 것은, 임나일본부설의 전개 상황에 맞추어 이를 그 증거로 이용하려는 불합리한 욕망의 표현일 뿐이다.

일본에 전해진 설화로 볼 때, 칠지도를 보내준 백제왕이나 이를 받은 왜국왕의 이름은 모두 어느 시기의 왜인들이 알고 있던 가장 오래된 왕들이다. 이는 그 시기와 경위를 고대 『일본서기』 편찬자들도 몰랐다는 점에 대한 고백이다. 칠지도는 그동안 『일본서기』 신공황후 49년 조의 기사와 그를 바탕으로 한 임나일본부설을 합리화시키기 위한 금석문 자료로 널리 이용되어 왔으나, 그에 걸맞은 다른 고고학적 자료가 발견되지 않는 한, 칠지도는 그에 적합하지 않은 사료라고 하겠다.

칠지도가 369년이 아닌 후대의 것이라면, 임나 문제와 관계없이, 5~6세기의 어느 백제 왕세자가 대등한 입장에서 왜왕에게 칼을 만들어 준 사례로서 이용될 수 있을 것이다. 따라서 칠지도의 존재가 임나일본부설을 보증해 줄 수는 없으며, 다만 백제와 왜 사이에 긴요한 외교적 교류가 있었음을 보일 뿐이다.

* 이 글의 원전 : 김태식, 2004, 「고대 한일관계사의 민감한 화두, 칠지도」, 『고대로부터의 통신 -금석문으로 한국 고대사 읽기-』, 서울 : 푸른역사, 59~77쪽.

Ⅲ부
가야와 신라

가야와 신라

1.

신라와 전기 가야의 관계사

1. 머리말

가야사 전공자는 여기저기서 다른 지역 연구자들의 연구 시각을 접하면서 매우 곤혹스러운 적이 많다. 즉, 일본사에서는 왜가 임나를 지배했다는 설이 있고,[1] 백제사에서는 백제가 가야를 지배했다는 설이 있으며,[2] 신라사에서는 신라가 일찌감치 가야를 소속시켰다는 견해가 있다. 이것이 근래에는 이미 4세기경에 신라가 낙동강 동쪽의 가야 지역인 부산이나 양산 일대를 복속시켰다는 논리로 나타나고 있다.[3]

신라사에서의 선입견은 주로 『삼국사기』 신라본기의 초기 기록을 통해 이루어지고 있다. 그런데 『삼국사기』 신라본기는 신라의 입장에서 서술된

1) 末松保和, 1949, 『任那興亡史』, 大八洲出版 ; 1956, 再版, 吉川弘文館.
2) 千寬宇, 1977·1978, 「復元加耶史」 上·中·下, 『文學과 知性』 28·29·31 ; 1991, 『加耶史研究』, 一潮閣.
3) 이희준, 2007, 『신라고고학연구』, 사회평론.
   전덕재, 2007, 「삼국시대 황산진과 가야진에 대한 고찰」, 『한국고대사연구』 47, 한국고대사학회.

것이어서 가야와의 관계사가 크게 왜곡되어 있다. 이미 신라 시조인 박혁거세가 변한을 병합했다고 나오며, 신라와 가야의 관계 기사는 탈해 이사금 21년(기원후 77)부터 시작되어 11회에 걸쳐 나오되, 나해 이사금 17년(212)에 가야 왕자가 볼모로 신라에 갔다는 기록 이후 가야에 관한 기록이 269년이나 끊어지고 있다. 과연 이것을 통해 전기 가야와 신라 사이의 세력 관계를 유추할 수 있는 것일까?

필자는 이미 前稿에서 『삼국사기』 신라본기 초기 기록의 가야 관련 기사는 3세기 후반부터 4세기 전반 사이의 사건을 반영한다고 추측한 바가 있으나,[4] 이는 가야사의 관점에서만 본 것이고 신라사의 전개 과정을 신중하게 검토한 것은 아니었다. 그러므로 본고에서는 이것을 신라사와 비교해도 문제가 없는지를 면밀하게 검토해 보고자 한다.

주지하듯이 『삼국사기』 신라본기의 초기 기록들은 그 기사들의 사실성 여부와 관련하여 부정론, 긍정론, 수정론 등으로 논란의 所持를 안고 있다.[5] 가야 관련 기사들도 그 중의 일부이나, 그 기사들은 개별적으로 독립되어 있지 않고 일련의 상호 연관성을 보이고 있다. 문제는 이 기사들이 편년만 뒤로 늦추면 신라와 가야의 관계에서 어느 일정한 시기의 사실을 반영한다고 볼 수 있는가 하는 점이다.

『삼국사기』 신라본기의 기사들은 제 3권이 시작되는 4세기 후반 나물 이사금부터는 대체적인 편년까지 믿을 수 있다. 그 이전의 기사들은 편년을 그대로 믿을 수 없다고 보아야 하며, 일정하게 기사 분석을 거친 후에 제한적으로 이용할 수 있을 뿐이다.

『삼국사기』 신라본기 초기 기록의 견문 기사로서 중국 기록과 비교할 수

---

4) 金泰植, 1993, 『加耶聯盟史』, 一潮閣, 70~71쪽, 83쪽 ; 1994, 「咸安 安羅國의 成長과 變遷」, 『韓國史研究』 86, 44~55쪽 ; 2002, 『미완의 문명 7백년 가야사 1권』, 푸른역사, 125~137쪽 ; 2006, 「韓國 古代諸國의 對外交易 -加耶를 中心으로-」, 『震檀學報』 101, 21~22쪽.
5) 노중국, 2007, 「삼국사기 초기기록과 삼국지 동이전」, 『한국고대사 연구의 새 동향』, 한국고대사학회 편, 서경문화사, 408쪽.

있는 것으로는, 樂浪 · 帶方의 항복 기사(기림 3년 = 서기 300년), 卑彌呼 사신의 예방 기사(아달라 29년 =서기 173년) 외에 南新縣의 이변에 관한 기사(파사 5년 = 서기 84년, 벌휴 3년 = 서기 186년, 나해 27년 = 서기 222년)[6] 등이 주목된다. 이런 기록들은 다른 곳에서 확인되지 않는 것들이므로 중국 측 기록에서 그대로 轉載한 것이라고 보기는 어렵다.

여기서 남신현은 『晉書』地理志에 기록된 帶方郡 소속 7개 縣의 하나로 나오므로, 그 존속 시기는 대방군과 함께 최대 204년부터 314년으로 추정된다. 신라인들이 남신현의 상황에 주목한 것은 그 당시에 신라인들이 바라던 선진 세계였기 때문일 것이다.[7]

남신현은 眞番郡의 현이었다가 樂浪 南部都尉의 治所가 되었던 昭明縣의 改稱이며, 황해도 신천군 북부면 西湖里의 '太康四年(283)三月昭明王△△(某造)' 銘塼과 '元興三年(404)三月卄日昭明王△△(某造)' 銘塼으로 보아, '昭明'의 칭호는 帶方 몰락 전후를 통하여 다시 사용되었던 것을 알 수 있다고 한다.[8] 또한 대방군은 공손씨 정권에 의해 설치될 초기부터 郡 아래 하부 조직으로 縣을 모두 설치하여 군현의 유기적인 지배 체제를 갖추게 되었다고 보기는 힘들며, 대방군 7개 縣의 모습은 魏에 의해 대방군이 접수된 이후 정비된 양상에 대한 기록일 가능성이 높다고도 한다.[9]

남신현이 대방군 남쪽의 別地에 새로이 개척된 현일 수도 있지만, 남부 도위 치소였던 소명현이 대방군에서는 없어졌다는 것은 이해되지 않는다. 그러므로 이것이 소명현의 개칭이라는 것이 좀 더 설득력이 있다고 본다면,

---

6) 『三國史記』권1, 新羅本紀1 婆娑尼師今 5년 여름 5월 "古陁郡主獻靑牛 南新縣麥連歧 大有年 行者不賚糧."
    『三國史記』권2, 新羅本紀2 伐休尼師今 3년 가을 7월 "南新縣進嘉禾."; 같은 책 奈解尼師今 27년 여름 4월 "雹傷菽麥. 南新縣人死 歷月復活."

7) 金泰植, 2006, 「韓國 古代諸國의 對外交易 -加耶를 中心으로-」, 『震檀學報』101, 10~11쪽.

8) 이병도, 1976, 『韓國古代史硏究』, 博英社, 126~127쪽.

9) 오영찬, 2003, 「帶方郡의 郡縣支配」, 『강좌 한국고대사』 제10권, 가락국사적개발연구원, 221쪽.

西晉代 東夷校尉府가 본격적인 기능을 발휘하여 낙랑, 대방군에 대한 중국 쪽의 영향력이 약화되면서, 그 지역의 자치적 세력 집단은 285년경부터 昭明縣의 이름을 부활시켜 사용하였다고 볼 수 있다. 그렇다면 남신현의 지명 사용 시기는 235년부터 285년까지로 볼 수 있는데, 『삼국사기』에서는 그것이 서기 84년부터 222년까지로 배열되어 있다. 적어도 3세기 중반 이후로는 어떤 형태로든 신라 사람들의 자체 기록 또는 기억이 있었다고 인정할 수 있는 것이다.

이렇게 볼 때, 만일 『삼국사기』 신라본기 기사들이 어느 정도라도 시간 순서에 따라 배열되었다고 본다면, 적어도 제5대 파사왕 이후로는 3세기 이후의 기록으로 간주할 수 있다. 이는 『삼국사기』 계보 관계의 기사를 사실로 간주하고 편년만을 문제 삼기로 하여, 비교적 연대가 확실한 지증왕 즉위를 500년경으로 놓고, 왕실 계보를 역으로 추적하여 혁거세의 즉위 시기를 3세기 초로 늦추어야 한다는 연구 성과[10]와 비슷한 결론이라고 볼 수 있다.

그러나 『삼국사기』의 계보를 인정하여도 해당 王代에 수록된 개별 기사들 중에 그 王代의 것으로 볼 수 없는 기사들이 섞여 있다. 예를 들어 신라 초기의 박씨 왕들로서 蛇陵園, 즉 오릉에 묻혔다는 혁거세, 남해, 유리, 파사의 4왕은 전설상의 왕들로서 부족한 내용을 여러 가지 전설이나 후대의 편년 기사들로 조작해 넣은 측면이 크다고 보인다. 이처럼 『삼국사기』 초기 기록은 편집 당시의 판단에 따라, 혹은 기사들의 원전의 존재 형태에 따라 재배치된 것이어서, 기재 순서를 시간 순서와 동일시할 수는 없다.

위와 같이 볼 때, 『삼국사기』 신라본기 초기 기록에는 3세기 중반의 南新縣에 관한 견문 기사 등이 있어서, 3세기 이후로는 어느 정도의 사실성도 인정할 수 있고 실제 편년과의 비교도 가능하나, 기재 순서에 일관성이 있다고 판단하기는 어렵다. 따라서 그 기록들에 대한 기계적인 이용은 무리하나, 고고학적인 자료들과 비교하여 제한적인 이용은 가능하다.

---

10) 강종훈, 2000, 『신라상고사연구』, 서울대학교출판부, 46쪽.

합리적인 사료 이용을 위해서는 『삼국사기』 가야 관련 기사들과 연관 있는 신라의 소국 정복 및 축성 기사들이 유기적인 관계를 보이고 있는지 살펴보아야 한다. 또한 『三國志』 韓傳의 서술과 합리적으로 소통될 수 있는지도 비교해 보아야 하고, 신라사의 주요 무대였던 경주 및 주변 지역의 고고학적 유적 상황과도 맞추어 보아야 한다.

문헌 사료에 대한 그런 관점을 가지고, 본고는 시기별로 가야와 신라 사이의 관계를 정리하려고 한다. 그리하여 제2장은 3세기 전반 및 그 이전 시기의 상태, 제3장은 3세기 후반 진한과 변한의 정치 세력화 및 爭長에 이어 4세기 전반에 벌어지는 포상팔국 전쟁과 신라의 성장, 제4장은 4세기 후반 가야의 반격 및 신라와의 爭覇 등으로 나누어 검토한다.

2. 진한 사로국과 변한 구야국의 존재 상태

『삼국지』 위서 동이전 韓條에 의거해 볼 때, 3세기 전반의 신라와 가야는 진한 및 변한에 속한 소국의 하나인 斯盧國과 狗邪國이었다. 사로국이나 구야국이 각각 진한 12국과 변한 12국을 대표한다거나 주도한다는 언급도 없다. 구야국의 경우에는, 이른바 '辰王의 優呼'에 들어가는 安邪踧支(또는 安邪踧支濆)와 拘邪秦支廉을 통해, 변한에서 유력한 2국 중의 하나였음을 추정할 수 있으나,[11] 사로국의 경우에는 그런 근거도 없다. 그렇다면 3세기 전반에 사로국이라는 소국은 어떤 상태로 존재하였을까?

대구 및 경주 지방에 세형동검 계열의 청동기·철기 복합문화가 들어온 것은 기원전 1세기 전반의 팔달동 유적 및 입실리 유적 등으로 추정된다. 그후 이는 경주 조양동 5호분과 같은 소형 목관묘(널무덤) 유적으로 이어지며, 거기서는 전 단계 이래의 흑색 및 갈색 토기와 칠기류, 세형동검 관련 유물

---

11) 金泰植, 1993, 『加耶聯盟史』, 一潮閣, 66쪽.

등이 나오고 있다. 이는 후기 민무늬토기시대 이래의 토착민들이 살고 있던 영남 지역에 선진 금속기 문화를 지닌 위만조선 계열의 유민들이 들어와 함께 살기 시작한 것을 의미한다. 선진 문화는 선주민과의 상호 관련 아래 점진적으로 토착화되면서 주변으로 널리 퍼져나갔을 것이다.

얼마 후 경주시 서면 舍羅里 일대에서 풍부한 철기 유물을 부장한 대형 고분이 나타났다. 1세기 말 2세기 초의 경주 지방 최대 고분인 사라리 130호묘 피장자의 성격에 대한 견해를 살펴보면 다음과 같다.

(1) 사로국을 구성하는 하나의 지역 집단을 대표하는 首長으로 이해하는 견해,[12]

(2) 사로국 전체를 대표하는 主帥, 즉 왕으로 이해하는 견해,[13]

(3) 慶州圈이 아니라 永川圈에 속하는 경주 주변의 地區 '國'을 대표하는 지배자로 이해하는 견해,[14]

(4) 사로국의 지역 집단인 茂山 大樹村이나 岑喙部(车梁部)의 지배자였다고 보는 견해[15]

여기서 (1)과 (4)의 견해는 유사한 것으로서, 2세기에 사로국의 중심부는 어딘가 다른 곳에 있었고 당시의 사로국은 몇 개의 지역 집단으로 이루어져

12) 박승규, 1997, 「경주 사라리유적 130호묘에 대하여」, 『신라문화』 14, 8~9쪽.
영남문화재연구원, 2001, 『경주사라리유적II -목관묘 · 주거지-』, 190쪽.
김대환, 2007, 「고고자료로 본 신라의 국가형성」, 『국가형성에 대한 고고학적 접근』, 제31회한국고고학전국대회발표문, 48쪽.

13) 권오영, 1996, 「삼한의 '국'에 대한 연구」, 서울대학교 대학원 국사학과 박사학위논문, 192쪽.

14) 이청규, 2005, 「사로국의 형성에 대한 고고학적 검토」, 『신라문화제학술논문집』 26, 경주시, 신라문화선양회, 경주문화원, 동국대 국사학과, 23쪽.

15) 권오영, 1997, 「사로육촌의 위치 문제와 수장의 성격」, 『신라문화』 14, 8~10쪽.
전덕재, 2007, 「경주 사라리고분군 축조 집단의 정치적 성격과 그 변천」, 『韓國上古史學報』 56, 156쪽.
이현혜, 2008, 「고고학 자료로 본 斯盧國 六村」, 『韓國古代史硏究』 52, 220쪽.

있었다고 보고 있다. 만일 2세기 당시의 사로국은 이미 6부의 통합체였다고 상정한다면, 이는 『삼국사기』의 기록을 만족시킬 수 있다는 장점이 있다. 그러나 같은 시기 경주 지방의 다른 곳에 이를 능가할 만한 분묘가 존재하지 않는다는 점, 즉 사로국 왕의 무덤이 발견되지 않았다는 점이 단점이다.

(2)의 견해는 현재까지의 경주 지방 발굴 상황에서 (1)과 (4) 견해의 단점을 보완해 줄 수 있는 설이다. 문헌 사료들과의 충돌도 거의 없다. 『삼국사기』를 그대로 인정한다면, 1세기 말 2세기 초 사라리 130호묘의 피장자는 박씨 婆娑王이어야 한다. 혹은 『삼국사기』의 기년을 하향 조정하여 이를 박씨의 첫 왕인 赫居世로 상정할 수도 있다. 그러나 여기서도 사라리 130호묘를 계승하는 존재들이 이어지지 않는다는 한계성이 있다.

(3)의 견해는 『삼국사기』를 부정하고 있으며, 경주 지방에는 읍락 규모를 넘지 못하는 '國'들이 몇 개 있었을 뿐이라고 한다. 그리고 사라리는 경주보다는 영천권에 속하는 세력의 것이었다고 보고 있다. 경주 지방에서 앞으로 사라리 130호분을 능가하는 2세기 고분이 나올 수 있을지 없을지는 알수 없다. 지금까지의 성과를 뛰어넘는 돌발적인 유적은 없다고 간주하고 엄격한 잣대를 들이댄다면 (3)의 견해가 가장 타당하다.

그러나 『삼국사기』의 문제점을 인식하고 현재의 고분 유적 상황을 최선으로 보고 가정한다면, 위의 (1)(2)(3)(4)의 견해를 모두 인정할 수 있을 듯하다. 사라리보다는 유적 규모가 작지만, 경주 지방에는 비슷한 시기에 황성동, 조양동, 외동읍 지역 등에 유적들이 존재하고 있다. 그렇다면 (1)과 (4)의 견해를 인정할 수 있다. 그리고 그 중에 사라리 130호묘의 고분 규모가 동 시기의 경주 지방 중에서 가장 크다는 것을 인정하면 (2)의 견해도 긍정할 수 있다. 그리고 그 후계 유적이 계속 이어지지 않는 것으로 보아, (3)의 견해와 같이 경주 지방 전체의 통합은 이루어지지 않았거나 설사 통합되었다고 해도 단지 읍락 규모의 '국'만 있다고 상정할 정도로 미미했다고 볼수 있다.

그렇다면 경주시 서면 사라리 130호묘는 사로국 최초의 왕인 혁거세, 또는 그로 상징되는 사로국 왕의 탄생을 알리는 지표적 유적이라고 볼 수 있다. 그리고 그 지역은 5~6세기 모량부 박씨 귀족 세력의 것으로 보이는 건천읍 금척리 고분군에 인접해 있으므로, 사라리 유적은 朴氏 族團의 것이면서 동시에 2세기 사로국 왕의 존재를 보인다.

지금까지 朴氏 王統의 시작에 대해서는 흔히 기원전 2세기 말 위만조선 멸망을 전후한 시기에 그 유이민들이 남한으로 파급된 것을 원인으로 삼는 경우가 많았다. 그렇게 본다면『삼국사기』신라본기의 초기 기록이 상당한 신빙성을 얻게 된다.

박씨 족단의 이주 시기 및 거주지에 대해서는, 박씨가 가장 먼저 발생하여 급량부(탁부) 즉 경주 남산 서쪽 기슭 창림사지에 있었다고 하는 견해,[16] 박씨는 북방의 선진 지역으로부터 남하해 와서 토착족인 김씨와 결합했다는 견해,[17] 고고학적으로 이를 이어받아 박씨는 고조선과 낙랑의 유민으로 철기 전용 집단이며 선주 청동기 문화의 주인공인 김씨 계통을 누르고 경주 지방의 주도권을 장악했다는 견해,[18] 경주 입실리 유적의 출토 유물로 보아 박씨 왕통 시대의 경주 지방 목관묘는 서북한 지역에서 남하한 위만조선 계통 유민들이 기원전 2세기 말 내지 1세기 초에 도달함으로써 출현한 것으로 보는 견해,[19] 박씨 족단의 본거지는 이사금 시기까지 경상북도 상주 지방의 소국이었다는 견해,[20] 박씨는 가장 일찍 경주에 들어와 토착 세력화하였다는

16) 이병도, 1954,「고대 남당고」,『논문집(인문사회과학)』1, 서울 : 서울대학교 ; 1976,『한국고대사연구』, 서울 : 박영사, 605쪽.
17) 김철준, 1952,「신라 상대사회의 Dual Organization」,『역사학보』1, 2 ; 1975,『한국고대사회연구』, 서울 : 지식산업사, 72~73쪽.
18) 강인구, 1997,「사로육촌과 국가의 성립단계 시고」,『고고학으로 본 한국고대사』, 서울 : 학연문화사.
19) 이현혜, 1984,『삼한사회 형성과정 연구』, 서울 : 일조각, 74~75쪽.
   최병현, 1992,『신라고분연구』, 서울 : 일지사, 99~100쪽.
   김병곤, 2003,『신라 왕권 성장사 연구』, 서울 : 학연문화사, 161~167쪽.
20) 노중국, 1990,「계림국고」,『역사교육론집』13 · 14합집.
21) 강종훈, 2000,『신라상고사연구』, 서울대출판부, 76쪽.
   주보돈, 2002,「신라국가 형성기 김씨족단의 형성배경」,『한국고대사연구』26, 125쪽.

견해[21] 등이 있다. 그 중 가장 보편적인 것은 박씨 왕계의 출자를 위만조선 멸망 직후의 유이민으로 보는 견해라고 하겠다.

그러나 기원전 1세기경의 목관묘 유적은 출토 유물의 수량도 충분치 않고 토착민들이 만들던 후기 민무늬토기들과 이주민들의 새로운 요소인 금속 유물들이 한 묘제 속에서 같이 나오기 때문에, 새로운 금속기 문화의 파급이 즉각적인 사회구조 변동을 가져오지는 못하였고 소국이라고 불릴 정도의 계급사회로 성장하지 못한 것을 의미한다. 또한 신라 건국 신화에는 혁거세 출현 이전에 "이보다 앞서 朝鮮遺民이 산골짜기 사이에 나뉘어 살면서 6촌을 이루었다."라는 구절이 나오므로, 6촌장은 이미 '朝鮮' 즉 위만조선으로부터 이주해 와서 여러 대에 걸쳐 토착화한 목관묘 축조 세력이었다고 추정할 수 있다. 신화에서 하늘의 빛, 말 등과 같이 이주민 계통의 면모를 나타내고 있는 박씨 왕통은 그 후의 이주민 집단이거나, 혹은 그에 자극을 받아 서열사회였던 6촌을 한 단계 더 통합한 존재로 보아야 할 것이다.

그렇다면 시기적으로 보아 기원후 1세기 말 2세기 초의 경주 사라리 130호묘가 혁거세 출현의 상징이 될 수 있지 않을까 한다. 그렇게 늦추어 보아야 신라나 가야가 고구려나 백제보다 국가 발전 과정이 늦었다는 대세를 인정하고 『삼국사기』 신라본기 초기 기록의 과장된 면모를 수정할 여력이 생긴다. 사라리 130호묘에서 출토된 호랑이모양 띠고리[虎形帶鉤] 등은 북방계 유물이며, 사로국이 상주-대구-영천-경주를 잇는 육로를 통하여 중국 한나라와 북방의 선진 문물을 받아들인 것으로 추정된다.[22] 이로 보아 사로국의 건국은 고조선 유민 집단이 북방 문화와의 연관 아래 발전을 지속하는 가운데 나온 것이라고 할 수 있다.

그러나 사라리 130호묘 이후에 그에 버금가는 것이 그 지역에서 이어지지 않는다는 것은 그 세력에 근본적 한계성이 있었음을 추정케 한다. 어떤 대내외적인 필요성에 의하여 사로국 주변의 몇 개 읍락들이 일시적으로 통

---

22) 복천박물관, 2004, 『금관가야와 신라』, 복천박물관, 47쪽.

합되어 단위국가를 만들고 이를 대내외적으로 과시하는 모습을 보이기는 했으나, 사라리 고분 축조 세력은 그 통합을 주도적으로 이끌어갈 경제력이나 정치력이 부족한 상태였다고 생각된다.

사로국의 후대 왕들은 최초의 왕이 박씨 족단의 혁거세였다고 회상하기는 했어도 그 실질적인 기반은 잘 이어지지 못했다. 그리하여 『삼국사기』에 이어지는 혁거세 이후의 왕명은 실상 박씨 족단 내부의 계승을 보이는 것에 지나지 않았고, 소국 왕으로서의 면모는 떨치지 못했던 듯하다. 그래서 제8대 이후로 사로국왕의 지위는 昔氏 집단으로 넘어간 것이다. 『삼국지』 위서 동이전에 보이는 斯盧國은 석씨가 소국 왕의 지위에 있었던 시대의 것이라고 해야 할 것이다.

그런데 3세기 전반 사로국의 실체도 고고학적 증거 상으로는 분명치 않다. 현재까지 경주 주변에서 3세기 전반의 목곽묘(덧널무덤)가 조사된 고분으로는 포항시 북구 홍해읍 옥성리 고분군, 경주시 강동면 안계리 유적, 경주시 황성동 고분군, 조양동 유적, 외동읍 입실리 · 죽동리 유적, 울산시 북구 중산리 고분군 등이 있다.

이 목곽묘들의 무덤 규모와 부장 유물을 1~2세기의 목관묘와 비교해 볼 때, 이 지역에는 특정 지역을 통합한 유력 집단, 즉 小國이 출현하였음을 알려준다.[23] 물론 진 · 변한 '國' 또는 소국의 성립은 서기전 1세기에 목관묘들이 군집 축조되기 시작하는 현상을 지표로 삼되[24] 그 단계의 국내 통합력은 아주 낮아 '국'은 읍락들의 연합체적 성격을 띠었던 것이나 점차 통합력이 증가하여 3세기에 대형 목곽묘들이 등장한다고 본다.[25]

이러한 설명은 논리적으로 타당하나, 경주 지방에 한해서 볼 때 그 통합

---

23) 金大煥, 2008, 「古墳資料로 본 新羅의 國家 形成」, 『국가형성의 고고학』, 한국고고학회 편, 서울 : 사회평론, 66~67쪽.

24) 權五榮, 1996, 「三韓의 '國'에 대한 研究」, 서울대학교 박사학위논문, 45쪽.

25) 李熙濬, 2008, 「'국가 형성에 대한 고고학적 접근'에 대한 종합토론문」, 『국가형성의 고고학』, 한국고고학회 편, 서울 : 사회평론, 188쪽.

26) 이청규, 2005 앞의 논문, 20쪽.

의 주체가 확인되지 않는 문제점이 있다. 기원전 1세기경에 다량의 청동기를 부장한 首長墓가 경주권에서 다수 출현하는데, 그 대표적인 것은 경주 동남 방면의 입실리, 죽동리, 구정동, 북쪽 방면의 안계리, 서쪽 방면의 영천 용전동 등지의 예가 있으나, 이들 유적이 경주권의 중심이 아니고 주변에 위치하고 있기 때문이다.[26]

또한 서기 2세기 이후로는 다량의 철기를 부장하는 木槨墓群 유적이 경주 중심 지구의 황성동과 동남 지구의 조양동에서 확인되나, 경주권 외곽에서 상대적으로 더욱 많은 철기를 부장한 대규모의 목곽묘군 유적이 포항 옥성리와 울산 중산동에 존재하고 있다.[27] 경주 황성동이나 조양동 등의 목곽묘는 2세기 후반의 김해 양동리 162호분과 같은 목곽묘보다 상대적으로 미약한 세력을 반영한다. 이렇게 볼 때, 3세기까지는 경주 지방에 다른 지역보다 우위에 있는 國邑이 있었다는 증거가 없다.

위와 같은 경주 지방의 유적 상태로 보아, 적어도 3세기 전반까지 사로국이 고대국가로서 등장하지 못한 것은 물론이고, 진한 소국들을 통괄하는 주체로서도 대두되지 못한 것이 분명하다. 이와 같은 상황은『삼국지』위서 동이전 韓條의 辰韓諸國에 대한 설명과 일치하며, 『삼국사기』신라본기의 기록과는 일치하지 않는다.

이렇게 볼 때, 2세기 초엽에 사라리 지역을 중심으로 일시적으로 성립된 사로국은 유명무실한 전설처럼 존재하다가, 3세기 전반에는『삼국지』의 기록과 같이 소국으로 존재한 듯하다. 그런데 현재까지의 유적 현황으로 보아, 3세기 전반 경주 지방의 '국' 이 경주 동남 지구만의 邑落 규모 '國' 이었다고 말하기는 어렵고, 경주 중심권을 國邑으로 하는 '國' 이 성립한 것으로 보기도 어렵다. 오히려 3세기 전반의 사로국은 경주 전역에 걸친 정치 세력이되 경주 동남 지구 세력이 패권을 가지고 있는 존재였다고 보아야 할 것이다.

한편 昔氏 王統의 시작에 대해서는, 박씨 다음으로 발생하여 경주 월성

---

27) 위의 논문, 25~26쪽.

과 그 부근 일대를 포함한 본피부 지역에 거주하고 있었다는 견해,[28] 그들이 울산, 감포 방면에서 경주로 들어왔으며 시기적으로는 박씨와 병렬하고 있었다는 견해,[29] 석씨는 울산 지방에서 독자적인 소국을 이루고 있었던 세력이라는 견해[30] 등이 있다. 석씨 왕통은 옛 辰國 계통의 세력으로서 한반도 중부 지역으로부터 소백산맥을 넘어 경주로 들어왔으며, 脫解는 석씨와 관련 없다고 제외하면, 그 왕통의 주인은 2세기 중엽의 伐休라고 보아야 한다는 견해[31]도 있다.

고고학적으로 보아 경주에서 서기 2세기 후반기에 등장한 Ⅱ형 목곽묘는 그 구조에서 서북한 지방의 귀틀무덤과 통하는 바가 있고 부장 토기도 굽다리목항아리[臺附長頸壺]와 화로모양 토기와 같은 낙랑 토기와 관련이 있으므로, 그 출현의 이면에 서북한 지역으로부터 새로운 유이민 세력, 즉 석씨 왕계의 남하를 상정하지 않을 수 없다고 보기도 하였다.[32] 혹은 석씨 족단의 출현을 토착과 외래 문화의 결합으로 보아, 서기 1~3세기경 고구려의 적석총(돌무지무덤)이 유입·보급되어 그 전에 토착화한 漢式 목곽분과 결합하여 적석목곽분(돌무지덧널무덤)이 조성되었으며 그 주인공이 석탈해 일파라고 보기도 하였다.[33] 한편 문헌 사학적인 입장에서 『삼국사기』에 전하는 '脫解-仇鄒-伐休'의 계보를 부정할 수 있는 다른 근거가 확보되지 않는 한, 탈해와 벌휴는 같은 석씨 족단의 인물로 보는 것이 옳고, 그들의 기원지 역시 남해 및 동해안 해로로 보아야 하며, 그 재위 시기는 4세기 전반으로 보아야 한다는 견해[34]도 있다.

---

28) 이병도, 1976, 앞의 책, 605쪽.
29) 김철준, 1952, 앞의 논문, 29쪽 ; 1975, 앞의 책, 75~78쪽.
30) 노중국, 1990, 앞의 논문.
31) 천관우, 1976, 「三韓의 國家形成」, 『韓國學報』 2, 3 ; 1989, 『古朝鮮史·三韓史硏究』, 서울 : 일조각, 299~300쪽.
32) 최병현, 1992, 앞의 책, 100쪽.
33) 강인구, 1997, 앞의 논문.
34) 강종훈, 2000, 앞의 책, 46쪽, 77~79쪽.

이처럼 다양한 견해들이 있으나, 경주 지방에 박씨와 김씨와는 달리 석씨의 고분군이 구전되어오지 않는 점, 『三國遺事』 紀異篇에는 석씨 왕계가 전혀 전하지 않는 점 등의 문제점이 있어서, 현재로서는 2세기 중후반 목곽묘의 등장을 그대로 석씨 왕통과 연결하기는 어렵고, 본거지와 편년도 구체적으로 확정짓기 어렵다. 다만 昔脫解가 본래 철을 다루는 冶匠이었다는 설화도 있으므로 석씨 왕통의 등장으로 인하여 한 단계 발전한 철기 문화가 나타났다는 것은 인정할 수 있으며,[35] 남해왕의 사위인 석탈해가 남해왕의 아들인 유리왕을 이어 늦은 나이에 즉위하였다는 전설 등을 감안해보면 그 영향이 경주 지방에 미치는 시기는 고고학적 현상보다 약간 여유를 두어 3세기 이후의 변화에서 찾는 것이 좋다.

3세기에 경주 지방의 패권을 가지고 있던 세력은 昔氏 王을 배출하던 昔氏 族團을 중심으로 하는 집단이었을 것이다. 그들은 경주시 조양동 · 구정동, 외동읍 입실리 · 죽동리 · 제내리 · 구어리, 울산광역시 북구 중산동 등지에 넓게 분포하며 達川 철광을 소유 경영하던 세력이었다고 추정된다.[36] 또한 석탈해가 雞林(始林)에서 金氏 族團의 시조인 金閼智를 발견하여 키웠다는 설화 내용으로 보아, 그들은 자신들보다 세력이 약한 김씨 족단과 연합하여 박씨를 물리치고 왕위를 획득할 수 있었던 것으로 보인다.

---

35) 황성동 일대의 제철 유적은 주머니호가 출토되는 주거지군과 木棺系 木槨墓가 출토되는 제1기(2세기 전반 - 중반경)와 후기 와질토기가 중심인 주거지군과 목곽묘가 출토되는 제2기로 대별된다. 제1기는 주거지 내에서 간단한 도구를 제작, 생산하는 단야 작업이 행해졌을 정도이나, 제2기는 단야 공정 외에 용해 공정이 새로이 추가되고 규모면에서도 대형화된다. 이 시기에는 경주 황성동뿐만 아니라 창원, 김해, 동래, 고성 등지를 비롯하여 전국적으로 철 생산 전문 집단이 출현하였다. 황성동 제2기도 제1기 주거 집단의 자체 성장이 아니라, 신기술의 철기 생산 능력을 보유한, 예를 들면 제련, 용해 기술을 가진 제철 집단의 경주 지방 등장으로 인한 기존 단야 집단의 재편, 재구성의 결과로 추정된다. 孫明助, 1997, 「경주 황성동 제철유적의 성격에 대하여」, 『신라문화』 14, 76~81쪽.

36) 경주 동남 방향의 유적군은 본피부의 전신인 진지촌이라고 보는 견해가 있다(권오영, 1997, 앞의 논문, 8쪽 ; 이현혜, 2008, 앞의 논문, 213~220쪽). 그것이 충족되기 위해서는 경주 중심 지구에서 사로 왕권의 모습을 보이는 고분이 앞으로 발견되어야 하나, 그 실현 여부는 불투명하다.

3세기 전반의 외동읍과 중산동 일대에 중심을 둔 斯盧國 남쪽으로는 于尸山國(=優由國), 居柒山國(=弁辰瀆盧國), 加耶國(=弁辰狗邪國) 등이 있었다. 신라 良州 東安郡 虞風縣(울산광역시 웅촌읍)의 옛 지명은 于火縣인데, 현재의 웅촌읍 雲岩山의 옛 지명 '于弗山'은 '于火'의 轉音에 의한 것이며, 于弗山의 발음은 '于尸山'과 같았으리라고 추정된다.[37] 그러므로 于火縣은 본래 于尸山國이었는데, 훗날 신라가 멸하고 이를 지역 편제한 것으로 보인다. 이는 발음상으로 보아 진한 12국 중의 優由國에 비정될 수 있다. 優由國에 대해서는 기존 설에서 경북 청도군(옛 지명 烏也山縣, 烏禮山縣)에 비정하거나[38] 경북 울진(옛 지명 于珍也縣)에 비정한[39] 바 있다. 그러나 울진 쪽에서는 이렇다 할 고분 유적이 발견되지 않고 있으며, 청도 쪽은 『삼국사기』의 伊西國[40]과 관련하여 진한 12국 중의 己柢國(혹은 已柢國)이 유력한 형편이다.

경주 주변의 포항과 울산 지방은 이미 서기 112년(파사 이사금 말년) 이전에 사로국이 정복한 지역에 속한다고 보아 진한 소국 이름을 지정하지 않은 견해도 있지만,[41] 지금까지 울산 지방에서 출토된 2~3세기 고분 유적들로 보아 이 지역에 유력한 소국을 비정하지 않을 수는 없다. 혹은 진한 12국 중의 冉奚國을 울산에 비정한 견해도 있으나,[42] 이를 울산의 태화강 하구 鹽浦(울산광역시 북구 염포동)와 음운 비교한 것은 무리하다. 염포는 조선

---

37) '尸'의 原音은 '시'이므로 원래 '시' 또는 'ㅅ'에 音借되나, 武尸伊郡·于尸郡·古尸山郡·阿尸良國 등과 같이 古地名의 허다한 '尸'자는 '시·ㅅ'이 아닌 'ㄹ'음에 사용되었다. 이는 '尸'에 두 가지 종류가 있어서, 'ㅅ'으로 음차되는 것은 本字대로의 '尸'이고, 'ㄹ'로 음차되는 것은 그 本字와는 전혀 상이한 '羅'자의 略體字로서의 '尸'이기 때문이다. 梁柱東, 1965, 『增訂古歌研究』, 一潮閣, 93~97쪽 참조. 于尸山國의 '尸'도 'ㄹ'로 音借된다고 볼 때 실제 발음은 '울산'이 되므로 '우불산'과 같은 지명이라고 볼 수 있다.
38) 李丙燾, 1976, 앞의 책, 276쪽.
39) 千寬宇, 1976,「辰·弁韓諸國의 位置 試論」,『白山學報』20 ; 1991,『加耶史研究』, 一潮閣, 97쪽.
40) 『三國史記』권2, 訖解尼師今 14년 봄 정월 "以智良爲伊湌 長昕爲一吉湌 順宣爲沙湌. 伊西古國 來攻金城 我大擧兵防禦 不能攘. 忽有異兵來 其數不可勝紀 人皆珥竹葉 與我軍同擊賊 破之 後不知其所歸. 人或見竹葉數萬積於竹長陵 由是 國人謂 先王以陰兵助戰也."
41) 千寬宇, 1999, 앞의 책, 98쪽.
42) 李丙燾, 1976, 앞의 책, 274쪽.

시대 세종 18년(1418)에 왜인을 위한 개항장인 三浦의 하나로 개설되긴 했으나, 『新增東國輿地勝覽』에도 수록되지 않고 울산 일대에서 행정구역명으로 쓰인 적도 없기 때문에, 고대 국명으로 자리매김할 수는 없다.

우시산국은 울산광역시 웅촌읍 대대리 하대 유적, 거칠산국은 부산광역시 금정구 노포동 유적, 가야국은 김해시 주촌면 양동리 유적을 중심으로 존재하고 있었으며, 이들은 서로 대등한 세력들이었다. 다만 『三國志』 단계인 3세기 전반에 이미 사로국과 우유국은 진한 12국 중의 하나로 나오고, 독로국과 구야국은 변한에 소속된 것으로 나와, 이들 사이에 일정한 구분이 있었음을 알 수 있다.

3세기 전반까지 구야국이 고대국가로 성장하지 못하고 변한 소국들을 통괄하는 주체로서의 면모를 보이지 못하는 것은 가야 지역의 경우에도 마찬가지이다. 당시에는 김해의 중심 지구인 대성동 유적이 소규모에 지나지 않고, 대신에 그 서쪽의 주촌면 양동리 유적과 동쪽의 부산 금정구 노포동 유적이 세력 중심을 이루고 있었다. 다만 출토 유물 중에 철기의 수량이나 청동 거울, 목걸이 등의 위세품의 수준으로 보아 양동리 쪽이 노포동보다 우월한 면모를 띠었다.[43]

3. 진한과 변한의 정치 세력화 및 신라의 성장

3세기 후반은 낙랑군과 대방군을 西晉이 운영하던 시기(266~313)였다. 이

---

43) 『三國志』 魏書 東夷傳의 기록으로 보아 3세기 전반에는 함안의 安邪國도 변한의 중추적인 소국의 하나였다고 보이고(金泰植, 1993, 『加耶聯盟史』, 一潮閣, 67쪽) 그 중심 유적은 함안 도항리·말산리 고분군이었다고 추정되나, 해당 고분군에서 현재까지 조사된 것은 기원 전후 시기에서 2세기 후반대까지 성행한 목관묘 단계의 것과 이후 5세기 전반대가 중심을 이루는 대형 목곽묘, 5세기 후반의 수혈식 석곽묘, 6세기 전반의 횡혈식 석실묘 단계의 것뿐이고, 3~4세기 단계의 것은 유적 상황이 분명치 않다. 이주헌, 2003, 「함안 도항리·말산리 고분군」, 『가야의 유적과 유물』, 박천수 외 3인 저, 학연문화사, 308쪽.

시기에는 한반도 남부 지역의 세력들이 馬韓主, 辰韓王, 新彌國 연맹 등과 같이 집단적으로 교역하였으니, 이는 서진의 통제력 약화와 이를 상대한 삼한 맹주들의 정치적 성장을 엿볼 수 있는 대목이다.[44] 이러한 추세가 경주 방면에서는 어떻게 진행되고 있었을까?

3세기 후반에 포항 옥성리, 울산 중산동, 경주 황성동 및 조양동 고분군 등의 내부 묘제는 소위 '경주型 목곽묘' 즉 細長方形 木槨墓로 교체되는데, 이들을 포괄하는 경주 지방 최고 위계의 대형 분묘가 4세기 초의 세장방형 목곽묘인 구정동 고분[45] 또는 같은 시기의 主副槨式 木槨墓인 구어리 1호 묘(동남 지구)로 나타난다.[46] 그리하여 3세기 후반에는 신라의 팽창이 있었다는 견해가 있다. 즉 대규모 철기 제작 관련 복합 유적인 경주 황성동 유적에서 자철광석·철재·小鐵塊 등이 출토되었는데, 그 성분 분석치로 보아 그 원광은 울산 달천 광산의 철광석이 포함되었으므로,[47] 사로국이 늦어도 3세기 중엽에는 경주 동남 방면의 태화강 이북까지 직할지로 삼고 태화강 중상류역과 그 이남의 울산 지역과 동래 지역을 새로 정복하였다는 것이다.[48] 이와 더불어 신라 탈해왕 대에 黃山津口 전투에서 가야군을 무찔렀다는 것은 아마도 사로국이 양산 방면을 통해 낙동강 교역로에 적극 개입하고 勿禁의 철산을 지키려다 구야국과의 사이에 벌어진 충돌이었으리라고 추정하였다.[49]

그러나 위의 견해에서 당연시한 사로국은 어디에 있던 세력일까? 지금까지 조사된 울산 달천 채광 유적과 경주 황성동 제철 유적으로 보아, 주머니단지와 쇠뿔잡이항아리[組合式牛角形把手附壺] 등의 와질토기가 출토되는 단계부터 달천 광산에서 제련한 철을 황성동 제철 유적에서 완성된 철기

---

44) 尹龍九, 2004, 「三韓과 樂浪의 교섭」, 『韓國古代史硏究』 34.
45) 국립경주박물관, 2006, 『경주구정동고분』, 112쪽.
46) 金大煥, 2008, 앞의 논문, 72~73쪽.
47) 이희준, 2007, 앞의 책, 205~206쪽.
48) 위의 책, 200~201쪽.
49) 위의 책, 201쪽.

로 제작하였다고 한다.[50) 그리고 3세기 후반 이후의 대형 목곽묘 유적과 유물로 보아 울산 중산리 고분군의 수준이 경주 지방의 것들보다 우월하며,[51) 전형적인 적석목곽묘의 기본 요소인 세장화된 평면의 목곽, 긴 부곽, 위석식 목곽, 호석의 출현 등의 변천 과정이 중산리 고분군에서 나타난다고 한다.[52) 경주 동남 지구의 外洞邑 방면 고분군들이 정식 조사된 적이 없어서 단언하기 어렵지만, 현재까지의 출토 상황으로 본다면 달천 광산과 인접한 울산 북구 중산리 고분군 축조 집단이 사로국의 석씨 왕통과 직결되는 세력일 수 있다.

울산에서 2세기 후반 이후의 대형 목곽묘가 조성된 유적으로는 중산리 고분군과 대대리 하대 고분군이 있는데, 하대 가-23호분과 김해 양동리 322호분에서 중국계 청동 세발솥이 출토되어, 울산과 김해가 3세기 영남 지역의 주요 교역 세력이었음을 짐작케 한다. 또한 지금까지 발굴 조사를 통해 3~4세기 대의 목곽묘에서 출토된 회백색 오리모양토기[鴨形土器]는 울산 웅촌읍 대대리 하대 46호 목곽묘, 북구 중산동 IC-3호 부곽, ID-15호 부곽, 울주 대곡댐 4차 발굴 조사(두동면 삼정리 하삼정 유적) 가5호 목곽묘, 중구 다운동 바4호 목곽묘 등과 낙동강 일원에서 20여 점이 출토되었다. 오리모양토기가 나온 묘곽에서는 미늘쇠, 덩이쇠, 쇠투겁창, 큰칼 등의 철제 위세품들이 공반 출토되고 있어서, 오리모양토기는 당시 사회의 상당한 신분 계급에서 의식용으로 제작되어 매납된 유물이었다.[53)

그러므로 2~4세기의 하대 목곽묘 유적은 그 규모나 내용면에서 울산 지방 최대의 고분 유적이며,[54) 오리모양토기 분포의 중심에 있으면서 낙동강

50) 김권일, 2008, 「울산의 제철유적」, 『울산의 유적과 유물 -발굴로 드러난 울산의 역사-』, 울산광역시, 366~367쪽.
51) 이청규, 2005, 앞의 논문, 25~26쪽.
52) 이성주, 2008, 「고고학 자료를 통해 본 울산의 삼한·삼국·통일신라시대 유적」, 『울산의 유적과 유물 -발굴로 드러난 울산의 역사-』, 울산광역시, 397~398쪽.
53) 배은경, 2008, 「오리모양토기」, 『울산의 유적과 유물 -발굴로 드러난 울산의 역사-』, 울산광역시, 312~313쪽.

유역을 통한 교역의 중심지였다. 중산동은 오리모양토기 출토의 북한계선으로서 그 곳 출토품은 하대 세력과의 교류 결과로 볼 수 있다. 따라서 울산 대대리 우시산국의 세력은 대단하였으며, 신라가 3세기 대에 울산, 동래 지방까지 정복하였다고 보기는 어렵다.[55] 다만 구정동 고분과 구어리 1호분 및 그에 못지않은 중산리 IF 88호분[56] 등의 존재로 보아, 4세기 초까지는 경주 동남 지구(울산 중산동 포함)에 중심을 둔 신라 석씨 왕권이 포항과 울산을 포괄하는 지역의 맹주로 대두한 것을 인정할 수 있을 뿐이다.

한편 가야 지역에서는 3세기 후반 이후 김해의 세력 중심이 서쪽의 주촌면 양동리 일대로부터 시내의 대성동 쪽으로 넘어가는 변화를 보였다. 3세기 후반 狗邪國의 王墓는 김해 대성동 29호분이었다는 것이 중론이다.[57] 그러나 3세기 후반 부산 노포동 31호분도 토광 길이 530cm, 폭 230cm의 목곽묘에 뚜껑굽다리항아리[有蓋臺附直口壺], 화로모양 토기, 굽다리접시[高杯], 고리자루큰칼[環頭大刀], 쇠투겁창, 쇠도끼, 쇠손칼, 쇠낫, 쇠화살촉, 흑칠 방패, 수정제 및 호박제 자른 옥[切子玉] 등이 출토하여 성세를 보이고 있었다.[58] 이를 포함하여 가야 지역에는 고령 반운리 고분군, 함안 도항리 고

---

54) 울산광역시, 2008, 『울산의 유적과 유물 -발굴로 드러난 울산의 역사-』, 200쪽.

55) 울산이 사로국으로 통합되는 과정은 3세기 무렵부터 지역 집단별로 점진적으로 이루어졌으며, 태화강 이북의 중산동이나 다운동 유적과 같은 태화강 이북 지역은 일찍부터 사로국화 되어 가는데 비해, 이남에 속하는 하대 유적은 3세기 이후까지 경주 지방의 양상과 다른 특징을 보인다는 지적도 있다(이성주, 2008, 앞의 논문, 394쪽). 중산리 고분군 발굴자로서 태화강 이남과 이북의 문화권을 구분해 보는 해당 연구자의 견해는 주목할 필요가 있으나, 3세기까지 경주 지방의 유적 출토 양상은 중산동 세력을 통합하는 주체로서의 면모를 찾기 어렵다는 것이 문제이다. 오히려 울산 중산동 세력이 3~4세기 대에 경주 지방을 관리했다고 보는 것이 유적 상황의 설명으로 적합하지 않을까 한다.

56) 이성주, 1997, 「목관묘에서 목곽묘로 -울산 중산리유적과 다운동유적에 대한 검토-」, 『신라문화』 14, 28쪽, 53쪽.
이현혜, 2008, 앞의 논문, 218쪽.

57) 李海蓮, 1993, 「金海 大成洞 29號墳에 관한 硏究 -洛東江下流域의 出現期古墳의 一樣相-」, 경성대학교 석사학위논문, 5쪽.
申敬澈, 1995, 「金海大成洞·東萊福泉洞古墳群 點描 -金官加耶 이해의 一端-」, 『釜大史學』 19.

분군, 창원 도계동·다호리 고분군, 고성 도전리 고분군 등이 있으나, 이 유적들은 김해의 중심 고분군의 것에 비해 목곽의 규모도 작고 주부곽식 목곽으로의 이행도 나타나지 않으며, 유물의 수효도 적고 순장의 흔적도 보이지 않아서, 세력의 대소에 큰 차이가 있다.

그리하여 2~3세기에 사로국 중심의 진한 문화권과 구야국 중심의 변한 문화권은 대동소이한 양상을 보이면서도 내부적으로 약간의 차별이 있었으나, 3세기 후반에는 울산과 부산의 경계선에서 그 차이가 좀 더 현저해졌다. 예를 들어 삼각집선 또는 사격자 암문이 시문된 화로모양 토기가 포항-경주-울산-김해에 이르는 동남 해안 지역에 분포하다가, 3세기 말경에 경주-울산 지방과 부산-김해 지방으로의 양식 분화가 전개되어, 부산-김해 지방의 화로모양 토기는 몸통 높이가 얕고 원형 또는 띠모양 손잡이[帶狀把手]가 부착되며, 굽다리에 삼각형의 투창이 있고, 그 토기 안에 둥근밑항아리[圓底短頸壺]가 놓이게 되어 그릇받침으로 그 기능이 바뀌었다.[59] 3세기 후반까지 김해-부산 지방에는 항아리[短頸壺]가 압도적으로 많고 기종 구성이 다양하지 않으나 경주-울산 지방에는 몸통 긴 독[長胴甕], 손잡이 없는 컵형 토기 등이 다양하게 나타난다.[60]

또한 철제 무기의 부장 양상으로 보아, 3세기 후반에 들어서면 영남 지역은 심각한 긴장 관계가 확산되고 사회 전반적으로 武裝的인 분위기가 조성되었음을 알 수 있다. 분묘에 철제 무기가 대량 매납되고, 무기를 보유한 계층이 확대되며, 철제 갑주의 등장 등이 그것이다. 이러한 현상은 빈번한 전쟁을 반영하는 것이니, 당시 지배층이 철제 무기와 방어구의 생산을 독점하고 무력에 의해 권력을 장악해나가는 모습을 짐작케 한다.[61]

그러므로 3세기 후반에 사로국과 구야국을 중심으로 진한 소국들과 변

58) 부산대학교 박물관, 1988, 『부산 노포동 유적』, 11~22쪽.
59) 복천박물관, 2004, 『금관가야와 신라』, 복천박물관, 66쪽.
60) 위의 책, 51쪽.
61) 위의 책, 89쪽.

한 소국들이 통합되어 신라연맹체나 가야연맹체와 같은 정치 세력으로 변화하고 있었음을 확인할 수 있다. 그렇게 본다면, 『삼국사기』 초기 기록에서 신라가 죽령 및 계립령로를 개척하였다든가,[62] 또는 탈해 이사금 21년(기원후 77)부터 지마 이사금 5년(116)까지 신라와 가야가 낙동강 유역에서 대립하여 전투를 벌였다거나 하는 기사는 3세기 후반의 현상으로 해석해야하지 않을까 한다.[63]

　4세기 전반 영남 지역의 고고학적 유적 상황은 3세기 후반의 상황과 그리 크게 다르지 않다. 그런데 여기서 주목해야 할 문헌 사료로서 浦上八國전쟁 관련 기사들이 있다. 『삼국사기』에서 이 사건은 신라 나해 이사금 6년(201)부터 17년(212)까지 이어진 것으로 되어 있다. 그 전개 과정을 볼 때, 처음에 가야국이 화친을 청하였고(201),[64] 8년 후(209)에 保羅國, 古自國, 史勿國 등 포상팔국이 가야국을 공격하였으며, 신라는 군대를 보내 구원하여 8국 장군을 죽이고 포로가 되었던 6,000인을 빼앗아 돌려주었다.[65] 그 3년 후(212)에 骨浦, 柒浦, 古史浦 등 삼국의 군대가 竭火城을 공격하자, 신라 나해왕은 친히 군대를 거느리고 이를 물리쳤으며,[66] 가야는 신라에 왕자를 보내 볼모로 삼게 했다.[67]

---

62) 『三國史記』 권2, 新羅本紀2 아달라 이사금 3년(156) "夏四月 隕霜 開雞立嶺路." 및 5년(158) "春三月 開竹嶺 倭人來聘."
63) 金泰植, 2006, 앞의 논문, 21쪽.
64) 『三國史記』 권2, 新羅本紀2 奈解尼師今 6년 봄 2월 "加耶國請和."
65) 위의 책, 奈解尼師今 14년 가을 7월 "浦上八國 謀侵加羅 加羅王子來請救. 王命太子于老 與伊伐湌利音 將六部兵 往救之 擊殺八國將軍 奪所虜六千人 還之."
　『三國史記』 권48, 列傳8 勿稽子 "時八浦上國同謀伐阿羅國 阿羅使來 請救 尼師今使王孫捺音 率近郡及六部軍往救 遂敗八國兵."
　『三國遺事』 권5, 避隱8 勿稽子 "第十奈解王卽位十七年壬辰 保羅國 · 古自國[今固城] · 史勿國[今泗州]等八國 倂力來侵邊境 王命太子㮈音 · 將軍一伐等 率兵拒之 八國皆降."
66) 『三國史記』 권48, 列傳8 勿稽子 "後三年 骨浦 · 柒浦 · 古史浦三國人 來攻竭火城. 王率兵出救 大敗三國之師."
　『三國遺事』 권5, 避隱8 勿稽子 "十年乙未 骨浦國[今合浦也]等三國王 各率兵來攻竭火[疑屈弗也 今蔚州] 王親率禦之 三國皆敗."

이로 보아, 이 전쟁은 주로 김해나 울산과 같은 해안의 거점을 둘러싸고 일어나고 있으며, 그 주변에 있던 남해안 지역의 소국들과 동해 남부 해안의 사로국이 참여하고 있다. 이는 3세기경까지 낙랑·대방에서 전기 가야(변한)의 맹주인 김해의 가야국으로 이어진 해상 수송로가 다시 주변 소국들로 연결되던 관행이 붕괴되자, 그 세력 관계를 인정치 않는 해안 소국들이 동요하는 모습을 나타내고 있다.[68] 그러자 김해의 가야국은 그 해상로의 배후에 있던 낙동강 중·상류의 소국들이나 동해 남부의 소국 등을 규합해서 이에 대응하였으며, 사로국도 그 배후 세력 중의 하나였을 가능성이 높다. 이런 사실이 신라인의 역사 인식 속에서 과장된 것이다.

여기서 잊지 말아야 할 것은, 포상팔국 2차 전쟁에서 골포국 등 3국이 竭火城을 공격했고 이를 신라 나해왕이 물리쳤다고 기록한 점이다. 갈화성은 屈阿火村이니, 울산광역시 중구 태화동을 포함한 범서읍의 옛 지명으로서, 于尸山國의 故地로 추정되는 울산광역시 웅촌면과 인접해 있다. 그렇다면 이 전쟁의 결과로 울산 일대가 신라의 수중에 들어갔을 가능성이 높다고 생각된다.

그런데 『삼국사기』 居道 열전에 의하면, 그는 탈해왕 때(서기 57~80년)의 干으로서 변경의 지방관이 되어 張吐 들에서 馬技, 즉 말 타는 기술을 훈련시키는 놀이를 하다가 于尸山國과 居柒山國을 불의에 쳐들어가 멸했다고 한다.[69] 혹은 지마 이사금 5년(116)에 신라가 大甑山城(부산진구)을 축조했다는 기사도 있다.[70] 이 기사들은 어떻게 해석해야 할까?

거도 열전에서 그가 탈해왕 때의 사람이라고 한 것은, 신라인들이 그 사건을 막연히 석씨 왕 때의 일이라고 생각하여 그 시조인 탈해왕 때로 처리

67) 『三國史記』 권2, 新羅本紀2 奈解尼師今 17년 봄 3월 "加耶送王子爲質."
68) 金泰植, 1994, 「咸安 安羅國의 成長과 變遷」, 『韓國史硏究』 86, 韓國史硏究會, 51~52쪽.
69) 『三國史記』 권44, 列傳4 居道 "居道 失其族姓 不知何所人也 仕脫解尼師今爲干 時于尸山國·居柒山國 介居鄰境 頗爲國患 居道爲邊官 潛懷幷呑之志 每年一度 集輩馬於張吐之野 使兵士騎之 馳走以爲戲樂 時人稱爲馬技 兩國人 習見之 以爲新羅常事 不以爲怪 於是起兵馬 擊其不意 以滅二國."
70) 『三國史記』 권1, 新羅本紀1 祇摩尼師今 10년 2월 "築大甑山城."

한 것이 아닐까 한다. 신라가 우시산국과 거칠산국을 동시에 멸망시켰다고 하는 것은 신라 사람들의 교통로 인식, 즉 신라에서 가야로 갈 때 우시산국과 거칠산국을 경유해야 한다는 지식에서 비롯되어 관행적으로 兩者를 묶어서 기술한 것이라고 추정되며, 그 시기는 4세기 전반으로 늦추어 보면 좋을 듯하다.

4세기 전반이 되면 기존에 성세를 보이던 울산 웅촌읍 대대리 하대 고분군이 위축되는 조짐이 나타나고, 주변에도 이렇다 할 유력 집단이 보이지 않는다. 반면에 부산 지방에서는 기존의 노포동 고분군이 약화되고 그에 인접한 동래 복천동 고분군이 강화되니, 복천동 38호분을 4세기 전반 瀆盧國, 즉 거칠산국의 王墓로 추정하는 견해가[71) 유력하다. 그렇다면 4세기 전반에 신라가 우시산국을 복속했다고 볼 수는 있어도 거칠산국까지 복속했다고 보기는 어렵다.

후술하듯이 동래 복천동 고분군은 전반적으로 김해 대성동 고분군과 유적 성격을 같이 하면서도 상당한 독립성을 유지하고 있었으며, 일부 유적 및 유물에서는 신라와의 관계를 보이는 것들도 있었다. 즉 4세기 전반의 거칠산국은 김해의 가야국과 밀접한 관계에 있으나, 신라와의 관계도 있는 것이다. 이는 당시의 거칠산국이 김해 가야국과 정치적 입장을 같이 하는 가야 소국으로서, 포상팔국 전쟁 이후 가야국을 따라 신라와의 교류에 협조적이었기 때문에 나타난 현상이었다.

그에 대하여 후대의 신라인들은 마치 우시산국에 이어 거칠산국까지 동시에 격파한 것처럼 인식하였을 수 있고, 그런 인식이 과장되어 거도 열전과 같은 표현이 나타난 것이 아닐까 한다. 대중산성의 축조 기사도 그런 연장선 위에 기술된 杜撰이라고 하겠다. 대중산성의 축조는 후대 사실의 소급이거나, 혹은 신라인들이 거칠산국의 사정을 알게 되어 그들 내부의 사건에

---

71) 申敬澈, 1995, 「金海大成洞·東萊福泉洞古墳群 點描 -金官加耶 이해의 一端-」, 『釜大史學』 19.

대한 견문을 적은 것일 수도 있다.

『삼국사기』에서 이 기사 이후로 가야에 대한 서술이 200년 이상 나오지 않는 것도 신라 측의 역사 인식일 뿐이며, 이로 인하여 가야가 망한 것은 아니었다. 김해 대성동 고분군의 유적 규모로 보아, 4세기 무렵의 가야는 신라와 거의 대등한 세력이었다. 즉, 김해 가야국은 신라와 교류하면서 가야연맹 내 다른 소국들에게 우위를 지킬 수 있었던 듯하다. 이로 인하여 신라와 가야 사이에 좋은 관계가 이어졌다고 추정된다.

『삼국사기』 신라본기 파사 이사금 23년(102) 조에는 音汁伐國과 悉直谷國이 강역을 다투다가 신라 파사왕을 찾아와 해결해 주기를 청하자, 파사는 금관국 수로왕을 불러 물었고, 수로가 이를 중재하여 음즙벌국에 속하게 하였으며, 이에 신라 6부 중 漢祇部가 반발하니, 수로가 한기부의 연회 주관자를 죽이게 하고 돌아갔으나, 신라는 음즙벌국을 쳐서 항복시켰고, 悉直國(강원 삼척)과 押督國(경북 경산) 두 나라의 왕도 와서 항복하였다는[72] 기사가 실려 있다.

여기서 음즙벌국은 안강 지방으로 보는 것이 통설이나, 이곳은 경주에서 형산강을 따라 그대로 연결되어서 어떤 다른 '국'이 있었다고 하기는 곤란하며, 형산강 하류 유역인 현재의 포항시 중심부와 그 북쪽 흥해가 음즙벌국 중심지의 후보가 될 수 있다.[73] 즉 음즙벌국은 경주 안강 지방 세력이 아니라 포항 옥성리 고분군 축조 세력이라고 하겠다.

그런데 그 기사는 어떤 성격을 띠는 자료일까? 『삼국사기』에 나오는 금관국 관계 기사는 총 3개로써, 이는 모두 신라본기 법흥왕 19년 조의 금관국 왕 金仇亥 내항 기사와 일련의 자료로부터 나온 것으로 보인다. 여기서 구

---

72) 『三國史記』 권1, 新羅本紀1 婆娑尼師今 23년 가을 8월 "音汁伐國與悉直谷國爭疆 詣王請決. 王難之 謂 '金官國首露王 年老多智識' 召問之. 首露立議 以所爭之地 屬音汁伐國. 於是 王命六部 會饗首露王. 五部皆以伊飡爲主 唯漢祇部 以位卑者主之. 首露怒 命奴耽下里 殺漢祇部主保齊而歸. 奴逃依音汁伐主陀鄒干家. 王使人索其奴. 陀鄒不送. 王怒 以兵伐音汁伐國. 其主與衆自降. 悉直押督二國王來降."

73) 이희준, 2007, 앞의 책, 192~194쪽.

해왕(구형왕)이 이미 김씨 성을 쓰고 있고, 또 수로왕이 김해 가야국의 멸망 당시 이름인 '금관국'의 왕으로 되어 있는 것으로 보아, 이들 설화는 신라 통일기 이후에 성립된 기록을 토대로 하였다고 추정된다. 파사 23년 조는 4세기 전반의 상황으로 재해석되어어 할 측면이 있으니, 이는 포상팔국 전쟁 이후 신라와 가야의 화친 관계가 계속되는 중에 나타났다고 보아야 한다.

여기 관여한 세력들은, 맨 마지막에 등장하는 압독국을 제외하고는, 모두 해안에 위치한 세력들이라는 점이 공통적이다. 그 중에 금관국과 음즙벌 국이 한 패였고, 실직곡국과 한기부가 한 패였다. 그들이 이처럼 패가 나뉜 이유는 금관국으로부터 사로국을 거쳐 실직곡국까지 가는 연안 항로에 얽힌 이권 다툼 때문이었을 것이다.

진한의 맹주로서 음즙벌국과 실직곡국 사이의 중재를 맡게 된 사로국 파사왕은, 그 분쟁이 신라 내부의 주요 세력과도 얽혀 있음을 알고 그 중재권을 짐짓 변한의 맹주인 금관국에게 맡겨서, 자신이 분쟁의 당사자로 비화되는 것을 피하려고 했던 것으로 보인다. 결국 수로왕을 접대하는 문제로 불만이 터져 나오고 이로 인해 권위를 훼손당한 수로왕이 탐하리를 시켜 한기부에게 극단적인 처사를 가했기 때문에, 이를 기회로 삼아 신라의 파사왕은 화살을 외부로 돌림으로써, 내부 단합을 공고히 함과 동시에 주변 소국들로부터 항복을 받아내서 권위를 재확인할 수 있었던 것이다.

이 사건을 놓고, 김해 세력의 힘이 경주에까지 강하게 미치고 있었음을 반영하는 것이라고 이해하는 견해[74]도 있고, 반대로 경주의 사로국이 진한과 변한 소국을 통틀어 가장 강력한 힘을 가진 존재로 부상한 것이라고 이해하는 견해[75]도 있다. 그러나 이 기사만으로는 변한의 가야국(금관국)과 진한의 사로국 중에 어느 것이 더 강했다는 결론을 이끌어낼 수는 없다고 보인다.

---

74) 백승충, 1989, 「1~3세기 가야세력의 성격과 그 추이 -수로집단의 등장과 포상팔국의 난을 중심으로-」, 『부대사학』 13.
75) 강종훈, 2000, 『신라상고사연구』, 서울대출판부, 212쪽.

여기서 신라와 가야는 각기 주변 소국의 문제를 중재하는 연맹장의 위치에 있었다는 점, '신라 6부'라는 존재는 중앙 정부의 명령에 대하여 각기 독립적인 행위를 할 수 있었다는 점, 신라 주변의 진한 소국들에 대한 최종 권위는 이 사건을 계기로 하여 사로국 쪽으로 기울어졌다는 점 등은 확실하다. 다만 이 기사는 신라에 의한 후대적인 것이기 때문에, 이것에 근거하여 신라 6부의 성격을 논하려는 연구는 다소 성급하다.

한편 『삼국사기』 신라본기의 파사 29년(108) 조에는 신라가 比只國, 多伐國, 草八國을 정복하였다는 기사가 나온다.[76] 이 기사에 대해서도 논란이 많지만, 대략 3세기 후반에서 4세기 전반에 걸쳐 일어난 사실로 보는 견해가 유력하다.[77] 신라는 김해의 가야와 화친 관계를 유지하면서 그 힘을 다른 곳으로 폈을 가능성도 있다. 그러나 신라의 팽창이 이처럼 반복되면서, 가야도 포상팔국 전쟁 이후 얼마 동안의 밀월 관계를 끝내고 다시 신라와 대립 국면으로 돌아서게 되었을 것이다.

4. 가야의 반격 및 신라와의 쟁패

경주 지방에서 높은 봉토를 가진 고총이 출현하는 과정은 완성된 형태로 일

---

76) 『三國史記』 권1, 婆娑尼師今 29년 여름 5월 "大水 民飢 發使十道 開倉賑給. 遣兵伐比只國·多伐國·草八國幷之."

77) 姜鍾薰, 1991, 「신라 상고기년의 재검토」, 『한국사론』 26, 서울대학교 국사학과 ; 2000, 『신라상고사연구』, 서울대출판부.
宣石悅, 2001, 『新羅國家成立過程硏究』, 혜안.
이희준, 2007, 앞의 책.
한편 『日本書紀』 권9 神功皇后 62년(262) 조의 기록으로 보아 신라 창녕군 일대의 세력은 서기 382년에 신라에게 복속되었다고 보는 견해가 최근 발표되었으나(朱甫暾, 2009, 「文獻上으로 본 古代社會 昌寧의 向方」, 『한국 고대사 속의 창녕』, 창녕군·경북대 영남문화연구원.), 창녕 지방의 3~4세기 유적 상황이 아직 분명치 않은 상태이기 때문에, 본고에서는 이 문제에 대한 언급을 회피한다.

시에 등장한다는 설[78]과 점진적으로 완성되어 간다는 설[79]이 있다. 후자에 따르면 초기 고총은 4세기 중엽을 전후하여 성립하였다고 하며 대표적인 예로 월성로 고분군의 가-6호묘, 12호묘, 29호묘 등을 들고 있다.[80] 경주 지방의 고총은 마립간 시기에 인교동 119호분과 황남대총 등의 초대형 고총으로 발전한다.

여기서 신라 김씨 족단의 기원에 대한 기존 설을 보면, 우선 박씨, 석씨에 이어 발생하여 사량부, 즉 경주 계림 및 황남동 일대에 거주하고 있었다고 본 견해가 있다.[81] 그 후 天神族 朴赫居世의 부인인 地神族 閼英을 김씨로 보아 김씨 족단을 경주 지방의 토착 집단으로 보는 학설[82]이 대두하여 유력시되었고, 그에 따라 경주의 계림국은 원래 김씨 족단만의 소국이었다고 보기도 하였다.[83] 그러나 근래에는 김씨가 가장 나중에 경주에 진입한 유이민이라는 주장이 유력하게 대두되고 있다.

그리하여 경주에 특유한 적석목곽분 중에 기준이 되는 황남대총 남분에서 목곽과 積石部의 형태, 마구류 일괄 유물을 묻은 매장 방식, 황금 유물, 자작나무 껍질로 만든 관모 등의 원류를 북방아시아 대륙의 목곽분인 쿠르간 문화에서 구할 수 있으므로, 김씨 족단은 4세기 전반기에 경주에 온 騎馬民族이라고 보기도 하였다.[84] 이에 대해서는 북방아시아의 무덤과 경주의 적석목곽분 사이에는 시간적으로 공간적으로 큰 간격이 존재하고 있고 파지리크와 경주의 봉토 사이에 높이 : 지름의 비율이 큰 차이를 보이며, 경주

78) 최병현, 1998, 「新羅 적석목곽분 기원 재론」, 『숭실사학』 12, 숭실대학교 사학회.
79) 이희준, 1995, 「경주 황남대총의 연대」, 『영남고고학』 17.
   金大煥, 2002, 「지배층묘를 통해 본 新羅 중심지역의 形成」, 『科技考古研究』 8, 아주대학교 박물관.
80) 김대환, 2010, 「4~6세기 신라 고분의 변천과 왕권」, 『고대 왕권과 한일관계』, 한일관계사연구논집편찬위원회 편, 경인문화사.
81) 이병도, 1976, 앞의 책, 606쪽.
82) 김철준, 1952, 앞의 논문 ; 1975, 앞의 책, 73쪽.
83) 노중국, 1990, 앞의 논문.
84) 최병현, 1992, 앞의 책, 415쪽.

의 고분 묘제는 목관묘에서 목곽묘, 또 목곽묘에서 적석목곽묘로 점진적으로 변화한 측면이 있고 금관 등의 유물에도 신라만의 창안이 많이 있다는 점 등을 들어 부정하는 견해도 있다.[85]

또는 문헌 사학적인 시각에서, 奈乙神宮의 위치로 보아 김씨 족단의 발상지는 경북 영주 지방이고, 본거지는 國原으로 불렸던 충북 충주 지방이며, 이들은 소백산맥 일대의 철산과 관문을 장악하고 진한 맹주로 활약하다가 3세기 중엽 탈해 이사금 때에 백제의 공격을 받아 경주로 진입했다고 보기도 하였다.[86] 혹은 김씨가 召文國이 있던 경북 의성 지방을 장악하고 있다가 仇道의 활약을 배경으로 금광을 개발하고 4세기 전반에 석씨 족단과의 대결에서 승리하여 경주로 진입하였다고 보기도 하였다.[87]

위에서 본 바와 같이 김씨 족단이 3~4세기에 경주로 진입하여 사로국의 패자가 되었는가, 아니면 그 전부터 경주에 있었던 토착 세력이 외래 문물을 받아들이면서 실력을 키워 4세기경에 사로국의 王者로 성장했는가 하는 점은 고고학계 및 문헌 사학계 양쪽에서 논쟁 중이다.

경주 중심 지구를 지역 기반으로 삼은 김씨 족단이 경주 지방에서 패권을 차지하기 시작한 것은 4세기 후반이다. 그런데 취락의 규모면에서 볼 때 국읍에 종속된 읍락의 중심 취락에 불과한 황성동 유적에서는 3세기 이후 철기의 대량 생산이 전개되고 있다.[88] 이 취락에서 제작되었을 철기의 막대한 양에도 불구하고 취락민들의 무덤에는 다량의 철기가 부장되지 못하고 있다는 보고[89]는 3세기 당시 그들의 미약한 처지를 보여준다. 3세기 이래 4

85) 이희준, 1995, 앞의 논문.
　　강봉원, 2004, 「신라 적석목곽분 출현과 '기마민족 이동' 관련성의 비판적 재검토」, 『한국상고사학보』 46.
　　이송란, 2004, 『신라 금속공예 연구』, 일지사.
86) 강종훈, 2000, 앞의 책, 94~103쪽.
87) 주보돈, 2002, 앞의 논문.
88) 권오영, 1996, 앞의 박사학위논문, 152쪽.
　　孫明助, 1997, 「경주 황성동 제철유적의 성격에 대하여」, 『신라문화』 14, 83쪽.

세기 전반까지의 황성동 일대에 그다지 큰 세력을 상정할 수 없는 것은 김씨 족단의 미약함 또는 문화적 후진성을 보여준다.

그러나 김씨 족단은 박씨나 석씨 족단에 비해 형산강 상류의 좋은 입지 조건을 차지하고 있었으니, 이는 그들이 박씨나 석씨보다 전부터 이 지역에 토착하던 先住民이었던 점에 연유하지 않을까 한다. 기원전 1세기의 이주민의 것으로 추정되는 세형동검 계통 문물이 경주 동남쪽, 북쪽, 서쪽에서는 발견되었어도 이 지역에서는 발견된 바 없다.[90] 그러므로 그들은 좋은 입지 조건과 인구 규모를 바탕으로 토착하고 있다가 박씨나 석씨 족단과 연합함으로써 선진 기술을 점차 익혀나가는 노동력으로 기능하였던 것이라고 추정된다. 설화 상으로 김씨 시조인 알지가 탈해의 도움을 얻어 출현하였다는 것은, 김씨가 석씨 왕 시대에 그들과의 연계 아래 성장하였음을 전하고 있다.

그러다가 4세기 중엽에 경주 동남 지구에 중심을 둔 석씨 왕통이 왜와 연합한 가야와의 세력 경쟁에서 우위를 상실하고 약화되자, 경주 중심 지구의 김씨 족단이 대두하여 신라의 왕권을 획득하게 된 것이다. 그 후의 역사 문화 전개 상황으로 보아,[91] 거기에는 고구려와의 교류가 큰 계기를 이루었음이 틀림없다. 즉 4세기 중엽에 김씨 세력은 고구려와 연계하여 왕권을 탈취했다고 추정되며, 월성로 고분군의 고총으로의 전환은 그 반영이었다.

그러나 경주의 세력 판도에 변화가 있었다고 하여도, 그들은 4세기 후반 가야와 왜의 공세를 막기에는 역부족이었다. 월성로 고분군에서는 가31호 묘 출토 돌팔찌와 하지키계 토기 등의 왜계 유물이 소량 나타나는데, 이는

---

89) 安在晧, 1995,「慶州市 隍城洞 墳墓群에 대하여」,『新羅文化』12.
車順喆, 1995,「慶州 隍城洞古墳群 發掘調査 槪報」,『第38回 全國歷史學大會 發表要旨』, 532쪽.
90) 이청규, 2005, 앞의 논문, 20쪽.
91) 김씨 나물왕이 왕위에 오른 4세기 후반에 이르러 고구려와 신라의 친연성이 높아졌고 고구려 계통 문물이 나타나기 시작하며, 그 후 5세기 전반까지 고구려가 김씨 왕실에 대하여 일정한 권리를 행사한 것처럼 보이는 것이 그러한 상황을 예측케 한다.

사로와 왜의 직접적인 교류에 의해서라기보다 4세기 대에 행해진 왜구의 경주 침탈의 부산물일 가능성이 있다고 한다.[92]

4세기 후반 금관가야의 왕릉은 여전히 김해 대성동 고분군이었다. 4세기 후반의 대성동 2호분과 13호분에서 나온 바람개비모양 방패꾸미개[巴形銅器], 벽옥제 돌화살촉, 18호분에서 나온 가락바퀴모양 석제품 등의 왜계 문물은 왜와의 교역 또는 밀접한 연관성을 보여주는 것들이다. 그 중에서 대성동 2호분은 김해 지방을 통틀어 가장 대형의 것이고, 출토 유물의 수준도 매우 높아서, 4세기 후반 당시 김해 지방 최고 지배자, 즉 금관가야 왕의 무덤이라고 할 수 있다.[93]

그런데 김해와 경주 사이에 있는 부산 복천동 고분군의 상황에 대한 해석은 여러 가지가 있어서, 크게 보아 4세기 후반에 신라에 복속되었다는 견해와 5세기에 들어 신라에 복속되었다는 견해로 갈리고 있다. 이는 결국 출토 유물에 신라적 성격이 두드러지는 복천동 21-22호분과 10-11호분 등의 편년을 어떻게 평가하는가에 따라 달라지는 것이다.

목항아리[圓底長頸壺]의 유사성으로 보아 부산 복천동 21-22호분은 경주 황남동 109호분 3-4곽과 같은 4세기 후반[94] 또는 4세기 3/4분기이며,[95] 복천동 21-22호분을 하나의 기점으로 하여 신라의 부산 지방 지배가 크게 강화되었다는 견해가 있다.[96] 혹은 약간 애매하게 복천동 10-11호분 축조 단계에는 신라의 직·간접적인 통제를 받았는데, 그 시기를 4세기 후반까지 소급할 수 있느냐의 여부는 향후의 숙제이나, 그것이 5세기 초반 이후에 축조되었을 가능성은 낮다는 견해도 있다.[97]

---

92) 복천박물관, 2004, 『금관가야와 신라』, 복천박물관, 47쪽.

93) 김태식, 2002, 『미완의 문명 7백년 가야사 3권』, 푸른역사.

94) 이희준, 1997, 「토기에 의한 新羅 고분의 分期와 편년」, 『韓國考古學報』 36, 91쪽.

95) 이희준, 2007, 앞의 책, 120~131쪽.

96) 주보돈, 1998, 「4~5世紀 釜山地域의 政治的 向方」, 『신라 지방통치체제의 정비과정과 촌락』, 신서원, 492쪽.

97) 전덕재, 2007, 「삼국시대 황산진과 가야진에 대한 고찰」, 『韓國古代史硏究』 47, 59쪽.

그에 비하여 동래 복천동 10-11호분은 5세기 중엽에 축조된 것이라고 보거나,[98] 5세기 초반에 축조된 것이라고 한 견해는[99] 복천동 고분군 축조 세력이 5세기 이후에야 신라에 복속되었음을 인정하고 있다. 이런 기준이 되는 동래 복천동 고분군에서 출토된 대표적인 신라계 유물로는, 21호분의 투창이 2단 교열로 뚫린 뚜껑굽다리접시[二段交列透窓有蓋高杯], 경옥제 굽은옥[硬玉製曲玉]과 유리옥으로 이루어진 목걸이, 22호분의 금테두리 고리자루큰칼[金環素環頭大刀], 11, 93, 22호분의 손잡이굽다리주발[臺附把手附盌], 11호분의 출자모양 장식 세운 금동관[出字形立飾金銅冠]과 세고리모양 고리자루큰칼[三累環頭大刀] 등이 있다.

前者의 편년안에서는 복천동 38호, 80호(3세기 후반), 25-26호(4세기 2/4분기), 31-32호, 21-22호(4세기 3/4분기), 39호, 10-11호(4세기 4/4분기)라고 하여 부산 지방에서는 4세기 말까지 복천동에 대형 고분이 조영되다가 5세기부터 연산동에 고총군이 조영된다고 보았고, 복천동 38호, 80호 등 3세기 후반의 대형 고분에서 경옥제 굽은옥이 출토되므로 그 즈음에 신라화가 된 것은 아닌지 추정해 볼 수도 있다고[100] 하였다.

그러나 만일 3세기 후반, 혹은 늦어도 4세기 후반에 김해와 인접한 부산 지방이 이미 신라화되어 있었다면, 신라의 힘은 가야를 능가하여 절대 우세에 가깝다. 그렇다면 광개토왕릉비문에 보이는 것과 같은, 신라의 고구려에 대한 구원 요청은 필요 없을 것이며, 고구려군의 南征과 같은 큰 전쟁 이후의 유물, 유적 분포 변화도 상정할 수 없다. 그렇다면 이는 편년에 문제가 있다고 보아야 한다. 그러므로 부산 복천동 고분군 축조 세력은 5세기에 들어 신라화 되었다고 보는 後者의 견해가 좀 더 타당성이 있지 않을까 한다.

또 하나의 현상은, 복천동 21-22호분과 10-11호분, 즉 5세기 전반의 신라화된 고분들이 나타나기 전에 한동안 신라계 유물들이 단절되고 전형적인

98) 부산대학교 박물관, 1983,『동래복천동고분군Ⅰ(본문)』, 167~168쪽.
99) 이한상, 2004,『황금의 나라 신라』, 김영사, 97쪽.
100) 이희준, 앞의 책.

금관가야계 유물들만 나타나는 시기가 끼어 있다는 점이다. 4세기 가야계 유물로는 외반구연 투창없는 굽다리접시[外返口緣無透窓高杯], 둥근밑항아리[圓底短頸壺], 두 귀 항아리[兩耳附短頸壺], 화로모양 토기, 뚜껑굽다리항아리[有蓋臺附直口壺], 원통모양 그릇받침[筒形器臺] 등의 토기류, 원통모양 창끝꾸미개[筒形銅器]와 같은 금속기류, 김해型 목곽묘라고도 하는 主副槨式 목곽묘 등이 있다.

또한 방어용 무구에서 경주 지방은 세로로 긴 판갑옷[縱長板甲]이 투구와 공반되지 않고 주로 주곽에 부장되는 경향이 있으나, 김해 지방은 세로로 긴 판갑옷 한 령만 주곽에 부장되고 투구가 판갑옷보다 많이 부장되는 경향성을 가진다. 그런데 복천동 고분군의 경우, 4세기 전반 대에는 신라 지역처럼 판갑옷만 주곽에 부장되나 4세기 후반 대가 되면 판갑옷과 투구가 복수로 부장되는 등 김해 지방과 동일한 양상을 보인다. 이런 현상에 대하여 복천박물관에서는, 복천동 고분군 집단의 성격이 신라와 금관가야의 중간이라는 지리적인 위치에서 신라와 유대 관계를 계속 유지하는 속성을 나타낸다고만 판단하였다.[101]

3세기 후반 이후의 부산 노포동 분묘군과 복천동 고분군에는 기본적으로 금관가야 문화 요소가 우세하나, 일부 경주-울산 지방의 문화 요소도 확인된다. 노포동 분묘군에서 출토된 넓은입 굽다리항아리[臺附廣口壺], 곧은입 굽다리항아리[臺附直口壺], 굽다리접시[高杯] 등은 경주-울산 지방에서 출토된 것들과 상통하며, 복천동 고분군에도 오리모양토기, 고사리무늬 쇠투겁창[蕨手文鐵鉾], 끌모양 쇠도끼[鑿形鐵斧] 등 경주-울산권의 유물이 부장되어 있다.[102] 4세기 전반 복천동 57호분에서 판갑옷이 투구와 공반되지 않으면서 주곽에 부장되는 현상이나 양측에 C자형의 미늘 1쌍 또는 2쌍이 있는 미늘쇠[有刺利器]가 출토된 것도 경주 지방과 일정한 교류가 있음을 보

101) 복천박물관, 2004, 앞의 책, 90쪽.
102) 위의 책, 106쪽.

이고 있다.[103] 이러한 교류는 부산 세력의 독립성과 신라-가야의 중심 세력인 경주-김해 지방 사이의 화친 관계 속에서 나타날 수 있었던 것이다.

그러나 4세기 중후반에 해당하는 부산 복천동 유적에서는 신라계 유물이 단절되고 금관가야의 전형적인 유물들이 나타나고 있다. 즉 복천동 60, 38호분의 원통모양 창끝꾸미개[筒形銅器], 60호분의 고리자루큰칼, 60, 93, 45호분의 외반구연 투창없는 굽다리접시[外返口緣無透窓高杯], 86호분의 화로모양 그릇받침[爐形器臺], 54호분의 소형 사발모양 그릇받침[鉢形器臺]과 긴 네모판모양 재갈멈추개를 가진 재갈[長方形板轡], 71호분의 주부곽식 목곽묘, 73호분의 굽은옥[曲玉] 등이 그러하다.

이렇게 볼 때, 복천동 고분군의 신라-가야 중간적인 속성은 4세기 전반 이전에 한정되는 성격이고, 4세기 후반에는 문화 양상이 변하여 김해 지방과 동일시된다는 점을 주목해야 한다. 복천동 고분군에 나타난 4세기 중엽의 변화는 김해의 가야국(대성동 고분군)이 부산의 거칠산국(복천동 고분군)을 복속시킴으로서 나타난 것이라고 추정된다. 외반구연 투창없는 굽다리접시가 4세기 중후반에 김해 대성동, 부산 복천동 고분군에서 처음으로 나타나서, 동쪽으로는 기장 철마 고촌리 고분군, 서쪽으로는 진해 웅천 패총, 창원 가음정동 고분군, 도계동 고분군까지 퍼져 나간 것은[104] 가야국의 패권이 미치는 영역을 나타내고 있다.

그 결과 신라와 가야는 포상팔국 전쟁 이후 한동안의 밀월 관계를 끝내고 다시 첨예한 대립으로 들어섰다. 그리하여 4세기 후반에 가야는 백제의 사주를 받아 왜와 통하면서 신라를 공략하였으니, 『일본서기』 神功紀 49년 조의 '7국 평정' 기사와 欽明紀 2년 4월 조의 백제 성왕 회고담[105]은 이를

103) 위의 책, 72쪽.
104) 홍보식, 1999, 「고고학으로 본 금관가야 -성립·위계·권역-」, 『고고학을 통해 본 가야』 (제23회 한국고고학전국대회 발표요지), 한국고고학회, 18쪽.
105) 『日本書紀』 권19, 欽明天皇 2년 여름 4월 "昔我先祖速古王·貴首王之世 安羅·加羅·卓淳旱岐等 初遣使相通 厚結親好 以爲子弟 冀可恒隆."

반영하는 것이다.

그러자 가야-왜의 공세에 시달리던 신라는 399년 고구려에 구원을 요청하였고, 김해-부산 세력은 400년에 신라가 불러들인 고구려 군대의 공격을 받게 되었다.[106] 5세기 초에 김해 지방에서 대성동 고분군으로 상징되던 대형 고분군의 축조가 갑자기 단절된 것은 김해 가야국을 대표로 하는 전기 가야연맹의 급격한 몰락을 보인다. 다만 이때 거칠산국은 가야연맹의 최전선에서 고구려 대군의 공격에 직면하여 저항 없이 항복하여 고구려-신라 연합군에게 협조적인 자세를 취하였다고 추정된다. 5세기 이후 복천동 고분군 축조 집단은 신라의 지원을 받아 낙동강 서안의 동향을 감시하고, 한동안 김해 지방을 대신하여 왜와의 교역을 주도하였다. 부산 복천동 21-22호분과 10-11호분은 그 당시의 유적이며, 신라는 그 후 낙동강 東岸 지역을 주도하고 지배하는 새로운 발전 단계를 맞이하였다.

5. 맺음말

고고학적 방법론은 나름대로 과학적인 기준들을 토대로 발전하고 있으나, 역사시대 유물에 대한 고고학적인 해석은 문헌 기록과 독립적일 수 없다. 본고에서는 4세기 이전 신라와 전기 가야의 관계에 대하여 문헌과 유물의 양자가 조화로운 관계를 이루도록 노력하였다. 이제 본문의 내용을 요약함으로써 결론에 대신하고자 한다.

1세기 말 2세기 초의 경주 사라리 130호묘는 『三國志』에 나오는 斯盧國의 성립과 『三國史記』 신라본기에 나오는 朴氏 族團의 출현을 알린다. 그러나 이어지는 고분군이나 주변 유적의 불충분으로 인하여 그 기반이 지속되

---

106) 金泰植, 1994, 「廣開土王陵碑文의 任那加羅와 '安羅人戍兵'」, 『韓國古代史論叢』 6, 한국고대사회연구소.

었다고 인정하기는 어렵다.

3세기 전반의 사로국(신라)은 석씨가 소국 왕의 지위에 있었던 시대로 인정된다. 경주 지방의 목곽묘 분포 상황으로 보아, 그 당시에 석씨 족단과 사로국의 중심은 경주 동남 지구의 외동읍과 울산시 북구 중산동 일대에 있었다. 석씨 왕통은 달천 철광을 소유하고 경주 중심 지구의 황성동 집단 등에게 철기를 제작시키면서 왕위를 이어나갔다.

3세기 전반의 사로국 남쪽으로는 于尸山國(=優由國), 居柒山國(=瀆盧國), 加耶國(=狗邪國) 등이 있었다. 이들은 각기 辰韓에 속한 사로국-우시산국과 弁韓에 속한 거칠산국-가야국으로 나뉘어 있었으나, 사로국과 가야국은 아직 진한과 변한의 통합 주체로서의 면모를 보이지 못하였다.

3세기 후반에는 포항 옥성리, 경주 황성동 · 조양동, 울산 중산동 · 대대리, 부산 노포동, 김해 대성동 등 영남 지역 각지에 대형 목곽묘가 출현하였다. 이 당시에 진한 지역에서는 울산 중산리 고분군 축조 집단(신라)이, 변한 지역에서는 김해 대성동 고분군 축조 집단(가야)이 주변 소국들을 통솔하여 신라 연맹체나 가야연맹체와 같은 정치 세력으로 변화하는 모습이 나타났다. 『삼국사기』 탈해 이사금 21년(77)부터 지마 이사금 5년(116)까지의 신라와 가야 사이의 전쟁 기사는 이 시기의 현상으로 해석된다.

4세기 전반에는 浦上八國 전쟁과 그에 이어지는 骨浦 등 삼국에 의한 竭火城(울산광역시 울주군 범서읍) 공격이 있었다. 이 시기에 울산의 우시산국은 신라에 복속되는 것으로 보이나, 신라와 가야는 서로 평화로운 관계에 있었다. 가야연맹에 소속된 거칠산국으로 보이는 부산의 복천동 고분군 축조 집단은 가야 계통의 독립적인 문화를 유지하면서 신라 문화도 일부 수용하는 면모를 보였다. 『삼국사기』 파사 이사금 23년(102) 조의 금관국 수로왕 중재 기사도 신라-가야 사이의 화친 분위기 속에서 파악할 수 있다.

그러나 신라와 가야 사이의 관계는 4세기 중엽에 상당한 변동이 있었다. 즉 가야는 왜와의 교류를 강화하고 백제와도 교류하면서 신라에 대한 반격에 나섰고, 이에 따라 부산의 복천동 고분군에서 신라 계통 유물이 사라지고 가야에 대한 복속의 면모가 나타났다. 가야의 공세에 밀려 신라의 석씨 왕권은 종식되고 경주 중심 지구에서 성장하던 김씨 족단이 왕통을 이어받게 되니, 고총으로 성장한 월성로 고분군은 그 반영이다.

4세기 후반에 신라의 김씨 왕권이 고구려와의 교류 관계를 진전시키고 400년에 그 병력을 끌어와서 가야권을 강타하자, 부산의 복천동 고분군 축조 집단은 신라에게 투항한다. 복천동 21-22호분과 10-11호분의 유물 성격이 신라 일변도로 전환되는 것은 그로 인한 것이다.

본고를 작성하면서 아쉬운 것은 석씨 족단의 세력 근거지로 보았던 경주 동남 지구, 즉 경주 조양동·구정동과 외동읍 및 울산 북구 중산동 일대에서 어느 곳이 중심지였는가를 밝히지 못한 점이다. 현재까지의 발굴 성과로 보아서는 울산 중산리 고분군이 4세기 전반 이전 경주 지방의 어느 곳보다도 세력의 중심지였고 또한 4세기 후반 이후 경주 적석목곽분 문화로의 이행 과정을 보여주는 지표적 유적이며, 중산동 세력의 발전 과정은 그 남쪽으로 인접한 울산 우시산국의 해운 및 교역 능력에 힘입은 바 크다고 보인다. 그러나 필자가 지표 조사를 통해 목격한 바에 의하면 경주시 외동읍(입실리) 서쪽의 죽동리, 제내리, 구어리 일대에 그보다 훨씬 많은 목곽묘가 분포되어 있어서, 2~4세기 경주 인구가 다수 온축되어 있던 곳임을 짐작케 한다. 앞으로 이 지역에 대한 정식 발굴 조사가 이루어지기를 기대하며, 그 결과에 따라 경주 동남 지구의 진정한 문화 중심이 밝혀지리라고 생각한다.

* 이 글의 원전 : 金泰植, 2010, 「新羅와 前期 加耶의 關係史」, 『韓國古代史硏究』 57, 서울 : 한국고대사학회, 275~317쪽.

가야와 신라

2.
도설지를 통해 본 신라와 대가야

1. 머리말

한 왕조가 外侵으로 인하여 멸망에 직면하였을 때, 끝까지 싸울 것인가, 아니면 투항할 것인가의 결정은 결국 그 마지막 왕의 손에 달려 있다. 선택 여하에 따라 결과는 달리 나타난다. 가야연맹 제국의 대표적인 두 나라인 金官國과 大加耶國은 兩者의 선명한 대조를 보여주고 있다.

전기 가야연맹의 맹주였다가 약화된 금관국의 마지막 왕 仇衡王(=仇亥王)이 일찌감치 신라에 투항한 이후, 그 자손들은 신라 왕실 속에서 번성하였으며, 世系도 비교적 분명한 형태로 정리되어 있다.[1] 그러나 후기 가야연맹의 맹주였던 대가야는 끝까지 신라에게 대항하다 정복당하였기 때문에, 世系도 불분명할 뿐만 아니라, 그 마지막 왕은 이름이 道設智王이었다는 것 외에 아무 것도 알려져 있지 않다. 그런데『삼국사기』지리지에 나오는 각 군현에 대한 기록 중에 유독 金海小京과 高靈郡의 前身인 금관국과 대가야

---

1) 村上四男, 1961,「金官國の世系と卒支公」,『朝鮮學報』21·22合.

국에 대해서만 간략하나마 왕의 세계가 수록되어 있는 것은 무엇 때문일까?

한편 오래 전에 발견된 新羅碑인 창녕 진흥왕 순수비와 단양 적성비에는 여러 신라 인명이 열거되고 있는데, 그 중에 都設智 또는 喢設智가 있다. 이 사람을 대가야의 마지막 왕 道設智와 비교해 볼 수 있을까? 借字 표기가 약간 다르기는 하지만, 거의 동시기에 존재한 사람으로서 이름이 이토록 같다는 것에 대해서 간단히 우연의 일치라고 무시해 버릴 수는 없다. 적어도 동일인 여부에 대한 상세한 검토가 있어야 한다.

또한 신라의 마지막 태자로서 나라가 고려에 투항하는 것을 홀로 반대하다가 皆骨山으로 유랑 길을 떠났던 麻衣太子처럼, 대가야에도 호칭 상으로 보아 그와 같은 인상을 풍기는 月光太子가 있다. 만일 그가 왕이 되지 못한 대가야의 마지막 태자였다면, 그와 道設智王과의 관계는 어떠했을까? 게다가 이번에 조사한 바에 의하면, 월광태자라는 이름은 佛經에 나오고 있는데 대가야는 왕자 이름에 불교 용어를 쓸 정도로 불교를 잘 이해하고 있었을까?

이와 같은 의문이 대가야의 역사 전개를 해석하는 데 중대하고도 결정적인 것은 아니나, 가야사의 문헌 고증에 끝까지 철저를 기하여, 의문을 해소할 수 있다면 그것으로 족하다. 돌이켜보면 대가야국 왕의 세대수를 포함한 계보에 대해서는 자료가 너무 부족하기 때문에 기존의 연구가 산발적으로 이루어져 왔다. 자료 자체의 편찬 시기 및 신빙성 검토뿐만 아니라 人名들에 대한 개별적이고 구체적인 천착도 부족하였다. 그러므로 본고에서는 대가야의 세계에 대한 지엽적인 기록들을 종합하여 가능한 한도 내에서 복원을 시도하고, 월광태자나 단양비·적성비의 도설지가 대가야 마지막 왕이었을 가능성이 있는지의 여부, 즉 그의 신원과 행적을 확인하고자 한다. 그리고 이런 과정에서 마지막 단계의 대가야와 신라의 관계를 좀 더 깊이 이해할 수 있기를 기대한다.

2. 삼국사기 지리지 高靈郡條의 대가야 왕계

대가야 첫 왕과 마지막 왕의 이름이 확인되는 最古의 문헌은 고려시대 중기에 편찬된『三國史記』의 地理志이다. 그 기록을 인용하면 다음과 같다.

> 高靈郡은 본래 大加耶國인데, 시조 伊珍阿鼓王[다른 기록에는 內珍朱智라고도 하였다]으로부터 道設智王까지 모두 16세대 520년이었다. 眞興大王이 침공하여 멸망시키고 그 땅을 大加耶郡으로 삼았다. 경덕왕이 이름을 고쳤다. 지금(고려)도 그대로 쓴다.[2]

위의 기사와 같이 대가야국의 世系는, 신라 지리지 고령군의 연혁에서 大加耶郡 설치 기사 속에 간략하게 수록되어 있다. 이에 따르면 대가야국의 시조는 伊珍阿鼓王이고 마지막 왕은 16세 道設智王이다. 이 세계의 신빙성은 어느 정도나 되는 것일까.

위에서 대가야국을 침공하여 멸한 왕을 '新羅 眞興王'으로 표기하지 않고 신라의 冠稱 없이 '眞興大王'이라고 지칭한 어투로 보아, 이 문장은 고려시대의 것이 아니라 신라시대의 原典에서 그대로 발췌되었을 것으로 추정된다.[3] 그러므로 대가야국의 世系는 신라시대에 이미 이런 상태로 정리되어 있었다고 보아도 좋을 것이다. 그러나 고령 지방의 옛 국명을『삼국사기』신라본기에서는 '加耶' 또는 '加良'이라고 하였는데, 같은 책 지리지에서는 大加耶國 및 大加耶郡이라고 한 것은 의문이다.

『日本書紀』와 중국 문헌들에는 당시의 국명이 '加羅'로 표기되어 있으므로 그 실제 국명은 '가라'였으며, 그 후 신라인이 된 金庾信系가 金春秋와 결탁해서 득세한 뒤에야 불교의 영향을 입어 '加耶'로 표기되었을 것으

---

2)『三國史記』권3, 雜志3 地理1 康州 "高靈郡 本大加耶國. 自始祖伊珍阿鼓王[一云內珍朱智] 至 道設智王 凡十六世 五百二十年. 眞興大王侵滅之 以其地爲大加耶郡. 景德王改名. 今因之."
3) 拙稿, 1995,「三國史記 地理志 新羅條의 史料的 檢討 -原典 편찬 시기를 중심으로-」,『三國 史記의 原典 檢討』, 韓國精神文化硏究院, 228쪽.

로 보는 견해가[4] 있다. 이러한 추정은 매우 설득력이 있는 것이나, '가야' 라는 표기의 기원을 그처럼 늦출 필요는 없을 듯하다. 신라인들은 지명 발음 자체가 백제 계통의 것과 일정한 차이를 보여서, 신라에서는 가야 멸망 전부터 加良·加耶 등의 표기가 혼재하다가 불교의 영향 아래 가야로 통일 되었다고 보면 될 것이다. 그렇다면 이 지역은 신라에 의해 加耶國으로 불 리다가 加耶郡으로 개편되었으며, 김해 지방 군명과의 구별 문제로 인하여 그 시기 또는 신라의 삼국 통일을 전후한 시기에 大加耶郡으로 정해진 것이 아닐까 한다.

한편 『삼국사기』 지리지 고령군 조에 대가야의 세계가 16세대 520년으 로 설정되어 있는 점에 대해서는 기존에 몇몇 논의가 있었다. 그 歷年의 수 는 대가야가 멸망한 해(562년)와 김해 금관국의 전설적 개국 연대(42년)를 기준으로 삼아 계산한 것임은[5] 이미 알려진 사실이다. 대가야국의 역년이 나 세대수는 실제의 것이 아니라, 김해 금관국의 世系를 기준으로 계산해낸 것이다. 게다가 금관국의 개국 연대도 수로왕의 신라 관련 설화를 충족시키 기 위해 신라 王曆과 대비하여 조작된 것이므로,[6] 대가야의 歷年 추산은 신 라 통일기에 신라인에 의하여 신라 및 금관국의 편년이 조정되면서 거의 동 시에 진행된 것이라고 보는 것이 좋다.

그런데 대가야의 세대수가 16세대라는 지리지의 기사와 이뇌왕이 뇌질 주일의 8세손이라는 『석순응전』의 기사는 큰 차이가 난다. 이에 대해 다나 카 도시아키[田中俊明]는 兩者를 모두 인정하여 '8世'는 世代數이고, '16 世'는 王代數라고 보았다.[7] 그러나 백승충 씨가 비판한 바와 같이, 이는 대 가야국의 세계가 금관국의 세계를 일부 취하여 편찬한 것이라는 사실을 고

4) 鄭璟喜, 1988, 「三國時代 社會와 佛經의 研究」, 『韓國史研究』 63, 46쪽.
5) 李丙燾, 1976, 「上·下加羅의 始祖說話」, 『韓國古代史研究』, 博英社, 307쪽.
   金哲埈, 1976, 「新羅上古世系와 그 紀年」, 『韓國古代社會研究』, 知識産業社, 101쪽.
6) 拙著, 1993, 『加耶聯盟史』, 一潮閣, 40~41쪽.
7) 田中俊明, 1991, 「朝鮮의 王權을めぐる諸問題」, 『朝鮮學報』 140, 136쪽 ; 1992, 『大加耶連盟 と任那』, 吉川弘文館, 170쪽.

려하지 않음으로써 전제 자체가 잘못된 것이다.[8] 이와 같이 볼 때, 16세대 설은 조작에 불과하며, 대가야국은 가야 제국 중에서 始原이 짧은 편에 속한다는 점으로 보아 8세대 설이 보다 유력한 것이라고 생각된다. 이진아시왕과 도설지왕 자체에 대한 분석은 후술하기로 한다.

『삼국사기』 지리지에는 沙伐國을 비롯한 많은 小國 및 村·郡 등의 신라 병합 사실을 전하고 있는데,[9] 그 중에서 소국의 세계를 드러내 보이고 있는 것은 金官國과 大加耶國의 둘 뿐이다. 同 良州 金海小京條에는 금관국 시조 首露王과 마지막 왕인 10세 仇亥王의 이름이 나와 있으며, 그 곳에는 구해 왕의 來降 연대를 '新羅法興王十九年'이라 하였으므로[10] 그 문장 자체는 고려시대 편찬 당시에 改作된 것이나,[11] 그 世系가 신라시대부터의 기록을 답습한 것이라는 점은 어느 정도 인정할 수 있다.

신라가 금관국과 대가야국을 특별하게 취급하여 지리지의 해당 지역 조에 王系를 명시한 이유는 무엇일까? 우선 생각이 되는 것은 이들이 일개 소국에 그치지 않고 각각 전기 및 후기 가야연맹체의 맹주국이었다는 점이다. 그러나 신라 지리지에서 가야보다 발전된 고대국가인 백제의 왕계는 기록하지 않은 것으로 보아, 왕계 기록 여부의 기준은 세력의 大小와 일치하지 않고 있다. 『삼국사기』에 백제본기가 있으므로 같은 책 지리지에 다시 그 왕계를 기록할 필요는 없다고 생각할 수도 있으나, 백제의 수도였던 漢州·熊州·扶餘郡條의 어디에도 백제 왕의 이름이 하나도 기재되지 않은 것과는 대조가 된다. 그렇다면 지리지에 그 두 지역의 왕계만 기록된 이유는 다

---

8) 白承忠, 1995,「加耶의 地域聯盟史 研究」, 부산대학교 대학원 박사학위논문, 138쪽.
9) 『삼국사기』 지리지에 신라에 의한 병합 사실을 전하고 있는 지역 명칭으로는 沙伐國, 召文國, 甘文小國, 押梁小國, 骨火小國, 屈阿火村, 音汁伐國, 金官國, 古寧加耶國, 阿尸良國, 大加耶國, 奈已郡, 悉直國, 百濟舊都 등이 있다.
10) 『三國史記』 권34, 雜志3 地理1 良州 "金海小京 古金官國[一云伽落國 一云伽耶]. 自始祖首露王 至十世仇亥王 以梁中大通四年 新羅法興王十九年 率百姓來降. 以其地爲金官郡. 文武王二十年 永隆元年 爲小京. 景德王改名金海京. 今金州."
11) 拙稿, 앞의 논문, 223쪽.

른 방면에서 접근해 들어갈 필요가 있다.

어느 시대이든 지리지를 정리할 때 一次 자료는 해당 지역에서 제출하는 것을 토대로 할 것이며, 이 때 실질적으로 자료를 수집하고 문장을 작성하는 사람은 해당 지역 村主 등의 토착 세력일 것이다. 그들은 자기 지역을 보다 높은 행정 등급에 속하게 하기 위해서, 될 수 있으면 前 시대의 지역 위세가 주변 지역에 비해 높았다는 것을 주장할 것이다. 그러나 모든 자료는 중앙 관서에서 일률적인 기준에 의하여 재배열될 것이므로, 무리하거나 불필요한 기록 또는 해당 지역과 관련 있는 중앙 귀족들의 기호에 거슬리는 기록들은 삭제될 것이다.

그렇게 볼 때 금관군과 대가야군이 원래 小國이었다는 사실과 더불어 국왕의 世系가 신라 지리지에 정리되어 있는 것은, 해당 지역의 토착 세력 및 그와 관련된 중앙 귀족들의 요구가 합치됨으로써 나타난 결과라고 하겠다. 그 중에서도 금관국의 경우에는 구해왕의 후손인 金庾信 가계가 신라의 중앙 귀족으로 후대까지 존재하고 있었으므로, 그들에 의해서 금관국왕 세계가 정리되었을 것이다. 특히 신라는 구해왕에게 출신 소국을 食邑으로 주었다고 하므로,[12] 그의 후손들이 식읍 소유권을 일부나마 주장하기 위해서는 '마지막 왕의 이름'을 지리지에 명기할 필요가 현실적으로 있었다. 즉, 利權의 수혜자가 그 지리지를 정리할 당시까지 온존하고 있었던 것이다.

그런데 현재까지 남아 있는 사료 상으로 보아, 대가야군에 대해서는 그러한 관계를 쉽사리 찾아낼 수 없다. 『삼국사기』 신라본기의 기록으로 보아, 대가야는 신라에게 반란을 일으켰다는 명목 아래 토벌되었다.[13] 그 원정대의 선봉장이었던 斯多含은 그 功으로서 良田과 虜 300口를 받았는데,

---

12) 『三國史記』 권4, 新羅本紀4 法興王 19년 "金官國主金仇亥 與妃及三子 長曰奴宗 仲曰武德 季曰武力 以國帑寶物來降. 王禮待之 授位上等 以本國爲食邑. 子武力仕至角干."

13) 위의 책, 眞興王 23년 9월 "加耶叛. 王命異斯夫討之 斯多含副之. (中略) 論功 斯多含爲最. 王賞以良田及所虜三百口. 斯多含三讓. 王强之. 乃受其生口 放爲良人 田分與戰士. 國人美之."

열전의 기록으로 보아 여기서의 '虜'는 '加羅人'[14] 즉 고령 대가야 사람들임에 틀림없으나, '良田'의 위치는 명확치 않다.[15] 사다함은 자기 몫의 '生口' 즉 노비들을 놓아주어 良人으로 삼고 전답은 戰士들에게 나누어주었다고 하나, 이런 상황이라면 그 마지막 왕과 왕족을 비롯한 유력자들은 살아남기 어렵다고 보인다. 그러나 신라 지리지에 대가야의 간단한 王系 소개와 마지막 왕인 도설지왕의 이름은 엄연히 기록되어 있으므로, 무엇인가 그럴 만한 필요성, 즉 그 후손들이 후대까지 세력을 유지하고 있었을 가능성을 추정해 보지 않을 수 없다.

3. 금관국왕 뇌질청예의 위치

대가야의 후손들이 후대까지 세력을 보존하고 있었던 흔적은 미흡하나마 조선시대의 지리 관계 기록에 존재한다. 『新增東國輿地勝覽』의 高靈縣條에 전하는 『釋順應傳』과 『釋利貞傳』이 그것이다.

이 책들은 신라 말기의 유학자인 崔致遠이 편찬한 것으로서, 海印寺의 창건을 주도한 승려 順應과 利貞에 대한 傳記이다. 순응과 이정은 禪을 익힌 화엄 승려로서, 전자는 799년에 죽은 애장왕의 祖母인 聖穆太后의 배려로 802년에 해인사를 창건하였고, 후자는 그를 계승하여 해인사 창건 佛事를 완성시켰다.[16] 이들의 전기가 쓰인 것은 좀 더 늦어서, 최치원이 해인사에 머무르던 시기와 관련해 볼 때 해인사의 重創 직후인 900년경이라고[17]

---

14) 『三國史記』권44, 열전4 斯多含傳 "斯多含 系出眞骨 奈密王七世孫也. (중략) 洎師還 王策功賜加羅人口三百. 受已皆放 無一留者. 又賜田. 固辭. 王强之, 請賜閼川不毛之地而已."

15) 斯多含傳에는 왕이 田을 받을 것을 강요하자 閼川의 不毛地를 청해서 받았다고 하였는데, 알천은 경주 시내의 하천을 말하는 것이므로, 이때에 왕이 주었다는 田은 대가야 영역의 토지가 아닐 수도 있다.

16) 金相鉉, 1985, 「新羅 華嚴學僧의 系譜와 그 活動」, 『新羅文化』제1·2집, 65~67쪽.
崔源植, 1985, 「新羅 下代의 海印寺와 華嚴宗」, 『韓國史硏究』49, 7쪽.

한다.

이들 기록에 대가야 왕계가 나오는 것은 단순히 해인사가 위치한 가야산과 관련된 전승을 소개하기 위해서라기보다, 傳記의 성격 상 그들이 대가야 왕족의 후손이었기 때문일 가능성이 높다. 그러므로 이는 대가야 왕족의 후손들이 신라 下代까지 유력한 세력으로 온존하고 있었음을 방증하는 자료라고 볼 수 있을 것이다. 『석이정전』과 『석순응전』의 인용문 및 世系表를 제시하면 다음과 같다.

崔致遠의 『釋利貞傳』을 살펴보니, 이르기를 "伽倻山神 正見母主가 天神 夷毗訶之에게 감응되어 大伽倻王 惱窒朱日과 金官國王 惱窒青裔 두 사람을 낳았다. 惱窒朱日은 伊珍阿豉王의 별칭이고, 青裔는 首露王의 별칭이다."라고 하였다.[18]

또 『釋順應傳』에 이르기를 "大伽倻國 月光太子는 正見의 10世孫이다. 아버지는 異腦王인데 新羅에 구혼하여 夷粲 比枝輩의 딸을 맞아들여 太子를 낳았다. 그러므로 異腦王은 惱窒朱日의 8世孫이다."라고 하였다.[19]

〈표 1〉 석이정전·석순응전 所載 대가야국 왕계표

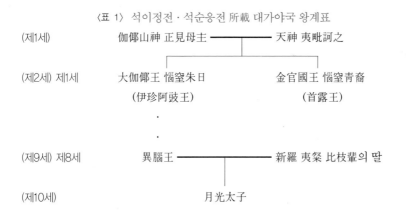

(제1세)	伽倻山神 正見母主 ——————— 天神 夷毗訶之	
(제2세) 제1세	大伽倻王 惱窒朱日 (伊珍阿豉王)	金官國王 惱窒青裔 (首露王)
(제9세) 제8세	異腦王 ——————— 新羅 夷粲 比枝輩의 딸	
(제10세)	月光太子	

17) 金福順, 1990, 『新羅華嚴宗研究』, 民族社, 169쪽.
18) 『新增東國輿地勝覽』 권29, 高靈縣 建置沿革 細注 "按崔致遠釋利貞傳云 伽倻山神正見母主 乃爲天神夷毗訶之所感 生大伽倻王惱窒朱日金官國王惱窒青裔二人. 則惱窒朱日爲伊珍阿豉王之別稱 青裔爲首露王之別稱."

위의 계보에서 가야산신과 대가야국의 '가야'를 '伽倻'로 표기한 것은 조선시대 이후의 표기법이다.[20] 원래『석이정전』에서는 '加耶'로 표기되었던 것을『신증동국여지승람』의 찬자가 일률적으로 '伽倻'로 고친 것으로 생각된다. 왜냐하면『신증동국여지승람』에서는『삼국사기』지리지에 나오는 '加耶'와『삼국유사』에 나오는 '伽耶'도 모두 '伽倻'로 고쳤기 때문이다. 그러므로 이는 '加耶山神'과 '大加耶國'으로 고쳐서 표기하는 것이 옳다.

〈표 1〉에서 대가야국 시조의 이름이 이진아시왕이라는 것은『삼국사기』지리지 소재의 대가야 왕계와 같다. 그의 이칭이 뇌질주일이라는 것은『삼국사기』의 '內珍朱智'와 표기는 다르나 같은 대상을 가리키는 것이라고 추정된다. 세대수 계산의 시점을 뇌질주일 즉 이진아시왕으로 삼는 것은『삼국사기』와 같다.『석순응전』에서는 정견모주를 기점으로 세대수를 계산하는 것도 나와 있어서 다른 면모를 보이나, 이 계산법은 후술하듯이 불교와의 관련성 때문인 듯하며, 역시 계보의 측면에서는 이진아시왕을 기점으로 삼았을 것이다. 그 외에는 지리지의 것과 비교되는 내용이 없다.

이 계보에서 가장 논란이 되었던 것은 수로왕의 별칭인 '靑裔'라는 이름이다. 스에마쓰 야스카즈[末松保和]는 중국 신화에서 黃帝 軒轅氏의 첫째 아들인 少昊 金天氏의 이름이 靑陽이므로, 靑裔는 '靑陽의 裔'의 약칭이라고 보았다.[21] 그는 또 가야국의 異稱인 金官國이라는 국명도 실은 문무왕 20년(680)에 加耶郡이 金官小京으로 개편되었음[22]에 유래하며, 당시에 명칭이 金官으로 바뀐 것은 소호 금천씨의 아들 '該'의 관직명이 火·水·木·金·土 五官의 하나인 金官이었던 사실에서 기원한다고 하였다.[23] 게다가

---

19) 위와 같은 조 "又釋順應傳 大伽倻國月光太子 乃正見之十世孫. 父曰異腦王 求婚于新羅 迎夷粲比枝輩之女 而生太子. 則異腦王 乃惱窒朱日之八世孫也."

20) 拙著, 앞의 책, 17쪽.

21) 末松保和, 1949,『任那興亡史』, 225쪽.
　　白承忠, 1995,「加耶의 地域聯盟史 硏究」, 부산대학교 문학박사학위논문, 139쪽.

22)『三國史記』권7, 新羅本紀7 文武王 20년 여름 5월 "加耶郡置金官小京."

7세기 후반의 金庾信碑 逸文에 南加耶 시조 수로왕이 헌원의 裔이고 소호의 胤이어서 姓을 金으로 하였다는 문장이 나오므로,[24] 신라 말기의 최치원은 중국 고전에 대한 풍부한 학식을 내세워 靑陽裔를 '靑裔'라고 써서 朱日과 상대시킨 것이라고 추정하였다.[25]

이 계보가 최치원에 의해 기록된 것으로서 인명에 후대의 조작이 있다는 것은 사실이나, 뇌질청예의 이름을 최치원이 창작해낸 것처럼 언급한 것은 지나치다. 惱窒靑裔를 '靑'의 한 字가 같다고 하여 靑陽의 후예로 보는 것도 지나친 고증이다. 惱窒朱日을 '內珍朱智'로 표기하기도 하는 것으로 보아, '뇌질' 또는 '내진'은 고유어에 대한 音借字이다. '주일' 또는 '주지'도 단순한 한자어라기보다는 고유어에 대한 音借이거나 그를 토대로 좋은 뜻의 한자어를 선별해 넣은 글자일 가능성이 높다. 그러므로 이병도의 견해와 같이, '朱智'·'朱日'은 臣智의 異稱이고 '靑裔'는 그에 대하여 한자 뜻이 대칭되도록 조작한 것[26]이라고 단순하게 보는 것이 좋을 듯하다.

한편 이진아시왕·수로왕과 그의 별칭이라는 뇌질주일·뇌질청예 사이에는 어떤 관계가 있을까? 이진아시왕과 수로왕이 둘 다 가야산신의 아들로서 형제간이라는 시조 설화는, 고령의 대가야가 후기 가야연맹의 맹주로 대두하는 5세기 중엽의 역사적 사실을 반영한 것이었다. 즉 이미 5세기 이전에 고령 지방 伴跛國 시조로서 이진아시가 있었고 김해 지방 加耶國 시조로서 수로가 있었던 상태에서, 5세기 중엽에 고령 세력은 이진아시가 가야산신의 맏아들이고 수로는 그의 동생이었다는 계보 관념을 표방함으로써, 옛 가야연맹을 복구하려고 하였던 것이다. 그들은 친형제가 아니고 연맹장 교

---

23) 末松保和, 앞의 책, 237쪽.
   三品彰英, 1979, 『三國遺事考證』 中卷, 363~364쪽.
24) 『三國史記』 권41, 列傳1 金庾信傳 "羅人自謂少昊金天氏之後 故姓金. 庾信碑亦云 軒轅之 裔 少昊之胤 則南加耶始祖首露與新羅同姓也."
25) 末松保和, 앞의 책, 226쪽.
26) 李丙燾, 1976, 「上·下加羅의 始祖說話」, 『韓國古代史研究』, 博英社, 308쪽.

대 설화를 그런 식으로 粉飾한 것이다. 그러므로 대가야의 世系를 실제대로 복원한다는 관점에서 볼 때는 수로왕이나 뇌질청예를 제외해야 마땅할 것이다.

다만 뇌질주일과 뇌질청예라는 이름은 이진아시왕과 수로왕이 형제라는 사실을 강조하기 위하여 부가된 것일 수 있는데, 문제는 그 시기가 5세기 후반인가 아니면 더 후대인가 하는 점이다. 그런데 대가야가 멸망하고 난 후 신라에 의하여 군현 편제가 완료된 상황 아래에서는 고령과 김해 지방이 형제간이었다는 점을 강조해 보아야 實益이 없을 것이기 때문에, 그 이름들의 연원을 6세기 중엽 이후로 늦출 수는 없다. 특히 人名에 復姓을 쓰는 관행은 신라나 통일신라에서는 확인되지 않고 백제에서 砂宅, 黑齒, 眞慕, 木刕, 古爾, 再曾 등 많은 사례가 나타나므로, 惱窒이라는 姓의 표기는 4~6세기에 걸쳐 백제와 가까운 관계를 유지하면서 영향을 받은 것일 가능성이 높다.

반면에 백승충 씨는 설화 성립 시기를 늦추어, 해인사 창건 당시에 수로왕이 이진아시왕의 동생이라는 형제 설화가 창출된 것으로 파악하였다.[27] 즉 경덕왕 대 이후 김해 김씨 계통이 몰락하고 고령 지방의 위상이 상승하여, 신라 지리지 정리 과정에서 김해 금관국의 시조 설화가 고령 대가야 중심으로 바뀌었다는 것이다.[28] 이 견해는 뇌질청예에 대한 스에마쓰의 고증에 영향을 크게 받아, 설화 전체 구도의 성립 시기 자체를 늦춰 잡은 것이다. 그러나 앞서 보았듯이 스에마쓰설에는 무리가 있고, 김해와 고령 세력이 9세기 무렵에 어떻게 등락하였는지도 분명치 않다. 그리고 이 때 고령 대가야의 우위를 나타내기 위하여 설화가 조작되었다면, 옛 가야연맹 소국들 모두가 아닌 김해 금관국 하나만을 동생으로 만든 필연성이 무엇인지 알 수 없다.

---

27) 白承忠, 1992, 「于勒十二曲의 해석문제」, 『韓國古代史論叢』 3, 465쪽.
28) 白承忠, 1995, 앞의 논문, 137~138쪽.

한편 〈표 1〉의 世系에서는 수로왕을 '金官國王'이라고 지칭하였는데, 앞에서 金官國이라는 이름은 680년 이전에는 성립하기 어렵다는 고증이 있었다.[29] 그런데『삼국사기』신라본기 문무왕 20년 조에 나오는 '加耶郡에 金官小京을 두었다.'는 기록에는 다소간의 의문이 있다. 이는 같은 책 지리지 金海小京條의 기록에 '金官國이 멸망 이후 金官郡이라는 명칭을 지니고 있다가 그 이름 그대로 小京으로 개편되었다.'는[30] 것과 다른 사실을 말하고 있다. 같은 사실에 대한 기록이 본기와 지리지의 두 곳에 나온다면, 일반적으로 볼 때 본기 쪽의 것에 신빙성을 두는 것이 옳을 것이다. 그러나 본기에도 멸망 당시 김해 지방 소국이 金官國으로 나오고 있으므로,[31] 이 기록도 加耶國의 잘못이라면, 본기의 기록이라고 해서 무조건 신빙성을 둘 수 없다는 증거가 된다. 또한 고령에 大加耶郡이 존재하고 있는 상태에서, 유력한 진골 귀족인 김유신 가문의 출신지 이름이 그냥 加耶郡이었다는 것도 이치에 합당치 않다. 더욱이 앞에서 논한 바와 같이 고령 지방 郡名이 '大'字가 빠진 '加耶郡'이었다면, 같은 시기에 김해 지방도 加耶郡이었을 수는 없다.

김해 지방이 金官小京으로 변경되기 전의 행정 명칭은 무엇이었을까? 지리지의 여러 사례로 보아 김해 지방에서도 마지막 시기의 국명이 그대로 郡名으로 채택되었을 것이다. 그런데『삼국사기』김유신 열전에는 '수로왕이 駕洛九村에 이르러 加耶國을 개국하였고, 후에 金官國으로 고쳤다.'는[32] 기사가 나온다. 현존하는 김유신 열전은 그의 玄孫 金長淸이 지은 庾信行錄 10권을 요약한[33] 것이므로, 그가 생존하였을 9세기 전반 무렵에는 김

29) 末松保和, 앞의 책, 237쪽.
30) 앞의 주 10) 참조.
31) 앞의 주 12) 참조.
32)『三國史記』권41, 列傳1 金庾信傳 上 "十二世祖首露 不知何許人也. 以後漢建武十八年壬寅 登龜峯 望駕洛九村 遂至其地開國 號曰加耶. 後改爲金官國."
33)『三國史記』권43, 列傳1 金庾信傳 下 "庾信玄孫 新羅執事郎長淸作行錄十卷 行於世 頗多釀辭. 故刪落之 取其可書者爲之傳."

해 지역의 국명이 加耶國이었다가 후기에는 金官國으로 바뀌었다는 인식이
있었다고 볼 수 있다. 또한 그 行錄의 토대가 된 것이 673년 김유신의 사망
직후에 세워진 碑銘이라면, 金官小京의 설치 연대인 680년보다 앞서 金官國
이라는 명칭이 존재하였다고 볼 수도 있다.

『日本書紀』欽明紀에는 530년대에 신라에게 멸망한 김해 지방 소국의
대외적인 이름을 '南加羅國'으로 기록하고 있으며, 繼體紀 23년(529) 4월
조에는 김해 지방 四村의 신라 병합 사실을 전하고 있는데, 그 중에 '金官
村' 또는 '須奈羅村'의 이름이 보이는 것도[34] '金官'이라는 지명의 연원이
오래되었음을 보이는 예이다. 이로 보아 적어도 『日本書紀』의 편찬 연대인
720년 이전에 김해 지방의 이름이 金官村으로도 쓰였음을 확인할 수 있다.
繼體 · 欽明紀의 기사들은 『百濟本記』를 이용하고 있었으므로, 660년 백제
멸망 이전에 金官이라는 지명 표기가 사용되고 있다고 추정할 수도 있다.
그 뒤의 四村=四邑 관계 지명으로 보아 敏達紀 4년(575) 조에는 '素奈羅'가
나오고, 推古紀 8년(600) 조에는 '素奈羅'와 '南迦羅'가 나온다. 그러므로
6세기부터 7세기 초까지 김해 지방의 국명 및 군명은 '남가라'와 '수나
라' · '소나라'가 같이 쓰이고 있었다고 할 수 있다.

김유신 열전으로 보아 신라에서는 이를 '南加耶'로 쓰고 있었다. 『일본
서기』의 기록으로 유추해 보건대, 그 首邑은 '쇠나라'로 불렸던 듯하다. 이
쇠나라 마을이 어떻게 표기되었는지는 알 수 없으나 7세기 중엽에는 金官村
이라고 표기되기 시작했으며, 그 배경에는 新金氏 귀족들의 少昊 金天氏에
대한 이해가 있었을 것이다. 680년에 金官小京이 두어지기 전 김해 지방의
지명은 '加耶郡'이 아니라 '南加耶郡'이었을 것이나, 金官郡이라는 명칭도
그와 함께 사용되고 있었으며, 이는 '쇠나라'라는 지명과 동일 선상에서 부
담 없이 사용되었을 것이다. 그렇다면 『석이정전』소재 대가야 세계에서

---

34) 『日本書紀』권17, 繼體天皇 23년 4월 "上臣抄掠四村[金官 · 背伐 · 安多 · 委陀 是爲四村.
一本云 多多羅 · 須那羅 · 和多 · 費智 爲四村也.] 盡將人物 入其本國."

'金官國王'이라는 표기는, 7세기 중엽 이후의 후대적 요소라고 볼 수 있다. 추측컨대 후대의 누군가가 신성한 설화가 포함되어 있는 대가야 왕계를 무슨 필요에 의해 간략한 기록으로 정리하면서 原典에는 이름만 나와 있던 것 앞에 '금관국왕'이란 호칭을 고증해 넣었던 듯하다. 그 장본인이 최치원이었을 가능성도 배제할 수 없다.

4. 월광태자 관련 설화의 검토

대가야 王系의 불교적 성격에 대해서는 기존에 언급된 바가 없었는데, 거기에는 불교적인 인명도 보인다. 正見母主의 '正見'은 불교에서 괴로움을 없애기 위한 수행 방법인 八正道의 첫 번째 단계를 가리킨다.[35] 또한 '月光太子'는 釋尊이 過去世에 국왕의 아들로 태어났을 때의 이름으로서, 그는 나병 환자를 치료하기 위해서 자기 골수를 뽑아 주는 선행을 하였다고 한다.[36] 인명에 대하여 이런 정도로 불교적 윤색을 베풀 수 있는 시기는 대략 두 시기로 추정해 볼 수 있는데, 그 하나는 순응과 이정을 중심으로 해인사를 창건하던 9세기 초이고, 또 하나는 대가야가 신라와 결혼 동맹을 맺은 522년 이후 562년 멸망하기 전까지의 시기이다.

9세기 초의 순응과 이정이 대가야 시조 신화를 윤색하였다면 그 이유가 있어야 할 텐데, 이는 해인사 건립 및 가야 故地에의 불교 진흥 의도와 관련이 있을 것이다. 따라서 불교와 관련 없는 신화의 줄거리나 인명까지 고치

---

35) '正見'은 불교의 근본 교설에서 四聖諦의 하나인 道諦 즉 八正道의 첫 머리를 이루는 수행 방법이다. 『中阿含』권7 分別聖諦經에 의하면 '正見'은 바르게 본다는 뜻으로서, 四諦를 닦을 때 法을 잘 決擇하여 관찰하는 것이라고 설명된다. 教養教材編纂委員會編, 1981, 『佛教學概論』, 東國大學校 出版部, 87쪽.

36) 韓國佛敎大辭典編纂委員會編, 1982, 『韓國佛敎大辭典』五, 99쪽, '大智度論' 12장, 및 '經律異相' 31장 참조. 또한 南東信 氏의 教示에 따르면, 이를 '月光王子'라는 표현한 것은 『新修大藏經』2권, 560쪽 上 增一阿含經 권13 淸信士品六에 나온다.

지는 않았을 것이고, 해인사가 자리 잡게 된 가야산에 불교적인 인연을 부가하기 위하여 설화의 등장인물들을 불교적으로 윤색하는 정도였을 것이다. 그렇다면 '正見' 또는 '月光'은 원래 있던 가야산신이나 가야 왕자의 이름을 비슷한 발음이나 뜻의 불교 용어로 雅化한 것이라고 추측할 수 있다. 『동국여지승람』에는 정견모주 및 월광태자 관련 설화들이 좀 더 전하고 있으니, 이를 모으면 다음과 같다.

> 正見天王祠 [해인사 안에 있다. 민간에 전해오기를 대가야국 王后 正見이 죽어서 山神이 되었다고 한다.]
>
> 月光寺 [야로현 북쪽 5리에 있다. 세상에 전해오기를 대가야 太子 月光이 창건한 것이라고 한다.]
>
> 擧德寺 [옛 터가 해인사 서쪽 5리에 남아 있다. 최치원의 『釋順應傳』에 이르기를 "그 서쪽 산의 두 시냇물이 만나는 곳 옆에 난야(=절)가 있는데 이름을 擧德이라고 한다. 옛날에 대가야 太子 月光이 불문에 귀의하는 인연을 맺은 곳이다." 운운하였다.][37]

위의 기록으로 보아 가야산신 정견모주는 '正見天王'이라고도 표현되었으며, 해인사 안에 그를 제사하는 사당이 있음을 알 수 있다. 정견모주가 언제 '정견천왕'이라는 남성적인 신의 이름으로 바뀌었는지는 분명치 않다. 신라 小祀 중의 하나인 菁州(진주) 소재 '加良岳'은[38] 가야산을 가리키니, 그 神祠는 正見天王祠일 것이다. 정견천왕사가 해인사의 창건 연기와 관련하여 그 경내에 축조되었다기보다는, 오히려 해인사가 가야산신 정견모주에 대한 제사 터를 확장하여 창건되었다고 보는 것이 옳을 듯하다. 왜

---

37) 『新增東國輿地勝覽』 권30, 陜川郡條.
   "正見天王祠 [在海印寺中. 俗傳 大伽倻國王后正見 死爲山神.]"(祠廟條)
   "月光寺 [在冶爐縣北五里. 世傳 大伽倻太子月光所創.]"(佛宇條)
   "擧德寺 [遺址在海印寺西五里. 崔致遠 釋順應傳 其西崦兩溪交滸 有蘭若 號擧德. 往古 大伽倻太子月光結緣之所 云云.]"(古跡條)
38) 『三國史記』 권32, 잡지1 제사 小祀條 참조.

냐하면 해인사가 창건되는 9세기 초보다 훨씬 전부터 신라 小祀의 하나로서 가야산신에 대한 제사는 이루어지고 있었으며, 이는 대가야국의 제사를 이어받은 것이라고 추정되기 때문이다.

『일본서기』에는 544년 무렵 가야연맹의 제사에 대한 구절이 나오는데, 그에 의하면 제사는 음력 정월에 행해진 듯하다.[39] 그 제사가 각 소국별로 따로 행해졌는지, 아니면 맹주국인 대가야국에서 공동으로 행해졌는지는 분명치 않지만, 공동으로 치러졌다면 그 장소는 바로 가야연맹의 聖所인 가야산이었을 것이다. 가야산신의 이름이 언제부터 정견모주라고 칭해졌는지에 대해서는 월광태자의 경우와 함께 다루는 것이 좋을 것이다.

월광태자와 관련된 전승은 해인사 주변 두 곳의 작은 절과 관련되어 있었는데, 擧德寺는 대가야 太子 月光이 처음으로 불문에 귀의한 곳이고, 月光寺는 월광이 창건한 곳이라고 전한다. 이 전설을 그대로 신뢰하여, 월광태자가 어머니 문제로 어려서부터 심적인 고뇌를 맛보며 성장하다가 결국 거덕사에서 결연을 한 것이라고 추정한 견해도[40] 있다. 거덕사는 남아 있지 않지만, 현존하는 월광사는 산촌치고는 평평한 들이 넓게 펼쳐진 마을 가까이에 있는데, 통일신라 후기의 것으로 추정되는 삼층석탑 2기가 남아 있다. 뒤쪽에 후대의 자그마한 법당이 있을 뿐 주변이 다 논으로 되어 있어서 전성기의 절 규모는 예측할 수 없다. 삼층석탑의 축조 시기가 절의 창건 연대를 말해주는 것은 아니지만, 적어도 그 下限이 신라시대였다는 것은 확인시켜 준다.

그러므로 대가야 월광태자의 전승은 신라시대에 옛 가야 지역의 佛心을 진흥시키는데 도움을 주었던 것을 알 수 있다. 그가 대가야 태자이면서 어머니는 신라 왕녀였다는 사실은 가야 고지의 민심을 위무하는데 큰 도움이 되었을 것이다. 『석순응전』에서 '월광태자가 正見의 10세손' 이라고 하여

---

39) 『日本書紀』 권19, 欽明天皇 5년 봄 정월 "百濟國遣使 召任那執事與日本府執事. 俱答言 祭神時到 祭了而往."
40) 金福順, 1995, 「大伽耶의 불교」, 『加耶史硏究 -대가야의 정치와 문화-』, 慶尙北道, 290쪽.

정견모주를 기점으로 세대수를 계산한 것은, 마치 八正道로 수행을 하며 善業을 거듭 쌓은 결과 그 法孫은 자신의 골수를 병자에게 뽑아줄 정도의 聖者가 되었다는 불심의 계통을 논하고 있다는 느낌도 든다. 정견모주와 월광태자의 전승은 그만큼 불교와의 긴밀한 연관을 가지고 있는 것이고, 최치원은 순응과 이정이 血緣으로나 佛緣으로나 그 후손임을 기록으로 전한 것이다. 따라서 불교 진흥의 성과를 놓고 역으로 추정한다면, 대가야 世系 속에서 정견모주와 월광태자의 이름은 해인사 창건과 관련하여 9세기 초에 추가되거나 또는 수정되었다고 보아야 할지도 모른다.

그러나 9세기 초의 이정과 순응은 禪宗과 이론적으로 결합한 華嚴宗을 받아들이고 있었으므로, 그 당시의 윤색이라면 예를 들어 화엄 十地 중의 첫 단계를 따서 '歡喜母主'라고 하는 등 인명에 그와 연관된 증거가 보여야 할 것이다. 그런데 '正見'은 『華嚴經』 제30권에도 "正見이 굳건하면 모든 妄見을 여읜다."는 말이 나오긴[41] 하나 『中阿含』 등 小乘 계통 초기 경전에서부터 나오는 용어로[42] 화엄종만의 것이 아니므로 반드시 그 시기의 윤색이라고 단정할 수는 없다. 또한 '月光太子'는 대승불교의 시조인 龍樹의 『大智度論』 제12권에 나오는 인물이며[43] 이 책은 5세기 초에 구마라습에 의해 漢譯되었으므로,[44] 신라에서도 불교 전래 초기인 6세기 이후로는 이용할 수 있었다. 과연 6세기 대가야에 그럴 만한 여건이 조성되어 있었을까?

전반적으로 볼 때 6세기 전반 당시 대가야의 사회 발전 수준이 불교를 받아들여서 그 의미를 제대로 이해할 정도였다고 말할 자신은 없다. 그러나 주변의 고구려나 백제는 이미 4세기 후반 소수림왕 및 침류왕 때부터 불교를 인정하였고, 신라에도 5세기 전반 눌지 마립간 때 이후로는 고구려의 승

---

41) 『韓國佛敎大辭典』 五, 853쪽.
42) 앞의 주 35) 참조.
43) 앞의 주 36) 참조.
44) 敎養敎材編纂委員會編, 1981, 『佛敎文化史』, 東國大學校 出版部, 45쪽.

려들이 왕래하였으므로, 가야인들도 불교의 존재에 대해서는 알고 있었을 것이다. 그러다가 대가야 이뇌왕은 522년에 신라 법흥왕과 결혼 동맹을 맺고 524년에는 국경 부근에서 법흥왕과 만나기도 하는 등[45] 밀접하게 교류하던 중에, 528년에 불교를 공인한 신라를 통하여 불교를 수용하였을 가능성이 있다. 이뇌왕의 결혼 때 신라 왕녀를 따라온 從者의 變服 문제로 양국 간에 분쟁이 생겨 신라가 이혼을 요구하자 加羅 己富利知伽 즉 이뇌왕이 아이의 존재로 인하여 난색을 표명했다는 것으로 보아,[46] 그들 사이에 출생한 月光太子는 그 매개 역할을 충분히 하였을 것이다.

6세기 전반 당시의 신라는 이른바 '佛敎王名時代'[47]라고 하여 法興王·眞興王 등 왕명부터 불교 인명을 사용하였으며, 화랑 斯多含의 이름처럼 일반 귀족 사회에도 그러한 경향이 퍼져 있었음을 알 수 있다. 신라 왕실은 법흥왕 대에 착공한 첫 번째의 절 이름을 '興輪寺'라 하고[48] 진흥왕의 아들 이름을 '銅輪太子'와 '舍輪(金輪)'이라 하는 등,[49] 轉輪聖王 설화를 중시하는 경향이 있었다.[50] 斯多含은 앞에서 보았듯이 562년에 16세의 나이로 대가야를 정복한 화랑으로, 그 이름은 阿羅漢이 되기 위한 여러 단계의 수행 위계 중에서 매우 높은 단계의 명칭이다.[51]

---

45) 『三國史記』권4, 新羅本紀4 法興王 11년 가을 9월 "王出巡南境拓地. 加耶國王來會."

46) 『日本書紀』권17, 繼體天皇 23년 3월 조 및 拙著, 192~196쪽 참조.

47) 金哲埈, 1952, 「新羅上代社會의 Dual Organization」, 『歷史學報』2 ; 1990, 『韓國古代社會研究』, 서울大學校出版部, 148쪽.

48) 『三國史記』권4, 新羅本紀4 眞興王 5년(544) 조 및 『三國遺事』권3, 興法3 原宗興法 厭髑滅身條 참조.

49) 『三國史記』권4, 新羅本紀4 진평왕 즉위 조 및 진지왕 즉위 조 참조.

50) 진흥왕대에 왕자들의 이름에 轉輪王의 이름을 붙인 것은 『仁王經』의 영향이라고 한다. 鄭璟喜, 앞의 논문, 7쪽.

51) 部派佛敎 시대(기원전 5-1세기)의 아비달마 교학에 의하면, 사다함은 열반의 경지인 阿羅漢의 果를 증득하기 위한 수행 위계로서, 聖位 四果의 第二位에 해당한다. 사다함에 대해서는 『長阿含經』, 『四分律』, 『十誦律』, 『法華經』, 『涅槃經』 등에서 언급되고 있다. 교양교재편찬위원회편, 1981, 『불교학개론』, 동국대출판부, 146쪽 ; 鄭璟喜, 1988, 「三國時代 社會와 佛經의 研究」, 『韓國史研究』63, 56쪽 ; 『韓國佛敎大辭典』三, 27쪽.

이와 같은 신라 귀족 사회의 인명들을 대가야의 것과 비교해 볼 때, '銅輪'과 '月光太子' 같은 요소들은 인도 초기 불교에서의 석가모니와 연관된 설화를 배경으로 삼고 있다는 점에서 공통성을 지니며, '斯多含'과 '正見'의 요소는 근본 교설 또는 소승불교에서의 수행 방법 및 수행 위계를 나타낸다는 점이 같다. 그러므로 대가야국 왕계에 나타나는 불교적 윤색은 6세기 전반에 신라와의 연관 아래 이루어졌을 가능성을 무시할 수 없다고 하겠다.

특히 月光太子는 신라 왕실과 가까운 진골 귀족인 比助夫의 누이동생의 아들이었으므로, 그의 이름을 신라 왕실에서 別稱으로 지어주었을 수도 있다. '월광태자'라는 이름은 정복의 표상인 轉輪王처럼 국가불교적인 관념을 가지고 있는 것이 아니라, 오히려 자신의 핏줄을 끊고 뼈까지 부러뜨려 남에게 피와 골수를 제공한다는 '절대 희생'의 표상으로 여겨진다. 신라는 자신들의 혈통을 절반만 이어받은 그를 희생양으로 삼아 대가야를 정복하겠다는 의식 속에 그에게 월광태자라고 명명하였을 가능성도 있는 것이다.

또한 대가야의 불교 수용 문제는 중국 南齊 및 백제와의 교류와 연관하여 다시 한 번 생각될 필요가 있다. 대가야가 불교를 이해하고 있었다는 증거는 몇 가지로 나누어 볼 수 있다.

첫째로, 대가야는 479년에 남제에 조공하였던 바,[52] 남제는 이 때 가라왕 荷知에게 불교를 보급하였을 가능성이 있다. 가야국 嘉悉王 즉 하지의 가야금 이야기가 얽혀 있는 우륵 12곡 중에 '師子伎'가 있는데, 이는 사자 假面을 쓰고 연주하는 獅子舞에 쓰인 음악으로서,[53] 중국 남조의 伎樂이 가야에 들어와 정착한 것이라고 보인다. 그런데 사자춤에서 獅子는 부처님이 보낸 使者이기도 하고 사자춤 자체가 초기에는 寺院에서의 장례나 법회에 쓰이던 것이라고 하므로,[54] 대가야 궁정 악사인 우륵이 이를 주제로 가야금

---

52) 『南齊書』 권58, 列傳39 東南夷傳 東夷 加羅國條.
53) 梁柱東, 1965, 『古歌研究』, 一潮閣, 31쪽.

곡을 연주할 정도였다면 불교에 대한 기초적인 이해는 이미 수립되어 있었다고 보아도 좋을 것이다.

둘째로, 『삼국사기』 신라본기와 열전에 의하면, 신라 화랑 사다함이 5,000騎를 거느리고 대가야로 쳐들어가 그 城門인 栴檀門 또는 旃檀梁으로 들어가 白旗를 세웠다고 하는 바,[55] 그 '전단'은 불경에 자주 나오는 향나무의 일종이라고 한다.[56] 이는 대가야가 자신의 성문에 불교 용어를 붙였다는 것을 나타내므로, 마지막 시기의 대가야가 불교를 활용하고 있었음은 분명한 일이다.

셋째로, 대가야는 백제를 통해서 불교를 받아들였을 가능성도 있다.[57] 고령 고아동 벽화고분은 석실의 터널식 천정 구조가 공주 송산리 벽화전분과 유사함으로써[58] 마지막 시기의 대가야가 백제 문화의 영향을 받고 있었음을 확인할 수 있는데, 그 천정에 그려져 있는 蓮花文은 부여 능산리 벽화고분과 상통한 양식의 것이라고 한다.[59] 이는 대가야가 불교를 이해하고 있었다는 방증 자료가 될 수 있을 것이다. 백제는 멀리 있는 왜국에 대해서도 552년에 불상·경론 등을 전수하였다고 하는데,[60] 그보다 가깝고 정치적으

---

54) 李杜鉉, 1959, 「新羅五伎考」, 『서울大學校人文社會科學論文集』 9, 206~208쪽 ; 1979, 『韓國演劇史』, 普成文化社, 49쪽.
　　金福順, 1995, 앞의 논문, 295쪽.

55) 『三國史記』 권4, 新羅本紀4 眞興王 23년 가을 7월 "斯多含領五千騎先馳 入栴檀門 立白旗 城中恐懼 不知所爲."
　　같은 책, 권44, 列傳4 斯多含傳 "及抵其國界 請於元帥 領麾下兵 先入旃檀梁[旃檀梁 城門名 加羅語謂門爲梁云.]."

56) 金福順, 앞의 논문, 292쪽.

57) 金福順 氏는 이 가능성이 제일 크다고 보았다. 위의 논문, 288쪽.

58) 金元龍·金正基, 1967, 「高靈壁畵古墳調査報告」, 『韓國考古』 2, 서울대학교 考古人類學科, 4쪽.
　　啓明大學校博物館, 1989, 『高靈古衙洞壁畵古墳 實測調査報告』.

59) 神谷正弘, 1982, 「慶尙北道高靈壁畵古墳について」, 『古文化論集』 下卷, 森貞次郎博士古稀記念論文集刊行會, 1130~1131쪽.
　　全虎兒, 1992, 「가야 고분벽화에 관한 일고찰」, 『韓國古代史論叢』 4, 韓國古代社會研究所, 171쪽.

로도 중요한 가야에게는 그보다 먼저 불교 문물을 전수하였을 것이다.

이러한 사실들을 토대로 삼아 좀 더 적극적으로 추정해 본다면, 마지막 시기의 대가야는 불교를 잘 알고 있었으며, 약화된 왕권을 다시 세우는 명분으로 이를 이용하였을 수도 있다. 그리하여 기존의 시조 신화에 자체적으로 正見母主나 月光太子를 추가하여 불교식으로 윤색하면서 통합 작업을 재 시도하였을 것이며, 그런 모든 시도의 주체는 월광태자 자신 및 그 측근이었을 가능성이 높다. 왜냐하면 모든 불교적 변용의 중심은 월광태자에 놓여 있으며 그 후의 이야기는 전해지지 않고 있기 때문이다. 그러나 그 직후 어떤 과정을 거쳐서 대가야는 완전히 멸망하였고, 그 신화는 신라 왕녀와의 연관성으로 인하여 신라인들에게까지 전승되었다. 대가야 왕족의 후손으로서 加耶系 新羅人이었던 順應과 利貞은, 그런 인연을 이용해서 가야 故地의 불교를 진흥시키려고 가야산에 해인사를 창건하고 그 신화를 널리 보급하였으며, 그런 불교 진흥책은 성공적이었다.

5. 대가야 왕계에서의 도설지

『석이정전』과 『석순응전』의 대가야 세계에서 사실과 다르게 의도적으로 조작되거나 윤색된 것을 제외하고 볼 때 남는 것은 다음과 같다. 즉 加耶山神 正見母主와 天神 夷毗訶之가 伊珍阿豉王을 낳았으며, 이진아시왕의 8세손 異腦王이 신라 夷粲 比枝輩의 딸을 맞아 결혼하여 아들을 낳았으니, 그 아들이 月光太子라는 것이다.

맨 앞에 나오는 天神의 이름은 末松保和가 '夷毗訶'라[61] 하고, 이병도가 '夷毗訶之'라고[62] 한 후, 학자에 따라 그 표기가 일정하지 않았다. 『석

---

60) 『日本書紀』권19, 欽明天皇 13년(552) 겨울 10월 "百濟聖明王[更名聖王] 遣西部姬氏達率 怒唎斯致契等 獻釋迦佛金銅像一軀 · 幡蓋若干 · 經論若干卷."

61) 末松保和, 앞의 책, 225쪽.

이정전』의 원문에는 "伽倻山神正見母主 乃爲天神夷毗訶之所感 生…"이라고 되어 있어서, '之'의 역할이 문제가 된 것이다. 이 문장에서 만일 천신의 이름을 '이비가'로 하면 '가야산신 정견모주가 천신 이비가의 소감(=느낌)이 되어 …를 낳았다.'고 해석되어 문맥이 이상해진다. 천신의 이름을 '이비가지'로 해야만 '爲…所' 被動構文으로서 '가야산신 정견모주가 천신 이비가지에게 감응되어 …를 낳았다.'고 되어 문맥이 순조롭다. 그러므로 천신의 이름은 '이비가지'로 보는 것이 타당하다.[63]

여기서 '感' 즉 '감응되었다'는 것은 '信心이 神의 靈에 통하였다'는 뜻이니, 가야산신 정견모주가 치성을 드려 천신의 靈에 통했다는 것이다. 그러므로 대가야의 天神은 다른 天降神話에서와 달리 하늘에서 땅으로 내려와 만물을 주재한 것이 아니라 단지 가야산신에게 감응을 준 것뿐이어서, 이비가지는 계보상의 중요성이 약한 편이다. 대개 천신은 외래계 이주민으로 抽象되는바, 대가야 세계에서 천신이 감응만 주었다는 것은, 이주민 계통이 대가야 왕권의 확립에 중요한 역할을 하였으나 그들이 직접 왕실의 주인이 되지는 못하였음을 상징하는 것이 아닐까 한다.

加耶山神 正見母主는 땅에 근거를 둔 산신이면서 '母主'라는 여성 인격을 띠고 있으므로, 실재 인물은 아니고 대대로 이 지역에서 숭배되어 오던 토착적인 地母神의 표상이라고 보인다. 산의 이름이 언제부터 '加耶山'이라는 표기로 정착되었는지는 알 수 없지만, 그 시기는 늦어도 5세기 이후 후기 가야연맹 시기로 소급될 수 있을 것이다. 『삼국사기』 제사지에 기록된 신라 祀典體系에서는 '加良岳' 즉 가야산이 소홀히 취급되어 小祀의 하나로 전락되었으나, 가야연맹 시기에는 가야산이 가야연맹 전역의 聖所로서 숭배되었을 것이다. 그에 대한 신앙은 고구려 夫餘神[64] 河伯女에 대한 제사

62) 李丙燾, 앞의 책, 308쪽.
63) 이비가지의 '夷毗'를 '夷畯'의 訛傳으로 보고 '訶之'는 '阿鼓'와 같으므로, 이비가지는 '伊珍阿鼓'의 音轉이라는 주장도 있다(李丙燾, 앞의 책, 308쪽). '가지'가 존칭일 것이라는 정도는 받아들일 수 있으나, 그 이외의 무리한 고증은 대세를 모호하게 할 뿐이다.

와 유사한 성격을 띤다고 보인다. 하백녀는 고구려 시조 東明王의 모친이었고, 東夫餘에 있었던 太后廟는[65] 고구려 왕권 성립을 상징하는 聖所로서, 역대 왕들이 친히 가서 제사하던 곳이었다. 정견모주는 대가야 시조 이진아시왕의 모친이었으므로 가야산 '正見天王祠'의 전신이었을 '母主廟' 또한 대가야 및 그를 중심으로 한 가야연맹 결속의 상징이었을 것이다.

伊珍阿豉王은 가야산신의 아들로서 대가야국의 시조이고, 별칭은 內珍朱智, 또는 惱窒朱日이라고 하였다. 522년 당시 이뇌왕의 7代祖라는 위치로 볼 때, 이진아시왕은 대략 4세기 초 무렵부터 고령읍 지역을 기반으로 대두하여 대가야국의 前身인 半路國 또는 伴跛國 주체 세력의 하나를 이루던 宗族의 長이었을 것이다. 그의 일족들은 한동안 그 지역에 머무르면서 반파국의 國邑 세력에게 협력하다가, 5세기 초 이후 밀려들어오는 선진 유이민 세력들과 결합하여 기존의 반파국 국읍을 누르고 새로운 정권의 중심지로 대두한 것으로 생각된다. 고령 지방의 문화 중심이 4세기 말 5세기 초 사이에 개진면 반운리에서 고령읍 지산리로 이동한 것은[66] 그들의 정변에 따른 결과였을 것이다.

그 후 언제인지 알 수는 없지만, 그들은 이진아시왕의 사당, 즉 대가야 始祖廟를 세우고 그의 神主를 모셨을 것이다. 그렇다면 대가야국 역대 왕들이 묻혔으리라고 추정되는 고령 지산동 고분군이 있는 부근에 그의 사당이 있었을 것이다. 지표 조사를 토대로 해서, 주산을 오르는 길의 중턱에 있는 옛 高靈郡立博物館 주변이 대가야 시기까지 소급되는 건물지였으며 그것이 바로 대가야 왕궁터라고 주장하는 견해가 있는데,[67] 그 위치가 높고 규모가

---

64) 『周書』권49, 列傳41 異域上 高麗傳, 『北史』권94, 列傳82 高句麗傳 참조.

65) 『三國史記』권31, 雜志1 祭祀 "古記云 東明王十四年 秋八月 王母柳花薨於東扶餘 其王金蛙以太后禮葬之 遂立神廟. 太祖王六十九年 冬十月 幸扶餘 祀太后廟."

66) 金世基, 1995, 「大伽耶 墓制의 變遷」, 『加耶史硏究』, 慶尙北道, 356쪽.
李明植, 1995, 「大伽耶의 歷史·地理的 環境과 境域」, 위의 책, 69쪽.
위에서 金世基 氏는 그 이동 시기를 4세기 초로 보았으나, 지산리에는 4세기 대에 해당하는 대형 고분이 없으므로 5세기 초로 늦추어 보아야 할 것이다.

작아서 대가야 왕궁보다는 시조묘가 세워졌을 자리인 듯하다. 신라의 祀典
體系에서 中祀의 대상으로 된 곳으로서 大加耶郡(고령) 소재 '推心'이라는
곳이 있는데, 그 主神은 大加耶 始祖인 伊珍阿豉王으로 보는 것이 타당할
것이다.

대가야 시조의 2세손 이후 7세손까지의 계보는 체계적으로 확인하기 어
렵다.[68] 이 논문의 前稿에서는 고령 지방에 구전되어 내려오는 錦林王陵[69]
의 주인을 반파국의 옛 왕족을 누르고 고령읍 지역 중심의 왕권을 창출한
인물로 보아 이진아시왕의 3세손 내지 4세손 정도에 비정하였으나, 이번에
그 결론을 수정하고자 한다.

우선 가라국왕 기본한기 관련 사료를 제시하면 다음과 같다.

〈가〉 (신공황후 섭정) 62년(262)에 신라가 조공하지 않았다. 그 해에 소쓰비코
[襲津彦]를 보내서 신라를 쳤다.
〈나〉〈『百濟記』에서는 다음과 같이 기록하였다. 「임오년에 신라가 貴國에 공물
을 바치지 않다. 귀국은 沙至比跪를 보내어 (신라를) 치도록 하였다. 신
라인은 미녀 두 사람을 치장하여 나루에 마중 나가 (그를) 유혹하게 하였
다. 사지비궤는 그 미녀를 받아들이고 도리어 加羅國을 쳤다. 加羅國王 己
本旱岐와 그 아들 百久至, 阿首至, 國沙利, 伊羅麻酒, 爾汶至 등이 그 인민
을 거느리고 백제로 도망해왔다. 백제는 후하게 대접하였다. 가라국왕의
누이동생 旣殿至가 大倭를 향하여 아뢰었다. "천황은 沙至比跪를 보내 신
라를 치도록 하였으나, (그는) 신라의 미녀를 받아들여 (임무를) 저버리고

---

67) 朴天秀, 1995,「加耶土器에 보이는 地域性과 王權」,『加耶諸國의 王權』(인제대학교 가야
    문화연구소 주최 제2회 국제 학술회의 발표요지), 113쪽.
68) 『日本書紀』권9 神功皇后 攝政 六十二年條 細注 소재『百濟記』에 인용된 壬午年條에 加
    羅國王 己本旱岐라는 인물이 나온다. 이 기사에 대해서는 그 사건의 시기 및 공격 주체,
    복구 주체를 어디로 보는가에 따라 여러 가지로 해석이 나뉜다. 田中俊明, 앞의 책, 97쪽 ;
    金鉉球, 1993,『任那日本府硏究』, 一潮閣, 49~55쪽 ; 李文基, 1995,「大伽耶의 對外關係」,
    『加耶史硏究』, 慶尙北道, 214쪽 참조. 그러나 이 기사는 후대의 조작이 너무 심해서 사료
    적 가치가 미심하다고 보아, 기본한기의 존재 여부를 포함해서 모든 해석을 유보해 둔다.
69) 『新增東國輿地勝覽』권29, 高靈縣 古跡 "錦林王陵 [縣西二里許有古藏. 俗稱錦林王陵.]"

치지 않았으며 도리어 우리나라를 멸망시켰습니다. 형제와 인민이 모두 떠돌고 가라앉아 있으니, 걱정만 하고 있을 수는 없습니다. 그래서 이렇게 와서 아룁니다." 천황은 크게 노하여 즉시 木羅斤資를 보내어 군사들을 거느리고 加羅에 집결하여 그 사직을 복구하게 하였다.」

〈다〉 또는 다음과 같이 기록하였다. 「沙至比跪는 천황의 노여움을 알고 감히 드러내놓고 돌아오지 못하고 (가만히 와서) 스스로 숨어 엎드렸다. 그의 누이 동생에 황궁에서 총애를 받는 이가 있었다. 比跪는 몰래 심부름꾼을 보내 천황의 노여움이 풀렸는지 아닌지를 묻게 하였다. 누이가 꿈을 핑계 삼아, "간밤의 꿈에 沙至比跪를 보았어요."라고 말하였다. 천황이 크게 노하여, "比跪가 어찌 감히 왔겠는가?"라고 하였다. 누이가 천황의 말을 보고하였다. 비궤는 (벌을) 면치 못함을 알고 바위 동굴에 들어가 죽었다.」)[70]

이 기사의 실제 연대에 대해서는 『일본서기』 神功紀 49년 조에 보이는 초고의 존재 시기와 연관하여 2주갑을 인하해서 보는 382년 설[71]과 『삼국사기』에 보이는 목협만치의 존재 시기와 연관하여 3주갑을 인하해서 보는 442년 설[72]이 있다. 또한 사건의 결과에 대해서는 일반적으로 대가야의 구원 요청을 받은 백제가 이를 구원했다는 정도로 받아들이고 있다. 그러나 그 대가야를 친 사지비궤에 대해서는, 倭가 일찍부터 우호 관계에 있는 金

<hr />

70) 『日本書紀』 권9, 神功皇后 攝政 六十二年 "新羅不朝. 卽年 遣襲津彦撃新羅.[百濟記云 壬午年 新羅不奉貴國. 貴國遣沙至比跪 令討之. 新羅人莊飾美女二人 迎誘於津. 沙至比跪 受其美女 反伐加羅國. 加羅國王己本旱岐 及兒百久至·阿首至·國沙利·伊羅麻酒·爾汶至等 將其人民 來奔百濟. 百濟厚遇之. 加羅國王妹旣殿至 向大倭啓云 天皇遣沙至比跪 以討新羅. 而納新羅美女 捨而不討 反滅我國. 兄弟人民 皆爲流沈. 不任憂思 故以來啓. 天皇大怒 卽遣木羅斤資 領兵衆來集加羅 復其社稷. 一云 沙至比跪 知天皇怒 不敢公還 乃自竄伏. 其妹有幸於皇宮者. 比跪密遣使人 問天皇怒解不. 妹乃託夢言 今夜夢見沙至比跪. 天皇大怒云 比跪何敢來. 妹以皇言報之. 比跪知不免 入石穴而死也.]"

71) 末松保和, 1948, 앞의 책, 41쪽.
三品彰英, 1962, 『日本書紀朝鮮關係記事考證 上』, 吉川弘文館, 205쪽.
金鉉球, 1993, 앞의 책, 51쪽.
李文基, 1995, 앞의 논문, 213쪽.
李鎔賢, 1999, 『加耶と東アジア諸國』, 日本 國學院大學 大學院 博士論文, 27쪽.
김현구 외, 2002, 『일본서기 한국관계기사 연구(Ⅰ)』, 일지사, 129쪽.

官國 또는 安羅國을 기반으로 하여 독자적으로 대가야에 진출하여 거기에 패권을 확립하려고 보낸 왜인으로 보는 견해,[73] 신라가 특정 세력을 조종하여 고령 지방의 가야를 공격한 것이라고 보는 견해,[74] 백제가 신라를 치기 위하여 사지비궤를 보냈는데 그가 도리어 대가야를 친 것이라고 보는 견해,[75] 백제가 가야 지역으로부터 租賦를 받는 과정에서 백제 귀족인 사씨 가문이 목씨 가문을 제치고 일시적으로 장악한 것으로 보는 견해[76] 등으로 나뉜다.

우선 기사의 연대를 먼저 살펴보자. 『日本書紀』神功紀와 應神紀의 기록에는 서기 249년에 백제 장군인 木羅斤資가 왜왕의 명령을 받아 신라를 쳐서 比自㷨 등의 7국을 평정하였다거나,[77] 294년에 그의 아들인 木滿致가 아버지의 공으로 任那를 오로지하고 백제와 왜국을 왕래하면서 백제 조정에서 높은 권세를 누렸다는[78] 등의 기록이 나온다. 그러나 『삼국사기』 백제본기에서는 목만치와 동일인으로 보이는 木劦滿致가 475년에 한성 함락에 즈음하여 문주왕과 함께 남쪽으로 갔다고 나온다.[79] 또한 『宋書』 卷97, 夷蠻傳 百濟國條의 기록으로 보아,[80] 개로왕 4년(458)에 왕의 추천으로 송나라

72) 山尾幸久, 1989, 『古代の日朝關係』, 124쪽.
　　田中俊明, 1992, 앞의 책, 96쪽.
　　李根雨는 3주갑 인하설을 인정하면서도 신공기 62년 조의 연대를 특정하지는 않았다. 李根雨, 1994, 『日本書紀에 인용된 百濟三書에 관한 硏究』, 한국정신문화연구원 한국학대학원 박사학위논문, 56~62쪽.
73) 田中俊明, 1992, 앞의 책, 97쪽.
74) 李文基, 1995, 앞의 논문, 214쪽.
75) 金鉉球, 1993, 앞의 책, 54쪽; 김현구 외, 2002, 앞의 책, 130쪽.
76) 盧重國, 1994, 「百濟의 貴族家門 硏究 -木劦(木)氏 세력을 중심으로-」, 『大丘史學』 48, 13쪽.
77) 『日本書紀』 권9, 神功皇后 攝政 49년 조.
78) 『日本書紀』 卷10, 應神天皇 25년(294) "百濟直支王薨 卽子久爾辛立爲王 王年幼. 木滿致 執國政 與王母相婬 多行無禮. 天皇聞而召之. [百濟記云 木滿致者 是木羅斤資討新羅時 娶其國婦而所生也. 以其父功 專於任那. 來入我國 往還貴國. 承制我朝 執我國政 權重當世. 然天朝聞其暴 召之.]"
79) 『三國史記』 卷25, 百濟本紀3 蓋鹵王 21년 가을 9월 조.

로부터 관작을 받은 11인 중에 8인이 백제의 왕족인 餘氏인데 그들과 어깨를 나란히 하여 龍驤將軍의 작호를 받은 沐衿은 木羅斤資로 추정된다.[81] 이처럼 한국과 중국의 다른 사서에서 458년 목라근자, 475년 목만치의 존재가 확인된다면, 『일본서기』 249년과 262년의 목라근자는 429년과 442년으로, 294년의 목만치는 474년으로 3주갑씩 인하해야 옳다고 하겠다.

사건의 동기에 대해서는 기존의 견해들이 왜, 신라, 백제가 각각 고령을 공격하거나 또는 장악한 상태를 전제하고 있다. 그러나 이 기사는『百濟記』에서 비롯된 것이라는 것을 먼저 생각해야 한다. 위의 사료 〈가〉는『일본서기』의 본문이나 이는 細注의 『백제기』를 토대로 작문한 것으로 보는 것이 보통이다. 신라가 조공하지 않았기 때문에 가츠라기노 소쓰비코[葛城襲津彦][82]를 보내 신라를 쳤다고 하는 문장은 상투적인 것으로 사실이라고 보기 어렵다. 이것의 바탕이 된 사료 〈나〉의『백제기』인용 부분에서 사지비궤가 신라를 치려다가 신라의 미녀를 받고 대신 가야를 쳤다는 것도 상투적이기는 마찬가지로 역시 사실이라고 보기 어렵다.

『백제기』인용문에 나오는 '貴國', '大倭', '天皇' 등의 용어가 원문 그

---

80) 『宋書』卷97, 列傳57 百濟國 "毗死 子慶代立. 世祖大明元年 遣使求除授 詔許. 二年 慶遣使上表曰「臣國累葉 偏受殊恩 文武良輔 世蒙朝爵. 行冠軍將軍右賢王餘紀等十一人 忠勤宜在顯進 伏願垂愍 並聽賜除.」仍以行冠軍將軍右賢王餘紀爲冠軍將軍. 以行征虜將軍左賢王餘昆 · 行征虜將軍餘暈並爲征虜將軍. 以行輔國將軍餘都 · 餘乂並爲輔國將軍. 以行龍驤將軍沐衿 · 餘爵並爲龍驤將軍. 以行寧朔將軍餘流 · 麋貴並爲寧朔將軍. 以行建武將軍于西 · 餘婁並爲建武將軍."

81) 金琪燮, 2000, 『백제와 근초고왕』, 學硏文化社, 166쪽.

82) 그는 야마토[大和] 가츠라기[葛城]의 豪族이다. 소쓰비코[襲津彦]의 자손인 葛城氏는 5세기 天皇家의 외척으로서 번영하였다. 소쓰비코에 관한 기사는 『日本書紀』神功 5년(205)조, 同 62년(262) 조, 應神 14년(283) 조, 16년(285) 조, 仁德 41년(353) 조, 履中 卽位前紀, 允恭 5년 조, 雄略 7년 조 등에 나온다. 이로 보아 仁德天皇은 소쓰비코의 딸 磐之媛을 황후로 맞아 履中, 反正, 允恭을 낳았고, 履中天皇은 그의 손녀 黑媛(葦田宿禰의 딸)을 맞아 市邊押羽皇子(顯宗 · 仁賢의 아버지)를 낳았고, 雄略天皇은 韓媛(葛城圓大臣의 딸)을 맞아 淸寧을 낳고 소쓰비코의 증손녀 毛媛(玉田宿禰의 딸, 吉備上道臣田狹의 妻)을 사랑하였다. 神功紀와 應神紀에 나오는 전설에서는 모두 소쓰비코를 한반도를 자주 왕래하는 장군으로 귀화인들을 많이 데리고 왔다고 말하고 있다.

대로라면 이 책은 천황 호칭을 쓰기 시작한 7세기 후반이나 8세기 초의 『일본서기』 편찬 단계의 것으로 볼 수밖에 없다. 그런데 역시 『백제기』의 인용 부분으로 보이는 사료 〈다〉로 보아 그는 일본 왕실의 외척으로 나오고 있다. 이는 소쓰비코 후손들의 지위와 그대로 통하는 바가 있다. 그렇다면 『백제기』를 편찬하여 제출한 사람들이 이미 소쓰비코의 역사적 지위에 대하여 알고 있었고 그 후손들의 명분에 타격을 주기 위해 그와 동일인으로 보이는 沙至比跪를 안출하여 그와 관계없는 일화에 끼워 넣은 것일 수도 있다. 사지비궤는 이 설화에서 죽었다고 하지만 소쓰비코[襲津彦]는 그 후 應神紀에서도 두 차례의 활약상이 나오고 있다.

또한 『일본서기』에서 大倭라고 썼을 때는 일반적으로 야마토국[大和國]을 가리키지만, 대부분의 판본에서 應神紀 25년 조의 『百濟記』에 의거하였다고 생각되는 문장에 '大倭 木滿致'라고 쓰고 있다.[83] 그런데 『백제기』에서 왜국을 지칭하는 명칭은 '貴國'이므로, '대왜'는 그와 다른 것을 가리킨다고 할 수 있다. 미시나 쇼에이[三品彰英]는 應神紀의 '大倭[야마토]'를 '야마토노미코토모치로서 任那 현지의 경영을 담당한 백제계 인물이며 일본 천황의 권세를 배후에 가진 것'[84]으로 보았다.[85] 그의 이런 표현은 이른바 '임나일본부설'의 연장으로서 사실이 아님은 분명하나, 『일본서기』나 『백제기』의 찬자가 '대왜'를 '일본 천황이 파견하여 외국의 다른 지역을 경영하는 인물'로 인식한 점은 옳다고 본다. 그렇다면 위의 神功紀 62년 조에서 旣殿至의 하소연을 들었다는 '大倭'는 목만치의 아버지인 목라근자를 지칭하는 것일 수도 있다. 목씨 가문은 백제 귀족으로서 가야를 통한 對倭 교역

---

83) 대부분의 『일본서기』 판본에는 '大倭木滿致'로 되어 있어서 그를 일본인 계통으로 보는 견해도 있으나, 三品彰英은 일본의 권세를 배경으로 하는 임나의 야마토노미코토모치의 뜻으로 본다. '大倭'의 두 자가 없는 것은 田中本 뿐이나 이는 奈良朝 말기 무렵의 寫本으로 오래된 본문을 전한다고 보는 견해가 많다. 坂本太郎 外 校注, 1967, 『日本書紀 上』, 岩波書店, 377쪽.
84) 三品彰英, 1962, 『日本書紀朝鮮關係記事考證 上卷』, 吉川弘文館, 250~252쪽.
85) 야마토노미코토모치는 흔히 '日本府'의 訓으로 쓰이나, '倭宰'나 '倭使'로도 표기된다.

에 능력을 발휘하여[86] 백제나 왜국에서 '大倭'라고 불렸을 가능성이 높기 때문이다.

이 기사의 결론은 加羅國王 己本旱岐와 그 아들 百久至, 阿首至, 國沙利, 伊羅麻酒, 爾汶至 등이 백제에 온 적이 있으며, 그들이 사직을 복구하는데 목라근자가 공헌하였다는 점이다. 기존의 여러 견해에서도 이런 점을 부정하는 이는 없다. 게다가 그들은 백제에서 후하게 대접받았다고 한다. 가야사의 관점에서 이 기사를 재해석한다면, 고령의 반파국이 목라근자의 중개를 계기로 백제와 연결되어 동맹을 맺은 것으로 보인다. 즉, 반파국은 유망한 철 산지를 소유하고 있고 주변 소국들을 압도하는 힘을 갖추고 또 왜국과도 가깝게 통하는 사이였다. 이에 반파국의 기본한기는 가야연맹 전체의 지배자라는 뜻으로 加羅國王을 자칭하기 시작하였고, 그와 가까운 지역에 살면서 가깝게 지내던 백제 귀족인 木羅斤資가 이들을 중앙 조정과 연결시켜 주었고, 이에 따라 기본한기와 그 일족들은 백제에 가서 환대를 받았다.

백제는 그들을 가야연맹의 대표자로 인정해줌으로써 대가야를 통해 왜국과의 연결을 용이하게 함과 동시에 이전의 가야연맹을 자신이 복구시켜 주었다는 명분을 내세웠다고 생각된다. '대왜'라는 표현이나 '망한 가야의 사직'을 복구해주었다는 『백제기』의 기록이 이를 보여준다. 그렇다면 442년 무렵에 고령의 반파국은 가야연맹을 재건하고 이를 백제로부터 공인받은 것이다. 기본한기는 호칭 상으로 왕으로 나타나지는 못하였으나 후기 가야연맹을 이룬 왕으로서, 시기적으로 보아 이진아시왕의 4세손 내지 5세손 정도에 해당하는 인물로 보는 것이 좋을 듯하다.

한편, 嘉悉王(=嘉實王)은 가야금과 관련된 전승을 통해 알려진 왕이다. 왕명의 발음으로 볼 때, 가야국 가실왕은 479년에 중국 南齊에 조공을 한 加羅王 荷知와 동일 인물로 추정된다.[87] 『삼국사기』의 신라본기와 악지에 나오는 기록을 종합해 볼 때, 가실왕은 唐(실은 南齊)의 악기를 보고 十二弦琴

---

86) 李道學, 1995, 『백제 고대국가 연구』, 一志社, 195~197쪽.

을 만들고 나서, 악사 于勒에게 시켜 (연맹체에 소속된) 여러 나라의 소리를 정리해 12곡을 만들도록 명하였다고[88] 한다. 이로 보아 그는 10여 국을 망라하는 후기 가야연맹을 크게 번성시킨 장본인이라고 생각되며, 그의 당대에 대가야는 전성기를 이루었다. 522년 당시의 이뇌왕이 뇌질주일의 8세손이라는 것으로 보아, 가실왕은 그보다 1~2세대 정도 앞선 6세손 내지 7세손 정도로 파악된다.

고령 지방에 구전되어 내려오는 錦林王陵의 주인은 언제 재위했던 왕일까? (전)금림왕릉이 1939년에 발굴되고 2002년에야 부분적으로 그 내용이 부분적으로 보고되었다.[89] 이를 토대로 할 때 그 고분은 6세기 전엽의 것으로 추정된다고 한다.[90] 전승의 성격상 금림왕이라는 이름은 발음상으로 보아 왕에 대한 일반 호칭인 '임금님 왕'이라는 뜻일 수도 있으니, 그렇다면 이는 특정한 왕의 이름이 아니고 가실왕이나 이뇌왕일 수도 있다. 그러나 만일 그가 실존한 왕이었다면 가실왕과 이뇌왕 사이의 인물일 지도 모른다.

---

87) 『삼국사기』악지 가야금 조의 가실왕은 『남제서』하지왕의 아들이라는 견해도 있으나(白承忠, 1995, 「加羅國과 于勒十二曲」, 『釜大史學』19; 權珠賢, 2000, 「于勒을 통해 본 大加耶의 文化」, 『韓國古代史硏究』18, 93쪽), 동일인으로 보는 견해가 우세하다.

津田左右吉, 1913, 「任那疆域考」, 『朝鮮歷史地理硏究』1, 123~124쪽.

山尾幸久, 1978, 「任那に關する一試論 -史料の檢討を中心に-」, 『古代東アジア史論集』下卷(末松保和博士古稀記念會編), 吉川弘文館, 206쪽.

田中俊明, 1990, 「于勒十二曲と大加耶聯盟」, 『東洋史硏究』48-4, 京都大文學部, 69쪽.

金泰植, 1993, 『加耶聯盟史』, 一潮閣, 107쪽; 2009, 「대가야의 발전과 우륵 12곡」, 『악사 우륵과 의령 지역의 가야사』, 홍익대학교인문과학연구소, 우륵문화발전연구회, 89~103쪽.

88) 『三國史記』권4, 新羅本紀4 眞興王 12년 3월 "先是 加耶國嘉悉王製十二弦琴 以象十二月之律 乃命于勒製其曲."

『三國史記』권32, 雜志1 樂 "羅古記云 加耶國嘉實王 見唐之樂器 而造之. 王以謂諸國方言各異聲音 豈可一哉. 乃命樂師省熱縣人于勒 造十二曲."

89) 齋藤忠, 1973, 『新羅文化論考』, 吉川弘文館.

藤井和夫, 2002, 「高靈主山第39號墳」, 『朝鮮古蹟硏究會遺稿』II, 유네스코東아시아문화연구센터, 社團法人東洋文庫.

90) 조영현, 2012, 「'大加耶 墓制'에 대한 연구현황과 과제」, 『대가야사 연구의 현황과 과제』, 고령군 대가야박물관, 계명대학교 한국학연구원, 223쪽.

그렇다면 금림왕은 이뇌왕과 같은 세대 혹은 한 세대 위의 인물일 것이다.

異腦王은 뇌질주일 즉 이진아시왕의 8세손으로서 신라 왕실에 왕비를 요청하여 맞아다 결혼한 인물이다. 이 때 왕비로 온 사람은 '夷粲比枝輩之女' 즉 '이찬 비지배의 딸'이라고도 하나 『삼국사기』법흥왕기에는 '伊湌比助夫之妹'[91] 즉 '이찬 비조부의 누이동생'이라고 나오며, 신라 측 인물에 대해서는 신라 측의 기록을 신뢰하여 '비조부의 누이동생'으로 보는 것이 타당하다. 한편 『日本書紀』繼體紀에는 이 사건과 관련하여 加羅王, 阿利斯等, 己富利知伽, 己能末多干岐 등의 사람들이 나오는데 그 기사들을 인용해 보면 다음과 같다.

加羅王이 新羅王女를 아내로 맞아들여 드디어 아이를 가졌다. 신라가 처음 여자를 보낼 때 100인을 아울러 보내 그녀의 종으로 삼았으므로, 받아들여 諸縣에 흩어두고, 新羅의 衣冠을 입도록 했다. 그 후 阿利斯等은 그들이 變服했다고 성내며 사자를 보내 徵還시켰다. 신라는 크게 부끄러워 그녀를 도로 돌아오게 하려고 하여, "전에 그대가 장가드는 것을 받아들여 나는 즉시 혼인을 허락했으나, 지금 이미 이처럼 되었으니 王女를 돌려주기 바라오."라고 말했다. 加羅 己富利知伽[상세치 않다]가 대답하여, "부부로 짝 지워졌는데 어찌 다시 헤어질 수 있겠소? 또한 아이가 있으니 그를 버리면 어디로 가겠소?"라고 말했다. 결국 지나가는 길에 刀伽·古跛·布那牟羅의 3城을 함락시키고 또한 北境의 5城을 함락시켰다.(繼體紀 23년 3월 조)

任那王 己能末多干岐가 來朝하여 [己能末多라는 자는 아마도 阿利斯等인 듯하다.] 大伴大連 金村에게 여쭈었다. "(중략) 청컨대 天皇에게 상주하여 臣의 나라를 구조해 주시오." (중략) 이에 毛野臣은 熊川에 머무르면서 [一本에는 任那 久斯牟羅에 머물렀다고 되어 있다] 신라·백제 두 나라의 왕을 소집했다. (중략) 上臣은 4村[金官·背伐·安多·委陀의 4村이다. 一本에는 多多羅·須那羅·和多·費智의 4村이라고 되어 있다.]을 초략하고 사람들을 모두 데리고 그의 본국으로 들어갔다.(繼體紀 23년 4월 조)

91)『三國史記』권4, 新羅本紀4 法興王 9년 봄 3월 "加耶國王遣使請婚 王以伊湌比助夫之妹送之."

任那 사신이 상주하여 말했다. "毛野臣은 久斯牟羅에 舍宅을 짓고 두 해 동안 머물러 있으면서 [一本에 세 해라고 한 것은, 가고 온 햇수를 합한 것이다.] 政事 돌보기를 게을리 했소. (중략)"(중략) 이에 阿利斯等은 그가 작은 사항들만을 일삼고 약속한 바에 힘쓰지 않음을 알고 조정으로 돌아가라고 여러 번 권했으나 오히려 돌아가지 않았다. 그래서 그 행적을 모두 알고 배반할 마음이 생겨, 곧 久禮斯己母를 신라에 사신 보내 군대를 요청하고, 奴須久利를 백제에 사신 보내 군대를 요청했다. 毛野臣은 백제군대가 온다는 것을 듣고 背評[背評은 地名이다. 또한 能備己富里라고도 이름 한다.]에서 맞아 싸웠는데 사상자가 반이나 되었다.(중략) 그래서 두 나라는 편한 곳을 도모하여 초승에서 그믐까지 머무르면서 城을 쌓고 돌아갔는데, 그것을 이름 하여 久禮牟羅城이라고 한다. 돌아갈 때 길에 닿는 騰利枳牟羅·布那牟羅·牟雌枳牟羅·阿夫羅·久知波多枳의 5城을 함락시켰다.(繼體紀 24년 9월 조)

위에서 加羅王을 대가야의 이뇌왕으로 보는 것은 諸家의 일치된 견해이고, 加羅 己富利知伽에 대해서도 대가야 왕의 位號이거나 아니면 집권대신[92), 長老와 같은 실력자[93) 등으로 보아, 대가야의 유력자로 보는데는 이견이 없다. 그러나 任那王 己能末多干岐와 阿利斯等에 대해서는 여러 설이 분분하다. 이를 표로 정리하면 다음과 같다.

〈표2〉 己能末多와 阿利斯等에 대한 인명 고증표

인명 연구자	任那王 己能末多干岐	阿利斯等	근거/단서	出典
今西龍	금관국 仇衝王	대가야 異腦王	阿利斯等은 位號	1937, 『朝鮮古史の硏究』, 309~326쪽.
池內宏	김해 加羅王	김해 日本官家의 유력 官人	日羅의 父 阿利 斯登과 同一人	1946, 『日本上代史の一硏究』, 150~151쪽.
末松保和	어느 나라 王인지는 不明	고령 加羅王		1949, 『任那興亡史』, 132쪽, 137쪽.
村上四男	金官國 仇衝王		己能이면 異腦王, 己熊이면 仇衝王	1961, 「金官國の世系と卒支公」, 『朝鮮學報』 21·22合, 250~251쪽.

92) 今西龍, 1937, 『朝鮮古史の硏究』, 324쪽.
93) 田中俊明, 1992, 『大加耶連盟と任那』, 吉川弘文館, 152쪽.

三品彰英	김해 加羅王 (任那=南加耶)	고령에 있는 日本 軍의 指導者的 存在	日羅의 父 阿利 斯登과 同一人	1966, 『繼體紀』의 諸問題」, 『日本書紀硏究』 2, 39~40쪽.
武田幸男		加羅의 對新羅 强硬派 首領	加羅人인지 倭人인지 불명	1974, 「新羅法興王代의 律令과 衣冠制」, 『古代朝鮮과 日本』, 98쪽.
大山誠一	九州 葦北國造 一族으로서, 가야 귀족계급 이 된 日本人	九州 葦北國造 一族으로서, 가야 귀족계급 이 된 日本人	阿利斯等과 日羅의 父 阿利斯登은 同一人	1980, 「所謂『任那日本府』의 成立에 대하여」 下, 『古代文化』 32-12, 758쪽.
田中俊明	대가야 異腦王	대가야 異腦王	'己能'은 '已能' 의 잘못.	1992, 『大加耶連盟과 任那』, 152쪽.
高寬敏	〃	〃	〃	1993, 「『日本書紀』繼體紀 近江毛 野臣 朝鮮派遣記事의 檢討」, 『大阪經濟法科大學아시아硏究所 年報』 4, 5쪽.
金泰植	창원 卓淳國王	창원 卓淳國王	행동 범위가 창원·웅천	1993, 『加耶聯盟史』, 192~208쪽.

우선 기능말다간기를 금관국 구형왕으로 본다면, 그가 구조 요청을 했으므로 毛野臣의 행동반경이 김해 지방이어야 하는데, 毛野臣은 熊川과 久斯牟羅·己叱己利(경남 창원, 古名 屈自郡)에서 주로 활동하고 있으며, 김해 지방 4村이 초략당하는 것을 멀리서 관망만 할 뿐이었으므로, 내용상 합리적인 해석이 불가능하다. 그러므로 己能末多를 仇衡과 동일시할 수는 없다. 또한 그를 김해에 있던 日本官家의 유력한 官人으로 보는 설은, 일본의 가야 지배를 전제로 하고 있는 舊說이므로 타당치 않으며, 아리사등이 같은 왜인인 毛野臣을 쫓아내려고 하는 행위를 잘 설명할 수 없다.

기능말다를 이뇌왕으로 보는 설의 근거는 '己能'을 '已能'의 잘못으로 보는데 있으나, 己能末多의 전통적 訓이 '고노마타(このまた)'인 상태에서 이를 已能의 잘못이라고 추정하는 것은 무리가 있다. 阿利斯等을 대가야 이뇌왕과 동일시한다면, 그는 신라와 결혼 동맹을 한 후 곧 이를 파기 선언하고 다시 신라나 백제에게 창원 지방에 대한 군대 파견 요청을 하는 등, 행동에 일관성이 없다. 만일 그가 결혼 파기를 선언했다면 계체기 23년 3월 조에서

신라가 공략한 布那车羅등 '北境' 5城이 고령의 위쪽이 되어야 하는데, 同 24년 9월 조에서 웅천·창원 방면으로 출동한 백제군이 회군하면서 함락시킨 5성 중에 다시 布那车羅가 나오므로 똑같은 성이 가야 남부 지역과 북부 지역에 각기 하나씩 있다는 소리가 되어 특별한 설명을 필요로 한다.

그러므로 필자는 己能末多와 阿利斯等을 창원의 卓淳國王으로 보아야 한다는 기존의 소신에 변함이 없으며, 그 근거를 다시 정리하면 다음과 같다.

첫째로, 계체기 23년 3월 조에서 己富利知伽에 대해서는 '加羅'라는 어휘를 그 앞에 놓아 그가 대가야에 있는 인물임을 명확히 하고 있으나, 阿利斯等에게는 그러한 출신지 구분이 없다. 이는 아리사등이 다른 지역의 인물임을 시사한다.

둘째로, 任那王 己能末多干岐에 대해 『일본서기』 찬자가 阿利斯等과 동일인으로 추측하는 견해를 그대로 따라도 좋을 것이다. 왜냐하면 우선 당시의 찬자는 지금보다 좀 더 많은 정보에 의해 그러한 추측을 했을 지도 모르며, '阿利斯等'과 '干岐'는 位號이고 '己能末多'는 이름일 가능성이 높으므로 상이한 지칭이 있을 수 있기 때문이다.

셋째로, 繼體紀 24년 9월 조와 欽明紀 5년 3월·11월 조로 보아, '久禮车羅城'은 낙동강 서남안의 함안·창원의 사이 칠원 지방에 위치하고, '卓淳'은 그 城에 동남쪽으로 인접해 있었다는 결론을 얻을 수 있다. 그 구례모라성 동남쪽의 세력이란 결국 창원 지방을 가리킨다고 볼 수밖에 없으므로, 탁순국은 久斯车羅를 포함하는 창원 지방에 있었던 加耶의 한 소국이었다.[94]

넷째로, 己能末多干岐의 청에 의해 움직였다는 毛野臣의 행동반경이 웅천·창원 정도이므로 己能末多를 이 지역의 지배자인 卓淳國王이었다고 추정할 수 있다.

이와 같은 근거로 인하여 임나왕 기능말다간기와 아리사등은 대가야 이

94) 拙著, 앞의 책, 186쪽 참조.

뇌왕 또는 금관국 구형왕과 같은 인물일 수 없다고 보는 바이다. 다만 繼體紀 23년 3월 조의 加羅 己富利知伽는 加羅의 大邑君이나 大首長과 같은 位號로서 加羅王의 異稱이라고 보아, 여기서는 대가야 異腦王을 가리킨다고 본다.

대가야 세계에 마지막으로 나오는 月光太子는 이진아시왕의 9세손이 된다. 월광태자의 명칭으로 보아 그는 대가야의 마지막 왕위에 오르지 못한 인물이라고 볼 수도 있다.[95] 그렇다면 『삼국사기』 지리지 고령군 조에 나오는 대가야 마지막 왕인 道設智王은 월광태자의 부친인 異腦王과 같은 사람으로 보아야[96] 하나, 이뇌왕과는 그 발음이 너무 달라서 확신하기 어렵다. 혹시 도설지왕은 이뇌왕의 동생일 수도 있고 월광태자의 이복 동생일 수도 있으나, 아무런 증거도 없다. 반면에 월광태자가 522년경 출생한 것으로 보아 562년경에는 그의 나이가 왕을 하고 있을만 하다고 보아 막연히 도설지왕과 동일시한 견해도[97] 있다. 필자는 월광태자와 도설지왕을 동일 인물이면서 이진아시왕의 9세손인 것으로 파악하며, 그 이유와 그의 생애에 대해서는 다음 절에서 상세히 추론해 보고자 한다. 지금까지 추정한 대가야의 세계를 표로 정리하면 다음과 같다.

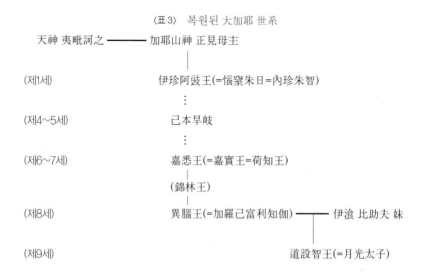

〈표 3〉 복원된 大加耶 世系

天神 夷毗訶之 ──── 加耶山神 正見母主
　　　　　　　　　　　　│
(제1세)　　　　　　伊珍阿鼓王(=惱窒朱日=內珍朱智)
　　　　　　　　　　　⋮
(제4~5세)　　　　　己本旱岐
　　　　　　　　　　　⋮
(제6~7세)　　　　　嘉悉王(=嘉實王=荷知王)
　　　　　　　　　　(錦林王)
　　　　　　　　　　　│
(제8세)　　　　　異腦王(=加羅己富利知伽) ──── 伊湌 比助夫 妹
　　　　　　　　　　　　　　　　　　　　　│
(제9세)　　　　　　　　　　　道設智王(=月光太子)

6. 마지막 왕 도설지의 신원과 행적

여기서 신라 측의 赤城碑와 昌寧碑 銘文에 대가야의 마지막 왕이라는 道設智王과 이름이 같은 喆設智 또는 都設智가 나오는 것을 주목하지 않을 수 없다. 양 碑文에 나오는 도설지의 신분과 직책 및 활동 시기, 동일인 여부 등을 살펴보아야 할 것이다. 그가 단순히 신라인으로서 대가야 마지막 왕과 同名異人이라고 하면 그만일 것이나, 과연 道設智王과 같은 사람이라면 보통 문제가 아니다. 만일 그가 월광태자라고도 불리는 도설지였다면 그의 일생은 어떻게 구성될까?

그는 이뇌왕과 신라 왕녀가 결혼한 522년부터 1~2년 사이에 태어났을 것이다. 일단 523년에 태어났다고 가정한다면, 그의 나이 6세가 되는 529년을 전후한 시기에 喙己呑國이 신라에 병합되면서 대가야와 신라 사이의 결혼 동맹은 균열이 일어났을 것이다. 그 때 이뇌왕으로 추정되는 '加羅 己富利知伽'는 신라의 파혼 요구에 대하여 왕비와 아이를 포기할 수 없다는 언급을 하였었다. 그렇다면 한동안 그 결혼으로 인한 우호관계는 지속되었을 것이며, 그런 시기에 도설지는 신라로부터 '月光太子'라는 애칭을 받았을 수도 있다.

그러나 신라가 532년에 김해의 南加耶를 병합하고 곧이어 창원의 卓淳國을 병합하는 등 침략을 서두르자, 늦어도 540년경에는 대가야도 가야 제국끼리 힘을 합하여 공동 대응하기로 방침을 바꾸었던 듯하다. 즉 도설지가 18세가 되었을 때인데, 그 때 대가야는 가야연맹의 독립성을 추구하면서도 反신라 親백제 정책을 취하였을 가능성이 높다.[98] 그럴 즈음이면 신라 출신

---

95) 金福順, 1995, 앞의 논문, 290쪽.
96) 今西龍, 앞의 책, 320~326쪽.
97) 田中俊明, 1992, 앞의 책, 192쪽.
　　白承忠, 1995, 앞의 논문, 138쪽.
98) 拙著, 앞의 책, 252~253쪽.

의 왕비와 태자 도설지는 난처한 처지에 놓였을 것이다. 이때부터 가야 제 국은 자신의 장래에 대하여 백제와 교섭하기 시작하였고, 549년 또는 550년 초에 걸쳐서 가야연맹은 백제 성왕을 大盟主로 하는 부용국이 되어 명맥을 유지할 뿐이었다.[99] 551년 3월에는 대가야 궁정 악사인 于勒이 이미 신라 에 항복하여 체류하고 있었다.[100] 신라 왕실의 피를 이어 받은 도설지는 대 가야국이 백제의 영향 아래 놓이게 되어서는 왕위를 이을 수 없었을 것이므 로, 자신의 왕위 계승권이 상실되는 540년부터 550년 사이에 신라로 망명하 였을 가능성이 높다.

그런데 도설지는 丹陽新羅赤城碑에 이름이 나온다. 赤城碑의 건립 연대 는 550년경이며, 내용은 신라 군대의 赤城(충북 단양군 단양읍 하방리) 공 략 사실과 관련되는데,[101] 비문에 나오는 인물들을 정리하면 다음의 〈표 4〉와 같다.

〈표 4〉 赤城碑의 登場人物表[102]

職名	出身地	人名	官等	順位	備考
大衆等	喙部	伊史夫智	伊干支	2	
	沙喙部	豆彌智	波珍干支	4	
	喙部	西夫叱智	大阿干支	5	
		△△夫智	大阿干支	5	
		內禮夫智	大阿干支	5	가야 출신
高頭林城在軍主等	喙部	比次夫智	阿干支	6	도설지 외숙부?
	沙喙部	武力智	阿干支	6	가야 출신
鄒文村幢主	沙喙部	喜設智	及干支	9	도설지
勿思伐城幢主	喙部	助黑夫智	及干支	9	

〈표 4〉에서 喜設智는 沙喙部 출신의 신라인으로서 及干支(제9등)의 관

---

99) 위의 책, 288~289쪽.
100) 『三國史記』권4, 新羅本紀4 眞興王 12년 3월 조 참조.
101) 朱甫暾, 1984, 「丹陽新羅赤城碑의 再檢討 -碑文의 復元과 分析을 中心으로-」, 『慶北史學』7.
102) 위의 논문의 〈표 2〉를 참조하여 작성함.

등과 鄒文村幢主라는 관직을 띠고 있다. 幢主는 중고기 초기에는 지방 촌락민으로 편성된 부대를 통솔하는 軍團長的 성격을 띠는 지방관이라고 하므로,[103] 도설지는 중앙에서 추문촌에 파견된 지방관이었다는 뜻이 된다. 추문촌은 召文村과 같은 곳을 가리키는 듯하다.[104] 『동국여지승람』에 의하면 召文國의 옛 터가 義城縣 남쪽 25리에 있어서 召文里라고 칭하고, 그 곳에 御井이 있다고 하였다.[105] 그렇다면 소문국 즉 소문촌의 위치는 현재의 경북 의성군 금성면에 해당하며, 금성면 塔里 · 大里에는 소문국의 것으로 보이는 4~5세기 대형 고분군이 존재한다. 그러므로 도설지는 신라 王京 沙喙部 사람으로서 신라에 병합된 추문촌에 幢主로 파견되어 그 지방민으로 구성된 군대를 이끌고 赤城 전투에 참여하였던 것이다.

그때 그는 27세였으므로, 그 나이에 6두품의 관등인 급찬을 받고 있었다면, 6두품 내지 진골의 신분을 보장받은 것이라고 추정된다. 그의 모친은 진골이었으므로, 그가 특례로 진골의 지위를 인정받았다고 해도 그리 이상한 일은 아닐 것이다. 직급으로 볼 때, 그는 大衆等 및 高頭林城에 있는 軍主들인 喙部 比次夫智와 沙喙部 武力智의 지휘를 받고 있었다.

大衆等 중에서 喙部 內禮夫智는 內夫智, 奴夫, 奴宗, 世宗, 弩里夫라고도 불리는 사람으로서[106] 금관국 구형왕의 맏아들이 아닐까 한다. 『삼국유사』에는 世宗이 문무왕의 모친인 文明王后의 증조부라는 계보가 소개되어 있기도 하다.[107] 그는 532년에 가족들과 함께 신라에 들어간[108] 이후, 550년 적성비 단계에 대아찬(제5등)의 관등을 가진 大衆等의 하나였고, 551년의

---

103) 주보돈, 앞의 논문, 21쪽.
104) 1995년 가을에 필자의 연구실에 찾아온 아마추어 사학자인 金鴻大 氏로부터 鄒文村은 소문촌과 같은 것이라는 언급을 들었다. 그 견해가 맞다고 생각되어 본고에서는 그대로 따랐다.
105) 『新增東國輿地勝覽』권25, 義城縣 古跡條 참조.
106) 內禮夫智, 內夫智, 奴夫, 弩里夫는 모두 '세상의 남자'라는 뜻의 '누리부'를 음차 표기한 것이다. 奴宗은 뒷 글자만을 한자 뜻을 새겨 표기한 것이며, 世宗은 두 글자 모두 한자 뜻을 새겨 표기한 것으로서, 훈독하면 위의 이름들과 같은 것이 된다.

한강 유역 탈취 전쟁 때에는 파진찬(제4등) 관등을 가진 장군으로서 출전하
였고,[109] 568년 북한산비와 마운령비 단계에는 이찬(제2등) 位를 가진 大等
으로 御駕를 수행하였으며, 577년에는 역시 이찬으로서 一善郡 북쪽에서 백
제군을 격파하였고,[110] 579년에는 上大等이 되었다가,[111] 588년에 사망하
였다.[112] 또한 武力智는 금관국 구형왕의 셋째 아들로서 신라의 진골로 편
입된 사람이다. 도설지는 그와 마찬가지로 사탁부에 편입되어 있었으니 武
力智의 지휘를 받고 있었을 것이다. 그리고 만일 比次夫智가 比助夫와 같은
사람이라면,[113] 도설지에게는 외숙부가 된다. 그렇다면 伊史夫智 즉 異斯
夫가 이끄는 이 부대들은 가야 출신 인물들을 주요 장군으로 삼아 출동한
듯하며, 망명해 온 지 얼마 안 되는 도설지로서도 그리 낯선 느낌은 들지 않
았을 듯하다.

한편 昌寧 新羅眞興王拓境碑는 561년에 건립된 비인데, 그 뒤 부분에는
진흥왕의 御駕를 수행하여 창녕의 현장에 왔던 사람들의 명단이 적혀 있

---

107) 『三國遺事』권2, 紀異2 駕洛國記 "泊新羅第三十王法敏 龍朔元年辛酉三月日 有制日 朕
    是 伽耶國主君九代孫仇衝王之降于當國也 所率來子世宗之子 率友公之子 庶云匝干之女
    文明皇后 寔生我者."
108) 『三國史記』권4, 新羅本紀4 법흥왕 19년 "金官國主金仇亥 與妃及三子 長日奴宗 · 仲日
    武德 · 季日武力 以國帑寶物來降. 王禮待之 授位上等 以本國爲食邑. 子武力仕至角干."
    『三國遺事』권2, 紀異2 駕洛國記 "仇衝王 (중략) 王妃 分叱水尒叱女桂花 生三子 一世宗
    角干 二茂刀角干 三茂得角干."
109) 『三國史記』권44, 列傳4 居柒夫傳 "眞興大王 (中略) 十二年辛未 王命居柒夫及仇珍大角
    湌 · 比台角湌 · 耽知迊湌 · 非西迊湌 · 奴夫波珍湌 · 西力夫波珍湌 · 比次夫大阿湌 · 未
    珍夫阿湌等八將軍 與百濟侵高句麗."
110) 『三國史記』권4, 新羅本紀4 眞智王 2년 겨울 10월 "百濟侵西邊州郡 命伊湌世宗出師 擊
    破之於一善北 斬獲三千七百級. 築內利西城."
111) 위의 책, 진평왕 원년 8월 "以伊湌弩里夫爲上大等."
112) 위의 책, 眞平王 10년 겨울 12월 "上大等弩里夫卒."
113) 比助夫는 522년 단계에 이미 제2등 伊湌이었고, 比次夫는 550년에 제6등 阿湌이었기 때
    문에 동일인이 아니라고 볼 수도 있으나, 이찬은 종종 '眞骨'이라는 뜻의 범칭으로도 쓰
    이므로 문제가 되지 않는다. 또한 522년에 비조부의 관등이 실제로 이찬이었다면 그의
    나이가 많았을 것이므로, 그의 누이동생을 대가야 이뇌왕에게 보냈다는 것이 성립되지
    않는다.

다.[114] 여기서 都設智는 沙喙部 출신의 신라인으로서 沙尺干(제8등)의 관등과 大等이라는 관직을 띠고 있다. 그는 구체적인 직명을 가지고 있는 것이 아니라 중앙 귀족인 大等의 일원으로서 진흥왕을 수행해서 창녕에 온 것이며, 10년 전보다 관등이 하나 오른 沙尺干이 된 상태였다. 그 때 도설지는 39세로서 한창의 나이였다.

다음 해인 562년에 대가야는 반란을 일으켰다는 명목으로 신라에게 토벌 당하였다. 그렇다면 그 당시에 도설지는 대가야에서 왕 노릇을 하고 있다가 토벌을 당한 사람일까? 아니면 토벌 후에 신라에 의해 대가야 왕으로 임명된 사람일까? 561년까지 신라 귀족으로서 활약하던 도설지가 별다른 계기 없이 그 해 또는 다음 해에 대가야 왕으로 즉위한다는 것은 이해하기 어려운 일이다. 그러므로 전자보다는 후자의 가능성이 높지 않을까 한다. 『삼국유사』 가락국기 말미에는 그런 면을 의심할 수 있는 기사가 나온다.

(A) 仇衡王은 金氏이고 正光 2년(521)에 즉위하여 42년을 다스렸다. (B) 保定 2년 壬午(562) 9月에 신라 第24君 眞興王이 군대를 일으켜 다가와서 쳤는데, 王이 친히 군졸을 부렸으나 그들은 많고 우리는 적어서 대전할 수 없었다. 이에 同氣 脫知尒叱今을 보내서 나라에 머무르게 하고, (C) 王子와 上孫 卒支公等은 항복하여 신라에 들어갔다. 王妃는 分叱水尒叱의 딸 桂花이며 아들 셋을 낳았다. 첫째는 世宗角干이고, 둘째는 茂刀角干이고, 셋째는 茂得角干이다. (D) 『開皇錄』에 이르기를 梁 中大通 4년 壬子(532)에 신라에 항복하였다고 한다.[115]

이 기사는 김해 금관국 멸망에 대한 것이나, 멸망 연대가 562년으로 되어 있어 의문이다. 그 중에서 A · B · C 부분은 『가락국기』의 원문이고, D

114) 盧重國, 1992, 「昌寧 眞興王拓境碑」, 『譯註韓國古代金石文』 제2권, 한국고대사회연구소, 54쪽.

115) 『三國遺事』 권2, 紀異2 駕洛國記 "仇衡王 金氏 正光二年卽位 治四十二年. 保定二年壬午九月 新羅第二十四君眞興王 興兵薄伐. 王使親軍卒 彼衆我寡 不堪對戰也. 仍遣同氣脫知尒叱今 留在於國. 王子上孫卒支公等 降入新羅. 王妃 分叱水尒叱女桂花 生三子 一世宗角干 二茂刀角干 三茂得角干. 開皇錄云 梁中大通四年壬子 降于新羅."

부분은 『開皇錄』의 인용 기사이다. 『개황록』에는 금관국의 멸망 연대가 532년으로 되어 있었는데, 고려 초기에 작성된 『가락국기』에는 그것이 대가야 멸망 연대로 수정되어, 신라 진흥왕대의 사건으로 되어 있고 구형왕도 521년에 즉위하여 42년을 다스렸던 것처럼 재위 연대가 조작되었다.

이러한 조작은 대가야국의 멸망 상황을 사료 A·C·D 부분에 해당하는 금관국의 것에다 대입함으로써 나타난 현상이며, 나머지 B 부분의 기사는 거의 대가야국 멸망 상황이 아닐까 한다. 여기서 가야 왕이 대전할 수 없어서 항복할 때 '同氣 脫知尒叱今을 보내서 나라에 머무르게' 하였다는 것이 이상하다. 만일 이것이 금관국의 상황이라면 脫知尒叱今을 '보낸' 것이 아니라 '남겨 두는' 것이어야 합당하다. 그렇다면 탈지 이질금을 보냈다는 것은 대가야의 멸망 당시의 상황을 설명해 주는 것이라고 추정된다.

위에서 탈지 이질금의 '탈지'는 '도설지'와도 음이 통하고, '월광태자'의 '월광'도 훈독하면 첫 음이 '달'로 되고 거기에 존칭 어미 '지'를 붙이면 '달지'로 된다. 그러므로 脫知·道設智·月光은 모두 같은 사람의 이름을 나타내는 것으로 볼 수 있다. 그렇다면 진흥왕이 군대를 보내 대가야를 격파한 후에 친백제 성향의 기존 왕과 그 일족들은 잡아가고, 대신에 신라 왕경에 머무르고 있던 道設智를 보내 대가야의 왕으로 즉위시켜 사태를 조기 수습하려고 하였던 것이 아닐까 한다. 대가야는 후기 가야연맹의 맹주국이었을 뿐만 아니라 끝까지 신라에 반발한 세력이었으므로, 그 반감을 누그러뜨리기 위해 이처럼 특별한 처방을 내렸을 수도 있다.

여기서 脫知 즉 道設智를 '同氣'로 표현한 것으로 보아, 멸망 당시 대가야의 왕은 그 이름을 알 수 없으나 도설지의 동생뻘 되는 사람이었을 것이며, 상황으로 미루어 본다면 신라인 왕비의 소생이 아닌 가야인 왕비의 소생이었을 것이다. 이에 대해 도설지는 그가 진정한 왕위 계승권을 가진 '太子'였다는 것을 내세우면서 대가야의 마지막 왕으로 즉위하지 않았을까 한다. 대가야 시조 신화에서 그가 이뇌왕의 맏아들로서 月光太子이고 가야산신 正見母主의 정통을 계승한 10세손이라고 주장한 것도 이 당시의 정황을 반영한 것이라고 생각된다.

물론 이는 신라 왕실의 뜻에 따라 결정된 것이기 때문에, 도설지는 한동안 신라의 지시를 받는 꼭두각시 왕 노릇을 하다가 '村主'로 格下되거나 아니면 그 후손에게 村主位를 물려주고 은퇴하였을 것이다. 그런 면에서 본다면 그와 인연을 맺었다는 擧德寺와 月光寺 관련 설화는 그의 말년 생활을 보여주는 것이거나, 그렇지 않으면 후손들이 그를 기려 만든 것이라고 볼 수 있다. 『삼국사기』 지리지 고령군 조에 대가야 마지막 왕이 道設智王이었다고 기록된 것은 그의 후손들이 계속해서 고령 지방의 村主位를 계승하면서 가야산신과 推心에 대한 제사권을 비롯한 지방 지배권을 장악하고 있었던 것을 반영한다. 順應과 利貞은 그 후손에 속하는 사람들이었다고 하겠다. 도설지왕과 관련된 대가야의 世系 마지막 부분을 정리하면 다음의 〈표 5〉와 같다.

〈표 5〉 도설지왕과 관련하여 추정되는 大加耶 世系

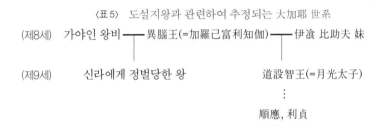

7. 맺음말

　　너무도 희박하고 산만하게 흩어져 있는 자료들을 가지고 대가야 世系를 정리하다보니, 분명하게 확정지은 것은 하나도 없고 가능성만 타진하다가 논고를 끝낸다는 느낌이 든다. 그러나 이 문제와 관련한 사료들을 모두 나열하고 문제의 소재를 분명히 하였다는 점에 의의를 둘 수는 있을 것이다. 이제 본문에서 주장한 사실들을 간략하게 요약 정리함으로써 맺음말에 대신하고자 한다.

　　첫째로, 『삼국사기』 지리지에 의하면 여러 소국들이 신라에게 병합되어 군현으로 편제되었다는 기사가 나오나, 그 중에서도 소국 당시의 왕 世系를 제시하고 있는 것은 김해 금관국과 고령 대가야국의 둘밖에 없다. 고령 대가야국에 대한 기술 중에 국명을 '가야국'이 아닌 '대가야국'으로 한 것과 시조부터 마지막 왕까지의 세대수를 8~9세대가 아닌 16세대로 한 것 등은, 신라 통일기를 전후한 시기에 수정된 것으로 보인다. 또한 대가야의 王系와 마지막 왕 道設智의 이름이 지리지에 기재되어 있는 것은 그 후손들이 후대까지 세력을 유지하고 있었기 때문일 것이다.

둘째로, 『신증동국여지승람』 고령현 조에 인용된 『석순응전』과 『석이정전』에 의하면, 大加耶王 惱窒朱日과 金官國王 惱窒靑裔가 형제 사이로 되어 있다. 이러한 형태의 시조 신화는 7세기 후반 이후 또는 최치원에 의한 조작으로 보는 견해가 있으나, 이는 5세기 중엽의 대가야 중심 후기 가야연맹의 발족 당시에 구성된 것이다. 다만 金官國이라는 표기만은 7세기 후반 이후의 표기법이 반영된 것일 수 있다.

셋째로, 正見母主라는 이름은 불교 수행 방법인 八正道에서 따온 것이고, 月光太子라는 이름은 석가모니가 前生에 국왕의 아들로 태어났을 때의 이름을 그대로 가져온 것이다. 이 두 이름은 9세기 초 해인사 성립 당시에 부가된 이름이 아니라, 대가야가 6세기 전반 내지 중엽에 신라와의 결혼 동맹과 관련하여 불교를 수용함으로써 취하게 된 이름이라고 생각된다. 훗날 해인사의 설립자인 順應과 利貞은 대가야 왕족의 후손으로서 이 설화를 이용하여 옛 가야 지역에서 불교를 진흥시키는데 성공하였다.

넷째로, 대가야의 世系는 가야산신 正見母主가 천신 夷毗訶之에게 감응되어 낳은 伊珍阿豉王을 시조로 하고 있다. 정견모주와 이진아시왕에 대한 제사는 신라의 祀典 체계 안에서도 그대로 인정되어, 加良岳(小祀)과 推心(中祀)에 대한 제사는 고령 지방 사람들에 의하여 대대로 이어졌다. 己本旱岐는 시조의 4~5세손으로서 5세기 중엽에 후기 가야연맹을 이룬 왕으로 추정된다. 嘉悉王은 시조의 6~7세손으로서, 5세기 후반에 후기 가야연맹을 크게 번성시킨 사람이며, 南齊에 조공한 荷知王과 동일인이다. 錦林王은 왕릉 내부 유물로 보아 6세기 전엽에 매장된 왕으로서, 일반 호칭이라면 특정한 왕이 아니고 가실왕이나 이뇌왕일 수도 있고, 고유 명칭이라면 이뇌왕과 같은 세대 혹은 한 세대 위의 인물일 것이다. 異腦王은 시조의 8세손으로 신라와 결혼 동맹을 이루었던 왕이며, 그와 신라인 왕비 사이에 月光太子가 태어났다. 『일본서기』에 나오는 阿利斯等과 任那王 己能末多干岐를 금관국仇衡王이나 대가야 異腦王과 동일시하는 연구가 많이 있으나, 그 견해들은 타당치 않다.

다섯째로, 550년경의 赤城碑에 나오는 㳫設智와 561년의 昌寧碑에 나오는 都設智는 대가야 마지막 왕인 道設智王과 동일인이다. 도설지는 540년 내지 550년 사이에 신라로 망명하여 신라의 귀족 사회에 편입되어 활동하다가, 대가야가 신라의 공격에 의해 격파된 후 그들의 반감을 무마하기 위하여 대가야로 파견되어, 신라의 꼭두각시 왕으로 즉위하였다. 도설지는 脫知尒叱今 및 月光太子와 동일인이며, 그가 신라의 무력을 배경으로 하여 대가야의 왕이 될 때, 그는 자신이 이뇌왕의 '太子'로서 진정한 왕위 계승자라는 명분을 세웠다. 그는 얼마 안 있어 신라의 지시에 따라 村主로 격하되거나 또는 은퇴하였을 것이다. 그 후손들은 월광태자=도설지왕의 후손임을 내세워 고령 지방의 지배권을 유지해 나갔고, 가야산 해인사를 창건한 순응과 이정은 그 후손들이었다.[116]

* 이 글의 원전 : 金泰植, 1996, 「大加耶의 世系와 道設智」, 『震檀學報』 81호, 서울 : 震檀 學會, 1~28쪽.

116) 1984년 여름에 당시 인하대 사학과 4학년 학생이던 尹龍九 氏로부터 적성비의 㳫設智가 대가야 마지막 왕과 동일인이 아닌가 하는 질문을 받은 지 벌써 12년이 지났는데, 이제 와서 그 답을 풀 수 있게 되었다. 재주 없는 필자에게 그런 질문을 함으로써 일깨워준 윤용구 씨에게 紙面을 빌어 감사의 뜻을 표한다.

가야와 신라

3.
우륵 출신지 省熱縣의 위치

1. 머리말

대개 한국의 3대 樂聖이라고 하면 고구려의 王山岳, 신라의 于勒, 조선의 朴
堧이라고 하여, 우륵을 신라인으로 단정하고 있다. 혹은 『삼국사기』 樂志의
기록을 좀 더 충실히 받아들여, 3대 樂聖을 고구려의 왕산악, 가야의 우륵,
신라의 玉寶高라고 하는 견해도 있다. 우륵의 국적 표기에 혼란이 있는 것
은, 그가 대가야의 樂師로서 활동하다가 신라에 망명하여, 가야금을 신라
大樂으로 계승시킨 역사적인 인물이기 때문이다.

그는 생애의 대부분을 가야인으로 살다가 말년에 신라로 망명하였으니,
역사적으로는 가야인으로도 신라인으로도 규정될 수 있으나, 스스로는 신
라인으로서의 정체성을 가지고 있지 않았을 것이 분명하다. 그가 550년 전
후한 시기에 가야의 정치에 대하여 실망하고 신라로 투항하였으나, 그는 가
야의 음악인 자신의 12곡에 대해서 큰 자부심을 가지고 있었다. 그렇기 때
문에 신라인 제자 3인이 이를 다섯 곡으로 축약한 데 대하여 불같이 화를 냈
던 것이다.

그러나 그의 위대성은 그들의 음악을 듣고나서 눈물을 흘리며 "樂而不

流 哀而不悲 可謂正也."라고 하며 인정한 데 있다고 하겠다. 즐거우면서도 무절제하지 않고 슬프면서도 비통하지 않으니 바르다고 할 만하다는 우륵의 말은, 음악에 대한 최고의 경지를 보여주고 있다. 우륵이 급격하게 화를 냈다가 곧바로 이를 인정했다는 것은, 그 제자들의 음악이 실제로 훌륭했다는 것만을 의미하지 않는다.

이는 신라인 제자 3인이 말한 것처럼 '번잡하고 음란한', 즉 감정을 극단적으로 표현하는 가야의 음악에 대한 반성이라기보다, 자신의 인생과 가야 역사의 황혼에서 절제의 미를 次善으로 여기며 자신과 가야를 포기한 것이라고 할 수 있다. 그리하여 그도 살고 신라 제자도 살고 가야의 음악도 신라 안에서 살아남았다. 그렇다고 해서 말년의 우륵이 자신을 신라인이라고 여겼을 가능성은 거의 없다. 즉 그는 신라 대악의 창시자이기는 해도 어디까지나 가야인이었을 것이다.

예전에는 그가 신라인 또는 가야인이라고만 생각하고 그의 출신지에 대한 논의가 활발하게 이루어지지는 않았다. 그런데 근래에 지방 자치가 발달하면서 우륵이 말년을 보낸 곳은 신라의 國原小京 즉 충주시 일대라고 해도, 우륵의 출신지가 구체적으로 어느 곳인가 하는 점에 대한 논의가 가야사에서 중요한 문제의 하나로 대두되고 있다.

이 문제의 초점은 『三國史記』 樂志에 우륵의 출신지라고 기록된 省熱縣의 위치가 어디인가 하는 점으로 압축된다. 역사학에서 지명 고증은 가장 기본적이면서도 중요한 과제 중의 하나이다. 지명 고증은 적용 가능한 모든 자료를 종합하여 객관적으로 이루어내야 한다. 그럼에도 불구하고 요즘 이루어지는 지명 고증들을 보면 일정한 목적 아래 자기가 원하는 지역을 해당 지명으로 책정하기 위하여 매우 미미한 증거에 집착하여 무리한 추정을 하는 모습이 더러 보인다. 이런 자세는 학문의 발전을 위하여 별로 도움이 되지 않는다.

그리하여 본고에서는 지금까지 우륵의 출신지 省熱縣에 대하여 논한 모든 논리들을 들추어 정리하고 비판한 위에, 해당 지명과 관련된 기록들을 가야사 및 신라사의 전개 과정과 연관하여 종합적으로 검토해 보고자 한다.

그런 연후에라야 현재의 자료 상황이라는 조건 아래 省熱縣의 위치가 어디이고, 그것이 과연 대가야 악사 우륵의 출신지로서 타당성이 있는가 하는 점이 확정될 수 있다고 하겠다.

2. 학설사 정리

우륵의 출신지인 省熱縣의 위치에 대해서는 충북 堤川市 淸風面(古名 沙熱伊縣)으로 보는 설이 가장 먼저 나타났으나,[1] 이를 수정하여 경남 宜寧郡 富林面(古名 辛尒縣)으로 보는 설이 나온[2] 이후로는 이 가설이 정설의 위치를 차지하고 있었다.[3]

그러나 근래에 들어 기존 설에 대한 비판 없이 省熱縣을 大邱廣域市 東區(古名 雉省火縣) 일대로 보는 견해,[4] 경북 高靈郡 高靈邑 일대로 보는 견해[5] 등이 나타나기 시작하더니, 최근에는 각기 기존 설을 비판하며 淸風說,[6] 高靈說,[7] 大邱東區說,[8] 富林說[9] 등이 논리를 추가하여 부활하였다. 또한 새로이 慶南 居昌郡 加祚面 일대의 한 마을(석강리 소새마을)로 보는

1) 丁若鏞, 1833, 『疆域考』 권2.
   前間恭作, 1925, 「三韓古地名考補正」, 『史學雜誌』 36-7, 4~5쪽.
   申采浩, 1926, 『朝鮮上古史』.
2) 末松保和, 1949, 『任那興亡史』, 大八洲出版, 241쪽.
3) 金東旭, 1966, 「于勒十二曲에 대하여」, 『新羅伽倻文化』 1.
   田中俊明, 1990, 「于勒十二曲と大加耶連盟」, 『東洋史學研究』 48, 130쪽.
4) 全榮來, 1985, 「百濟南方境域의 變遷」, 『千寬宇先生還曆紀念 韓國史學論叢』, 정음문화사, 156쪽.
5) 문성렵, 1990, 「가야금의 전신악기와 우륵의 음악활동」, 『력사과학』 90-1호, 53쪽.
6) 김기빈, 2003, 『국토와 지명② -그 땅에 빛나는 보배들-』(토지박물관 연구총서 제10집), 한국토지공사 토지박물관, 169쪽; 2006, 『국토와 지명④ -땅에 새겨진 문화유산-』(토지박물관 연구총서 제14집), 한국토지공사 토지박물관, 164쪽.
7) 朱甫暾, 2006, 「于勒의 삶과 가야금」, 『악성 우륵의 생애와 대가야의 문화』, 고령군 대가야박물관, 계명대학교 한국학연구원, 56~60쪽.

설이 강력하게 대두하고[10] 곧이어 이 加祚說을 보완하는 논고가 이어지면서[11] 省熱縣의 위치 비정이 혼란의 극을 치닫고 있다.

그러므로 이 절에서는 가설의 출현 시기에 따라 각 설의 논거를 정리해서 이후 논리 전개의 토대로 삼고자 한다.

(1) 淸風說[12]

우륵의 출신지가 충북 堤川市 淸風面이라고 보는 견해는 그 곳의 옛 지명이 沙熱伊縣으로서[13] 省熱縣과 음이 비슷하다는 점이 최대의 강점이다.

또한 조선 후기에는 숙종 때 이후로 우륵이 충주에서 제천의 의림지 동쪽 언덕으로 옮겨 와서 살았다는 전승이 나타나기도 하고,[14] 우륵이 의림지

---

8) 白承玉, 1999, 「加羅 擬制縣의 存在와 그 政治的 性格 -국가적 성격 논의와 관련하여-」, 『伽倻文化』 12, 116쪽; 2007, 「'加耶' 縣의 성격과 省熱縣의 위치」, 『우륵탄생지 규명 학술용역 보고서 -가야사 속의 고대 거창과 우륵-』, 거창군, 부산대학교 한국민족문화연구소, 128쪽.

9) 김승곤, 2001, 「가야시대 우륵의 출생지에 관한 연구」, 『우륵 출생지 연구 전국 학술토론회』 자료집.
   김태식, 2002, 『미완의 문명 7백년 가야사 1권』, 푸른역사, 248쪽.

10) 김종택, 2004, 「우륵의 고향 省熱은 어디인가?」, 2004년 12월 8일자 우륵 탄생지 연구에 관한 발표회 유인물; 2006, 「우륵의 고향 省熱은 어디인가?」, 『거창의 역사와 문화Ⅲ』, 거창군.
    吳彌濟, 2004, 「가야국 嘉實王과 于勒 출생지 小考」, 2004년 11월 20일자 유인물, 거창문화센터; 2006, 「가야국 嘉實王과 于勒 출생지 小考」, 『거창의 역사와 문화Ⅲ』, 거창군.

11) 김기혁, 2007, 「居昌 古地圖의 類型과 收錄 地名 研究」, 『우륵 탄생지 규명 학술용역 보고서 -가야사 속의 고대 거창과 우륵-』, 거창군, 부산대학교 한국민족문화연구소.
    李炳銑, 2007, 「樂人 于勒의 고향 省熱의 比定問題」, 『우륵 탄생지 규명 학술용역 보고서 -가야사 속의 고대 거창과 우륵-』, 거창군, 부산대학교 한국민족문화연구소.

12) 丁若鏞, 1833, 『疆域考』 권2.
    前間恭作, 1925, 「三韓古地名考補正」, 『史學雜誌』 36-7.
    申采浩, 1926, 『朝鮮上古史』.
    김기빈, 2003, 『국토와 지명② -그 땅에 빛나는 보배들-』, 한국토지공사 토지박물관.

13) 『三國史記』 卷35, 地理2 朔州 奈隄縣 "淸風縣 本高句麗沙熱伊縣 景德王改名 今因之."

14) 朴守儉(1629~1694), 『林湖集』 권5 于勒堂重建勸誘文.
    金履萬(1683~1758), 『鶴臯先生文集』 권2 于勒, 同 권9 義林池記文.
    崔錫鼎(1646~1715), 『明谷集』 권9 臨沼亭記.

를 축조했다고 하는 전승이 나타나기도 하였다.[15] 그리하여 조선 후기의 제천현 지도에 '于勒井'의 존재가 표기되기도 하고,[16] 이런 전승이 헌종 때의 『忠淸道邑誌』(권7 堤川縣)에 수록되기도 하였다.[17]

한편 김기빈의 연구에 따르면, "조선시대 충주목 관할에도 위의 12곡[즉 우륵 12곡과 이름이 비슷한 저수지 이름들이 나오고 있어 주목된다. 곧 上加羅堤(음성군 금왕읍), 下加羅堤(음성군 금왕읍), 加耶谷堤(음성군 대소면), 가라곡제, 상가라곡제, 하가라곡제(이상 음성군 삼성면) 등 가야 계통의 이름들이 나오는데, 우륵의 출생지로 전해지는 제천시 청풍면과 제천 의림지의 설화 등을 감안할 때 그가 열두 곡을 만든 곳이 충주 지역으로 보이기도 하는 것이다."라고 하였다.[18]

이에 대해 양기석은 가야의 망명객으로 왕경에서 멀리 떨어진 國原에 사민된 우륵이 의림지 같은 큰 제언을 만들 만한 위치에 있었다고는 생각되지 않는다고 하였고,[19] 김종택은 충청북도 제천 땅은 일찍이 가야 영역이 된 적이 없었기 때문에 우륵의 고향으로 추정하기에는 무리가 따른다고 비판하였다.[20]

(2) 富林說[21]

우륵의 출신지 省熱縣이 경남 宜寧郡 富林面(面治 新反里)이라고 보는 첫 견해에서 末松保和는 그곳의 옛 지명이 辛尒縣으로서 지명 음이 비슷하다

---

15) 吳相濂, 1674~1720, 『燕超齋文集』권5, 雜著 우륵당·연자암·大堤.

16) 奎10387 제천현 지도에는 '의림지 곁에는 우륵이 마셨다는 于勒井이 아직도 남아 있다. 우륵정은 우륵당의 동북쪽 절벽 아래에 있으며 물이 매우 차다'고 서술하고 있다.

17) 우륵과 의림지의 관련 전승은 모두 양기석·구완회·강민식, 2000, 「의림지: 역사분야 기초조사」, 『義林池 精密基礎調查』, 忠北大學校博物館·提川市, 157~159쪽에서 발췌한 것이다.

18) 김기빈, 2003, 앞의 책, 169쪽; 2006, 앞의 책, 164쪽.

19) 梁起錫, 2006, 「國原小京과 于勒」, 『忠北史學』16, 33쪽.

20) 김종택, 2004, 앞의 발표문, 9쪽; 2006, 앞의 논문.

는 점을 하나의 근거로 삼았다. 그리고 이는 『일본서기』에 나오는 가야 소국 중의 하나인 斯二岐國과 같으며, 『삼국사기』 악지의 新羅樂 중에 나오는 辛熱樂·下辛熱舞·上辛熱舞는 바로 그곳의 음악과 춤을 가리킨다는 것이다. 또한 이 비정이 틀림없다고 보는 이유로, 『三國史記』 金庾信列傳의 善德王 13년(644)에 김유신이 백제를 공격하여 加兮城·省熱城·同火城 등의 7城을 빼앗는 것이 기록되어 있는데, 이때의 加兮城은 加尸兮縣(新復), 同火城은 斯同火縣(壽同)이기 때문에 3성은 高靈-江陽-星山에 이르는 서로 연속되는 지방이 되므로, 省熱縣을 辛尒縣에 비정하는 것이 이치에 합당하다는 점을 들었다.[22]

田中俊明은 省熱縣이 의령군 부림면이라는 위의 견해를 받아들이면서 몇 가지 논거를 추가하였다. 그리하여 省熱縣의 '縣'字는 원래의 형태가 아니라 신라인이 덧붙인 것이고, 김유신이 644년에 加兮城·省熱城·同火城 등의 7성을 만회했다는 것은 낙동강을 둘러싼 攻防을 기록한 것이며, 嘉實王이 있던 '加耶國'은 高靈의 大加耶國으로서 富林의 斯二岐國을 포함한 보다 상위의 '國'이라고 하였다.[23]

김승곤은 省熱과 宜寧郡 新反의 古代 地名 辛爾·朱鳥·泉州·新繁을 모두 同系 同源의 地名으로 보고, "省熱·辛爾·朱鳥·泉州·新反(繁)은 '새넬/새네' '새눌/새늘'에서 '새네/새내/새이/새'로 변하였고, 다시 '시무슬/시무줄/시무/새마'로 또 泉州는 '시내'이니, 위의 '새내/새이/새'에서와 같이 독해할 수 있다. 그리고 이는 '새로이/새뢰' 등으로 읽히던 것이, 이두인 '新反'(새로이)을 한자음으로 읽어서 '신반'으로 된 것이다."라고하여, 이 지명들의 어원을 '새로 독립한 현'에서 찾으려 하였다. 그리하여

21) 末松保和, 1949, 앞의 책.
　　金東旭, 1966, 앞의 논문.
　　田中俊明, 1990, 앞의 논문; 1992, 『大加耶連盟の興亡と‘任那’』, 吉川弘文館.
　　김태식, 2002, 앞의 책 1권, 248쪽.
22) 末松保和, 1949, 앞의 책, 241~243쪽.
23) 田中俊明, 1992, 앞의 책, 62~65쪽.

省熱과 新反은 표기된 글자는 다르지만 동일 지명이므로, 省熱縣이 오늘날의 新反임이 틀림없다고 결론지었다.[24]

반면에 백승옥은, 辛熱樂은 會樂과 더불어 신라 초기 儒理王 때에 만들어진 것이고, 이들은 신라가 이웃 주변 지역으로 진출하여 복속시킨 곳의 音樂인 郡樂들과는 구분되어 표기되고 있으므로, 樂志의 辛熱樂을 우륵의 출생지인 加羅 省熱縣을 정복한 다음 편입시킨 樂으로 보아 辛熱=省熱=辛尒로 보는 설은 근거를 잃게 된다고 비판하였다.[25]

한편 이병선은『삼국사기』지리지에 보인 新反의 沿革을 보면 辛爾(朱烏·泉州)〉宜桑〉新繁〉新反으로 바뀌었는데, 삼국 통일 이전의 舊地名과 景德王의 개칭 지명과 高麗 초기의 지명과 一云·或云의 지명에는 借音·借訓·借義·漢譯으로 표기를 달리한 同系 지명도 있으나 異系 지명들이 많이 있기 때문에, 이러한 지명을 모두 같은 語源의 同系 지명으로 봄은 무리하다고 반론하였다.[26] 특히 '辛爾'의 '辛'은 맵다는 뜻의 日本訓인 kara의 표기이고, '尒'는 접미사 i의 표기이므로, 辛尒는 于勒의 고향 省熱('소사리'의 표기)과는 별개의 지명이라고 보았다.[27]

(3) 大邱東區說[28]

省熱縣이 대구광역시 동구의 不老洞 일대에 속하다는 견해는, 사실 우륵의 출신지와 관계없이 역사지리적 입장에서 省熱城의 위치를 비정하는 과정에서 나타난 견해이다.

全榮來는 백제 의자왕 2년(642)의 新羅西邊 공략의 범위를 논하는 가운

---

24) 김승곤, 2001, 앞의 발표문.
25) 白承玉, 2007, 앞의 논문, 132~133쪽.
26) 李炳銑, 앞의 논문, 101~102쪽.
27) 위의 논문, 106~111쪽.
28) 全榮來, 1985, 앞의 논문.
   白承玉, 1999, 앞의 논문; 2007, 앞의 논문.

데, 加兮城을 지리지의 康州 高靈郡 新復縣의 古名인 '加尸兮縣'에 비정하고, 同火城은 星山郡 壽同縣의 古名 '斯同火縣'에 비정한 다음, 省熱城은 解顏縣(大丘의 屬縣)의 古號 '雉省火'의 略稱으로 보았다.[29]

白承玉은 『三國史記』 列傳7 訥崔傳 眞平王 41년 甲申(624년) 겨울 10월 조에 백제가 공격한 신라의 速含, 櫻岑, 歧岑, 烽岑, 旗懸, 穴柵 등 6성에 대한 지명 비정을 새로이 고찰함으로써, 省熱城이 624년부터 644년까지 백제에 점령당했다가 신라가 다시 탈환한 대구시 일대라는 점을 추가하였다. 그 근거는 다음과 같다.

白承玉에 따르면, 歧岑城은 『高麗史』 地理志 京山府 加利縣(지금 성주시)의 別號인 歧城과 같고, 旗懸城에서 '旗'의 訓은 '발'이고 '懸'의 훈은 '걸다'이므로 현재 칠곡군 칠곡면 일대의 古名 八居里縣에 대응되며, 穴柵城에서 '穴'의 訓은 '구멍'이고 '柵'은 '城'·'村'과 통하므로 이는 현재의 達城郡 多斯面, 河濱面 일대의 古名인 '居毛村' 또는 '琴湖(kumho)'와 대응된다. 그러므로 624년 당시 백제군은 성주·고령 전선에서 낙동강을 넘어 대구 지역까지 진출하였고 그로부터 20년 뒤 644년에 신라의 명장 김유신은 그 지역을 다시 탈환하였는데, 그 중 한 성이 省熱城이고 이는 현재 대구광역시 동구 불로동 일대로 비정된다는 것이다.[30]

大邱東區說에 대해서 田中俊明은 "後說[즉 大邱東區說]이라면 낙동강을 크게 벗어나서, 신라가 大耶州에서 후퇴하여 재건을 꾀하기 위해 설치한 押梁州(지금의 慶山)의 目前까지 백제가 탈취하고 있던 것으로 된다. 그것보다는 낙동강이 攻防의 最前線이고 신라의 失地 회복의 돌파구가 앞의 3성(을 포함한 7성)이었다고 보는 편이 무리가 없다고 생각한다."[31]고 반론하였다.

이에 대하여 백승옥은, "田中俊明은 省熱城을 大邱 쪽으로 비정하지 못

29) 全榮來, 1985, 앞의 논문, 156쪽.
30) 白承玉, 2007, 앞의 논문, 147~150쪽.
31) 田中俊明, 1992, 앞의 책, 64쪽.

하는 이유를 이와 같이 설명하고서도 3城 가운데 同火城은 洛東江 以東으로 비정하고 있어 스스로의 矛盾에 빠지고 있다"[32]고 비판하고, "낙동강이 古今을 통해서 경계의 중요한 구실을 했을 것이라는 점은 인정한다. 그러나 이는 선입견에 불과하다. 근거 없는 선입견보다는 사료에 나타나는 지명의 위치 비정을 가능한 한 충실히 할 필요가 있다."[33]고 다시 반론하였다.

그 반론 및 재반론의 當否를 떠나, 우륵의 출신지인 省熱縣의 위치를 비정함에 있어서 지명의 音相似 외에 가장 중시해야 할 핵심적인 사료가 『三國史記』권41 金庾信列傳의 전투 기사에 나오는 省熱城의 위치라는 것은[34] 의심할 여지가 없다는 점에서, 大邱東區說은 크게 주목된다.

(4) 高靈說[35]

우륵의 출신지를 경북 고령 일대로 보는 설은 기존의 音相似에 기초를 둔 지명 비정 관행에서 벗어나 일반적인 논리를 중시한다는 점에 특색이 있다.

주보돈은 일찍이 2004년의 원고에서 가실왕은 각국의 음악을 결집하기 위해 대가야 출신이 아닌 省熱縣 즉 斯二岐 출신의 우륵으로 하여금 12곡을 제작케 하였으며, 우륵의 출신지를 국명인 사이기가 아니라 후대의 지명인 省熱縣으로 바꾸어 표현한 것은 대가야국과 上下位階를 갖는 위치에 있던 諸國이 신라 측 시각에서 볼 때는 마치 縣처럼 여겨졌기 때문이라고 보았다.[36] 이는 곧 富林說에 찬동하여, 가야 소국의 하나인 斯二岐國이 省熱縣과 같은 곳이고, 이를 신라 측 기록에서 '縣'으로 개작했다고 여기고 있음을 알 수 있다.

---

32) 白承玉, 2007, 앞의 논문, 144쪽 주석 46.
33) 위의 논문, 145쪽.
34) 위의 논문, 128쪽.
35) 문성렵, 1990, 앞의 논문.
　　朱甫暾, 2006, 앞의 논문.
36) 朱甫暾, 2004, 「古代社會 居昌의 向方」, 『거창의 역사와 문화』, 거창군·경북대 영남문화연구원, 197쪽.

그런데 그는 2년 만에 전혀 다른 견해를 개진하였다. 즉, 대가야에서 적어도 형식적이나마 縣制가 시행되었음은 분명하고, 대가야와 연관 있는 '諸國'이 존재하는 한편 그와는 차원을 달리 하는 縣이 따로 설정되었음이 확실하다고 하였다.[37] 그러므로 대가야 直轄의 省熱縣은 대가야의 중심지인 고령으로부터 그리 멀리 떨어지지 않은 지역이고, 加兮之津은 고령의 牛谷面・開津面 일대로, 同火를 星州郡 관내로 보는 한, 省熱은 두 지역 사이의 고령군 관내 지역으로 비정해야 한다고 하였다.[38]

고령설에 대한 支持나 反論은 아직 나오지 않고 있다. 워낙 최근에 나온 설이기도 하고, 구체적인 지명이 제시되지 않아 설득력이 떨어지기 때문이기도 하다. 그러나 고령설에서는 대가야의 縣制와 관련되는 사료에 대해서 본격적인 검토가 필요하다는 문제를 제기하였다.

(5) 加祚說[39]

우륵의 출신지 省熱縣이 경남 거창군 가조면 석강리 소새[省草] 마을이라는 설은, 최근에 제기되었음에도 불구하고 갑자기 대두한 돌풍과 같은 느낌이 든다. 이 설은 초기의 제안자도 지지자도 모두 국어학자라는 점에 특징이 있다고 할 수 있다.

가조설의 최초 제안자는 거창문화센터 오필제 소장이었다.[40] 그에 따르면 가야국 '가실왕'은 대가야의 소국인 거창군 가조면 소재 '가소가야' 출신이며, 그 왕명 '가실'은 '가소'의 옛말 '갓골(실)'을 한자의 음과 아름다운 훈을 빌어 '嘉實'로 표기한 것이라고 하였다. 644년에 신라 김유신이 공취한 加兮城은 거창의 가소천(加川)이고, 同火城은 거창군 남하면 둔마리

37) 朱甫暾, 2006, 앞의 논문, 56~58쪽.
38) 위의 논문, 59~60쪽.
39) 김종택, 2004, 앞의 발표문; 2006, 앞의 논문.
   吳弼濟, 2004, 앞의 발표문; 2006, 앞의 논문.
40) 吳弼濟, 2004, 앞의 발표문, 1~20쪽.

큰마(大村) 일대, 省熱城은 거창군 가조면 石岡里 생초(省草; 일명 소새)이며, 645년에 섬멸한 買利浦城은 거창읍 대평리의 속칭 '들펑(坪城)'이므로, 석강리 王大 마을이 가소가야 남부 중심지이고 석강리 省草 마을 우륵터와 굿골이 우륵 탄생지라고 하였다.

위의 견해는 아직 덜 다듬어진 것으로 보이는데, 정통 국어학자인 김종택은 이를 약간 수정하면서 논리를 추가하였다.[41] 이 설은 『삼국사기』 지리지에서 사용되는 용례로 보아 省은 'so(蘇, 所)'의 借音이며, 熱은 '사를'의 訓借이므로, 원래의 지명은 '소사리, 소사' 혹은 '소새'였다는 데 가장 큰 근거를 두었다. 또한 합천에서 거창으로 진출하는 요해처인 加川이 加兮津 加兮城이고, '등벌'로 해석되는 同火城은 '등마을' 屯馬里이므로, 省熱城은 두 성의 사이에 있는 省草(소새) 마을에 위치한 것으로 보았다. 買利浦城은 별다른 고증 없이 거창군 마리면으로 비정하였다. 게다가 2004년 당시로부터 26,7년 전에 대구 MBC TV 취재팀이 지역 문화 방송의 목적으로 취재 왔을 때, 거창군 가조면 大楚里에서 마을 耆老 金熙錫 옹이 石岡里를 가리키며 발언하였다는 '우륵터' 곧 우륵의 탄생지 전승도 그에 의해 처음으로 소개되었다. 嘉悉 혹은 嘉實은 '갓'을 표기한 것이고, 가실왕은 대가야보다 먼저 망한 갓벌가야(加召加耶)의 왕이라고 하였다.

역시 국어학자인 이병선은 김종택의 견해를 지지하면서, 省熱의 지명은 '省'의 借音과 '熱'의 借訓에 의한 '소사리'의 표기이고, 省草는 '省'의 借音과 '草'의 借訓에 의한 '소새'의 표기인데, 소사리의 'ㄹ'音이 '이' 모음 앞에서 탈락하여 소사리 > 소새로 변한 것이라고 보완하였다.[42] 또한 金庾信의 征伐路上에서 나타나는 加兮는 加祚川의 하류인 加川의 '加'에 접미사 兮(ge)가 첨가된 것이고, 同火는 kada(15세기 語形 갇)-buri를 訓借 표기한 것이고 大村은 kara-buri의 漢譯 지명이므로 居昌郡 南下面 屯馬里의 大

41) 김종택, 2004. 앞의 발표문, 1~25쪽.
42) 李炳銑, 앞의 논문, 114~116쪽.

村 마을에 比定되며, 買利浦는 買利와 馬利가 비슷한 語形의 표기임을 보아서 居昌郡 馬利面 末屹里(浦)에 比定된다고 하여,[43] 省熱城 관련 지명들을 모두 거창군 안에 넣는 김종택의 견해를 지원하였다.

그러나 거창군이 발주한 공동 연구에 참여한 지리학자인 김기혁은 『삼국사기』 사료에서 7곳의 성곽을 나열하면서 가조 분지에 있는 성곽만 3곳을 기록하였을 가능성은 높지 않으므로, 加兮城, 省熱城, 同火城이 모두 가조 분지 안에 위치하고 있다는 주장은 다소 무리하다고 보았다. 또한 조선시대의 지도들에서 '省草驛'이라는 지명이 거창 읍치 북쪽의 高梯面 부근에 기재되어 있어 가조 분지의 소새 마을과는 거리가 떨어져 있음도 지적하였다. 그러면서 1767년(영조 43) 이전에 제작된 『(備邊司印)嶺南地圖』(규장각 소장) 거창부 古毛峴面(지금의 둔마리) 인근에 '省峴' 지명이 기재되어 있고 『신증동국여지승람』의 기록에는 그 북쪽의 金貴山에 加祚古縣城이 있었다고 하므로, 둔마리 일대에 축조된 성이 省熱城일 가능성이 높은 것으로 추론된다고 하였다.[44] 결국 이는 '省峴'이라는 단서에 근거한 가능성 타진일 뿐, 결과적으로는 김종택의 가조설에 대한 부정적 견해라고 할 수 있다.

한편 민속학자인 황경숙은 우륵터에 대한 김희석 옹의 제보가 지극히 단순할 뿐만 아니라 그 후의 추적 조사를 통해 우륵과 관련된 지역민의 구술 역사의 편린을 찾기 힘든 실정이기 때문에 이 마을에 전승되어온 구비전승물로 보기 힘들다고 하였다.[45] 이 역시 가조설에 대한 부정적인 진단이라고 하겠다.

백승옥은 거창 가조설을 본격적으로 반론하여, ① 音相似에 의한 비정만으로는 同名異地가 많다, ② 가야국 가실왕은 거창 加召加耶의 왕이 아니라 고령 加羅國의 왕이다, ③ 6~7세기대 縣과 城에 대한 역사적 인식을 결하고

43) 위의 논문, 119~121쪽.
44) 김기혁, 2007, 앞의 논문, 37~39쪽.
45) 황경숙, 2007, 「거창지역 설화와 지역문화」, 『우륵 탄생지 규명 학술용역 보고서 -가야사 속의 고대 거창과 우륵-』, 거창군, 부산대학교 한국민족문화연구소, 62~63쪽.

있다는 등의 문제점을 제기하였다. 즉, 당시 縣은 어느 정도의 행정력을 갖춘 곳이었으므로, 우륵의 고향인 省熱縣은 적어도『삼국사기』지리지에 등재된 정도의 규모를 갖춘 '縣' 속에서 그 후보지를 물색해야 할 것이나, 가조의 옛 지명 加召는 이미 신라 婆娑尼師今 8년 조부터 보이기 시작하여 줄곧 가조 지역을 대표하는 지명이었고, 가조면 석강리 '소새' 마을이 옛 가조 지역을 대표하였다는 근거는 없다고 하였다.[46]

위와 같이 학설사를 정리해 볼 때, 우륵의 출신지 省熱縣 문제의 쟁점은,『삼국사기』및『日本書紀』에 나오는 省熱縣·斯二岐國의 관계 및 省熱의 국어학적 지명 표기에 관한 것이 하나이고, 또 하나는『삼국사기』김유신열전에 나오는 644년의 신라에 의한 加兮城·省熱城·同火城 회복을 둘러싼 戰況과 그 지명들의 위치에 관한 것이라고 요약할 수 있을 듯하다. 그러므로 이 문제를 제3절과 제4절에서 자세히 논증해 보고자 한다.

3. 우륵과 省熱縣

省熱縣이 우륵의 출신지라는 점은 어떤 사료의 어떤 맥락 속에서 기록된 것일까?『三國史記』樂志에 인용된 기록은 다음과 같다.

[1-1] 羅古記에서는 다음과 같이 기록하였다.
『가야국 嘉實王이 唐의 악기를 보고 그것(즉, 가야금)을 만들었다. 왕은 '諸國의 방언이 각기 다르니 소리인들 어찌 하나일 수 있으랴? 라고 생각하여 樂師인 省熱縣 사람 于勒에게 명하여 12곡을 짓게 하였다. (이하 생략)』[47]

---

46) 白承玉, 2007, 앞의 논문, 133~134쪽.
47)『三國史記』卷32, 樂志 加耶琴 "羅古記云 加耶國嘉實王 見唐之樂器 而造之 王以謂 '諸國方言各異聲音 豈可一哉' 乃命樂師省熱縣人于勒 造十二曲. (下略)"

또한 위의 기록과 종종 대비되는『南齊書』東南夷傳에 의하면, 建元 원년(479)에 加羅王 荷知가 중국 남조에 사신을 보내 조공하므로, 남제의 高帝가 그에게 '輔國將軍本國王', 즉 '加羅國王'을 제수했다고 한다.[48] 본고의 주제와 직접 관련되는 것이 아니기 때문에 여기서는 자세한 논증을 생략하지만, 이 기사에서 가라왕 하지는 고령 대가야 왕이라고 보는 것이 가장 온당하며,[49] '荷知'는 가야금을 만들었다는 가야국 '嘉實王'과 이름이 유사하여 같은 사람이 아닐까 추측된다.[50]

그렇다면 우륵은 5세기 말 내지 6세기에 걸쳐서 활약한 대가야의 악사로서, 원래는 성열현 사람이었는데, 대가야 가실왕의 부름을 받아 고령 대가야에 들어갔음을 알 수 있다. 우륵이 성열현 사람이었다는 것은, 그가 그 곳 출신이었음을 가리킨다고 보아도 무방할 것이다. 다만 성열현이라는 지명이『삼국사기』지리지에는 보이지 않으므로, 이것이 어느 곳에 해당하는 지가 문제된다.

그런데 위의 기사에서 우선적으로 문제가 되는 것은 고령설이나 대구동구설에서 거론하였듯이, 省熱縣의 '縣'이 어떤 맥락에서 기록된 것인가 하는 점이다.

우선 고령설에서는『日本書紀』권17, 繼體 3년, 6년, 23년 조의 기사들로 보아 대가야에서 형식적이나마 縣制가 시행되었음은 분명하므로, 성열현(성)이 굳이 신라의 縣名이어야 한다고 고집할 이유는 없고,『삼국사기』잡지 악 조의 羅古記 인용문을 통하여 드러나듯이 대가야와 연관 있는 '諸國'이 존재하는 한편 그와는 차원을 달리 하는 縣이 따로 설정되었음이 확실하기 때문에, 성열현은 대가야 直轄의 縣으로 봄이 적절하며 그런 입장에서

---

48)『南齊書』卷58, 列傳39 東南夷傳 東夷 "加羅國 三韓種也. 建元元年 國王荷知使來獻. 詔曰 量廣始登 遠夷洽化. 加羅王荷知 款關海外 奉贄東遐. 可授輔國將軍本國王."

49) 金泰植, 1985,「5세기 후반 大加耶의 발전에 대한 硏究」,『韓國史論』12, 서울대학교 국사학과, 67~68쪽; 1993,『加耶聯盟史』, 一潮閣, 106~107쪽.

50) 田中俊明, 1990, 앞의 논문.

현재의 위치는 새로이 찾아야 하는 것이라고 하였다.[51] 이는 省熱의 지명 표기에 가치를 둔 기존의 지명 비정을 모두 반박하기 위하여 고안된 논리였다고 보인다.

위의 羅古記 인용문으로 보아 '諸國'과 '省熱縣'은 분명히 구분되는 존재로 보인다. 필자의 별도 논문[52]에서 따로 考究하였듯이, 우륵 12곡의 곡명은 후기 가야연맹에 소속된 여러 소국들의 地名과 伎樂名으로 구성되어 있다. 그렇다면 방언이 서로 다르다는 '諸國'이란 그 여러 소국이라고 볼 수 있다. 이를 그대로 인정한다면 '성열현'은 대가야의 관내에 있는 直轄縣일 수밖에 없는 것일까?

그렇게 되기 위해서는 以下의 몇 가지 전제 조건이 필요하다. 첫째로 羅古記는 대가야의 가실왕 관련 사료를 그대로 인용한 것이다. 둘째로 후기 가야연맹의 맹주국인 대가야에서는 縣制가 시행되고 있다. 셋째로 대가야의 縣制는 管內의 좁은 범위에 한정되어 실시되고 있었고 그 소속국들에서는 縣制가 시행되지 않았다.

우선 羅古記는 新羅古記의 약칭으로서, 『삼국사기』 악지에 인용된 두 군데의 신라고기는 각기 '羅王' 또는 '新羅眞興王'으로 그 표기 형태에 차이를 보여, 兩者가 단일 자료에 의거한 것으로 단정하기 어렵다.[53] 게다가 신라고기는 고려시대에 존재한 특정한 책의 이름을 가리키는 것이 아니라, 신라 관련 옛 기록의 총칭이라고 보인다.[54]

신라와 관련된 옛 기록이라면, 그것은 신라시대에 편찬된 것일까, 고려시대에 편찬된 것일까? 『삼국사기』의 신라고기 인용 내용이 원본의 것을 그대로 발췌한 것이라면, '羅王' 또는 '新羅眞興王'이라는 표기 방식으로 보

---

51) 朱甫暾, 2006, 앞의 논문, 56~58쪽.
52) 김태식, 2009, 「대가야의 발전과 우륵 12곡」, 『악사 우륵과 의령지역의 가야사』, 서울 : 홍익대학교 인문과학연구소, 우륵문화발전여구회, 103~118쪽.
53) 李康來, 1989, 「三國史記와 古記」, 『龍鳳論叢』 17·18, 전남대학교 인문과학연구소, 103~104쪽.
54) 李康來, 2007, 『三國史記 形成論』, 신서원, 289쪽.

아 그 기록은 신라시대보다는 고려시대의 것이라고 보아야 마땅하다. 앞서 『남제서』가라국전의 내용을 본 바와 같이, 대가야는 479년에 南齊에 조공한 적이 있고 이 당시에 가야금 제작의 원형이 된 箏을 비롯한 여러 문물을 수입한 듯하다. 신라고기에서 이를 '唐의 악기'라고 지칭한 것으로 보아, 그 古記가 대가야의 기록을 충실히 발췌한 것이라고는 판단되지 않는다. 이는 중국이 곧 唐이라고 생각하였을 7세기 이후 신라의 인식을 보이고 있거나, 혹은 중국 고대의 시대구분에 대한 관심이 별로 없어서 옛 중국 물건이라면 唐의 것이라고 지칭하는 고려시대의 인식을 나타낸다. 그렇다면 '省熱縣'이라는 지명도 가야의 것을 그대로 인용했다고 하기 보다는 통일신라시대 혹은 고려시대의 지명을 써서 현재적인 관심을 고취한 것일 가능성이 높다. 즉 신라고기는 대가야의 기록을 그대로 인용했다고 보기 어려운 것이다.

둘째로 대가야에서 縣制를 시행하고 있었다는 것은 어떻게 평가할 수 있을까? 신라에서는 『삼국사기』신라본기에 지증 마립간 6년(505)에 왕이 몸소 나라 안의 州郡縣을 정하고 悉直州를 설치하여 異斯夫를 軍主로 삼았다는 기록이 나타나고 있다.[55] 그러나 이를 근거로 당시 신라가 정상적인 지방제도를 실시했다고 보는 견해는 드물다. 군현제 실시에 대한 정통한 연구에 따르면, 당시의 신라에서 郡은 가능한 곳부터 제정되었을 것이고, 郡 아래에는 다수의 城과 村 중에 중심이 되는 지방 행정 단위에 道使를 파견하여 行政村으로 편제했으며, 이것이 통일기, 즉 7세기의 어느 시기에 縣으로 개편되었으리라고 추정되고 있다.[56] 그렇다면 신라의 사례와 비교해서 중앙 집권화의 정도가 조금 느렸다고 보이는 대가야가 이미 6세기에 縣制를 실시하고 있었다거나 혹은 '省熱縣'이 가야의 지명이었다고 말할 수는 없을 것이다.

---

55) 『三國史記』卷4, 新羅本紀4 智證麻立干 6年 "春二月 王親定國內州郡縣 置悉直州 以異斯夫爲軍主 軍主之名 始於此."
56) 朱甫暾, 1991, 「二聖山城 出土의 木簡과 道使」, 『慶北史學』14, 5~9쪽; 1998, 『新羅 地方統治體制의 整備過程과 村落』, 신서원, 85~97쪽, 261~271쪽.

또한 가야에 縣制가 실시되고 있었다는 증거로 제시한 『일본서기』 자료들은 '任那日本縣邑'(繼體紀 3년 조)이나 '任那國上哆唎·下哆唎·娑陀·牟婁四縣'(繼體紀 6년 조), 또는 加羅王이 신라의 女從을 받아 '諸縣'에 散置하였다는 기록(繼體紀 23년 조)을 말한다. 그러나 任那日本縣邑이라는 명칭에서 '日本'이라는 이름은 사료가 가리키는 6세기 초가 아닌 7세기 후반부터 쓰이기 시작한 것이고, 가야와 신라의 國婚 기사에도 가야의 왕이 왜의 사신에게 '臣'을 칭하고 이른바 '任那日本府'의 異稱인 '官家'의 설치를 언급하는 등, 가야의 당시 현실을 그대로 반영한다고 보기 어려운 대목이 많다. 뿐만 아니라 임나국의 네 현, 흔히 '임나 4현'이라고 부르는 上哆唎·下哆唎·娑陀·牟婁에 대하여 哆唎國守 또는 下哆唎國守와 같이 '國'을 칭하는 표현도 나오고 있으므로, 이들을 가야에서 縣制를 실시하고 있었다는 증거로 들 수는 없다. 그러므로 대가야에 縣制가 실시되고 있었다는 증거는 없다고 할 수 있다.

셋째로 백제나 신라의 郡이나 縣(城)은 지방제도로 형성된 것이고 인구가 많은 수도에는 部나 坊里와 같은 별도의 행정구역이 설치되었는데, 가야에서는 수도인 대가야 관내에 縣이 설치되고 나머지의 小國에는 縣이 설치되지 않았다고 보는 것은 이해하기 어렵다. 이는 오히려 훗날 신라에 의하여 각 소국의 중심지가 郡治로 되고 그 주변의 작은 소국 또는 일부 행정 중심지가 行政村 또는 縣治로 이행되었던 것을 반영하고 있다. 그러므로 '省熱縣'을 대가야 수도인 고령 지방의 안에서 찾아야 한다는 논리는 무언가 잘못된 것이라고 하지 않을 수 없다.

그렇다면 신라고기에서 인용된 내용 중에 '諸國'이라는 단어는 가야연맹의 당시 용어를 그대로 사용한 것이라고 볼 수 있어도, '省熱縣'의 '縣'이라는 글자는 신라 혹은 고려시대의 관념을 표시한 것이고, 실제는 그것이 대가야에 소속된 여러 소국을 가리키는 '國'과 같은 대상이었을 가능성이 높다고 하겠다. 게다가 고령설에서 지칭하는 省熱縣이 고령의 牛谷面·開津面 일대와 星州郡 사이의 고령군 관내 지역에 있었다고 한다면 고령군 星山面과 茶山面 정도가 있을 뿐인데, 아무리 지명의 발음에 따른 비정은 하

지 않는다고 해도 다산면의 옛 이름은 알 수 없고 성산면의 옛 이름은 一利
村 · 一利郡 · 一利縣 · 里山郡이고 고려시대 지명이 加利縣 · 岐城이었다는
점에서 省熱과는 음운 비교가 되지 않는다.

한편 대구동구설에서는 『삼국사기』 樂志 加耶琴條와 『일본서기』 繼體
23년 3월 是月條에서 加羅國의 縣을 확인할 수 있지만 그것이 加羅國 당시
의 지방 행정 단위였는지, 아니면 후대의 인식이 소급 적용된 것인지를 생
각해 보아야 한다고 하면서, 前稿[57]에서는 후대 신라의 인식이 소급 적용된
것으로 보았으나, 다시 생각을 바꾸어 擬制縣과 같은 것이 있었고 '省熱縣'
도 加羅 당시의 표현일 가능성이 있다고 하였다.[58] 그러나 이는 加祚說에서
너무 작은 里나 마을 단위까지 지명 비정을 시도한 것에 대한 반론 중에 나
온 표현이고, 다른 문장에서는 "진정한 의미에서의 郡縣制가 실시되었다고
보기는 어렵다"거나 "하나의 國으로 존재하지는 않았지만 어느 정도의 행
정력을 갖춘 세력이 존재하고 있었던 지역을 縣으로 표현하였을 가능성이
있다"[59]고도 하였으므로, 이를 省熱縣 지명 비정의 전제가 되는 기준으로
중시하여 내세운 것은 아니었다.

또한 대구동구설에서는 일본 고대의 縣을 ① 天皇의 直領地 아가타(그
長은 縣主 아가타누시)와 ② 國縣制에서의 하급단위 고호리(그 長은 縣稻置
고호리노이나키)로 나누고 繼體紀 23년 조 '諸縣'의 古訓인 '모로모로노아
가타'를 토대로 하여, 이는 『日本書紀』 찬자가 가야 國婚과 관련된 기사에
나오는 '諸縣'을 ①의 의미로 파악하고 있었음을 알 수 있고, 이는 가라국
의 현이 중층 구조를 가진 지방제도로서의 縣이 아니라, 가라국의 直領地로
서의 縣이었을 가능성을 시사해 준다고 하였다.[60] 그러나 이는 일본 고대의
'縣'에 대한 해명으로서 의미가 있는 것이었다고 해도, 가야의 '縣'을 해명

---

57) 白承玉, 1999, 앞의 논문.
58) 白承玉, 2007, 앞의 논문, 138쪽.
59) 위의 논문, 139쪽.
60) 위의 논문, 142쪽.

하는 데에는 문제가 있는 분석이었다고 생각된다.

『日本書紀』의 古訓은 결국 그 책에서 의도하고 있는 天皇中心的 史觀에 의거하여 한반도 가야 지역에 있었던 天皇의 直領地, 즉 任那官家 또는 任那日本府와 같은 것을 상정하여 베풀어진 것이다. 그럼에도 불구하고 8세기 이후 일본의 관념을 표현하는 古訓을 토대로 하면서 이를 다시 '가라국의 直領地'에 대한 표현이었다고 고쳐서 해석하는 것은 자못 主觀的인 사료 讀法이라고 할 수 있다.

그러므로 고령설이나 대구동구설에서 省熱縣은 대가야 당시의 현을 가리키며 이는 대가야 直轄 또는 直領地로서의 縣이었다고 하여, 이를 지명 비정의 근거로 삼은 것은 무리가 있다. 신라고기의 사료적 성격이나 신라의 縣制 실시 시기 등을 비추어 볼 때, 省熱縣은 대가야가 중심이 된 후기 가야 연맹의 영역 속에 들어 있던 곳이며, '縣'이라는 문자는 후대 신라인의 인식 아래 개정된 지명일 가능성이 높다. 그런 점에서 볼 때, 고령설과 대구동구설은 지명 비정의 기본 근거에 큰 문제점을 드러낸 것이다.

한편 省熱縣의 음운을 중시하여 이를 다른 곳으로 비정한 淸風說이나 加祚說은 어떠한 문제점이 있는지 살펴보자.

단순한 지명 음운 비교로 보아, 省熱縣은 『삼국사기』 지리지 朔州 奈隄郡 淸風縣(지금 충북 제천시 청풍면)의 옛 지명인 沙熱伊縣과 유사하다고 할 수 있으나, 이곳은 기본적으로 가야 영역이었던 적이 없기 때문에 위의 전제 조건을 충족할 수 없으므로 지명 비정의 조건 자체가 성립하지 않는다.

충북 제천시 북쪽 모산동에 있는 의림지에는 이 제방을 신라 진흥왕 때 于勒이 가야금을 벗 삼아 동쪽의 돌봉재를 선유하다가 처음 쌓았다는 전설이 전해지고,[61] 충북 음성군 금왕읍, 대소면, 삼성면 일대의 堤堰 이름에 上加羅, 下加羅堤, 加耶谷堤, 가라곡, 상가라곡, 하가라곡 등이 보인다고 한

---

61) 車勇杰, 1991, 「義林池」, 『한국민족문화대백과사전』 17, 548쪽.
    林東喆, 1991, 「제천시: 설화·민요」, 『한국민족문화대백과사전』 20, 261쪽.
    양기석·구완회·강민식, 2000, 앞의 논문, 158쪽.

다.[62] 그러나 이들은 조선 전기의 『新增東國輿地勝覽』까지는 나오지 않던 전설이나 둑 이름들이고, 그 전승의 대부분은 조선 후기 숙종 때 이후의 것이다.[63]

이러한 전설의 연유를 정확히 알기는 어렵다. 특히 조선 전기까지 아무런 기록도 없던 곳에서 조선 후기에 들어 이런 흔적들이 대대적으로 나타난다는 것은 이해하기 어렵다. 굳이 추정을 해본다면, 제천은 충주시에 동쪽으로 접한 지역이고 음성은 충주시에 서쪽으로 접한 지역이기 때문에, 그 전설이나 둑 이름들은 우륵이 충주 지방에서 말년을 보내면서 우륵 12곡을 전수하며 활약한 영향을 받은 것이 아닐까 한다. 혹은 지방민들의 자각 의식이 강화된 조선 후기에 이르러 전국 각지에서 지방의 역사적 유래를 창작해내는 경향이 많은 것으로 보아, 제천과 음성의 전설이나 둑 이름도 충주와 우륵의 관계에 몰두한 어떤 好事家에 의해 창작되고 자기 지방을 멋지게 포장하고 싶어 하는 지방민들에 의하여 유포된 것일 가능성이 높다. 그렇다면 이는 우륵의 출생지인 省熱縣과는 관계없는 전승이라고 하겠다.

加祚說은 省熱을 거창군 가조면 석강리 省草 마을에 비정한 것을 특징으로 하는데, 그 가장 큰 논거는 어휘 변화 과정이다. 최초 제안자인 오필제의 어휘 변화 과정 표를 보면 다음과 같다.

성(省) → 성·생·성(省), 쇼·소(蘇)　　 → 소(省 : 생)
열(熱) → 블·불(火, 熱) → 풀(草 : 꼴, 새) → 새(草 : 초)[64]

여기서 省이 '소'로 발음되는 것은 신라 熊州 蘇泰縣(태안군 태안읍)의 백제 때 지명이 省大兮縣이었다는 점에서 어느 정도 수긍이 가나, 熱의 근본이 불(火)이고 '불'이 '풀'로 바뀌었다가 같은 뜻의 '새'로 발음되었다는

62) 김기빈, 2003, 앞의 책, 169쪽; 2006, 앞의 책, 164쪽.
63) 梁起錫, 2006, 앞의 논문, 33쪽.
64) 吳弼濟, 2004, 앞의 발표문, 16쪽.

것은 비약이 너무 많아 긍정하기 어렵다.

그런데 김종택은 그 결론을 받아들이면서도『삼국사기』지리지에 쓰인 省과 熱의 용례를 조사하여, 省은 'so'(金·蘇) 또는 'su/suri'(述·烽)에 대응한다고 하고, 熱은 音借 'ni'(日·尼)와 訓借 '슬이/ㅅ리'(白·風)에 대응하되 어두에 쓰이면 음차 표기가 예사이지만 제2음절 이하에 쓰이면 사른다(蘇)는 뜻의 訓借 표기로 쓰이되 熱次·熱伊와 같이 명사형 접미사가 붙은 형태로 나타난다고 하였다. 그러므로 省熱은 원래 '省熱次' 혹은 '省熱伊'였다가 생략된 것이라고 하였다. 그리하여 '省熱'은 '소슬이/소ㅅ리'로 해독되고 그것이 후대로 오면서 음운 변화를 일으켜 '소새'가 된 것이라고 하였다.[65]

그러나 신라 경덕왕 대의 지명 개정에서 訓借 표기가 音借 표기로 바뀌든지 혹은 음차 표기가 훈차 표기로 바뀐 사례는 많지만, 훈차 표기가 다른 뜻의 訓借 표기로 바뀐 사례는 그리 많지 않다. 그 중에 '사를 蘇(熱)'이 '숨을 白'으로 바뀌었다는 것도 흔치 않은 해명이나, '사를 蘇'이 중세국어 쇼쇼리ㅂ룸이나 현대국어 소슬바람을 나타내는 '風'으로 바뀌었다는 것은 이해하기 어렵다. 게다가 '風'이 訓借되었다고 해도 어째서 '바람'이 아닌 '슬이'를 대체하는 글자가 될 수 있는지 알 수 없다. 또한 양주동은 辛熱樂과 같이 제2음절로 쓰인 熱에 대해서도 '느, 니, 닌'로 음독하여 詞腦, 思內, 詩腦, 辛熱을 모두 같은 말로 보았는데,[66] 이것이 옳다면 熱도 음차 표기일 가능성이 있는 것이다. 그나마 위의 해명이 '省熱'이 '소새'로 발음될 수 있는가를 근근이 변명할 수 있다고 해도, 그에 해당한다는 거창군의 작은 마을의 지금 지명이 어째서 '省草'로 쓰이고 있는지는 설명하지 못하고 있다.

이병선은 이에 대하여 '省草'의 俗稱 地名(고유어로 된 지명)이 '소새'인데, 省草는 이 '소새'를 표기한 것이고, 이곳을 '생초'라고도 하니, 이는

---

65) 김종택, 2004, 앞의 발표문, 10~14쪽.
66) 梁柱東, 1965,『增訂古歌研究』, 일조각, 36~37쪽.

省草를 흡으로 읽은 것이라고 하였다. 省草=소새의 관계에서 '소'를 '省'字로 표기함은, 소사리 〉소새로 이곳의 地名 語形이 바뀌기 이전의 소사리를 省熱로('소'를 '省'字로) 표기해 왔던 습관에 의한 것이고, '새'를 '草'字로 표기함은 古代에 '풀(草)'을 '새'라 했기 때문이라고 하였다.[67]

그러나 이는 후대에 '사리'에서 '새'로 음운 변화된 것을 '草'字로 훈차 표기했다고 하는 것인데, 그렇다면 어째서 '鳥'나 '新'字로 훈차 표기하지 않았는지 설명할 수 있을까? 위의 설명들을 힘겹게 뒤따라가 보았어도 '省熱'이 '소새'로 발음되었다는 점에 대한 의문은 계속 남는다. 뿐만 아니라 김종택이 『한국땅이름큰사전』에서 찾은 里 및 마을 단위의 '소사리' '소사' '소새' 지명은 경기, 강원, 충남, 충북, 경남, 경북 등에 걸쳐서 35개소나 되고, 그밖에 소사릿굴, 소사리들, 소사리도, 소사골, 소사곡, 소새골, 소새 뒷골, 소새들, 소새등, 소새목 등은 너무 많다고 하여 구체적 위치를 지적하지도 않았다. 그리고는 이들 지명 가운데 하나가 우륵의 고향 '省熱'을 계승한 곳이라고 하였다.[68] 결국 구체적인 지명은 『삼국사기』 김유신열전의 644년 전투 기사를 통해서 비정했다. 그렇다면 '省熱'이 '소새'로 발음된다는 것은, 그 당부를 차치하고라도 지명 비정에서 큰 의미가 없었던 것이 아닌지 의문이 든다. 더욱이 백승옥이 省熱'縣'이라는 지명이 무슨 의미가 있으려면 적어도 지방 행정의 중심이 되는 곳 중에서 비정해야지, 里나 마을과 같은 작은 단위에서 찾으면 안 된다고 했는데[69] 이런 점도 충분한 일리가 있다.

이에 반하여 省熱이 단순히 음차 표기된 것이라고 한다면 이를 辛尒와 맞춘 기존 설[70]은 여전히 생명력을 가지는 것이 아닐까 한다. 辛尒를 『日本書紀』 소국 중의 하나인 斯二岐國과 동일시한 것은 鮎貝房之進이었으나,[71]

---

67) 李炳銑, 앞의 논문, 115쪽.
68) 김종택, 1994, 앞의 발표문, 14~16쪽.
69) 白承玉, 2007, 앞의 논문, 134쪽.
70) 末松保和, 앞의 책, 241~243쪽.

Ⅲ부 가야와 신라 … 3. 우륵 출신지 省熱縣의 위치 *277*

이를 다시 우륵 출신지인 省熱과 맞춘 것은 末松保和였다.[72] 다만 자료의 성격상으로 보아 이를 新羅樂의 辛熱樂 곡명과 동일시하는 것은 앞에서 말한 백승옥의 논란[73]과 마찬가지로 무리가 있지 않은가 한다. 즉 辛熱을 省熱의 지명 비정에 원용할 수 있으려면, 辛熱樂이 會樂과 더불어 신라 초기 악곡명으로서 신라가 복속시킨 지역의 音樂인 郡樂들과는 구분되어 표기되고 있다는 점을 해명할 수 있어야 할 것이다.

辛熱을 詞腦, 思內, 詩腦와 같은 음차 표기로 보아 富林說의 근거 자료에서 배제한다고 해도, 斯二岐, 辛尒, 省熱 등의 지명은 비슷하다고 인정될 수 있을 듯하다. 신라 경덕왕대의 표기인 宜桑은 漢字에 밝은 신라의 관리가 음차 표기의 어순을 뒤집으면서 멋을 부린 것이다. 고려 초기에 이곳을 新繁으로 바꾼 것은 원래의 음차 표기를 훈차로 표기한 것이 아닐까 한다. '辛尒'가 맵다는 뜻의 일본어 발음인 '가라이'를 훈차 표기한 것이라는 견해는[74] 후대의 지명 변천과도 별로 관계가 없어 보이므로 따르기 어렵다. 이병선과 결론을 함께 하는 김종택도 '辛尒'의 후속 지명이 '辛尒 〉宜桑 〉新繁 〉新反'으로 변천되는 것으로 보아 '辛-新'의 음성적 일치를 우연한 것으로 보기는 어려우며, 고대 국어 자료에서 '辛'이 'kara-i'로 쓰인 예증도 없다고 하였다.[75]

이런 점이 그대로 인정될 수 있다면, 우륵은 省熱縣, 곧 후기 가야연맹의 한 소국인 斯二岐國(지금의 경남 의령군 부림면 신반리 일대) 사람으로서 맹주국인 대가야 가실왕에게 발탁되어 재능을 발휘한 음악가였다고 할 수 있다.

---

71) 鮎貝房之進, 1937, 「日本書紀朝鮮地名攷」, 『雜攷』第七輯 下卷, 159쪽.
72) 末松保和, 1949, 앞의 책, 241~243쪽.
73) 白承玉, 2007, 앞의 논문, 132~133쪽.
74) 李炳銑, 앞의 논문, 101~102쪽.
75) 거창군 · 부산대학교 한국민족문화연구소, 2007, 『우륵 탄생지 규명 학술용역 보고서 -가야사 속의 고대 거창과 우륵-』, 토론녹취록 중 김종택 발언 부분, 229쪽.

4. 省熱城의 위치

앞 절에서 검토한 우륵의 출신지 '省熱縣'은, 다행스럽게도 『삼국사기』권 41 열전 김유신전 상권에 省熱城이라는 지명으로 나온다. 이는 전쟁 기사이기 때문에 그 위치를 대략이나마 확인할 수 있게 해준다. 관련 기사를 인용하면 다음과 같다.

[2-1] 유신은 선덕여왕 11년(642)에 압량주 군주가 되었다가 13년(644)에 소판이 되었다. 가을 9월에 상장군이 되어 군사를 거느리고 백제의 加兮城, 省熱城, 同火城 등 일곱 성을 쳐서 크게 이겼으며, 이로 말미암아 加兮津을 열었다. 을사년(선덕왕 14년 : 645) 정월에 돌아와 왕을 뵙기도 전에 백제의 대군이 와서 우리 買利浦城을 공격한다는 封人의 급한 보고가 들어왔다. 왕이 다시 유신을 上州將軍으로 임명하여 이를 막게 하니 유신은 명령을 받자마자 말에 올라 처자를 만나지 않고, 백제군을 반격하여 쫓아내고 2천 명을 목베었다.[76]

위의 기사에서 加兮城, 省熱城, 同火城이 하나의 무리를 이루고 나오고 있기 때문에 그 세 지명의 비정이 중요한데, 거기서 핵심을 이루는 곳은 加兮城 및 加兮津이므로 일단 그에 대한 기존 학설을 살펴보기로 한다.

加兮城은 곧 『三國史記』 地理志 康州 高靈郡 新復縣의 古名인 加尸兮縣을 가리킨다는 견해[77]가 나온 이후, 이를 부정하는 견해는 거의 없었다. 다만 구체적으로 加尸兮縣의 위치에 대해서는, 이를 고령읍 서쪽 10리의 加西谷으로 추정한 『신증동국여지승람』의 견해[78]와 그에 더해 고령 남쪽 30리

---

76) 『三國史記』卷41, 列傳1 金庾信上 "庾信爲押梁州軍主 十三年爲蘇判 秋九月 王命爲上將軍 使領兵伐百濟加兮城·省熱城·同火城等七城 大克之 因開加兮之津 乙巳正月 歸未見王 封人急報 百濟大軍來攻我買利浦城 王又拜庾信爲上州將軍 令拒之 庾信聞命卽駕 不見妻子 逆擊百濟軍走之 斬首二千級."

77) 末松保和, 1949, 『任那興亡史』, 大八洲出版; 1956, 再版, 吉川弘文館, 241쪽.

新復(=加尸城)일 수도 있다는 『대동지지』의 견해[79]가 나왔다. 한편 신태현은 加尸兮는 '갈흐'이고 新復은 '가러'(更) 곧 '가루'의 音寫이니 지금 陜川郡 加耶面이라고 하였고,[80] 이병도는 가시혜현의 위치를 합천군 가야면이 아닌가 추정하고[81] 加兮城에 대해서는 확실치 않지만 거창이 아닌가 하였으며,[82] 全榮來는 加兮城과 加尸兮縣을 같은 곳으로 보는 가운데 『신증동국여지승람』의 견해를 찬성하였다.[83]

이로 보아 초기에는 가시혜현의 위치에 대하여 고령읍 서쪽 10리설과 남쪽 30리설이 있는 가운데, 서쪽 10리 加西谷이 좀 더 많은 지지를 받았던 듯하다. 합천군 가야면이나 거창 등을 거론한 것은 단순한 추정에 지나지 않으므로 반론의 필요를 느끼지 않는다. 그런데 고령읍 서쪽 10리라면 서쪽 20리에 있는 美崇山에 못 미친 산록에 해당하며, 서남쪽으로는 고령군 쌍림면 안림리 일대가 된다. 이 중에서 미숭산록은 加兮津이라는 이름에 걸맞지 않으며, 안림리는 낙동강의 지류인 회천으로 들어가는 작은 지류인 안림천변에 해당하나, 매우 좁은 개울이어서 군사 요충지라고 하기에는 무리가 있다. 『대동여지도』나 『청구도』에도 加西谷과 관련된 표기는 발견되지 않는다.

한편 鄭求福 등이 지은 『역주 삼국사기』에서는, 新復縣이 신라 康州 高靈郡(고령군 고령읍)의 領縣의 하나로서, 현재의 慶尙北道 高靈郡 牛谷面이고, 『대동여지도』와 비교해 볼 때, 현재의 고령군 우곡면 면소인 桃津里 위치에 '新復'이라고 표시되어 있어 그 위치를 확인할 수 있다고 하였다.[84] 그 후 이에 대한 이견은 거의 없었던 듯하다.

78) 李荇 外, 1530, 『新增東國輿地勝覽』 卷29, 高靈縣 古跡 "新復縣: 金富軾云 本加尸兮縣 爲 高靈郡領縣 景德王改名 今未詳. 按 縣西十里地名 有加西谷者 疑尸兮轉爲西."
79) 金正浩, 1864, 『大東地志』 卷9 高靈 古邑條.
80) 辛台鉉, 1958, 『三國史記地理志의 硏究』, 宇鍾社, 41쪽.
81) 李丙燾, 1977, 『國譯三國史記』, 乙酉文化社, 534쪽.
82) 위의 책, 619쪽.
83) 全榮來, 1985, 「百濟南方境域의 變遷」, 『千寬宇先生還曆紀念 韓國史學論叢』, 正音文化社, 155~156쪽.
84) 鄭求福 外, 1997, 『譯註 三國史記 4 -譯註篇(하)-』, 韓國精神文化硏究院, 227쪽.

그러나 加祚說에서는 加尸兮縣과 加兮城을 동일시하는 기존 설들을 검토하지도 않고, 거창 지방이 예로부터 신라와 백제 사이의 분쟁 지역이었다고 하면서 加兮城을 바로 거창군 가조면 加祚川의 하류 加川에 비정하였다.[85] 그 이유에는 加兮城=加兮津과 加川의 첫 음이 같은 점이 크게 작용한 듯하다.

백제는 이미 642년에 大耶城(합천) 전투의 승리와 아울러 옛 가야 지역 40여 성을 함락시킨 바 있고, 김유신이 바로 押督州軍主로 임명된 후 644년에 백제와 첫 전투를 벌인 것이기 때문에, 이 전투의 지점을 합천보다 서쪽으로 깊이 들어간 거창 방면으로 비정하기에는 무리가 있다. 뿐만 아니라 아래에 인용하는 사료로 볼 때, 거창의 가조천=가소천은 加尸兮津과 구분되는 별도의 곳이라고 할 수 있다. 낙동강 주변의 길목에 대한 기록으로는 앞의 사료 [2-1] 외에도 다음과 같은 것들이 있다.

[2-2] 12일에 대군이 古沙比城(전북 정읍시 고부면) 밖에 와서 주둔하면서 두량윤성(충남 청양군 정산면)으로 나아가 공격하였다. 그러나 한 달 엿새가 되도록 이기지 못하고 여름 4월 19일에 군사를 돌이켰다. 大幢과 誓幢이 먼저 가고 下州의 군사는 맨 뒤에 가게 되었는데, 賓骨壤(전북 정읍시 정우면)에 이르러 백제군을 만나 싸워 패하여 물러났다. 죽은 사람은 비록 적었으나 병기와 짐수레를 잃어버린 것이 매우 많았다. 上州와 郎幢은 角山(전북 정읍시 부근)에서 적을 만났으나 진격하여 이기고 드디어 백제의 진지에 들어가 2천 명을 목베었다. 왕은 군대가 패하였음을 듣고 크게 놀라 장군 金純·眞欽·天存·竹旨를 보내 군사를 증원하여 구원케 하였으나, 加尸兮津에 이르러 군대가 물러나 加召川에 이르렀다는 말을 듣고 이에 돌아왔다. 왕이 여러 장수들이 싸움에서 패하였으므로 벌을 논하였는데, 각기 차등 있게 하였다.[86]

---

85) 吳弼濟, 2004, 앞의 발표문, 10쪽.
   김종택, 2004, 앞의 발표문, 18~19쪽.
   李炳銑, 2007, 앞의 논문, 119쪽.

[2-3] 臣(백제 성왕의 지칭: 필자 주)이 일찍이 들으니, 신라가 봄, 가을마다 무기를 많이 모아 安羅(경남 함안군)와 荷山을 치려 한다고도 하고, 혹은 加羅(경북 고령군)를 칠 것이라고도 하였습니다. 이 무렵 서신을 받고, 즉시 將士를 보내 任那를 막아 지킴에 게으르거나 쉬지 않아, 자주 정예 군사를 내보내 때에 맞춰 가서 구원해 주었습니다. 그래서 임나는 순서대로 耕種하고 신라는 감히 핍박해 들어오지 못하였습니다.[87]

사료 [2-2]는 661년에 신라의 대군이 백제 부흥군을 만나 전북 정읍을 중심으로 활동하다가 상당수의 군대가 크게 패하였다는 소식을 듣고 이를 구원하기 위한 증원군을 보냈는데, 그 증원군은 加尸兮津에 이르러 원래의 대군이 이미 안전한 加召川에 이르렀다는 소식을 듣고 돌아왔다고 전하고 있다. 이로 보아 가시혜진은 加召川, 즉 지금의 거창 가조천 및 가천과 구분되는 별도의 곳으로서, 신라군이 낙동강을 서쪽으로 건너 옛 가야 지역을 통과할 때는 加尸兮津이 하나의 거점이 되고, 그 지점은 거창보다 동쪽으로 상당히 떨어진 곳임을 알 수 있다.

사료 [2-3]은 544년에 백제와 신라가 가야연맹을 둘러싸고 경쟁을 하던 시기에 백제 성왕이 왜국에 보낸 國書인데, 그는 신라가 가야 남부의 유력국인 安羅와 가야 북부의 맹주국인 加羅를 치려고 준비한다고 하면서 또 하나의 공략 예상 지점으로 '荷山'을 지목하였다. 그런데 荷山의 위치는 필자가 일전에 지적한 바 있듯이,[88] 高靈郡 牛谷面 浦里 소재의 나지막한 산인

---

86) 『三國史記』卷5, 新羅本紀5 武烈王 8년(661) 3월 12일 및 4월 19일 "十二日 大軍來屯古沙比城外 進攻豆良尹城 一朔有六日 不克. 夏四月十九日 班師 大幢誓幢先行 下州軍殿後 至賓骨壤 遇百濟軍 相鬪敗退 死者雖小 失亡兵械輜重甚多 上州郎幢遇賊於角山 而進擊克之 遂入百濟屯堡 斬獲二千級. 王聞軍敗大驚 遣將軍金純·眞欽·天存·竹旨濟師救援 至加尸兮津 聞軍退至加召川 乃還. 王以諸將敗績 論罰有差."

87) 『日本書紀』卷19, 欽明天皇 5년(544) 3월 "臣嘗聞 新羅每春秋 多聚兵甲 欲襲安羅與荷山 或聞 當襲加羅. 頃得書信 便遣將士 擁守任那 無懈息也. 頻發銳兵 應時往救. 是以 任那隨序耕種 新羅不敢侵逼."

88) 金泰植, 1993, 앞의 책, 237쪽.

'하미'에 비정된다. 이곳은 일제시기의「五萬分地圖」昌寧地分에는 高靈郡 斗谷面 '荷山'으로 나왔던 곳이나,[89] 1983년판 國立地理院 발행의「오만분의 일 지도」「昌寧」(도엽번호 NI52-2-10)에는 牛谷面 '하미'로 되어있다. 이 지역은 高靈郡 東南端의 낙동강岸 구릉으로서, 高靈·草溪·玄風·昌寧 일대의 낙동강 水路를 견제할 수 있는 곳이다.

그러므로 加尸兮津 또는 加兮津은 이곳, 즉 고령군 우곡면 포리의 하미 일대를 가리키고, 加兮城은 그 배후에 있던 고령군 우곡면 도진리산성을 가리킨다고 할 수 있다. 노고산성 또는 대장산성으로도 불리는 도진리산성은 산성 북쪽과 남쪽의 능선에는 가야 시기의 돌덧널무덤들이 밀집한 고분군이 조영되어 있고, 둘레 800m 정도의 테뫼식 산성으로서 남쪽으로 석축이 일부 남아 있으며, 주위보다 지형이 높아 동쪽으로는 개포나루와 달성군, 구지면을, 서쪽으로는 회천을 조망하기에 용이하므로, 대가야 궁성의 동남쪽 관문인 개포나루와 낙동강을 비롯한 국경을 방어하는 역할을 담당한 것으로 파악된다.[90]

이제 加兮城이 고령군 우곡면이라는 기준을 가지고, 同火城에 대한 지명 고증을 행하고자 한다. 동화성에 대한 기존 설은 매우 단순하여, 末松保和가 이를 斯同火縣(壽同)이라고 지적하고,[91] 全榮來가 같은 의견을 제시한 후,[92] 부림설과 대구동구설의 학자들이 이를 따르고 있다.

다만 가조설에서는 오필제가 同火城은 성열성과 매리포성 중간이라며 거창군 남하면 둔마리 큰마(大村) 일대라 하고,[93] 김종택은 同火城이 '등벌'로 해석되어 '등마을'인 屯馬里라 하고,[94] 이병선은 同火가 kada(15세

89) 鮎貝房之進, 1937, 앞의 논문, 101쪽.
90) 박천수, 홍보식, 이주헌, 류창환, 2003,『가야의 유적과 유물』, 학연문화사, 54~55쪽.
91) 末松保和, 앞의 책, 241쪽.
92) 全榮來, 1985, 앞의 논문, 156쪽.
93) 吳弼濟, 2004, 앞의 발표문, 14~15쪽.
94) 김종택, 2004, 앞의 발표문, 20쪽.

기 語形 곧)-buri를 訓借 표기한 것이고 大村은 kara-buri의 漢譯 지명이라고
하여 居昌郡 南下面 屯馬里의 大村 마을에 比定하였다.[95] 세 연구자가 동화
성을 같은 지명에 비정하였으나 그 근거는 서로 다른 기이한 현상을 빚었
다. 그러나 여기서 음운 해석의 당부는 큰 문제가 되지 않는다. 전술한 바와
같이 644년 전투의 맥락에서 합천 대야성의 서쪽에 있는 거창 지방은 채택
되기 어렵다.

그러므로 동화성은 『삼국사기』 권34 지리지의 신라 康州 星山郡 壽同縣
의 옛 지명인 斯同火縣[96]의 略稱으로서, 현재의 경상북도 구미시 인의동 일
대(옛 칠곡군 인동면)에 해당한다. 동화성은 『삼국사기』 신라본기 진덕왕
원년(647) 10월 조에 백제군이 茂山城(전북 무주군 무풍면), 甘勿城(경북 김
천시 개령면), 桐岑城을 둘러싸자 김유신의 부대가 이를 물리쳤다는 기사[97]
속에 '桐岑城'으로 나오며, 백제본기 의자왕 19년(659) 4월 조에도 백제가
신라 獨山城(경북 성주군 독용산성)과 동잠성을 공격한 기사가 보인다.[98]
함께 나오는 주변 지명들로 보아 동화성 및 동잠성이 지금의 구미시 인의동
일대임을 확인할 수 있다.

그렇다면 省熱城은 구미시 인의동 일대 및 고령군 우곡면과 인접한 곳으
로서, 644년에는 백제의 영토, 647년에는 신라의 영토였고, 6세기 중엽 이전
에는 가야 영역에 속하였던 곳에서 찾아야 한다. 초기에 전쟁 기사의 측면
에서 省熱城을 辛尒縣(의령군 부림면)으로 비정한 것은 末松保和였고,[99]

---

95) 李炳銑, 2007, 앞의 논문, 120~121쪽.
96) 『三國史記』 卷34, 雜志3 地理1 康州 星山郡 "壽同縣 本斯同火縣 景德王改名 今未詳."
97) 『三國史記』 卷5, 新羅本紀5 眞德王 원년(647) 10월 "百濟兵圍茂山 · 甘勿 · 桐岑三城 王遣
庾信 率步騎一萬以拒之 苦戰氣竭 庾信麾下丕寧子及其子擧眞 入敵陣急格死之 衆皆奮擊
斬首三千餘級."
『三國史記』 卷28, 百濟本紀6 義慈王 7년(647) 10월 "將軍義直帥步騎三千 進屯新羅茂山
城下 分兵攻甘勿 · 桐岑二城 新羅將軍庾信親勵士卒 決死而戰 大破之 義直匹馬而還."
98) 『三國史記』 卷28, 百濟本紀6 義慈王 19년(659) 4월 "夏四月 太子宮雌雞與小雀交 遣將侵
攻新羅獨山 · 桐岑二城."
99) 末松保和, 앞의 책, 241쪽.

같은 논리임에도 불구하고 全榮來는 省熱城을 雉省火縣(대구시 동구)으로 비정하였다.[100]

그 후 田中俊明은 당시의 전쟁이 낙동강 유역을 따라서 이루어졌다고 보아 富林說을 지원하였고,[101] 白承玉은 624년에 백제가 공격한 6성이 함양군부터 대구시 일대까지의 광역에 해당하므로 省熱城은 624년부터 644년까지 백제에 점령당했다가 신라가 다시 탈환한 대구시 동구 불로동 일대라고 하여 大邱東區說을 지원하였다.[102]

여기서 문제가 되는 것은 644년 전투에 나오는 加兮城-省熱城-同火城의 범위와 624년 전투에 나오는 速含城-櫻岑城-岐岑城-烽岑城-旗懸城-穴柵城의 범위이다. 특히 그 범위 안에 대구 지역이 들어갈 수 있는가 하는 것이 쟁점이다. 그러므로 624년 전투의 사료를 다시 검토해 볼 필요가 있다. 이를 번역 인용하면 다음과 같다.

[2-4] 겨울 10월에 신라의 速含城, 櫻岑城, 岐岑城, 烽岑城, 旗懸城, 穴柵城 등 여섯 성을 공격하여 빼앗았다.[103]

[2-5] 겨울 10월에 백제 군사가 와서 우리의 速含城, 櫻岑城, 歧暫城, 烽岑城, 旗縣城, 穴柵城 등 여섯 성을 에워쌌다. 이에 세 성은 함락되거나 혹은 항복하였다. 급찬 訥催는 烽岑城, 櫻岑城, 旗懸城의 세 성 군사와 합하여 굳게 지켰으나 이기지 못하고 전사하였다.[104]

[2-6] 訥催는 사량 사람으로 대나마 都非의 아들이다. 진평왕 建福 41년 갑신(진평왕 46: 624) 겨울 10월에 백제가 대거 내침하여 군사를 나눠 速含城, 櫻岑

100) 全榮來, 앞의 논문, 156쪽.
101) 田中俊明, 앞의 책, 64쪽.
102) 白承玉, 2007, 앞의 논문, 147~150쪽.
103) 『三國史記』卷27, 百濟本紀5 武王 25년 "冬十月 攻新羅速含·櫻岑·歧岑·烽岑·旗懸·穴柵等六城取之."
104) 『三國史記』卷4, 新羅本紀4 眞平王 46년 "冬十月 百濟兵來圍我速含·櫻岑·歧岑·烽岑·旗懸·穴柵等六城. 於是 三城或沒或降. 級湌訥催 合烽岑·櫻岑·旗懸三城兵堅守 不克死之."

城, 岐岑城, 旗懸城, 穴柵城 등 여섯 성을 포위 공격하였다. 왕이 上州, 下州, 貴幢, 法幢, 誓幢 등 5군에게 가서 구하도록 하였다. 도착하여 백제군 진영의 당당함을 보고 그 예봉을 당해낼 수 없을 것 같아 머뭇거리며 진격하지 못하였다. (중략) 그러나 이미 명을 받아 출동하였으므로 그냥 돌아갈 수도 없었다. 이보다 앞서 국가에서 奴珍城 등 여섯 성을 쌓으려고 하였으나 겨를이 없었으므로 결국 그 곳에만 성을 쌓고 돌아갔다. 이에 백제의 침공이 더욱 급박하여져 速含城, 岐岑城, 穴柵城의 세 성이 함락되거나 또는 항복하였다. 눌최가 남은 세 성으로써 굳게 지키다가 5군이 구원하지 않고 돌아간다는 소식을 듣고 분개하여 눈물을 흘렸다. (중략) 이때 성이 함락되어 적이 들어오자 그 종은 활을 당기어 화살을 끼워 눌최의 앞에서 쏘는데 빗나가는 바가 없었다. 적이 두려워하여 앞으로 나오지 못하다가 어느 적군 한 명이 뒤에서 와서 도끼로 눌최를 쳐 눌최가 쓰러지니 종이 돌아서서 싸우다가 주인과 함께 죽었다. 왕이 이 소식을 듣고 비통해 하고 눌최에게 급찬의 관등을 추증하였다.[105]

위의 기사들로 보아 쉽사리 지명 비정이 되는 것은 速含城으로서, 『삼국사기』 地理志 康州條에 "天嶺郡 本速含郡 景德王改名 今咸陽郡"이라고 나오니 지금의 경상남도 서쪽 끝의 함양군이 분명하다. 그러나 나머지 다섯 성의 고증이 어려운 상태에서 [2-4] 기사로 보아서는 速含城 등 6성의 범위가 어느 정도인지를 알 수 없다. 백승옥의 견해처럼 이들이 音借 및 訓借 등의 방식으로 인하여 岐岑城은 성주시, 旗懸城은 칠곡군 칠곡면, 穴柵城은 달성군 다사면·하빈면 일대에 비정된다면,[106] 문제는 간단하게 해결된다.

---

105) 『三國史記』卷47, 列傳7 訥催傳 "訥催 沙梁人 大奈麻都非之子也. 眞平王建福四十一年甲申冬十月 百濟大擧來侵 分兵圍攻速含·櫻岑·歧岑·烽岑·旗懸·穴柵等六城. 王命上州·下州·貴幢·法幢·誓幢五軍 往救之. 旣到 見百濟兵陣堂堂 鋒不可當 盤桓不進. (中略) 或立議日 而業已受命出師 不得徒還 先是 國家欲築奴珍等六城而未遑 遂於其地築畢而歸. 於是 百濟侵攻愈急 速含·歧岑·穴柵三城 或滅或降. 訥催以三城固守 及聞五軍不救而還 慷慨流涕. (中略) 至是 城陷賊入 奴張弓挾矢 在訥催前 射不虛發 賊懼不能前 有一賊出後 以斧擊訥催 乃仆 奴反與鬪俱死. 王聞之 悲慟 追贈訥催職級湌."
106) 白承玉, 2007, 앞의 논문, 147~150쪽.

사료 [2-4]의 백제본기 기사는 [2-5]의 신라본기 기사보다 간략하므로 이를 요약하여 실은 것으로 추정된다. 한편 사료 [2-5]의 신라본기 기사에서는 눌최가 烽岑城, 櫻岑城, 旗懸城의 세 성 군사와 합하여 굳게 지켰다고 하고, 사료 [2-6]의 열전 기사에서는 速含城, 岐岑城, 穴柵城의 세 성이 함락되거나 또는 항복한 상태에서 눌최가 남은 세 성으로써 굳게 지켰다고 나오는 것으로 보아, 두 기사에서 거론된 세 성의 명칭은 형식상 서로 차이가 나나 내용상으로는 동일하다. 그것이 전체적인 내용으로 보아 쉽게 구별할 수 있는 차이이기 때문에, 역시 사료 [2-5]는 사료 [2-6]의 열전 기사를 요약해서 본기에 실은 것으로 보아도 무방하다.

그러므로 사료 [2-6]의 기사를 자세히 살펴보면, 눌최는 사량부 대나마 都非의 아들이고, 죽어서 급찬의 벼슬을 追贈받았다. 대나마는 제10관등으로서 5두품에 해당하고, 급찬은 제9관등으로서 6두품의 최하위에 속하므로, 눌최는 원래 5두품 신분의 소유자로서 당시에 外官으로 지방에 파견된 상태였다고 볼 수 있다. 『삼국사기』 직관지 外官條로 보아, 대나마인 눌최가 맡을 수 있는 外官으로는 州助, 郡太守, 長史, 仕大舍, 小守, 縣令 등이 있었다.

그 중에서 州助와 長史는 인원이 9인인 것으로 보아 9州와 관련된 직책이고, 仕大舍는 5인으로서 5小京과 관련된 직책이므로, 눌최와 관련되었다고 보이지는 않는다. 그렇다면 눌최는 郡太守(舍知~重阿湌), 小守(幢~大奈麻), 縣令(先沮知~沙湌) 중의 하나였을 것으로 보인다.

그런데 『삼국사기』 지리지에서 速含은 郡으로서 母山縣(남원군 운봉면)과 馬利縣(함양군 안의면)의 두 현을 거느리고 있었다. 그러므로 눌최는 속함군의 군태수로서 주변의 몇 개 현을 지휘하였을 것으로 보인다. 위의 사료 [2-6]의 기사로 보아 눌최는 여섯 성을 관할하고 있었고, 속함성 등의 세 성이 함락되자 나머지 세 성을 지휘하며 분전하였던 것으로 보인다. 그렇다면 그 성들은 함양군 함양읍의 속함성에서 그리 멀지 않은 곳에 있었음을 알 수 있다. 중앙에서 급파된 上州軍 등의 5군이 奴珍城(위치 미상) 등 6성을 단기간에 쌓고 물러간 것으로 보아서, 그 6성도 어느 한 지역을 막는 좁은 범위의 성들이었다고 보인다.

그렇다면 속함성을 함양군으로 보면서, 岐岑城은 성주시, 旗懸城은 칠곡군 칠곡면, 穴柵城은 달성군 다사면·하빈면 일대로 비정한 것은 너무 범위가 넓다고 생각된다. 일찍이 전영래는 기잠성을 康州 江陽郡 三岐縣(경남 陜川郡 大幷面), 혈책성을 康州 闕城郡의 옛 지명인 闕支郡(산청군 단성면)으로 비정한 적이 있는데,[107] 옛 속함군 및 그 領縣들의 영역을 벗어난다고 해도 산청군 단성면이라면 비교적 인접한 지역이어서 가능할 수도 있다. 앵잠성은 현재의 경상남도 咸陽郡 水東面 上栢里 일대(속칭 앵구밭)에 비정된다는 견해가 있고,[108] 『新增東國輿地勝覽』 권39 雲峯縣 山川條에 箕峴이 縣北 20리(전북 南原市 山東面 大基里, 月席里 일대)에 있다고 하였으니,[109] 이를 旗懸城에 비정한다면, 모두 速含郡의 관할 경역 안에 든다. 이런 범위에 대구시 일대가 포함될 수 없음은 명백하다.

신라 김유신 장군이 644년에 회복한 加兮城-省熱城-同火城 등의 7성은 624년이 아닌 642년 7월에 백제 의자왕이 군사를 일으켜 빼앗았다는 國西 40餘城과 8월에 백제 장군 윤충이 함락시킨 大耶城 전투의 범위에 드는 곳이었다고 보아야 할 것이다.

한편 사료 [2-1]에서 645년 정월에 백제군이 탈취하려고 했다는 買利浦城에 대해서는, 『新增東國輿地勝覽』 권27 靈山縣 山川條에서 縣南 23里 지점에 있다는 買浦津(일명 蔑浦)과 『大東輿地圖』에 나와 있는 買浦의 위치로 보아, 지금의 南海大橋가 지나는 咸安郡 漆西面 龍城里 부근(南旨의 對岸)에 있었다고 보는 견해가 있다.[110] 이 지역도 유력한 곳이기는 하나, 이보다는 신라시대에 縣治였던 곳에 더욱 적당한 곳이 있다. 즉 신라 良州 密城郡 推浦縣은 경덕왕이 密津縣으로 이름을 고쳤고 그것의 고려시대 이름은 알 수 없으나, 『신증동국여지승람』 권26 密陽都護府 古跡條에서는 靈山 남쪽

107) 全榮來, 앞의 논문, 154쪽.
108) 金東鎬, 1972, 『咸陽上栢里古墳群發掘調査報告』, 東亞大學校博物館.
109) 『新增東國輿地勝覽』 卷39 雲峯縣 山川條 "箕峴"
110) 鄭求福 外, 1997, 『譯註 三國史記 4 -譯註篇(하)-』, 韓國精神文化研究院, 658쪽.

30리의 蒧浦(지금의 昌寧郡 南旨)가 발음상 推·密과 가깝다고 하여 이곳에 비정했고 『大東地志』도 이를 따랐다(권8 密陽條). 그러나 위치상으로 밀양에서는 멀리 떨어져 있으면서 영산과는 인접해 있는 곳이라, 그 고증을 그대로 따를 수 없다. 밀양의 領縣이 될 만한 津處로는 密陽市 三浪津邑(옛 지명 龍津)이 있으며, 특히 '龍'이 '密'·'推'와 발음이 통하고, 玄驍縣(현풍)의 옛 지명인 推良火를 三良火라고도 하여 '推'와 '三'이 서로 통하는 것을 보면, 三浪津邑이 密津縣(옛 지명 推浦縣)이었을 가능성이 높으며, 買利浦城도 같은 곳이라고 보인다.[111]

그런데 『삼국사기』 백제본기의 기록을 보면, 의자왕 4년(644) 9월에 신라 장군 유신이 군사를 거느리고 쳐들어와 일곱 성을 빼앗았고, 이듬해 5월에 왕은 당 태종이 친히 고구려를 정벌하면서 신라에서 군사를 징발하였다는 소식을 듣고 그 틈을 타서 신라의 일곱 성을 습격하여 빼앗았는데, 신라가 장군 유신을 보내 쳐들어 왔다고 하였다.[112] 이때의 일곱 성이 구체적으로 어느 곳인지는 알 수 없으나, 동일한 내용이 『新唐書』 百濟傳에 나오고,[113] 『舊唐書』 百濟傳에는 10성을 공취한 것으로 되어 있다.[114] 또한 『三國史記』 신라본기에서는 선덕왕 14년(645) 5월에 당 태종이 고구려를 親征함에 군대 3만을 내어 도우니 백제가 그 빈틈을 타서 나라 서쪽의 7성을 빼앗았다고 하였다.[115]

이렇게 볼 때, 644년과 645년에 이르는 신라와 백제의 공방은 낙동강을

---

111) 金泰植, 1997, 「百濟의 加耶地域 關係史: 交涉과 征服」, 『百濟의 中央과 地方』, 忠南大學校百濟研究所, 65쪽.

112) 『三國史記』 卷28, 百濟本紀6 義慈王 "四年 春正月 遣使入唐朝貢 太宗遣司農丞相里玄獎 告諭兩國 王奉表陳謝 立王子隆爲太子 大赦 秋九月 新羅將軍庾信領兵來侵 取七城. 五年 夏五月 王聞太宗親征高句麗 徵兵新羅 乘其間 襲取新羅七城 新羅遣將軍庾信來侵."

113) 『新唐書』 卷220, 列傳145 百濟傳 "聞帝新討高麗 乃間取新羅七城."

114) 『舊唐書』 卷199上, 列傳149上 百濟傳 "及太宗親征高麗 百濟懷二 乘虛襲破新羅十城."

115) 『三國史記』 卷5, 新羅本紀5 善德王 14년 "夏五月 太宗親征高句麗 王發兵三萬以助之 百濟乘虛 襲取國西七城."

따라 벌어지고 있되, 그 戰場의 길이는 상류 쪽으로는 경북 구미시 일대(同火城)로부터 고령군 우곡면(加兮城)을 거쳐 하류 쪽으로는 밀양시 삼랑진읍 일대(買利浦城)까지 미치고 있었다고 할 수 있다. 그러므로 省熱城을 우곡면과 삼랑진 사이의 요해처인 의령군 부림면 일대로 비정하는 것은 매우 자연스러운 것이다. 『일본서기』 권17 繼體 8년(514) 조에서 伴跛國, 즉 大加耶(고령)가 爾列比(의령군 부림면)와 麻須比(창녕군 영산면)에 성을 쌓아 麻且奚(밀양시 삼랑진읍) · 推封(밀양시)에까지 뻗치고 사졸과 병기를 모아서 新羅를 핍박했다는 기록이 나오는 것은[116) 加兮城-省熱城-買利浦城의 관계를 이미 130년 전에 반복한 것을 보이고 있어서 흥미롭다.

그러므로 『삼국사기』 권34 지리지 康州 江陽郡 宜桑縣의 옛 지명인 辛爾縣이 省熱縣 및 省熱城이라는 기존 설은 부정할 수 없다. 이곳은 현재의 경남 의령군 부림면의 옛 지명으로서 그 치소는 新反里이다. 『일본서기』 권19 欽明 2년(541) 4월 조, 5년(544) 11월 조 및 23년(562) 정월 조에 후기 가야 연맹의 한 세력으로 나오는 斯二岐國이 그 전신이다.[117)

이 지역은 562년의 가야 멸망에 의하여 신라 영토로 되었다가, 642년 백제 의자왕의 대야성(지금 합천) 공략 이후 40여 성이 함락되어 일시적으로 백제 영토로 되었으나, 644년에 압독주군주 김유신이 반격하여 낙동강변의 同火城(구미), 加兮城(고령 우곡), 省熱城(의령 부림) 등 일곱 성을 회복하여 옛 가야 지역 탈환의 기틀을 잡은 곳이다. 그 일곱 성 중에는 買利浦城(밀양시 삼랑진읍)이 포함될 가능성이 높다. 거기서 가장 중요한 것은 加尸兮津의 길을 연 것이었기 때문에 『삼국사기』의 해당 기사에서는 加兮城을 가장 앞에 거명하여 강조하고 기사 말미에 加兮之津을 다시 한번 부연한 것이다. 따라서 낙동강 유역의 요지로 볼 때 同火城은 가혜진으로부터 상류의 요지였고, 省熱城은 가혜진으로부터 하류의 요지였다. 〈지도 1〉

---

116) 金泰植, 1997, 앞의 논문, 61~67쪽.
117) 김태식, 2002, 『미완의 문명 7백년 가야사 3권』, 푸른역사, 158~165쪽.

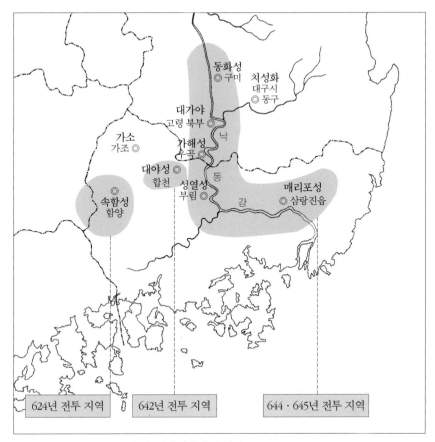

| 624년 전투 지역 | 642년 전투 지역 | 644 · 645년 전투 지역 |

〈지도 1〉 7세기 전반 전투의 각 성과 省熱城의 위치

5. 맺음말

우륵의 출신지인 省熱縣이 어디인가에 대하여 요즘 많은 논란이 벌어지고
있다. 그리하여 기존 견해를 보면, 우륵의 출신지가 ①충북 堤川市 淸風面
(옛 지명 沙熱伊縣)이라고 보는 설(淸風說), ②경남 宜寧郡 富林面 新反里
일대라고 보는 설(富林說), ③大邱廣域市 東區 不老洞 일대(옛 지명 雉省火

縣)라고 보는 설(大邱東區說), ④경북 高靈 牛谷面・開津面과 星州 사이의 高靈郡 管內 북부 지역으로 보는 설(高靈說), ⑤경남 居昌郡 加祚面 石岡里 소새[省草] 마을이라는 설(加祚說) 등이 있다.

高靈說에서는 '省熱縣'이라는 지명이 대가야 당시의 것이며 대가야 주위에는 가야연맹에 소속된 '諸國'이 있었으므로, 省熱縣은 대가야 관내에 있는 直轄縣이라고 주장하였다. 그러나 그 지명을 전하는 新羅古記의 용례로 보아 省熱縣이라는 지명은 가야 멸망 후 신라의 것으로 보이며, 대가야 시기에 수도에 縣을 설치했다는 주장도 가야의 사회 상황을 벗어나고 있다.

淸風說에서는 지명 발음의 비슷함과 함께 제천 의림지 및 음성 일대에 전하는 전설과 둑 이름을 근거로 내세웠다. 그러나 제천 지역은 가야 영역 내에 포함된 적이 없었으므로 적절치 않으며, 제천과 음성의 둑 이름 및 전설은 우륵이 말년에 충주에 안치된 이후 생긴 것이거나 혹은 조선 후기 이후에 유포된 것으로 추정된다.

加祚說에서는 省熱이라는 漢字 지명이 '소사리'라고 발음되었으며 그것이 현재 가조면 省草 마을의 지방 발음인 '소새'와 같음을 강조하고 있다. 그러나 그 설명만으로는 전국의 35개 이상의 '소사리' 및 '소새' 지명 중에 어째서 거창군 가조면의 것이어야 하는지에 대한 당위성이 약하다. 또한 사료에 나오는 省熱縣은 里 이하 마을 단위에서 찾을 것이 아니라 지방 행정의 중심이 되는 곳에서 찾아야 한다고 보인다. 省熱城이 나오는 644년의 전쟁 상황은 합천 大耶城 서쪽의 거창에서 일어날 수 없고 加召川과 加尸兮津은 서로 다른 곳이라는 점도 근본적인 문제이다.

大邱東區說에서는 644년의 전쟁 상황에서 加兮城과 同火城을 각각 고령군 우곡면과 구미시 일대로 보면서 省熱城을 그와 가까운 곳인 대구시 동구에서 찾았다. 省熱은 대구시 동구의 옛 이름인 雉省火의 略稱이라는 것이다. 문제는 624년 速含城 등 6성의 전투, 642년의 大耶城을 비롯한 40여 성을 둘러싼 전투, 644년의 省熱城 등 7성의 전투에 대구 지역이 포함될 수 있는가 하는 것이다.

그러나 필자의 고증 결과, 624년의 전투는 速含城 즉 함양군 일원의 좁은 지역에서 일어난 것이었고, 642년 대야성 함락 이후 백제와 신라의 공방은 주로 洛東江을 따라 벌어지고 있었음을 확인할 수 있었다. 그렇다면 대구 지역은 백제에게 함락된 적이 없었으며, 644년과 645년 당시 백제와 신라의 주요 戰場은 낙동강의 주요 津處인 同火城(구미)-加兮城(우곡)-省熱城(부림)-買利浦城(삼랑진)을 따라 이루어지고 있었음을 알 수 있다.

이렇게 볼 때, 지금까지 우륵의 출신지인 省熱縣 및 省熱城을 둘러싼 여러 학설 중에 기존에도 정설의 위치를 차지하고 있었던 富林說이 가장 개연성이 높다. 근래에 대두된 다른 것들은 모두 일정하게 기본적인 사료의 맥락을 놓치거나, 또는 가야사 및 신라사의 전개 과정에서 벗어나 이해되지 않는 측면이 있다고 하겠다.

* 이 글의 원전 : 김태식, 2009, 「우륵 출신지 省熱縣의 위치」, 『악사 우륵과 의령지역의 가야사』, 서울 : 홍익대학교 인문과학연구소, 우륵문화발전연구회, 21~68쪽.

IV부

가야의 국제교류

1.
가야와 낙랑

1. 『삼국지』에 보이는 가야 · 낙랑 관계 기사

『三國志』韓傳에서 가야와 직접적인 관련을 보이는 사료는 세 가지 뿐이고, 나머지는 대개 弁韓 또는 弁辰의 이름으로 나오고 있다. 그 세 가지의 첫째는 弁辰 12국 중의 하나로 狗邪國이 나오는 것이고, 둘째는 辰王 즉 目支國 臣智의 優呼 안에 拘邪秦支廉이 나오는 것이며, 셋째는 帶方郡에서 倭에 이르는 길목에 狗邪韓國이 그 北岸으로 지목된 것이다.

가야와 낙랑의 관계는 이 세 가지만 가지고도 많은 이야기를 할 수가 있다.

우선 말할 수 있는 것은, 낙랑 등의 중국적 관점으로 보아, 변한이 남한의 세 가지 세력 중의 하나로 인식되고 있었다는 점이다. 이에 더하여 변진 관련 기록에 "(변진) 12국 역시 왕이 있었다."라는 서술이 있는 것으로 보아, 변진 12국을 대표할 수 있는 聯盟長國이 있었고, 그 小國의 首長은 왕으로 불리기도 했음을 짐작할 수 있다. 그 소국은 물론 김해의 구야국, 즉 가락국이다.

두 번째로 말할 수 있는 것은, 낙랑 등과의 대외관계에서 진왕의 호칭을 우대해서 부를 때 마한 계통 두 나라의 首長인 臣雲遣支報와 濆臣離兒不例

외에 변한 계통 소국의 首長인 安邪踧支와 狗邪秦支廉의 칭호가 더해지고 있다는 것이다.[1] 이로 보아, 진왕의 권력은 마한과 변한 전역에 대하여 독점적인 것이 아니라 그 소국 수장들의 합의가 있어야 완전하게 발휘될 수 있었다는 것을 알 수 있다. 또한 위에 거론된 나라들이 마한이나 변한에서 가장 서열이 높은 나라이고, 변한에도 狗邪 뿐만 아니라 安邪도 거론되고 있으므로, 구야국의 권위가 서열 1위라고는 해도 변한 소국, 즉 前期 加耶 연맹체 전체에는 미치지 못하는 제한적인 것이었음을 알 수 있다.[2]

세 번째로 말할 수 있는 것은, 낙랑 및 대방군에서 왜로 갈 때, 구야국은 왜의 北岸이라고 인식될 정도로 중요한 교통 거점이었다는 것이다. 狗邪韓國은 곧 '변한의 구야국'이라는 뜻으로서 소속의 변경은 용납되지 않으며, 왜의 北岸이란 '왜가 있는 곳에서 해협을 가운데 둔 북쪽 對岸'의 略稱으로 보는 것이 타당하다.[3] 구야한국은 구야국과 달리 규슈에 있었다거나, 혹은 구야한국은 이미 3세기 단계부터 왜인이 거주하는 왜의 직할령이었다거나 하는 것은 이제 더 이상 논할 필요가 없다고 보인다. 서기 2~3세기의 왜계 유물로는 김해 지내동 독무덤[甕棺墓]에 부장된 주머니모양입술항아리[袋狀口緣壺](須玖 II 式), 창원 삼동동 2호 돌널무덤에서 나온 청동화살촉, 김해 양동리 덧널무덤들과 고성 동외동 조개무지 등에서 출토된 폭넓은 청동투겁창과 본뜬거울 등이 있는데, 부장품 전체에서 그것이 차지하는 비율은 그리 크지 않다.

그런데 이보다 더욱 중요한 기사는 다음과 같은 것이다.

나라에서 鐵이 생산되는데, 韓, 濊, 倭에서 모두 와서 가져갔다. 사고 팔 때에 모두 철을 사용하였으니, 마치 중국에서 돈을 사용하는 것과 같았다. 또한 그것을

1) 李丙燾, 1976,『韓國古代史硏究』, 博英社, 279쪽.
　　千寬宇, 1976,「『三國志』韓傳의 再檢討」, 29쪽 ; 1991,『加耶史硏究』, 一潮閣, 238쪽.
2) 金泰植, 1993,『加耶聯盟史』, 一潮閣, 66~67쪽.
3) 千寬宇, 1976,「韓國에서 본 騎馬民族說」,『讀書生活』 1976년 11~12월호 ; 1991, 앞의 책, 201~204쪽.

(낙랑과 대방의) 두 郡에 공급하였다.

이 기사는 『삼국지』 한전에서 진한과 변한에 공통으로 관련된 사실을 서술한 가운데 나오는 것이므로, 이것만으로는 그것이 주로 어느 나라에 관련된 기록인지 알 수 없다. 일본열도 출토 철기로 보아, 2~3세기에는 주로 규슈를 중심으로 하여 중국 한나라식 거울[漢式鏡] 등의 낙랑계 유물과 영남 지역의 회색 와질토기, 철기 등이 나온다고 하므로,[4] 아직 그것이 진한인지 변한인지를 구별할 수는 없다.

그러나 시기는 조금 늦지만, 4~5세기의 효고[兵庫] 교우자즈카[行者塚] 고분의 마구, 주조가래, 단야도구는 가야 지역에서 왔다고 하고, 오사카[大阪] 노나카[野中] 고분, 나라[奈良] 미나미야마[南山] 고분, 시가[滋賀] 신카이[新開] 2호분 등의 덩이쇠[鐵鋌]는 그 형태나 반출된 가야 토기로 보아 낙동강 유역의 동래, 김해, 창원, 함안 등에서 온 것이라고 한다.[5] 또한 낙동강 하류 유역에 현재로서는 연대가 올라가는 제철 유적이 발견되지 않았지만, 가야를 상징하는 소용돌이무늬나 장식 문물의 출토가 일본 내에 많기 때문에, 그것은 '가야의 철'이었을 가능성이 높다는 견해도 있다.[6] 대방군과 왜의 교통 사이에서 가지는 狗邪韓國의 위치로 보아도 그 철이 김해의 구야국에서 2군이나 왜로 공급된 것은 추측할 수 있다. 그러므로 그 철은 진한보다는 변한의 것이었을 가능성이 더 높다.

4) 武末純一, 2002, 「日本 九州 및 近畿地域의 韓國系 遺物」, 『古代 東亞細亞와 三韓・三國의 交涉』(2002년도 복천박물관 국제학술대회 발표요지), 복천박물관, 126~127쪽.
5) 東潮, 2002, 「弁辰と加耶の鐵」, 『古代東アジアにおける倭と加耶の交流』(第5回 歷博國際 シンポジウム 發表要旨』, 國立歷史民俗博物館, 33쪽.
6) 大澤正己, 2002, 「金屬學的分析からみた倭と加耶の鐵 -日韓の製鐵・鍛冶技術-」, 위의 책, 74~75쪽.

2. 3세기 이전의 가야와 낙랑

사천 늑도 유적이나 창원 다호리 1호분의 납작도끼[板狀鐵斧]와 같은 출토 유물로 보아, 경남 해안지대는 낙랑군 설치 직후인 서력기원전 1세기부터 철을 비롯한 여러 가지 외래 문물을 교류하는 중계지로 부상하였다. 특히 늑도 유적의 단면 원형 덧띠[粘土帶] 토기로 보아, 이는 위만조선 때부터 시작된 것을 계승한 측면도 있으나, 낙랑군 설치 이후에는 교역이 더욱 성행한 듯하다.

이렇게 지속되는 부의 축적에 따라 여러 邑落들이 통합되어 작은 정치단위인 小國이 성립되고, 소국들은 작은 지역 집단들의 매개를 물리치고 小國 대 小國 사이의 정치성을 띠는 좀 더 큰 교역으로 이행해갔으며, 그것을 통제하고 독점하기 위한 전쟁이 빈번해졌다. 그래서 해안가에 생겼던 移民村들이 사라지고, 교역의 범위가 좀 더 멀리까지 확대되었으며, 철제 무기가 크게 발달했다. 한반도의 외래 유물 출토 상황을 볼 때, 그 시기까지 한반도 남부 지역에서 교역을 주도하던 것은 김해 양동리 고분군을 축조하던 세력, 즉 구야국(금관가야)이었다.

서기 2세기 중엽 또는 후반으로 추정되는 김해 양동리 162호분은 길이 5미터, 너비 3.4미터, 깊이 1.2미터의 토광에 목곽이 설치된 대형 덧널무덤이다. 이 고분에 묻힌 사람은 세형동검에서 발전한 쇠단검 6자루와 길이 60센티미터의 대형 쇠투겁창을 비롯한 다수의 쇠투겁창을 소유하여, 강력한 권력을 가진 신분임을 나타내고 있다. 또한 그는 당시의 화폐로서 부의 상징인 납작도끼를 목관 네 모서리에 다량 깔고 있고, 주술적 힘의 상징이라고 보이는 청동거울과 많은 구슬을 꿰어 만든 화려한 목걸이로 치장했다. 그러므로 양동리 162호분의 주인은 주술적인 힘과 경제적인 재력 및 정치적인 권력을 모두 갖춘 소국의 수장이었다고 해도 손색이 없다.

---

7) 임효택, 1991, 「김해 양동리 제162호 토광목곽묘 발굴조사개요」(발굴지도위원회 현장보고 자료), 3쪽.

그런데 평양 정백동 53호 덧널무덤에서 출토된 청동기, 철기, 토기, 구슬 등의 유물 분포상은 김해 양동리 162호분의 것과 유사성을 보인다.[7] 그러 므로 이를 통해서 양동리 고분 축조 세력은 서북한 지역의 낙랑 문화와 밀 접한 연관을 가지고 있으며, 그들과의 연관 아래 발전하고 있었다는 점을 확인할 수 있다. 이는 『三國志』 東夷傳 마한 조에 "桓帝(147~167년)와 靈帝 (168~189년) 말기에 韓과 濊가 강성해져서 군현이 제대로 통제하지 못하자, 주민들이 많이 韓國에 흘러 들어갔다."는 기록과도 관련이 있다고 보인다.

이처럼 왕성하게 발전한 변한은 곧이어 각 소국들 사이에 서열화가 이루 어져서, 상호간에 연맹체를 이루어 질서를 찾았을 것으로 보인다. 3세기 이 후의 덧널무덤에서 출토되는 철제 무기나 마구 등의 유물들은 실용적인 측 면보다는 장식적인 측면을 강조하며 儀器化되어갔다. 주술적인 장신구도 발달하여, 3세기 대의 것으로 추정되는 양동리 322호 덧널무덤에서 출토된 목걸이(총 연장 길이 158cm)는 남색 유리구슬 수백 점 외에 수정제 곡옥 148점, 직경 4cm에 달하는 대형 多面玉 2점으로 구성되어 당대 최고의 화려 한 모습을 보여주고 있다. 『삼국지』 마한 조에 "구슬을 財寶로 여겨서 혹은 옷에 꿰매어 장식하기도 하고, 혹은 목에 매어 달거나 귀에 달아 늘어뜨리 기도 하였다."고 하는 것은 그에 대한 정확한 표현이다. 그리하여 3세기 후 반에는 『晉書』 四夷傳 마한 조에 나오듯이, "활과 방패, 창과 큰 방패[櫓]를 능숙하게 사용하였지만, 비록 싸움이나 전쟁이 있어도 서로 굴복하는 것을 귀하게 여겼다."[8]고 한 것이다.

3. 3세기 말 가야의 변화와 낙랑

가야와 낙랑 사이의 관계를 바뀌게 할 만한 큰 변화가 3세기 말에 일어난 듯

---

8) 『晉書』 卷97, 列傳 第67 四夷傳 東夷 馬韓 "善用弓楯矛櫓. 雖有鬪爭攻戰 而貴相屈服."

하다. 즉 신경철 교수는 김해 대성동 29호분의 유물 출토 상황을 토대로 하여, 3세기 말에 厚葬 습속, II류 덧널무덤의 고의적인 I류 덧널무덤 파괴, 두 귀 항아리[兩耳附圓底短頸壺]로 대표되는 도질토기의 등장, 殉葬의 출현, 최초의 金銅冠 파편 유입, 오르도스형 청동솥[銅鍑]의 移入, 장례 후 목곽을 불에 그을리는 행위 등의 북방 문물과 정신문화가 한꺼번에 김해 지방에서 나타나는 것을 지적하였다. 이는 중국 길림성 방면의 부여족이 모용씨에게 패배하여 옥저 지방을 거쳐 동해의 해로를 통하여 낙동강 하류 지역으로 이주해 들어온 것을 의미하며, 이 북방 문화는 3세기 말의 1회에 한하여 들어온 것이라고 하였다.[9]

반면에 위의 주장에 대하여 선행 분묘 파괴 현상은 친족 간의 덧널무덤 중복 조영 현상에 지나지 않는다거나,[10] 낙동강 유역의 II류 덧널무덤은 I류 덧널무덤에서 자체 발전한 것이고 도질토기는 가야 지역 와질토기가 자체 발전한 것이며,[11] 김해에서 발견된 3점의 청동솥을 모두 길림 지역의 것으로만 보기는 어렵다는[12] 등의 비판이 나오고 있다.

이렇게 볼 때, 현재의 고고학계에서는 위의 북방계 문물들은 3세기 말에 부여족의 대거 이주에 의하여 비롯되었다는 견해와, 그 모두가 교역 등을 통해 수용한 것일 뿐이고 기마민족 이주의 흔적은 없다는 견해로 양분되어 있음을 알 수 있다. 고고학 자료에 대한 해석이 엇갈리는 경우에, 그와 관련된 문헌 사료들이 거의 없는 상태에서 어느 것이 사실에 가까운 것인지를

---

9) 申敬澈, 2000, 「금관가야의 성립과 연맹의 형성」, 『가야 각국사의 재구성』, 부산대학교 한국민족문화연구소 편, 혜안, 45~61쪽.

10) 田中良之, 1996, 「埋葬人骨による日韓古墳時代の比較」, 『4~5세기 한일고고학』, 영남고고학회·구주고고학회 제2회 합동심포지엄.

11) 洪潽植, 1998, 「금관가야의 성립과 발전」, 『加耶文化遺蹟調査 및 整備計劃』, 경상북도·가야대학교부설가야문화연구소; 1998, 「墓制의 비교로 본 加耶와 古代日本」, 『加耶史論集 I』, 김해시.

12) 辛勇旻, 2000, 「辰·弁韓地域의 外來系遺物」, 『고고학에서 본 변·진한과 왜』, 영남고고학회·구주고고학회.

섣불리 단정하기는 어렵다.

다만 부여족 이동설에서 그 이주의 경로가 동해안 해로를 통해 낙동강 하구로 들어왔다는 것은 약간의 의아심이 들게 한다. 왜냐하면 가야 지역이 만주 송화강 유역의 부여와 관계를 맺어온 사실을 기존의 전통 속에서는 확인하기 어렵기 때문이다. 합리적인 역사 해석을 도모한다면, 특수한 경우에 벌어지는 이주민의 파급도 정상적인 시기에 재화와 사람들이 흐르는 교역로를 따라 이루어진다고 보아야 할 것이다.

기마민족의 神器라고도 불리는 청동솥은, 지금까지의 발굴 조사 결과로 보아 3세기 후반 이후 4세기 후반까지 계기적으로 조성된 김해 대성동 29호분, 양동리 235호분, 대성동 47호분에서 출토되었고, 일본에서는 나오지 않았다. 그 귀의 형태로 보아 그것이 중국 길림성과 흑룡강성 일대에서 주로 나오고 있다는 것도[13] 올바른 지적이라고 보인다. 그러나 그것이 3세기 말에 부여족이 험난한 동해안 해로를 따라 이주하여 김해로 가지고 들어온 것이라는 추정은 너무도 극적이다.

앞에서 살펴본 2세기 후반의 양동리 162호분에서는 이미 북방 유목민 계통의 청동솥과 같이 생긴 쇠솥[鐵鍑]이 출토된 바 있으며, 이는 평양 정백동 53호 덧널무덤에서도 나온 바 있다. 뿐만 아니라 김해 출토의 청동솥과 비슷한 형태의 청동솥이 평양 동대원리에서 출토된 사례도 있다고 한다. 그렇다면 낙랑군이라는 것은 중국산 물품만 교역하는 것이 아니라, 당시에 재화 가치가 있는 주변 세계의 모든 물품들을 모아 다른 곳으로 다시 전파하는 중계 기지의 역할을 하고 있었다고 볼 수 있을 것이다.

그런데 김해 지방의 고분 축조 양상으로 보아, 3세기 말 무렵에 이 지방의 세력 중심은 양동리에서 대성동 방면으로 옮겨졌다. 뿐만 아니라 이를 전후하여 영남 일대의 유물 출토 상황도 많은 변화를 일으킨다. 즉 김해-부산과 경주-울산 지역에 김해型 덧널무덤과 경주型 덧널무덤이 구분되기 시

---

13) 申敬澈, 2000, 앞의 논문, 58~59쪽.

작하면서,[14] 새로이 철제 종장판 투구와 판갑옷이 나타나고, 종래의 단면 볼록렌즈형의 의기화된 쇠투겁창[鐵鉾]과 다른 단면 마름모꼴의 실용적인 쇠투겁창이 나타나며, 관통력이 예전에 비해 강력해진 목 긴 형식의 쇠화살 촉[長頸式鐵鏃]이 나타났다.[15]

3세기 말 4세기 초는 흉노, 선비 등의 급격한 활동력을 보이기 시작하면 서 북방 중국에서 오호십육국시대가 출현하는 시대였다. 그러나 그 시기에 가야 지역에 나타나기 시작한 갑옷은 기마에 편리한 미늘갑옷이 아니라 철 제 종장판 판갑옷이고,[16] 재갈쇠[銜]도 3세기 이전의 이 지역 마구 제작 기 술을 계승하여 철봉을 꼬아서 만든 것이며, 중장 기마전술에 적합하도록 개 발된 긴 고삐이음쇠[引手]를 가진 재갈[轡]에는 선비계를 포함한 다양한 계 보의 요소가 결합되어 개량되기도 하였다.[17]

이런 현상들로 보아, 3세기 말 4세기 초에 가야 지역에 일어난 큰 변화는 당시 동북아시아 세계에 전해진 외부 충격으로부터 기인한 것임에 틀림없 다. 그러나 구체적인 유물상을 볼 때, 가야의 재지 세력은 외부에서 들어온 강력한 힘에 의하여 정복된 것이라기보다는, 주변 세계의 변화를 주시하고 있다가 무언가 위기의식을 느끼고 민감하게 반응한 것이라고 하겠다. 물론 거기에는 일부 북방 주민의 이동에 의한 정보 유입도 있을 수 있다.

이러한 정황은 당시에 김해 지방의 금관가야가 낙랑과 원활한 교역 활동 을 하고 있던 사실을 바탕으로 나올 수 있었던 것이다. 김해의 금관가야가 그 중심지를 좀 더 내륙 쪽에 있는 양동리로부터 해안에 면한 대성동 방면

---

14) 위의 논문, 47쪽.
15) 송계현, 2001, 「4~5세기 동아시아의 갑주」, 『4~5세기 東亞細亞 社會와 加耶』, 제7회 가야 사 국제학술회의 발표요지, 김해시, 28쪽.
16) 申敬澈, 1994, 「加耶 初期馬具에 대하여」, 『釜大史學』 18 ; 2000, 「금관가야의 성립과 연맹 의 형성」, 『가야 각국사의 재구성』, 부산대학교 한국민족문화연구소 편, 혜안 ; 2001, 「역 사문물전시회 - 정기전시회 - 갑옷」, 『가야역사문화 홈페이지(www.gayasa.net) -예술문 화관』.
17) 李蘭暎 · 金斗喆, 앞의 책, 196~204쪽.

으로 옮긴 것은, 金海灣 해역의 감시 및 통제, 왜와의 교역 강화, 부산 복천동 집단의 종속적 연합 및 긴밀한 협조 등을 위한 여러 가지 목적을 해결하기 위한 것이었다고 추정된다. 이런 결단을 내릴 수 있었던 것은 물론 금관가야 주변 세력 통제를 통한 중앙 집권 능력 강화가 있었기 때문이다.

4. 낙랑의 멸망과 가야의 교역 약화

4세기에 들어 중국 북방에서는 胡漢의 대립과 융합 과정이 치열하게 일어나는 가운데, 결국 晉이 316년에 멸망하고, 남쪽으로 옮겨간 왕족들이 317년에 東晉을 재건하였으며, 고구려 미천왕은 이런 혼란을 틈타 西晉이 경영하던 낙랑군과 대방군을 313년과 314년에 각각 병합하였다. 고구려는 4세기 초에 중국 한족의 쇠퇴를 계기로 낙랑군과 대방군을 병합함으로써 400년 이상에 걸친 민족의 숙원을 푸는데 성공하였으나, 이에 따라 기존의 낙랑을 중계 기지로 한 한반도 남부의 선진 문물 교역 체계가 일단 붕괴되었다. 그후 고구려는 320년대 들어 인접한 선비족 慕容氏와의 대결에 경주해야만 되었으니, 334년에 평양성을 증축한 적이 있다고는 해도 그 교역 체계를 장악할 기회를 갖지 못했다.

　이는 한반도 남부에서 낙랑과의 원거리 교역을 통해 발전하던 김해 금관가야의 영도력에도 이상이 생겼을 가능성을 예고하는 것이다. 3세기대의 것으로 추정되는 김해 양동리 고분군에서 출토되던 내행화문 거울[內行花文鏡], 사유조문 거울[四乳鳥文鏡], 청동 세발솥[銅鼎], 대형 구슬로 장식된 목걸이 등의 낙랑 계통 威勢品이 4세기 이후의 김해 대성동 고분군에서 나타나지 않는 것은 이를 반영한다.

* 이 글의 원전 : 金泰植, 2004, 「加耶와 樂浪」, 『韓國古代史硏究』 34, 서울 : 한국고대사학회, 213~224쪽.

2.
가야와 남제

1. 가라국왕의 南齊 조공

한반도의 남부 지역은 3세기의 『삼국지』 단계까지 중국으로 대표되는 아시아의 국제 무대에 '삼한' 으로만 알려져 있었다. 4세기 이후로는 '백제', '신라' 등이 중국 사료에 나타나기 시작하고, 5세기에 들어 백제는 『송서』에 '百濟國傳' 이 설정되기까지 하였다. 이에 비해 가야는 5세기 후반의 『남제서』에 처음으로 '加羅國傳' 이 나타났으니, 그 내용은 다음과 같다.

> 加羅國은 삼한의 종족이다. 建元 원년(479)에 국왕 荷知의 사신이 와서 공물을 바쳤다. 조칙을 내려 말하기를,
> "널리 헤아릴 줄 아는 자가 비로소 등극하니, 멀리 떨어져 있는 오랑캐가 감화를 받는구나. 가라왕 하지는 먼 동쪽의 해외에서 관문에 이르러 폐백을 받들었으니, 가히 輔國將軍 本國王으로 삼을 만 하도다."
> 라고 하였다.

위의 기록은 매우 간략하지만, 가야사의 전개 과정으로 볼 때 이는 매우 중요한 의미를 지닌다. 그 요지는 479년에 가라왕 하지가 중국 남조에 사신

을 보내 조공하므로, 남제의 고제가 그에게 보국장군 본국왕, 즉 '가라국왕'을 제수했다는 것이다.

우선 위의 '가라국왕'에 대해서는 이를 김해의 가야국왕으로 보는 견해, 함안의 안라국왕으로 보는 견해, 고령의 대가야국왕으로 보는 견해 등이 있다. 그러나 근래에는 5세기 후반의 고고학적 유적 상황이나 주변의 정치적 상황으로 인하여, 고령의 대가야국왕으로 보는 것이 가장 유력하다. '하지'는 가야금을 만들었다는 가야국 '가실왕'과 이름이 유사하여 같은 사람이 아닐까 추측된다.

2. 輔國將軍의 등급

물론 가라국왕, 즉 대가야의 국왕이 받은 '보국장군'은 중국 남조 송나라의 관직으로 보아 제3품 중에서 하위의 軍號이다. 같은 시기인 남제 건원 원년 또는 2년에 고구려왕은 제2품의 車騎大將軍으로부터 승진하여 같은 품의 驃騎大將軍의 군호를 받았다. 또한 백제왕은 제2품 상위의 鎭東大將軍으로부터 같은 품의 征東大將軍으로 승진하고, 왜왕은 역시 제2품 상위의 安東大將軍으로부터 같은 품의 진동대장군으로 승진하였다. 그런 것에 비하면, 가라국왕의 보국장군은 비교적 낮은 급에 속한다.

그러나 여기서 백제나 왜는 실제로 조공을 하고 군호를 받은 것이 아니라 기존 송나라 때의 조공으로 인하여 남제가 새 왕조 개창 기념으로 서류상의 승진을 시켜준데 지나지 않는다. 그러므로 군호의 등급은 낮다고 해도 이 때까지 중국과의 직접 교류가 없던 가야가 처음으로 조공한 것은 큰 의미가 있다. 그러면 가야는 어떻게 해서 479년에 남제에 조공함으로써 국제 무대에 등장할 수 있었던 것일까?

3. 4세기 말 5세기 초 고령 반파국의 성장 배경

4세기 이전까지 가야는 김해의 가야국, 즉 금관가야를 중심으로 국제 교역에 응하였다. 금관가야는 3세기까지는 철을 매개로 하여 낙랑군이나 대방군으로부터 중국의 선진 문물을 받아들이고 이를 왜에 수출하는 중계 교역을 하였고, 4세기 후반 이후로는 백제와 왜 사이에서 중계 교역을 하였다. 그 당시에 대가야의 전신인 반파국은 금관가야를 중심으로 한 전기 가야연맹에 속해 있었다. 그러나 전기 가야연맹의 핵심 세력들은 4세기 말 5세기 초에 고구려와 백제 사이의 전쟁에 휘말려 고구려-신라 연합군의 공격을 받고 몰락하였다.

전쟁의 결과 낙동강 동쪽 연안의 창녕, 부산 지방의 소국과 성주 이북에 있는 낙동강 상류의 소국들이 고구려와 연결된 신라로 이탈해 들어가면서 가야연맹은 크게 약화되었으나, 함안의 안라국을 비롯한 서부 경남 지역의 가야 소국들과 고령의 반파국을 비롯한 경상 내륙 지방의 가야 소국들은 4세기 말 5세기 초의 전란에서 직접적인 타격을 받지 않고 세력을 유지할 수 있었다. 게다가 제철 및 도질토기 제작과 관련한 일부 기술자들이 반파국의 왕권 아래 이주해 들어오고 그들에 의하여 가야산의 야로 철광이 개발되면서 고령 지방은 급속히 발전하기 시작하였다. 5세기 이후에 조성되기 시작한 고령 지산동 고분군의 위용은 이를 반영한다.

4. 5세기 중엽 백제와 반파국의 교섭 개시

한편 백제는 전지왕(405~420)을 거쳐 비유왕(427~455) 때에 들어와 전란의 충격에서 벗어나 중국 남부와 한반도 남부 및 왜지를 총괄하는 연락망을 건설하고 이를 바탕으로 고구려의 남진 정책에 대항하고자 하였다. 백제는 동진 말기인 416년 이래 송 말기인 471년까지 빈번하게 중국 남부와 교류하였다. 또한 백제는 405년, 409년, 418년, 428년에 걸쳐 빈번하게 왜국과의 공식적 교섭을 이루고 있었다. 『송서』 왜국전에 의하면, 왜국은 421년 이래 478년까지 빈번하게 중국 남조 송에 조공 교섭을 하고 있었으니, 이들은 당시에 백제의 도움을 얻어 중국에 도달했던 것이다.

특히 백제는 정권이 안정되는 비유왕 때부터 개로왕(455~475) 사이에는 한반도 남부의 여러 세력들에 대하여 적극적인 교섭을 추구하였다. 비유왕은 433년 및 434년에 신라에 사신을 파견하여 좋은 말과 흰 매를 보내는 방식으로 우호 관계를 텄다. 백제의 이러한 대외 교섭은 고구려에 대항하는 한반도 남방 제국의 동맹 관계를 구성하기 위한 것이었다. 또한 백제는 영산강 유역에 대해서도 적극적인 교섭 의지를 보였다. 영산강 유역 고분군에서 5세기 중후반의 것으로 추정되는 나주 반남면 신촌리 9호분의 대형 독무덤에서 백제 계통의 금동관과 금동장식 신발 등과 은상감 단봉무늬 고리자루큰칼[銀象嵌單鳳文環頭大刀]이 출토된 것은, 이 지역에 백제의 지원이 집중되면서 나타난 변화라고 하겠다.

그와 같은 시기에 백제는 가야와도 연결을 꾀한 것으로 보인다. 『일본서기』神功紀와 應神紀에서 백제 장군인 木羅斤資가 왜왕의 명령을 받아 加羅의 사직을 복구해 주었다거나, 그의 아들인 木滿致가 아버지의 공으로 임나를 오로지하고 백제와 왜국을 왕래하면서 백제 조정에서 높은 권세를 누렸다는 등의 기록이 나오는데, 그 편년을 3갑자 내려서 보고 제한적인 사실성을 인정한다면 442년, 즉 5세기 중엽 이후로 '가라' 즉 고령의 伴跛國을 중심으로 한 백제-왜 교류 관계가 존재했던 것을 추정해 볼 수 있다. 그 교류의 성격은, 백제 귀족인 목씨의 활동을 매개로 하여 새로이 고령의 반파국이 백제의 대왜 교통에 협조한 것을 가리킨다. 그렇다면 442년 무렵에 고령의 반파국은 가야연맹을 재건하고 이를 백제로부터 공인받은 것이다. 451년(송원가 28)에 왜왕이 자칭한 都督諸軍事號에 나오는 '왜, 백제, 신라, 임나, 진한, 모한 6국'의 이름에 새로이 '가라'가 추가된 것은 이와 관련이 있다.

백제가 가야 지역 중에서도 내륙 깊은 곳에 있던 고령의 반파국에 주목하지 않을 수 없었던 이유는, 그들의 제철 산업 기반과 대왜 교역 능력 때문이라고 할 수 있다. 5세기 후반까지도 철 생산을 독자적으로 할 수 없어서 교역을 통하여 가야로부터 鐵素材를 입수해서 이를 가지고 단야 과정을 거쳐 철기를 생산하였던 왜로서는 한반도 남부, 특히 전통적으로 밀접한 교역을 이루던 가야와의 교류가 필수적이었다고 하겠다. 한편 고령의 반파국으로서도 5세기 2/4분기에 들어 백제 목씨 세력과 제휴하게 된 것은 자신의 세력 확장에 큰 도움이 되었다. 다만 고령 지산동 고분군의 해당 시기 유물에 백제계 문물의 요소는 고리자루큰칼과 같은 일부 위세품에 지나지 않고 토기를 비롯한 대부분의 생활 유물은 재지 기반의 독자적인 것이었다는 점으로 보아, 이 당시에 고령 지방에 미친 백제의 영향력은 강압적인 성격이 아니라 반파국(가라=대가야)의 선택에 의한 상호 동맹적인 성격이었음을 알 수 있다.

5. 5세기 후반 대가야의 대두와 활약

그러나 5세기 후반에 이르러 국제 관계는 다시 크게 동요하였다. 즉 신라는 470년에 추풍령을 넘어 진출하여 三年山城(지금 충북 보은)을 축성하며 서북방 개척을 시작하였고, 고구려는 475년에 백제 수도 漢城을 공략하여 함락시켰으며, 백제는 이에 따라 쫓겨 내려와 熊津으로 천도하였다. 문주왕의 남천을 보필하였던 목만치 일파도 천도 초기의 정쟁에서 패배하여 왜국으로 이주한 듯하다. 이러한 위기를 맞이하여, 백제는 내부적으로 여러 분란이 잇따랐고, 외부적으로 주변 지역에 대한 장악력이 현저하게 약화되었다. 이를 전후하여 경북 고령의 지산동 고분군 축조 집단, 즉 大加耶는 크게 대두하여 후기 가야 연맹체를 번성케 하였다.

그리하여 479년에 加羅王 荷知는 가야연맹으로서는 처음으로 중국 南齊에 사신을 보내 '輔國將軍加羅國王'의 작호를 받았다. 혹자는 전북 부안 죽막동 유적에서 대가야 토기가 출토된 것을 근거로 삼아 그 조공 사절 파견이 백제의 지원을 얻은 것이라고 하나, 적어도 그 해에는 남제에 대한 백제의 조공 사절 파견이 없었으므로 가야의 사절이 이를 따라간 것이라고 보기 어렵고, 또한 앞에 인용한 『남제서』 가라국전의 문맥으로 보아도 가야의 독자적인 사행이었다고 보는 것이 옳다.

내륙에 있었던 경북 고령의 대가야는 남강을 거슬러 올라가 일부 내륙 구간을 거쳐 서부 경남 해안의 사천만 또는 하동으로 나오거나, 혹은 거창-함양-남원을 거쳐 섬진강을 타고 내려가 하동으로 나오는 통로를 이용하여 중국과 교역했다고 추정된다. 이는 대가야가 서쪽으로 소백산맥을 넘어 섬진강 수계의 소국들을 포괄하고 있었기 때문이다. 토기 유물로 보아 고령의 지산동 세력은 이미 5세기 중엽에 전라북도 장수군 천천면 삼고리 고분군과 남원시 아영면 월산리 고분군 축조 집단과 긴밀한 교류 관계를 맺고 있었고, 5세기 후반에는 그러한 교류 관계가 고령을 중심으로 한 연맹 관계로 전환되었으며, 5세기 말에는 그런 관계가 전라남도 순천 운평리 고분군 축조 집단에까지 확대되었다.

대가야는 이처럼 독자적으로 국제 무대에 등장한 이후 한반도 내의 관계에서도 그 권위를 상승시켰다. 그리하여 481년에는 고구려가 말갈과 함께 신라 狐鳴城(경북 영덕군 영덕읍) 등 일곱 성을 빼앗고 다시 彌秩夫(경북 포항시 흥해읍)로 진군하는 것을, 백제와 함께 원병을 보내 신라군을 도와 막기도 하였다. 또한 487년을 전후한 시기에는 가야군이 백제와 함께 충북 지방의 爾林(=圓山城 : 음성군 음성읍)과 帶山城(=道薩城 : 괴산군 도안면)에서 고구려와 공방전을 치르고 있었는데, 그 당시에 가야군은 오히려 고구려군과 내통하여 우군이었던 백제군에게 대항하기도 하였다. 이는 당시에 대가야를 중심으로 한 후기 가야연맹이 국제적으로 당당한 독자 세력이었음을 확인시키는 것이다.

* 이 글의 원전 : 김태식, 2006, 「중국 남제와의 외교 교섭」, 『대가야 들여다보기』, 노중국 · 김세기 · 이희준 · 주보돈 편, 고령군 대가야박물관, 계명대학교 한국학연구원, 121~127쪽.

3.
가야의 해상 교류

1. 서언

해양 활동이라고 하면 배를 타고 하는 어로, 해전, 해상 교류 등이 있다. 그러나 이미 역사시대에 접어든 가야에서 어로 활동을 조명한다는 것은 철지난 느낌이 있고, 고대의 성격상 배를 타고 해전을 벌이는 것도 없고, 또 가야에서는 배를 타고 멀리 원정을 떠난 적도 없다. 그러므로 본고에서는 가야의 해양 활동에서 주류를 이루는 해상 교류 문제를 주로 다루려고 한다.

고대의 경제에서 교역의 중요성은 매우 크다. 고대 국가 형성의 원동력으로서, 필수적인 생업 자원이 되는 물품에 대한 원거리 교역은 특히 중요하다. 원거리 교역을 하기 위해서는 원정대를 구성하고 지휘하기 위한 권력, 교역을 기획 및 계산하고 기록하기 위한 행정 관료, 원정대와 교역 대상물품을 보호하기 위한 군대 조직 등이 필수적이기 때문에, 이를 계속하는 중에 사회 조직이 더욱 발전해 나가기 마련이다. 원거리 교역은 육로로 행한 것도 있지만 해양이나 수로를 통한 교류도 중요하다. 특히 한반도 남부에 위치한 가야인들은 양호한 해상 운송의 입지 조건을 가지고 있었기 때문에 해상 교류에 활발한 면모를 보일 수 있었다.

해운의 면에서 볼 때, 3세기 당시에 낙랑에서 배가 출발하여 서해와 남해 연안을 따라 항해하는데 狗邪韓國에 들른 뒤 해협을 건너 倭地로 향하는 것을 전하는 『삼국지』 위서 동이전의 기록[1]으로 보아, 김해를 비롯한 경남 해안지대 가야 제국의 입지적 중요성을 충분히 인식할 수 있다. 또한 조선 시대 후기의 기록이기는 하지만 『擇里志』에서 동해는 바람이 높고 물결이 험해서 서남해의 선박이 잘 닿지 않는데 비해, 서해와 남해는 물결이 완만하여 전라, 경상으로부터 한양, 개성, 황해, 평안까지 장삿배가 이어지며 낙동강 하구에서는 강줄기를 따라 상주, 진주까지 배가 미치는데 경상도에서는 그러한 '남북 해상 육상 운송의 이익'을 김해가 모두 관장한다고 말하고 있다.[2] 이와 같은 상황은 해운 기술이 미흡했던 고대의 조건에서는 보다 필연적일 것이므로, 당시에도 정치적 사정이 허용하는 한도에서 김해는 한반도 서북 지역과 경상 내륙 지역 및 일본열도 등을 연결하는 해상 운송의 구심점으로 기능하고 있었다고 볼 수 있다.

특히 가야가 있었던 지역이 한반도에서 일본열도로 향하는 입구에 해당한다는 점은 해상 교류의 측면에서 매우 중요하다. 고대의 한반도에서 가야처럼 일본열도와 가깝고 친밀한 관계를 유지한 이웃은 없었던 듯하다. 일본열도에 대한 선진 문물의 중계 무역을 토대로 발전한 가야 왕권의 경우에는 더욱 그러하다.

그리하여 본고에서는 문헌 사료와 고고학 자료들을 종합하여 가야의 해상 교류 양상을 정리해 보고자 한다. 제2장에서는 우선 여러 문헌들에 산재하고 있는 가야의 해상 교류에 관한 설화들을 살펴보고자 한다. 제3장 이후

---

1) 『三國志』 권30, 魏書 東夷傳 倭人 "從郡至倭 循海岸水行 歷韓國 乍南乍東 到其北岸狗邪韓國 七千餘里. 始度一海 千餘里 至對馬國."
2) 李重煥, 1751, 『擇里志』卜居總論 生利 "我國東西南皆海 船無不通. 然東海風高水悍 慶尙東海邊諸邑 與江原嶺東咸鏡一道 互相通船 西南海船則不習水勢罕至. 而且西南海則水緩 故南自全慶 北至漢陽開城 商賈絡繹 又北則通黃海平安矣. 舟商出入 必以江海相通處 管利脫貨 故慶尙則洛江入海處爲金海七星浦 北溯至尙州 西溯至晉州 惟金海管轄其口. 居慶尙一道之水口 盡管南北海陸之利 公私皆以販鹽 大取贏羨."

로는 주변 각 지역에 대한 해상 교류 활동을 설명하되, 설명의 편의상 한반도 북부 지역으로부터 점차 남쪽으로 내려가면서 설명을 이어간다. 일본열도에 대한 해상 교류는 제5장에서 마지막으로 검토하고자 한다.

2. 설화에 나타난 가야의 해상 교류

(1) 허왕후 결혼 설화

가야와 관련된 설화들에는 해상 교류를 반영하는 것들이 많다. 그 중에서 가장 유명한 것은 수로왕과 허왕후의 결혼 설화이다. 『三國遺事』 駕洛國記 조에서 허왕후는 다홍색 돛을 달고 꼭두서니빛 깃발을 내건 배를 타고 왔다. 왕후의 배는 처음에는 望山島와 乘岾 쪽으로 와서 정박하였으나 다음에는 산 밖에 있는 별도의 나루 主浦에 배를 매고 상륙하였다. 왕후는 수로왕에게 자신을 阿踰陁國의 공주로 언급하였다.[3] 또한 『삼국유사』 金官城婆娑石塔 조에서는 허황후가 바다의 풍파를 일으키는 신의 노여움을 잠재우기 위하여 서역의 아유타국에서 석탑을 가져왔다고도 하였다.[4]

당나라 玄奘의 저술로 646년에 완성된 『大唐西域記』에도 나와 있는 것처럼 서역은 곧 당나라의 서쪽 지역인 인도를 말하는 것이다. 그러므로 적어도 『삼국유사』가 출판된 이후 고려 및 조선시대 사람들은 허왕후가 멀리 인도에서 배를 타고 와서 가야의 수로왕과 결혼했다는 것을 상식처럼 받아

---

3)『三國遺事』卷2, 紀異2 駕洛國記 "遂命留天干 押輕舟 持駿馬 到望山島立待. 申命神鬼干 就乘岾[望山島 京南島嶼也 乘岾 輦下國也]. 忽自海之西南隅 掛緋帆 張茜旗 而指乎北. (중략) 王后 於山外別浦津頭 維舟登陸 憩於高嶠 解所著綾袴爲贄 遺于山靈也. (중략) 於是 王與后 共在御國寢. 從容語王曰 妾是阿踰陁國公主也. 姓許 名黃玉 年二八矣."

4)『三國遺事』卷3, 塔像4 金官城婆娑石塔 "金官虎溪寺婆娑石塔者 昔此邑爲金官國時 世祖首露王之妃 許皇后名黃玉 以東漢建武二十四年甲申 自西域阿踰茜國所載來. 初公主承二親之命 泛海將指東 阻海神之怒 不克而還. 白父王, 父王命載玆塔, 乃獲利涉 來泊南涯 有緋帆茜旗珠玉之美 今云主浦. 初解綾袴於岡上處 曰綾峴. 茜旗初入海涯 曰旗出邊."

들었다.

　여기서의 아유타국은 인도 북부 갠지스 강의 상류 고그라(Gogra) 천의 지류인 사라유(Sarayu)의 左岸에 있던 고대 도시국가인 아요디아(Ayodhya) 왕국이다. 이곳은 힌두교 7대 성지의 하나인 라마 비슈누 신앙의 중심지이고 옛날 코살라(Kosala) 국의 왕성이었다.[5] 코살라국은 기원전 6세기경 인도 북부에서 패권을 잡은 나라였고 석가모니가 이곳의 舍衛城에서 오랫동안 설법을 하기도 하였으나, 그 부근에서 발흥한 마가다(Magada) 국에게 패하여 그 지배 아래 들어가서 역사상 자취를 감추었다.[6]

　그리하여 근래의 학계에서도 이를 사실로 보아 허왕후가 인도의 아요디아 또는 태국의 아유티야에서 배를 타고 왔다고도 하고,[7] 혹은 인도 아요디아에서 중국 四川省 安岳縣으로 집단 이주해 살던 허씨 마을에서 양자강을 타고 내려와 황해를 건너 왔다고도 하고,[8] 혹은 일본열도에 있던 가락국의 분국에서 본국을 방문한 것이라고도 하였다.[9] 그러나 실제로 기원 1세기 무렵에 인도 아요디아국과 김해 가야국 사이에 직접적인 교류가 있었다고 보기는 어렵다. 아요디아국의 상선이 우연히 표류를 당하여 김해까지 흘러왔을 가능성이 전혀 없는 것은 아니나, 그럴 경우라도 그처럼 멋진 결혼 설화로까지 이어지기는 어려웠을 것이다.

　이 결혼 설화에는 기원후 1세기 가야국의 전승이라고 보기 어려운 몇 가지 문제들이 있다. 첫째는 중국 고대의 결혼 관념에 입각하여 泉府卿 申輔와 宗正監 趙匡이라는 媵臣 夫妻 두 쌍이 동행하였다는 점이다.[10] 둘째는 錦繡와 綾羅 등과 같은 물목을 일일이 나열하고 그 물건들을 '漢肆雜物'이

5) 大地原豊, 1985, 「Ayodhya」, 『아시아歷史事典』 제1권, 平凡社, 89~90쪽.
6) 淸水文行, 1985, 「Kosala」, 위의 책 제3권, 375쪽.
7) 李鍾琦, 1977, 『駕洛國探査』, 一志社, 99~100쪽.
8) 金秉模, 1987, 「駕洛國 許黃玉의 出自 -阿踰陀國考(Ⅰ)-」, 『三佛金元龍敎授停年退任紀念論叢』 Ⅰ, 一志社 ; 1988, 「古代 韓國과 西域關係 -阿踰陁國考Ⅱ-」 『韓國學論集』 14 ; 1992, 「駕洛國 首露王妃誕生地」, 『韓國上古史學報』 9 ; 1994, 『김수로왕비 허황옥』 朝鮮日報社.
9) 金錫亨, 1966, 『초기조일관계연구』, 사회과학원출판사.

라고 표현한 점이다.[11] 셋째는 훗날 金銍王이 수로왕과 허왕후의 혼례가 치러진 곳에 王后寺라는 절을 창건하였다고 한 점이다.[12]

우선 잉신이란 귀한 여자의 결혼에 데리고 가는 비천한 남자를 의미하는데,[13] 여기서는 신보와 조광 부부 두 쌍을 함께 가리키고 있다. 媵이나 媵臣이란 표현은『春秋左氏傳』이나『史記』에 처음 보이는 것으로[14] 중국 고대의 결혼 관념을 모방한 것이다. 또한 여기서 주목해야 할 것은 중국계의 관직이나 용어가 지나치게 많다는 점이다. 허왕후의 이름인 黃玉 뿐만 아니라 그 잉신들의 이름인 신보, 조광도 중국식이다. 수로왕이 신라식의 고위 관제에 이어 그 아래의 관료를 周判과 漢儀의 제도로써 나누어 정하였다거나,[15] 신보와 조광의 관직이 천부경과 종정감이었다는 점도 그러하다.

천부경과 종정감은 고구려, 백제, 신라의 어느 나라 관직에도 보이지 않는 것으로서, 역시 중국 고대 周와 漢의 관직들이다.[16] 그러한 관직의 뜻을 살펴 볼 때, 소국 연맹체의 한 소국이었던 가야에 泉府라는 이상적인 물가 조절 관청이 있었을 리도 없고, 수로왕의 일족도 아니고 허왕후의 侍從에 지나지 않는 사람이 왕실 종친과 관련된 일을 담당하는 宗正을 맡았을 수도

---

10)『三國遺事』卷2, 紀異2 駕洛國記 "其地侍從媵臣二員 名曰申輔趙匡 其妻二人 號慕貞慕良. (중략) 媵臣泉府卿申輔宗正監趙匡等 到國三十年後 各産二女焉 夫與婦踰一二年而皆抛信也."

11)『三國遺事』卷2, 紀異2 駕洛國記 "所賚錦繡綾羅衣裳疋段金銀珠玉瓊玖服玩器 不可勝記. (중략) 至於衣服疋段寶貨之類 多以軍夫遞集而護之. (중략) 其漢肆雜物 咸使乘載 徐徐入關."

12)『三國遺事』卷2, 紀異2 駕洛國記 "元君八代孫金銍王 克勤爲政 又切崇眞 爲世祖母許皇后 奉資冥福. 以元嘉二十九年壬辰 於元君與皇后合婚之地 創寺 額曰王后寺. 遣使審量近側平田十結 以爲供億三寶之費."

13) 諸橋轍次, 1968,『大漢和辭典』卷3, 742쪽.

14)『春秋左氏傳』僖公 5年 "冬十二月丙子朔 晉滅虢 虢公醜奔京師 師還館于虞 遂襲虞 滅之. 執虞公及其大夫井伯 以媵秦穆姬."
　　『史記』殷紀 "乃爲有莘氏媵臣." 같은 책, 秦紀 "吾媵臣百里傒在焉 請以五羖皮贖之."

15)『三國遺事』卷2, 紀異2 駕洛國記 "取雞林職儀 置角干・阿叱干・級干之秩 其下官僚 以周判漢儀而分定之. 斯所以革古鼎新・設官分職之道歟."

없다. 또한 『駕洛國記』 뒤에 붙어 있는 「九代孫曆」에서 제5대 伊尸品王 왕
비 아버지의 관직으로 司農卿이라는 중국계 관직도 나온다. 『三國史記』 신
라본기, 고구려본기와 개소문전 등에 644년에 당 태종이 고구려에 보낸 司
農丞 相里玄獎의 이야기가 나온다. 그렇다면 가야의 후예나 신라인들이 실
제 생활에 비추어 사농경이나 종정감과 같은 관직을 이해할 수 있었던 시기
는 일러야 7세기 정도였을 것이고, 『周禮』에 나오는 천부경과 같은 관직을
구사할 수 있었던 시기는 좀 더 늦춰져야 할 것이다.

둘째로 아무리 허왕후의 높은 신분을 표시하기 위한 것이라지만, 금수와
능라, 의상과 疋段, 금은 珠玉과 瓊玖와 服玩器 등과 같은 물목을 일일이 나
열하고, 이를 지키기 위하여 군사를 배치하였다는 표현은 단순한 결혼 설화
로 보기에는 지나친 느낌이 든다. 또한 누구누구는 남아서 수로왕의 궁궐로
들어가고 누구누구는 얼마를 주어 돌려보내고, 왕후가 가져온 물건들은 어
디다 두고 어떻게 쓰게 하였다는 점을 상세히 설명하고 있다.[17] 허왕후의
결혼 설화 자체가 가락국 시절부터 이어지는 중국과의 교역 경험을 神話化
한 것인지, 아니면 김해 지방 가야국 후손들의 생업으로 인하여 체질화된
표현인지는 알 수 없다. 다만 이러한 조치나 표현들이 중국과의 물품 교역
을 많이 치러보지 않은 사람들은 쓸 수 없을 정도로 상업적이라는 것이 특
이하다.

기존의 역사학계에서는 가야의 건국 신화에서 天神族 首露王은 철기 문

---

16) 『周禮』 地官 泉府 "掌人以市之征布 斂市之不售貨滯於民用者 以其賣買之 物楬而書之 以
待不時而買者."
『文獻通考』 職官考 諸卿 宗正卿 "周官小宗伯 掌三族之別 以辨其親疏 秦治宗正掌親屬 漢
因之 更以敍九族 平帝元始四年 更名宗正 五年 又於郡國置宗師 以糾皇室親族世氏 致敎順
焉 選有德義者爲之 有冤失職者 宗師得因郵亭上書 宗伯請以聞 常以正月賜宗伯帛十匹 王
莽併宗伯於秩宗 後漢以宗正卿一人 掌序錄王國嫡庶之次 及諸皇室親屬遠近 郡國歲因計
上皇族名籍 若有犯法 當髡以上 先上諸宗正 宗正以聞乃報決 兩漢皆以皇族爲之 不以他
族. 魏亦然."
17) 『三國遺事』 卷2, 紀異2 駕洛國記 "勅賜媵臣夫妻私屬 空閑二室分入. 餘外從者 以賓館一
坐二十餘間 酌定人數 區別安置 日給豊羨. 其所載珍物 藏於內庫 以爲王后四時之費."

화를 가지고 북방으로부터 온 유이민이고 그와 결혼한 왕비인 허왕후는 地
神族으로서 토착민을 대표하는 상징적 존재였다고 보았다.[18] 그러나 고구
려나 신라의 신화에서 왕비가 땅과 밀접한 연관을 가진 하천이나 우물 등에
서 태어나는 것과 달리 가야의 건국 신화에서 왕비인 허왕후가 바다에서 배
를 타고 나타나는 것은 약간 다른 사정을 추정케 한다. 바다는 땅과도 접하
고 있지만 하늘과도 접하고 있어서, 토착적이면서도 땅과 유리된 성질을 지
닌다.

그런 점에서 볼 때, 허왕후로 표상되는 김해 駕洛國의 왕비족은 낙랑 지
역에서 도래한 2차 유이민이거나, 또는 낙랑 지역에서 이곳을 수시로 왕래
하는 상인 집단의 일족이었을 것이라고 추정된다. 『가락국기』에서 허왕후
의 배가 도착할 때 수로왕이 그들을 맞이하는 모습이, 마치 거래 관계에 있
던 외국 상선 사람들을 배려하면서 물건을 잘 간수하는 광경을 연상케 하
고, 그들이 가지고 온 물건을 '漢肆雜物', 즉 중국 가게의 여러 가지 물건들
이라고 표현한 점도 그러하다.

그러나 후대의 설화를 보면, 그들의 실재성에 대하여 의문시되는 점들이
있다. 즉, 조선 중기 인조 때에 찬술된 「수로왕릉비」의 陰記에 비로소 수록
된 것이기는 하나, 허왕후의 열 아들 중에 두 아들에게 허씨 성을 따르게 하
였다고 하여,[19] 허씨족은 가야 왕실의 권위에 부속되어 있을 뿐이다. 즉 허
왕후의 일족은 수로왕이 있는 김씨 왕실과 별도의 왕비족을 구성하지 못하

---

18) 金哲埈, 1976, 「新羅上古世系와 그 紀年」, 『韓國古代社會硏究』知識産業社, 72쪽.
   白承忠, 1995, 「加耶의 地域聯盟史 硏究」, 釜山大學校 大學院 文學博士學位論文, 051~52쪽.
19) 金海府, 『金海府邑誌』, 古蹟 "王妣許氏 世傳阿踰陀國王女. 或云南天竺國王女. 姓許 名黃
   玉 號普州太后. (中略) 有子十人. 后自以客於東土 悲無傳姓 王甚憾 錫二子以后姓 東方之
   許本此."
   우리나라의 허씨가 수로왕비 허씨에서 기원하였다는 사실은 『가락국기』는 물론 조선 전
   기의 어떤 사서에도 보이지 않는다. 이러한 인식이 처음 확인되는 것은 1646년(인조 24)
   무렵에 지어진 「駕洛國首露王陵碑陰記」와 「駕洛國首露王妃普州太后許氏陵碑陰記」에서
   인데, 조선시대의 읍지 가운데는 조선 후기 헌종 때의 『김해부읍지』가 이러한 내용을 처
   음으로 기록하였다.

고, 가야의 왕실에 부속되어 김씨 왕실과 동일시되고 있었던 것이다. 이는 허왕후가 九干 중의 하나와 같이 일정한 권력을 보유한 토착 세력이 아니었다는 방증이기도 하다. 그러므로 허왕후 결혼 설화는 처음의 가락국 건립 당시에는—낙랑 지역을 상징하고 있으면서도—미지의 먼 이국에서 배를 타고 온 신비로운 여인과 수로왕이 결혼하였다는 골격만이 성립되어 있었을 듯하다.

셋째로 왕후사 창건과 관련된 문제이다. 가락국의 발전 과정에서 질지왕 때 왕후사를 건립하였다고 한 『삼국유사』 소재 『가락국기』의 문장을 그대로 믿기에는 약간의 문제가 있지 않을까 한다. 신라에서 최초의 사찰은 6세기 중엽 법흥왕, 진흥왕 때에 건립되었음에 비하여, 그보다 국가 발달 정도가 뒤진 가야에서 5세기 중엽에 이미 불교 사찰이 건립되었다고 보기에는 무리가 따른다.

『가락국기』의 「구대손력」에는 제2대 거등왕부터 제10대 구형왕까지의 간략한 일대기가 나온다. 거기에는 『개황력(록)』을 인용한 문장들이 나오며, 대개는 왕의 즉위년과 사망한 해 및 왕비와 아들의 계보를 서술하는데 그쳤으나, 좌지왕, 질지, 구형왕에 대해서만 가락국의 내분, 왕후사 창건, 멸망과 관련한 사건 서술이 추가되어 있다. 다만 이 기록들에서는 수로왕을 '世祖', 왕비를 '許王后'라고 기록한 것[20]에 대하여, 『가락국기』의 본문 일부에서는 수로왕을 '元君', 왕비를 '許皇后', 거등왕을 '世祖'라고 지칭한 기록[21]들이 보인다.

그런데 『삼국사기』에서 왕비를 왕후라고 지칭한 것은 신라 중대 시기의

---

20) 『三國遺事』卷2, 紀異2 駕洛國記 "居登王 父首露王. 母許王后. 立安四年己卯三月□□十三日卽位 治三十九年 嘉平五年癸酉九月十七日崩. 王妃泉府卿申輔女慕貞 生太子麻品. 開皇曆云 姓金氏 盖國世祖從金卵而生 故以金爲姓尒. (중략) 銍知王 一云金銍王. 元嘉二十八年卽位. 明年 爲世祖許黃玉王后 奉資冥福 於初與世祖合御之地 創寺曰王后寺 納田十結充之."

21) 앞의 주석 12 참조.

文明王后 이후에 한정되므로, '王后寺'라는 절의 이름이 정확하다면 이를 김해 지방에 창건한 것은 통일신라시대로 보아야 타당하다.[22] 또한 황후를 칭한 것은 고려시대 광종 이후의 사실에 한정된다. 그러므로 '왕후' 관련 기록은 『개황력』이나 왕후사 창건 연기에서 나온 기록들이고 '황후' 관련 기록들은 고려 문종대의 금관지주사 문인의 문장에 의한 것이라고 하겠다.

이로 보아 원래의 가야 신화에서는 구지봉에 내려온 수로왕과 바다에서 배를 타고 온 왕비가 결혼하여 가야국을 다스렸다는 정도의 전설만 있었으나, 신라의 삼국 통일을 전후한 무렵에 금관가야 계통 왕족의 계보가 들어 있는 『개황력』이 편찬되고 신라 중대에 김해 지방에 왕후사라는 절이 생기면서 그 연기담으로서 아유타국의 국명을 비롯한 16나한과 같은 불교적 윤색이 추가되었으리라고 추정된다.

아유타국은 『대당서역기』(646)에 인도 아소카왕(阿輪迦王, 阿育王)의 옛 도성으로 소개되었으므로 불교 동점의 신앙이 가락국의 전설과 결부된 인연이 되었을 것이라고 추정한 견해가 있고,[23] 대승 경전인 『勝鬘經』의 주인공 勝鬘夫人이 아유타국의 왕비였다는 것과 관련하여 허왕후를 아유타국의 공주로 표현하였다고 본 견해도 있다.[24] 신라 중대의 시기라면 신라인들이 이들 저서를 볼 수 있었고 원효와 의상으로 비롯되는 교학 불교도 발달하였으므로, 왕후사를 개창한 불교 지식인이라면 아유타국을 잘 알고 있었을 것이다. 그러므로 허왕후가 실제로 아유타국에서 사람이 온 것은 아니고 불교와 관련하여 그런 표현이 들어갔다고 판단한 기존 견해가 옳다고 보인다.

신라 왕실의 일정한 보호를 받으면서 가야 왕실의 후손들이 金官小京에 거주하였으므로, 그들은 차츰 지방에 거주하는 호족으로서의 정체성을 높여나가 승점이나 망산도와 같은 주변 지명을 덧붙인 구체적인 설화로 완성

---

22) 金泰植, 19987, 「駕洛國記 所載 許王后 說話의 性格」, 『韓國史研究』 92.
23) 三品彰英遺撰, 1979, 『三國遺事考証』中, 塙書房, 335쪽.
24) 鄭璟喜, 1990, 「三國時代社會와 佛經의 研究」, 『韓國古代社會文化研究』, 一志社, 321~323쪽.

시켰을 것이다. 그에 덧붙여 주변의 불교 사찰들도 그 권위를 빌어 여러 창사 연기담을 창안하였으니, 허황옥이 아유타국에서 배를 타고 올 때 해로의 안전을 위해 석탑을 싣고 왔는데 그것이 김해 虎溪寺에 있다는 婆娑石塔 설화는 그런 종류 중의 하나였을 것이다. 거기에서는 수로왕을 세조라 하고 왕비를 허황후라고 하였으며 主浦, 綾峴, 旗出邊 등의 지명을 정리된 상태로 넣었으므로,[25] 대체로 고려 초기의 설화에 속할 것이라고 판단된다.

그러므로 허왕후가 인도 아유타국에서 왔다는 설화는 사실을 반영하지 않은 후대의 윤색이다. 허왕후로 표상되는 김해 가락국의 왕비족은 낙랑 지역에서 도래한 2차 유이민이거나, 또는 낙랑 지역에서 이곳을 수시로 왕래하는 상인 집단의 일족이었을 것이라고 추정된다.

(2) 수로왕과 석탈해의 다툼

신라 제4대 왕 석탈해의 해상 교류와 관련한 두 종류의 설화가 전하고 있다. 『삼국사기』에서는 석탈해가 왜국 동북 1천 리 多婆那國 왕과 女國 왕 딸 사이의 아들로서 알의 형태로 태어나 궤짝을 타고 금관국 바닷가에 이르렀으나 금관 사람들이 그것을 괴이하게 여겨서 거두지 않으므로 진한 阿珍浦 어구에 다다랐다고 하였다.[26] 반면에 『삼국유사』에서는 龍城國 또는 琓夏國 왕 含達婆와 積女國 왕의 딸 사이에서 출생했다고 하였으며, 그가 바다를 건너와 가락국 수로왕에게 도전하였으나 술법 대결에서 실패한 후 교외에 있는 나루터에 이르러 중국의 배가 와서 닿는 물길[中朝來泊之水道]을 따라 떠나 계림 동쪽 下西知村 아진포로 도주했다고 하였다.[27] 또한 그가 조상대대로 冶匠이었던 것처럼 가장하는 꾀를 써서 瓠公의 집을 빼앗는 이야기

25) 앞의 주석 4 참조.
26) 『三國史記』 卷1, 新羅本紀1 脫解尼師今 "脫解 本多婆那國所生也. 其國在倭國東北一千里. 初其國王娶女國王女爲妻 有娠七年 乃生大卵. 王曰 人而生卵不祥也 宜棄之. 其女不忍 以帛裹卵幷寶物 置於櫝中 浮於海 任其所往. 初至金官國海邊 金官人怪之不取. 又至辰韓阿珍浦口."

도 유명하다.[28]

석탈해 설화는 이처럼 두세 군데에 나뉘어 전하기는 하나, 전반적인 줄거리가 거의 흡사하여 어떤 일정한 줄거리가 있었는데 이를 수록한 집단의 성격에 따라 약간 변이된 정도에 지나지 않는다. 우선 그가 왜국 동북의 다파나국 또는 용성국 또는 완하국 왕의 아들이고 어머니는 여국 또는 적녀국 왕의 딸이라는 것으로 보아 『삼국지』위서 동이전에 옥저의 동쪽 바다 안에 있다는 여자만 있는 나라 이야기[29]와 통하는 바가 있다. 그러나 그가 한반도 남해안의 금관국에 먼저 도착했다가 다시 동남 해안의 울산 쪽으로 가서 정착했다는 것으로 보아, 최초의 출발지는 동해안이었다기보다 서해안 쪽이었다고 보는 것이 자연스럽다.

또한 탈해 설화는 석씨의 시조 신화이다. 난생 신화에 속하며, 항해와 관

---

27) 『三國遺事』卷1, 紀異2 第四脫解王 "脫解齒叱今 南解王時 駕洛國海中有船來泊. 其國首露王 與臣民鼓譟而迎 將欲留之. 而舡乃飛走 至於雞林東下西知村阿珍浦. (중략) 迺言曰 我本龍城國人[亦云正明國 或云琓夏國 琓夏或作花厦國 龍城在倭東北一千里]. 我國嘗有二十八龍王 從人胎而生 自五歲六歲 繼登王位 敎萬民修正性命. 而有八品姓骨 然無揀擇 皆登大位. 時我父王含達婆 娉積女國王女爲妃 久無子胤 禱祀求息 七年後産一大卵."

『三國遺事』卷1, 紀異2 駕洛國記 "忽有琓夏國含達王之夫人妊娠 弥月生卵. 卵化爲人 名曰脫解. 從海而來. 身長三尺 頭圓一尺 悅焉詣闕 語於王云 我欲奪王之位 故來耳. 王答曰 天命我俾卽于位 將令安中國而綏下民 不敢違天之命以與之位 又不敢以吾國吾民付囑於汝. 解云 若爾可爭其術. 王曰 可也. 俄頃之間 解化爲鷹 王化爲鷲. 又解化爲雀 王化爲鸇. 于此際也 寸陰未移. 解還本身 王亦復然. 解乃伏膺曰 僕也適於角術之場 鷹之鷲 雀之於鸇獲免焉. 此盖聖人惡殺之仁而然乎. 僕之與王 爭位良難. 便拜辭而出 到麟郊外渡頭 將中朝來泊之水道而行. 王竊恐滯留謀亂 急發舟師五百艘而追之. 解奔入雞林地界 舟師盡還. 事記所載 多異與新羅."

28) 『三國遺事』卷1, 紀異2 第四脫解王 "言訖 其童子曳杖率二奴 登吐含山上 作石塚 留七日. 望城中可居之地 見一峯如三日月 勢可久之地. 乃下尋 卽瓠公宅也. 乃設詭計 潛埋礪炭於其側 詰朝至門云 此是吾祖代家屋. 瓠公云否 爭訟不決. 乃告于官. 官曰 以何驗是汝家. 童曰 我本冶匠 乍出隣鄉 而人取居之 請掘地撿看. 從之 果得礪炭 乃取而居焉."

29) 『三國志』卷30, 魏書30 烏丸鮮卑東夷傳30 沃沮 "其俗常以七月取童女沈海. 又言有一國亦在海中 純女無男. 又說得一布衣 從海中浮出 其身如中國人衣 其兩袖長三丈. 又得一破船隨波出在海岸邊 有一人項中復有面 生得之 與語不相通 不食而死. 其域皆在沃沮東大海中."

련되어 용, 까치, 배, 철 등이 중요한 모티브로 등장한다. 이는 석씨가 항해에 익숙하고 제철 기술과 같은 선진 문화를 갖추고 있었던 정치 집단이었음을 말해준다. 또한 탈해가 완하국 출신이라고 하지만 '中朝來泊之水道', 즉 중국 배가 와서 정박하는 물길을 따라 떠났다는 것으로 보아, 그는 서북한 낙랑 지역으로부터의 유이민 세력으로 추정된다.[30]

그는 해로로 남해안의 김해 지방에 가서 정착하려다가 실패하고, 다시 경주 동해안 방면으로 나아가 정착한 후, 사로국 왕실의 박씨 세력에게 연합되어 경주평야로 진출한 冶鐵匠의 성격을 지닌다. 이러한 설화를 통해서, 탈해를 내쫓은 가락국의 수로 집단은 탈해 집단보다 선진적인 철기 제작 기술을 가지고 있던 세력이었고, 김해 가락국에는 서북한 지역의 낙랑으로부터 와서 김해 해안의 '中朝來泊之水道'를 거쳐 사로국(경주) 동쪽의 울산 아진포로 가는 해상 교통로가 형성되어 있었음을 알 수 있다.

(3) 일본의 천손강림 설화

가야와 일본열도의 관계를 보이는 해상 교류 설화로 일본의 천손강림 설화가 있다. 이것은 일본 천황족의 건국 신화이다. 그에 따르면, 아마테라스 오호미카미[天照大神]의 아들인 오시호미미노 미코토[忍穗耳尊]와 다카미 무스히노 미코토[高皇産靈尊]의 딸인 다쿠하타치지 히메[栲幡千千姬]가 결혼하여 天孫 니니기노 호노 미코토[瓊瓊杵尊]가 태어나[31] 지상에 강림하는 구조로 되어 있다.

일찍이 일본의 오카 마사오[岡正雄]는, 일본 신화가 원래 다카미 무스히를 중심으로 하는 高天原 신화와 아마테라스를 주인으로 삼는 두 개의 독립된 신화로 이루어져 있다고 하였다. 그리고 양자의 관계를 결론적으로 말하

---

30) 金泰植, 1993, 『加耶聯盟史』, 一潮閣, 54쪽.
31) 『日本書紀』卷2, 神代下 第九段 "天照大神之子正哉吾勝勝速日天忍穗耳尊 娶高皇産靈尊之女栲幡千千姬, 生天津彦彦火瓊瓊杵尊."

면, 다카미 무스히 신화는 한반도를 거쳐 일본열도에 진입한 천황족에 고유한 種族祖神 신화이고, 아마테라스 신화는 그 이전에 이미 일본열도에 살면서 농업 사회를 형성하고 있던 민족의 신화라고 하였다. 진입 종족은 이미 母系母處婚的 농업 사회를 영위하고 있던 先住民族과 母處的 혼인 관계에 들어가 여기서 선주민족의 문화 및 제도의 대부분이 천황족 안에 혼입되었으며, 그 결과 신화에서도 다카미 무스히와 아마테라스의 Dualism이 생겨 祖神 니니기가 그들 자녀의 혼인으로 태어났다고 하는 이야기가 나온 것이라고 하였다.[32]

게다가 미시나 쇼에이[三品彰英]가 분석한 바와 같이, 가야의 수로 신화와 일본의 天孫降臨 神話 사이에는 도저히 우연이라고는 할 수 없는 일치가 있다.[33] 그것은 첫째, 일본에서도 가야에서도 건국 신화에서 국토를 지배하라는 천신 또는 皇天의 명령에 의하여 그 자손이 강림해왔다는 점,[34] 둘째, 그 때에 일본의 경우 眞床覆衾이라는 직물, 가야에서도 紅幅에 싸여 내려왔다고 되어 있는 점,[35] 셋째, 강림한 땅이 일본에서는 구시후루타케[久士布流多氣], 또는 구지후루노타케[樓触峯], 혹은 구시히[樓日]의 다카치호노타케[高千穗峯]라 하고, 가야에서는 구지봉(龜旨峰)이라는 동일 지명인 점[36]

32) 岡正雄, 八幡一郎, 江上波夫, 石田英一郎, 1949, 「座談會: 日本民族=文化の源流と日本國家の形成」, 『民族學研究』 第13卷 第3號, 日本民族學協會編, 彰考書院 ; 江上波夫, 1958, 『日本民族の起源』, 平凡社, 재수록 ; 江上波夫, 1992, 『江上波夫の日本古代史 -騎馬民族說四十五年-』, 大巧社, 52~54쪽.

33) 三品彰英, 1943, 「首露傳説」, 『日鮮神話傳説の研究』 ; 1972, 『三品彰英論文集 第四卷 增補日鮮神話傳説の研究』, 平凡社, 353~356쪽.

34) 『日本書紀』 卷2, 神代下 第九段 "故皇祖高皇産靈尊 特鍾憐愛以崇養焉. 遂欲立皇孫天津彦彦火瓊瓊杵尊 以爲葦原中國之主."
   『三國遺事』 卷2, 紀異2 駕洛國記 "又曰 皇天所以命我者 御是處 惟新家邦 爲君后 爲兹故降矣."

35) 『日本書紀』 卷2, 神代下 第九段 "于時 高皇産靈尊 以眞床追衾 覆於皇孫天津彦彦火瓊瓊杵尊使降之."
   『三國遺事』 卷2, 紀異2 駕洛國記 "未幾 仰而觀之 唯紫繩自天垂而着地. 尋繩之下 乃見紅幅裏金合子."

등이다.

이렇게 볼 때 어떠한 형태로든 간에 전기 가야연맹의 주도적인 나라인 김해 가야국의 옛 지배층이 일본열도에 새로이 진입한 천황족과 밀접한 관계를 맺고 있었다는 것을 부인하기 어렵다. 여기서 한 번 돌아보아야 할 것은, '구지봉'이라는 이름이 원래부터 거북과 연관이 있는 한자어로 성립된 것인가 하는 점이다. '龜'가 거북을 나타내는 한자어라고 해도 '旨'는 글자 뜻 그대로 연결되지 않아 그 연유를 알기 어렵다. 그런데 일본 신화에서도 '구지', '구시'라는 말이 나타나는 것으로 보아, 이는 순우리말로서 '굿'을 나타내는 말이 아니었을까 한다.

굿은 무속이나 원시 종교에서 노래와 춤 따위로 행하는 의식의 하나이고, 여기에는 이를 관람하는 많은 구경꾼들의 존재가 전제된다. 그렇다면 구지봉은 김해 지방에 어떤 한 사람이 통치하는 소국이 생기기 전부터 마을 주민들이 모여 큰 굿(즉, 후세의 당굿 또는 都堂굿과 같은 것)을 행하던 신성한 장소였고, 그 원시 의례의 의식을 빌어 국가의 통치 권위가 형성된 것이다. 가야의 구지봉은 그러한 행위가 기원한 곳이기 때문에 구지가를 비롯한 구체적인 의례 행위 및 전승이 남아 있었던 것이고, 고대 일본의 구시후루타케는 그런 기원이 몰각된 상태에서 형식만 전래되었기 때문에 '구지'라는 봉우리에 천손이 천을 덮어쓰고 내려왔다는 점만 남은 것이다.

역사학에서 일본 천황족이 과연 가야 유망민인가 하는 점을 확인한다는

36) 『古事記』 上卷, 邇邇藝命 天孫降臨 "故爾 詔天津日子番能邇邇藝命而 離天之石位 押分天 之八重多那[此二字以音]雲而 伊都能知和岐知和岐弖[自伊以下十字以音] 於天浮橋 宇岐士 摩理 蘇理多多斯弖[自宇以下十一字以音] 天降坐于竺紫日向之高千穗之久士布流多氣[自 久以下六字以音]."
   『日本書紀』 卷2, 神代下 第九段 "皇孫乃離天磐座 且排分天八重雲 稜威之道別道別 而天 降於日向襲之高千穗峰矣. (중략) 一書曰 (중략) 皇孫 於是 脫離天磐座. 排分天八重雲. 稜 威道別道別 而天降之也. 果如先期. 皇孫則到筑紫日向高千穗褸之峰. (중략) 一書曰 故 天津彦火瓊瓊杵尊降到於日向槵日高千穗之峰."
   『三國遺事』 卷2, 紀異2 駕洛國記 "所居北龜旨[是峯巒之稱 若十朋伏之狀 故云也] 有殊常 聲氣呼喚.

것은 영원히 불가능할 지도 모른다. 일본 건국 신화에는 위에 거론한 바와 같은 가야계의 신화만 들어 있는 것이 아니라, 天符印 3개 또는 劍 · 鏡 · 玉 의 三種神寶로 상징되는 것 같은 고조선 단군 신화의 요소도 들어 있고, 하늘의 岩戸神話의 모티브와 같은 중국 화남 苗族 등의 요소도 들어 있기 때문이다.[37]

그러나 『古事記』에서 구시후루타케에 강림한 니니기노 미코토의 언급으로 "이곳은 좋은 곳이다. 왜냐하면 가라쿠니[韓國]에 향하여 있기 때문"[38]이라는 말이 쓰여 있는 것도, 가야 지역이 니니기의 조국인 것을 시사하고 있다.[39] 또한 『日本書紀』 神代上 第六段 一書들에서 天照大神은 그의 딸 이츠키시마 희메노미코토[市杵島姬命], 다코리 희메노미코토[田心姬命], 다기츠 희메노미코토[湍津姬命]의 세 여신에게 天孫을 위해 바다 북쪽[海北]의 도중에 있는 우사노시마[宇佐島], 또는 오키츠미야[遠瀛], 나카츠미야[中瀛], 헤츠미야[海濱]에 내려가 있으라고 하였는데,[40] 이는 현해탄의 오키노시마[沖島], 오오시마[大島], 무나카타[宗像] 세 곳을 가리키므로, 그 외래 민족은

---

37) 岡正雄, 八幡一郎, 江上波夫, 石田英一郎, 1949, 앞의 좌담회 ; 江上波夫, 1992, 앞의 책, 53쪽.

38) 『古事記』 上卷, 邇邇藝命 天孫降臨條 "於是 詔之 此地者 向韓國 眞來通笠沙之御前而 朝日之直刺國 夕日之日照國也."

39) 江上波夫, 1967, 『騎馬民族國家 -日本古代史へのアプローチ-』, 中公新書147, 中央公論社, 316~317쪽.

40) 『日本書紀』 卷1, 神代上 第六段 "而吹棄氣噴之狹霧 所生神 號曰田心姬. 次湍津姬. 次市杵嶋姬. 凡三女矣. (중략) 故此三神 悉是爾兒 便授之素戔嗚尊. 此則筑紫胸肩君等所祭神是也. 一書日 (중략) 言訖, 先食所帶十握劒生兒 號瀛津嶋姬. 又食九握劒生兒 號湍津姬. 又食八握劒生兒 號田心姬. 凡三女神矣. (중략) 於是 日神 方知素戔嗚尊 固無惡意 乃以日神所生三女神 令降於筑紫洲. 因敎之曰 汝三神 宜降居道中 奉助天孫 而爲天孫所祭也. 一書日 (중략) 已而天照大神 則以八坂瓊之曲玉 浮寄於天眞名井 囓斷瓊端 而吹出氣噴之中化生神 號市杵嶋姬命 是居于遠瀛者也. 又囓斷瓊中 而吹出氣噴之中化生神 號田心姬命 是居于中瀛者也. 又囓斷瓊尾 而吹出氣噴之中化生神 號湍津姬命 是居于海濱者也. 凡三女神. (중략) 一書日 (중략) 於是 日神先食其十握劒化生兒 瀛津嶋姬命 亦名市杵嶋姬命. 又食九握劒化生兒 湍津姬命. 又食八握劒化生兒 田霧姬命. (중략) 卽以日神所生三女神者 使降居于葦原中國之宇佐嶋矣. 今在海北道中 號曰道主貴. 此筑紫水沼君等祭神是也."

바다 북쪽[海北], 즉 남한에서 현해탄을 거쳐 북큐슈[北九州]로 온 것을 알 수 있다.[41] 이것은 가야로부터 현해탄의 각 섬을 거쳐 규슈 북부에 이르는 항로를 나타낸 것이다. 이로 보아 일본 천황족의 천손이 高天原으로부터 육지로 하강한 길은 곧 남한의 가야국으로부터 규슈 동북부 지역으로 가는 해상 교통로와 동일시되고 있었던 것이다.

요컨대 일본의 천손강림 신화로 볼 때, 가야의 옛 주민이 일본열도의 정복자라거나 유일한 지배자라고 말할 수는 없다. 다만 김해 가야국의 지배층 일부는 어떤 계기로 인하여 일본열도에 건너가 선주 지배족과 결합하여 천황족의 일부를 구성했다고 볼 수 있다. 그럴 만한 지위에 있던 계층이 일본 열도로 이주했고 또 일본에 가서도 상당한 정도의 지위를 보유할 수 있었다면, 그들은 불가피하게 고국을 떠난 가야 왕족 계통의 유망민일 가능성이 높다. 그리고 그럴 만한 계기로서는, 400년의 고구려 군대의 南征과 그로 인한 任那加羅의 몰락이 결정적인 것이었다고 추정할 수 있다.[42]

(4) 소나갈질지 설화

『일본서기』에는 가야와 왜의 해양 교류를 나타내는 또 하나의 설화로서 蘇那曷叱智 혹은 都怒我阿羅斯等에 관련된 이야기가 있다. 그에 따르면, "崇神天皇 65년(서기전 33) 가을 7월에 任那國이 소나갈질지를 보내 조공케 하였다. 임나는 치쿠시[筑紫]국을 지나 2천여 리에 있다. 북쪽에 바다로 멀리 떨어져 있으며, 계림의 서남쪽에 있다."고 하였다.[43]

또한 몇 년 후인 垂仁天皇 2년(서기전 28) 조에는 任那人 소나갈질지가 귀국하였다는 기사와 함께 그에 대한 주석으로 도노아 아라사등 이야기가

---

41) 江上波夫, 1967, 앞의 책, 178쪽.
42) 金泰植・宋桂鉉, 2003, 『韓國의 騎馬民族論 -騎馬民族征服說의 實體와 騎馬文化』, 마문화총서 7, 한국마사회 마사박물관, 215~219쪽.
43) 『日本書紀』 卷5, 崇神天皇 65年 秋7月 "任那國遣蘇那曷叱知 令朝貢也. 任那者 去筑紫國二千餘里. 北阻海 以在鷄林之西南."

나온다. 그에 따르면 이마에 뿔이 난 사람이 배를 타고 와서 고시노쿠니[越國] 게히노우라[笥飯浦]에 정박하였으므로 그 곳의 이름을 쓰누가[角鹿]라고 하였으며, 그는 意富加羅國王의 아들로, 이름은 도노아 아라사등이며, 또한 于斯岐阿利叱智干岐라고도 하였다. 그는 일본국에 성스러운 황제가 있다고 전해 들어 귀화하려고 하였고, 아나토[穴門]에 이르렀다가 그 곳이 아닌 것 같아 다시 돌아갔으나 길을 몰라서 섬과 포구에 잇달아 머무르면서 북쪽 바다를 돌아 이즈모노쿠니[出雲國]를 거쳐 일본국에 이르렀다고 하였다. 이에 천황은 붉은 비단[赤織絹]을 아라사등에게 주어 본토로 돌려보냈다.[44]

또 다른 기록에서는 처음에 도노아 아라사등이 자기 나라에 있을 때, 누런 소[黃牛]에 농기구를 지우고 농막에 가려다가, 소가 갑자기 없어져서 그 자취를 더듬어 찾아가 한 집에 이르러 소 값으로 마을에서 제사지내는 신인 흰 돌[白石]을 받았다. 그래서 이를 침실 안에 가져다 두었더니, 그 돌이 아름다운 소녀[童女]로 변하였다. 이에 아라사등은 교합하려고 하였으나 소녀가 갑자기 없어졌다. 아라사등이 곧바로 쫓아나서 멀리 바다를 건너 일본국으로 들어오니, 찾고 있던 소녀는 나니와[難波]에 와서 히메고소노 야시로[比賣語曾社]의 신으로 되어 있었다. 또한 도요쿠니[豐國]의 미치노 쿠치노 쿠니[國前郡]에 이르러 다시 히메고소노 야시로[比賣語曾社]의 신으로 되어 있었다. 그래서 두 곳에서 함께 제사지내졌다고 하였다.[45]

---

44) 『日本書紀』 卷6, 垂仁天皇 2年 是歲 "任那人蘇那曷叱智請之 欲歸于國. 蓋先皇之世來朝 未還歟. 故敎賞蘇那曷叱智 仍齎赤絹一百匹 賜任那王. 然新羅人遮之於道而奪焉. 其二國 之怨 始起於是時也. [一云 御間城天皇之世 額有角人 乘一船 泊于越國笥飯浦. 故號其處曰 角鹿也. 問之曰 何國人也. 對曰 意富加羅國王之子 名都怒我阿羅斯等 亦名曰于斯岐阿利 叱智干岐. 傳聞日本國有聖皇 以歸化之. 到于穴門時 其國有人 名伊都都比古. 謂臣曰 吾 則是國王也. 除吾復無二王 故勿往他處. 然臣究見其爲人 必知非王也. 卽更還之. 不知道 路 留連嶋浦 自北海廻之 經出雲國 至於此間也. 是時 遇天皇崩 便留之 仕活目天皇 逮于三 年. 天皇問都怒我阿羅斯等曰 欲歸汝國耶. 對諮 甚望也. 天皇詔阿羅斯等曰 汝不迷道 必 速詣之 遇先皇而仕歟. 是以改汝本國名 追負御間城天皇御名 便爲汝國名. 仍以赤織絹給 阿羅斯等 返于本土. 故號其國謂彌摩那國 其是之緣也. 於是 阿羅斯等 以所給赤絹 藏于己 國郡府. 新羅人聞之 起兵至之 皆奪其赤絹. 是二國相怨之始也.]"

이 설화는 왜국에 가서 귀화하려 한 意富加羅國 왕자인 소나갈질지 또는 도노아 아라사등이 崇神天皇의 이름인 '미마키[御間城]'를 따서 국명을 '미마나[彌摩那]'라고 고친 것을 설명하려고 하였다. 물론 그러한 설명은 후대의 왜곡에 지나지 않으나, 여기서 중요한 것은 오호카라[意富加羅], 즉 대가야의 왕자가 일본 혼슈 중앙부의 고시노쿠니[城國] 즉 후쿠이현 쓰루가시[敦賀市]로부터 서쪽 끝인 아나토[穴門] 즉 야마구치현 시모노세키시[下關市] 일대까지 동해에 면한 일본 해안을 따라 호쿠리쿠[北陸]와 산인[山陰] 방면을 왕래하고 있으며, 이즈모노쿠니[出雲國] 즉 시마네현 이즈모시[出雲市]에서 상륙하여 육로로 야마토, 즉 나라[奈良] 지역으로 향하는 길을 보여주고 있다는 것이다. 이는 가야 지역과 산인 지역과의 해양 교류에 대한 지식을 전하고 있다.

그에 이어지는 두 번째 설화는 대가야 왕자가 흰 돌[白石]에서 소녀[童女]로 변한 신을 따라 일본국, 즉 나라[奈良] 지역으로 가는데, 그는 도요쿠니[豐國], 즉 규슈 북동부의 신으로 되어 있고, 또 나니와[難波], 즉 나라의 항구에 해당하는 오사카 지방의 신으로 되어 있었다는 것이다. 이것 또한 가야와 일본 긴키 세력과의 교류에서 규슈 북동부를 거쳐 세토 내해[瀨戶內海]를 거쳐 가와치[河內] 지역으로 상륙하는 해상 교통로를 설명하고 있다. 이는 가야와 일본열도 사이의 다양한 해상 교통로를 설명해 준다는 점에서 의미가 깊다. 또한 도노아 아라사등의 소녀와 같은 신이 일본열도로 이주했다는 것은 신만의 이동이라기보다 그 신을 모시는 사람들의 이주로 보아도 지장 없을 것이다.

---

45) 『日本書紀』卷6, 垂仁天皇 2年 是歲條 두 번째 주석 "一云 初都怒我阿羅斯等 有國之時 黃牛負田器 將往田舍. 黃牛忽失 則尋迹覓之 跡留一郡家中. 時有一老夫曰 汝所求牛者 入於此郡家中. 然郡公等曰 由牛所負物而推之 必設殺食. 若其主覓至 則以物償耳. 卽殺食也. 若問牛直欲得何物 莫望財物 便欲得郡內祭神云爾. 俄而郡公等到之日 牛直欲得何物. 對如老父之敎. 其所祭神 是白石也. 乃以白石 授牛直. 因以將來置于寢中 其神石化美麗童女. 於是 阿羅斯等大歡之欲合. 然阿羅斯等去他處之間 童女忽失也. 阿羅斯等大驚之 問己婦曰 童女何處去矣. 對曰 向東方. 則尋追求. 逡遠浮海以入日本國. 所求童女者 詣于難波 爲比賣語曾社神. 且至豐國國前郡 復爲比賣語曾社神. 並二處見祭焉."

3. 서북한 및 중국 방면으로의 해상 교류

(1) 중국과 낙랑 문물의 교류

경남 사천 늑도 유적이나 창원 다호리 1호분의 납작도끼[板狀鐵斧], 성운문 거울[星雲文鏡], 五銖錢, 창원 성산 패총에서 나온 오수전, 김해 패총에서 출 토된 王莽錢과 같은 출토 유물로 보아, 경남 해안지대는 위만조선 및 낙랑 군 시기인 서력기원전 2~1세기부터 철을 비롯한 여러 가지 외래 문물을 교 류하는 중계지였다. 지속되는 부의 축적에 따라 여러 읍락들이 통합되어 작 은 정치 단위인 소국이 성립되고, 소국들은 정치성을 띠는 좀 더 큰 교역으 로 이행해갔다. 그래서 늑도와 같은 섬이나 해안가에 생겼던 이민촌들이 사 라지고, 교역의 범위가 좀 더 멀리까지 확대되었다.

그 시기에 대한 기록으로 王莽의 地皇年間(20~22)에 낙랑과 교역하는 공을 세운 辰韓右渠帥 廉斯鑡 관련 설화가 있다.[46] 그런데 여기서는 염사치 또는 廉斯邑君 소마시의 출신지인 '염사'의 위치가 어디인가를 고증해 내 는 것이 중요한 관건이나, 그 위치에 대한 기존설로는 牙山說(이병도), 金海 說(정중환·백승충), 昌原說(니시모토), 김해 또는 창원설(남재우) 등이 있 다.[47] 그러나 기존 설의 위치 비정들은 아산의 古名 '엄술[牙述縣]' 또는 『新增東國輿地勝覽』昌原都護府 山川條의 '簾山'을 '염사'와 발음이 비슷

---

46) 『三國志』卷30, 魏書30 烏丸鮮卑東夷傳30 韓 "至王莽地皇時 廉斯鑡爲辰韓右渠帥 聞樂浪 土地美 人民饒樂 亡欲來降. 出其邑落 見田中驅雀男子一人 其語非韓人. 問之. 男子曰 我 等漢人 名戶來. 我等輩千五百人 伐材木 爲韓所擊得 皆斷髮爲奴 積三年矣. 鑡曰 我當降漢 樂浪. 汝欲去不. 戶來曰 可. 辰鑡因將戶來 來出詣含資縣. 縣言郡. 郡卽以鑡爲譯 從芩中 乘 大船 入辰韓 逆取戶來降伴輩 尙得千人 其五百人已死. 鑡時曉謂辰韓 汝還五百人. 若不者 樂浪當遣萬兵 乘船來擊汝. 辰韓曰 五百人已死 我當出贖直耳. 乃出辰韓萬五千人 牟韓布 萬五千匹. 鑡收取直還. 郡表取功義 賜冠鑡田宅. 子孫數世 至安帝延光四年時 故受復除."

47) 李丙燾, 1976, 「目支國의 位置와 그 地理」, 『韓國古代史硏究』, 博英社, 245쪽 ; 丁仲煥, 1973, 「廉斯鑡說話考 -加羅前史의 試考로서-」, 『大丘史學』7·8합, 10쪽 ; 西本昌弘, 1989, 「帶方郡治地의 所在地と辰韓廉斯邑」, 『朝鮮學報』130, 60~63쪽 ; 白承忠, 1995, 「加耶의 地域聯盟史硏究」, 부산대 박사학위논문, 62~69쪽 ; 南在祐, 2003, 『安羅國史』, 혜안, 54쪽.

하다고 하여 동일시하거나,[48] 또는 '拘邪秦支廉'을 '구야(拘邪)의 염진지(廉秦支)'의 잘못으로 보아 구야와 염(사) 및 임나(任那)를 같은 지명으로 추정하는 등[49] 매우 불확실한 논거에 바탕을 두고 있다.

이 설화에서는 진한 右渠帥였던 염사치가 낙랑군에 투항하러 가는 도중 진한에 포로로 잡혀와 강제 노역을 하는 戶來를 만난다. 이후 함께 含資縣을 통해 낙랑군으로 들어가고, 다시 동료를 구하기 위해 岑中縣에서 배를 타고 진한으로 들어가는 루트가 표시되어 있다. 이 기사에 등장하는 함자현과 잠중현의 위치가 관건이다. 그 당시는 이른바 '大 낙랑군' 시대로서 낙랑군이 25현을 거느린 상태였다. 『한서』 지리지 낙랑군 조에 의하면 군 소속 25현 중에 함자현과 長岑縣은 있으나 잠중은 나오지 않는다.[50] 함자현의 細注에 의하면 帶水는 함자현에서 발원하여 서쪽으로 대방에 이르러 바다로 들어간다고 하였다. 일설에 왕망이 잠중을 長岑으로 바꾸었을 가능성이 있다고 보았고[51] 이에 대한 이설은 보이지 않으므로 그대로 수용한다.

그런데 몇몇 일본학자들은 이 기사에서 함자현은 진한과 낙랑군 사이 교통의 요충지에 위치해 있어야 한다고 보아, 대수를 남한강, 함자를 충북 충주, 잠중=장잠을 한강 하류, 대방을 서울로 비정하였다.[52] 이 학설은 일본 학계에서 아직 상당한 명맥을 가지고 있는 것으로 보인다.[53] 그러나 그 학

---

48) 李丙燾, 위의 논문, 245쪽 ; 西本昌弘, 위의 논문, 60~63쪽.

49) 丁仲煥, 앞의 논문, 10쪽.

50) 『漢書』卷28, 地理志8下 樂浪郡 "武帝元封三年開. 莽曰 樂鮮. 屬幽州. 應劭曰 故朝鮮國也. 師古曰 樂音洛 浪音狼.] 戶六萬二千八百一十二 口四十萬六千七百四十八. [有雲鄣.] 縣二十五. 朝鮮[應劭曰 武王封箕子於朝鮮.] 䛁邯[孟康曰 䛁音男. 師古曰 䛁音乃甘反 邯音酣.] 浿水[水西至增地入海. 莽曰 樂鮮亭. 師古曰 浿音普大反.] 含資[帶水 西至帶方入海.] 黏蟬[服虔曰 蟬音提.] 遂成 增地[莽曰 增土.] 帶方 駟望 海冥[莽曰 海桓.] 列口 長岑 屯有 昭明[南部都尉治.] 鏤方 提奚 渾彌[師古曰 渾音下昆反.] 吞列分黎山 列水所出 西至黏蟬入海 行八百二十里.] 東暆[應劭曰 音移.] 不而[東部都尉治.] 蠶台[師古曰 台音胎.] 華麗 邪頭昧[孟康曰 昧音妹.] 前莫 沃祖."

51) 池內宏, 1941, 「樂浪郡考」, 『滿鮮地理歷史研究報告』第16冊 ; 1951, 『滿鮮史研究』上世篇第一冊, 吉川弘文館, ; 1979, 再版, 43쪽.

설을 창시한 초기 학자 중의 하나는 그 후의 논문에서 "伯濟國은 마한의 北邊에 있던 것은 틀림없으나, 만일 그것이 지금의 廣州의 땅에 있었다고 한다면, 대방군의 南境은 종전에 생각했던 것보다도 북방에 위치하지 않으면 안 되는 모양이다. 그러니까 지금은 다만 함자와 辰韓과의 지리적 관계만으로 대수를 漢江이라고 단정하기에는 이유 박약하다고 느끼고 있"다고 하였다.[54]

한편 3~4세기 대방군의 남쪽 경계는 예성강이라는 학설이 한국학계에서 일찍이 제시된[55] 이후, 한국과 일본의 많은 학자들이 이를 추종하고 있다.[56] 이들 견해에 따르면 대수는 瑞興江, 함자현은 황해도 瑞興,[57] 대방은 황해도 봉산 일대, 장잠현은 황해도 풍천군 일대로[58] 보고 있다. 여기에는 황해도 봉산군 문정면 태봉리 1호분에서 출토된 '帶方太守張撫夷'명 벽

---

52) 今西龍, 1912, 「百濟國都漢山考」, 『史學雜誌』 23-1.
　　 箭內亘·稻葉岩吉, 1913, 「漢代の朝鮮」, 『滿洲歷史地理』 卷1, 36쪽, 72~73쪽.
　　 池內宏, 1948, 「眞番郡の位置について」, 『史學雜誌』 57-2·3 ; 1979, 『滿鮮史硏究』 上世篇 第一册, 吉川弘文館, 39~40쪽.
　　 駒井和愛, 1968, 『樂浪郡治址』, 東京大學 ; 1972, 『樂浪』, 中公新書, 42~45쪽.
　　 西本昌弘, 앞의 논문.
53) 현행 일본 역사교과서에서 대방군의 위치 문제에 대해서는 서울을 대방군 치소로 보고 그 남쪽 경계를 충북까지 보는 池內宏의 견해가 주류를 이루고 있다. 金泰植, 2010, 「일본 역사교과서에 표기된 대방군의 위치」, 『한일 역사쟁점 논집 전근대편』, 동북아역사재단, 53쪽.
54) 今西龍, 1929, 「洌水考」, 『朝鮮支那文化の硏究』 ; 1970, 『朝鮮古史の硏究』, 近澤書店, 184쪽.
55) 李丙燾, 1929, 「眞番郡考」, 『史學雜誌』 40-5 ; 1976, 『韓國古代史硏究』, 博英社, 121쪽.
56) 梅原末治·藤田亮策, 1948, 『朝鮮古文化綜鑑』 第二卷, 養德社.
　　 田村晃一, 1974, 「帶方郡の位置 -漢墓綜考1-」, 『韓』 3-1.
　　 靑山公亮, 1968, 「帶方郡攷」 『朝鮮學報』 48, 22쪽.
　　 窪添慶文, 1981, 「樂浪郡と帶方郡の推移」, 『倭國の形成と古文獻』(東アジアにおける日本古代史講座3), 學生社, 29~30쪽.
　　 谷豊信, 1987, 「樂浪郡の位置」, 『朝鮮史硏究會論文集』 24.
　　 高久健二, 1995, 『樂浪古墳文化硏究』, 學硏文化社, 25쪽.
　　 吳永贊, 2006, 『낙랑군연구』, 사계절, 197~214쪽.
57) 李丙燾, 1976, 앞의 책, 117쪽.
58) 위의 책, 125~128쪽.

돌,[59] 황해도 안악군 안악읍 유성리에서 수습한 '逸民含資王君' 명 벽돌,[60] 신천군 남부면 봉황리 1호분에서 출토된 '守長岑王君諱卿' 명 벽돌[61] 등의 증거도 있다.[62]

염사치 설화의 교통로를 토대로 추정한 전자의 학설은 낙랑군의 영역이 경기도와 충북 일대까지 미쳤다는 것을 전제로 하고 있다. 만일 그렇다면 김해 지방에서 낙동강을 타고 거슬러 올라가서 문경에서 육로로 죽령을 넘어 충주로 가고, 다시 남한강을 타고 내려가 한강 하류까지 도착하는 내륙 수륙 교통로가 되며, 이는 상당한 타당성을 보이고 있다. 그러나 대수가 한강이 아니고 함자가 충주가 아니며 1세기의 낙랑군 남쪽 변경이 예성강을 넘지 못했다면, 이 입론은 타당성을 잃게 된다. 반면에 여러 가지 명문 벽돌을 토대로 한 후자의 학설이 타당함은 더 이상 언급할 필요가 없다.

『魏略』 逸文의 내용대로라면 호래 등의 1,500인은 나무를 채벌하다가 '韓'에게 공격 받아 모두 머리 깎이고 노비가 되어 3년이 지났고, 낙랑군은 잠중에서 큰 배를 타고 '辰韓'에 들어가 그 중 생존자 1,000인을 구출하였다. 또한 진한 우거수 염사치를 '辰鑡'로 약칭하고 염사치의 위협에 '진한'은 진한 15,000인을 내놓았다고도 하는 것[63]으로 보아, 여기서 지명의 핵심은 '辰'에 있고 '韓'은 종족의 명칭이라고 보인다. 『삼국지』 위서 동이전에

---

59) 谷井濟一, 1914, 「黃海道鳳山郡＝於ケル漢種族ノ遺蹟」, 『朝鮮古蹟調査略報告』, 朝鮮總督府.

60) 榧本龜次郎外, 1933, 「樂浪・帶方郡時代紀年銘塼集錄」, 『昭和七年度 朝鮮古蹟調査報告』, 朝鮮總督府.

61) 전주농, 1962, 「신천에서 대방군 장잠장 왕경의 무덤 발견」, 『문화유산』 1962-3.

62) 이런 증거를 토대로 하여 혹자는 더욱 구체적으로 함자현을 안악군 안악읍 유성리, 장잠현을 신천군 남부면 봉황리로 비정하였다. 吳永贊, 2003, 「帶方郡의 郡縣支配」, 『강좌 한국고대사』 제10권, 가락국사적개발연구원, 210쪽 ; 2006, 앞의 책, 103쪽.

63) 『三國志』 卷30, 魏書 東夷傳 韓條 細注의 魏略 인용 부분 "(上略) 郡卽以鑡爲譯 從岑中乘大船 入辰韓 逆取戶來降伴輩 尙得千人 其五百人已死. 鑡時曉謂辰韓 汝還五百人 若不者 樂浪當遣萬兵 乘船來擊汝. 辰韓曰 五百人已死 我當出贖直耳 乃出辰韓萬五千人 车韓布萬五千匹 收取直還. (下略)"

『위략』일문의 염사치 설화가 실린 위치는, 고조선의 準王이 도착한 韓地에서 그를 아직도 제사하기도 하는 한인들이 낙랑군에 조알한다는 기사의 細注로서 있고, 그 세주의 앞부분에는 歷谿卿이 진국으로 갔다는 기사가 나오므로,[64] 염사치 설화의 '진한'은 『삼국지』 위서 동이전 한 조의 본문에 나오는 진한 12국과 달리 옛 辰國이 있었던 韓地로서 낙랑군이 있던 평남 및 황해도 지역에서 그리 멀지 않은 곳을 가리키는 것이 아닐까 한다.[65]

이는 남한 지역에 마한·진한·변한의 삼한 78개 소국이 정립되어 있던 3세기와 다른, 그 이전의 상태를 반영한다고 해야 할 것이다. 기원 전후한 시기에는 낙랑군의 작용으로 인하여 남한에서 독자적 위치에 있었던 준왕 계통의 韓王 세력이나 辰國은 퇴락하고 주변에 있던 경기 및 충남 일대의 여러 읍락들이 성장하고 있던 상태였으니, '廉斯邑君'도 그런 존재의 하나였을 것이다. 그 시기에는 영남 지역에 많은 소국들이 형성되어 진한이나 변한으로 구분되고 있었다고 보기 어렵다.

만일 여기서의 진한이 慶尙左道의 辰韓을 가리킨다면, 진한 12국 중에 해안에 면해 있는 것은 경주 斯盧國과 울산 優由國(=于尸山國) 정도인데, 김해나 창원에서 출발한 염사치가 경주나 울산을 지나서 황해도 방면으로 갔다는 것은 이해하기 어렵다. 그리고 지금까지의 고고학적 발굴 성과로 볼 때, 기원 전후한 시기의 한반도 남부에 그런 실체들이 있었다고 볼 수도 없다. 그러므로 염사치 설화는 서기 1세기 당시에 가야와 낙랑 사이의 해상 및 육상 교통로를 보이는 사료라고 보기 어렵고 오히려 낙랑군에 가까이 위치

---

64) 『三國志』 卷30, 魏書 東夷傳 韓 "將其左右宮人 走入海居韓地 自號韓王 (細注省略) 其後絶滅 今韓人猶有奉其祭祀者. 漢時屬樂浪郡 四時朝謁. [魏略曰 初右渠未破時 朝鮮相歷谿卿 以諫右渠不用 東之辰國 時民隨出居者二千餘戶 亦與朝鮮貢蕃不相往來. 至王莽地皇時 廉斯鑡爲辰韓右渠帥. (下略)]"

65) 위 기사의 '辰韓'에 대해서는 그렇게 추정하지만, 이병도의 견해처럼 진한 모두를 마한 북쪽에 있던 제 소국이라고 보는 설(李丙燾, 1976, 「'韓' 名稱의 擴大와 三韓의 區別」, 『韓國古代史研究』, 博英社, 256~259쪽 참조)을 그대로 따르지는 않는다. 金泰植, 1991, 「가야사 연구의 시간적, 공간적 범위」, 『韓國古代史論叢』 4, 駕洛國史蹟開發研究院, 19~20쪽.

한 남한 각지의 읍락들이 그 영향력 아래 재편되어 나가는 추세를 과장한 것이라고 생각된다.

한편 한반도에서 중국 거울이 출토된 곳을 토대로 3세기 이전의 교역 상황을 추정해 보면, 그 중에 61개소가 평양시 일원이고, 충남에 2개소(익산, 공주), 경북에 4개소(대구2, 영천, 경주), 경남에 3개소(창원, 김해2)가 있어서,[66] 당시의 교역은 평양시 일대와 낙동강 유역의 세력들이 주도했다는 것을 알 수 있다. 교역의 직접적 증거라고 볼 수 있는 중국 화폐가 출토된 곳을 남한에서 살펴보면, 서울에 1개소, 전남에 2개소(해남, 여수), 경북에 1개소(경산), 경남에 3개소(사천, 창원, 김해), 제주 1개소 등이어서,[67] 해운이 편리한 남해안 일대의 우월성이 더욱 두드러진다. 그러므로 3세기 이전 동북아시아의 교역은 낙랑·대방군을 매개로 하여 중국-한반도-일본열도가 연결되는 형세에 있었으며, 남한 지역에서 가장 활발한 중계자는 낙동강 하구에 위치한 김해의 가야국(구야국, 금관가야)이었다.

서기 2세기 중엽 또는 후반으로 추정되는 소국 수장급 덧널무덤인 김해 양동리 162호분에서는 후한시대의 내행화문 거울[內行花文鏡]과 사유조문 거울[四乳鳥文鏡]이 출토되어 낙랑과의 교섭을 나타내고 있으며, 그 전체 유물 분포상은 평양 정백동 53호 덧널무덤에서 출토된 청동기, 철기, 토기, 구슬 등과 유사성을 보인다.[68] 그러므로 이를 통해서 양동리 고분군 축조 세력은 서북한 지역의 낙랑 문화와 밀접한 연관이 있었음을 확인할 수 있다. 이는『삼국지』韓傳에 "桓帝(147~167년)와 靈帝(168~189년) 말기에 韓과 濊가 강성해져서 군현이 제대로 통제하지 못하자, 주민들이 많이 한국에 흘러 들어갔다."는 기록[69]과도 관련이 있다고 보인다. 3세기의 것으로 추정되는 김해 양동리 322호 덧널무덤 출토 청동 세발솥[銅鼎]과 화려한 목걸이

---

66) 高久健二, 1995,『樂浪古墳文化研究』, 學硏文化社, 280~299쪽.

67) 박순발, 2001,『한성백제의 탄생』, 서경, 341쪽.

68) 동의대학교박물관, 2000,『김해 양동리 고분문화』, 53쪽.

69)『三國志』卷30, 魏書 東夷傳 韓 "桓靈之末 韓濊彊盛 郡縣不能制 民多流入韓國."

(수정제 곡옥 148점, 대형 多面玉 2점)[70] 등도 낙랑 지역에서의 수입품으로 추정된다.

이와 같이 볼 때 2~3세기에 김해의 가야국은 해운 입지 조건이 양호한 점을 활용하여 낙랑군 및 대방군을 통해 중국과 교역하였다. 중국 군현 관리와 삼한 臣智 사이의 교역 활동은 조공과 官爵·印綬의 수여라는 '국가 사이의 공적 교역'을 통해 이루어졌고, 김해와 같이 해로 교통이 편리한 곳에서는 중국 상인과 왜인 등 각지에서 모여든 외래 교역인들 사이에서 직접적으로 거래가 이루어지는 '중심지 시장 교역'의 형태도 가능하였다.[71] 공적 교역을 통해 삼한으로 들어오는 교역품은 중국 관영 공방에서 제작된 의복, 冠帽, 청동거울[銅鏡], 고리자루큰칼[環頭大刀] 등이 있었고, 중심지 시장 교역을 통해서는 중국의 철제 또는 청동제 容器, 낙랑 비단, 낙랑 칠기, 유리 또는 수정제 장신구, 辰·弁韓의 철, 왜의 청동제 儀器 등이 거래되었다.[72]

좀 더 구체적인 연구에 의하면, 변한 지역을 포함한 그 주변 지역으로 반입된 漢式土器는 대부분 지금의 평양에서 제작되어 이입된 것이라고도 한다.[73] 또한 진·변한과 낙랑군과의 교섭 루트는 처음부터 서남해안 항로가 중심이지만 3세기 대에 내륙 교통로가 개설되었으며, 낙랑 상인에 의해 운반된 낙랑 토기는 대체로 변한 해안의 교역로나 교역항 주변에 머무르고, 낙랑에서 이입된 청동 위세품은 진·변한의 내부 조직망에 의해 내륙으로 이동되었다고 한다.[74]

다만 당시의 한반도 남부에는 낙랑과 더 많은 교역을 이루려는 首長들이 다수 존재하였고, 이를 정치적으로 이용하여 한반도에 통합 권력이 나오는

---

70) 동의대학교박물관, 2000, 앞의 책, 30쪽, 16쪽.
71) 李賢惠, 1998, 『韓國 古代의 생산과 교역』, 一潮閣, 289쪽.
72) 위와 같음.
73) 鄭仁盛, 2003, 「弁韓·加耶의 對外交涉 -樂浪郡과의 교섭관계를 중심으로-」, 『가야 고고학의 새로운 조명』, 부산대학교 한국민족문화연구소 편, 혜안, 595쪽.
74) 위의 논문, 596~597쪽.

것을 막으려는 중국 군현의 의도도 작용하고 있었다. 그리하여 위나라 景初年間(237~239)에 중국 군현과의 교역 증서인 衣幘을 갖고 있던 삼한 사람들이 천여 명에 이르렀다는 것으로 보아[75] 해양을 통한 원거리 교역만으로는 가야의 독점적 지위가 형성되기 어려웠다.

(2) 북방 문물의 교류

3세기 말 이후에는 가야 연맹체가 좀 더 독점적으로 영도되기 시작하였다. 이 때 가야국의 중심은 현재의 김해 시내 쪽으로 옮겨졌으며, 그 최초의 고분은 경남 김해시 대성동 29호분이다.[76] 이 고분은 대형 덧널무덤으로서 도질토기를 다량 부장하고 순장을 하였으며 오르도스 청동솥[銅鍑], 쇠로 만든 갑옷과 투구[鐵製甲冑], 기승용 마구(騎乘用馬具) 등의 북방 문화 요소를 부장하여 강하고 부유한 지배자의 면모를 보였다.[77] 김해 양동리 318호분의 쇠솥[鐵鍑], 235호분의 청동솥[銅鍑], 김해 대성동 11호분의 청동제 호랑이모양 띠고리[虎形帶鉤], 47호분의 청동솥[銅鍑], 23호분의 굽은 칼[曲刀] 등도 내몽고나 중국 동북 지역에 기원을 둔 유목 기마민족 계통의 유물들이다.

혹자는 이러한 북방 문화 도래의 기원을 부여족의 도래 또는 정복에 두고, 그 교통로를 한반도 동해안 방면의 육로로 보기도 한다.[78] 그러나 북방 문화 요소는 김해 양동리 162호분의 쇠솥[鐵鍑]과 같이 한반도 서북 지역과 원활한 교역 활동을 하고 있던 2세기 후반부터 나타나기 시작하다가, 3세기 말 4세기 초 중국 북부를 중심으로 하여 동북아시아 세계에 전해진 외부 충격으로 인하여 집중적으로 나타난 것이다.[79] 게다가 이 지역에서 특징적인

---

75) 『三國志』 卷30, 魏書30 烏丸鮮卑東夷傳第30 韓 "景初中 明帝密遣帶方太守劉昕 樂浪太守鮮于嗣越海定二郡, 諸韓國臣智加賜邑君印綬 其次與邑長. 其俗好衣幘 下戶詣郡朝謁 皆假衣幘 自服印綬衣幘千有餘人."

76) 경성대학교박물관, 2000, 『金海大成洞古墳群 I』, 부산 : 경성대학교박물관, 141~153쪽.

77) 신경철, 2000, 「금관가야의 성립과 연맹의 형성」, 『가야 각국사의 재구성』, 부산대학교 한국민족문화연구소편, 혜안, 45~72쪽.

78) 위와 같음.

철제 종장판 갑옷[80])이나 두 줄의 철봉을 꼬아서 만든 재갈쇠와 같은 유물들은 단순한 이입품이 아니라 김해 지방의 전통적인 금속 가공 기술을 토대로 하여 이 지역에서 창안된 것이다.[81]) 당시에 김해 지방의 가야국은 한반도 서북한 지역과 원활한 해양 교역 활동을 하고 있던 사실을 바탕으로 북방 지역의 상황에 대한 정보를 빨리 입수하고 무력 증대를 위하여 적극적으로 대처하였던 것이다.

4세기에 들어 중국 북방에서는 胡漢의 대립과 융합 과정이 치열하게 일어나는 가운데, 결국 晉이 316년에 멸망하고, 남쪽으로 옮겨간 왕족들이 317년에 東晉을 재건하였다. 고구려 미천왕은 이런 혼란을 틈타 西晉이 경영하던 낙랑군과 대방군을 313년과 314년에 병합함으로써 400년에 걸친 민족의 숙원을 푸는데 성공하였으나, 이에 따라 기존의 낙랑을 중계 기지로 한 한반도 남부의 선진 문물 교역 체계가 붕괴되었다. 그 후 고구려는 320년대 들어 인접한 선비족 慕容氏와의 대결에 힘을 기울여야 되었기 때문에, 334년에 평양성을 증축한 적이 있다고는 해도 그 교역 체계를 활용할 기회를 갖지 못하였다.

이는 한반도 남부에서 낙랑과의 원거리 해상 교역을 통해 발전하던 김해 가야국의 영도력에도 이상이 생겼을 가능성을 예고하는 것이다. 3세기대의 것으로 추정되는 김해 양동리 고분군에서 출토되던 청동기와 대형 구슬로 장식된 목걸이 등의 낙랑 계통 威勢品이 4세기 이후의 김해 대성동 고분군에서 거의 나타나지 않는 것은 이를 반영한다.

이로 보아, 가야는 3세기 후반까지 한반도 서북 지역의 낙랑 및 대방과 가장 긴밀한 해양 교역을 이루었으며, 낙랑·대방이 사실상 교역 기능을 상

79) 송계현, 2000, 「토론 요지: 금관가야의 성립과 연맹의 형성」, 『가야 각국사의 재구성』, 부산대학교 민족문화연구소 편, 혜안, 85~87쪽.

80) 申敬澈, 1994, 「加耶 初期馬具에 대하여」, 『釜大史學』 18 ; 2000, 「금관가야의 성립과 연맹의 형성」, 『가야 각국사의 재구성』, 부산대학교 한국민족문화연구소편, 혜안.

81) 李蘭暎·金斗喆, 1999, 『韓國의 馬具』, 한국마사회·마사박물관, 196~204쪽.

실한 3세기 말 이후 4세기에는 해당 지역과의 교역이 끊어졌다 이어졌다 하면서 가야의 문화 능력 향상에 기여했다고 하겠다.

(3) 중국 남제로의 조공

고구려가 한반도 서북부 지역에 자리 잡은 이후, 고구려가 남한의 여러 세력들과 해상 교류를 하려면 서남 해안 지역을 항해해야 했기 때문에, 백제가 이를 막는 이상 고구려와 가야 사이의 해상 교류는 이루어질 수 없었다. 가야도 해상으로 고구려나 중국과 연결하려면 서남 해안을 이용하지 않을 수 없었다. 그런데 중국의 『南齊書』에는 가야가 479년에 중국 남조의 齊에 조공하였다는 기록[82]이 있어서 주목된다.

여기에 나오는 加羅國은 경북 고령의 대가야를 가리킨다고 보는 것이 통설이다. 가라국왕 荷知는 이 때 南齊에 조공하고 '輔國將軍 本國王' 이라는 장군호와 작호를 받았다. 보국장군은 남제의 관계로 제3품에 해당되어 驃騎大將軍, 征東大將軍, 鎭東大將軍 등 제2품을 받은 고구려, 백제, 왜의 국왕보다 1등급이 낮다. 그러나 이 당시에 백제나 왜는 실제로 조공을 하고 책봉을 받은 것이 아니라 宋代의 조공을 참작하여 남제가 왕조 개창 기념으로 서류상의 승진을 시켜준 것에 지나지 않으므로, 중국과 직접적으로 교류한 적 없던 대가야가 처음으로 조공하여 제3품의 장군호를 받은 것은 의미가 크다.[83]

그런데 여기서 문제가 되는 것은 대가야의 조공 사절이 어떤 통로를 거쳐 중국 남제까지 갈 수 있었는가 하는 점이다. 경북 내륙의 대가야가 바다로 나아가 중국까지 간 대외 교역로는 서너 가지가 거론되고 있다.

첫째로 고령→거창→함양→남원→섬진강→하동을 거쳐 바다로 나가는

---

82) 『南齊書』卷58, 列傳39 東南夷傳 東夷 "加羅國 三韓種也. 建元元年 國王荷知使來獻. 詔日 量廣始登 遠夷洽化. 加羅王荷知 款關海外 奉贄東遐. 可授輔國將軍本國王."

83) 김태식, 2006, 「중국 남제와의 외교 교섭」, 『대가야 들여다보기』, 고령군 대가야박물관, 계명대학교 한국학연구원, 122~123쪽.

교역로이다. 백제 방면과의 교류를 위해서는 이 통로가 극히 양호하다는 견해도 있으나,[84] 배를 타고 항해하기 위해 육로로 너무 먼 거리를 우회해야하기 때문에 교통로의 기본 조건인 경제성과 신속성을 충족시켜주지 못한다는 견해도 있다.[85]

둘째로 고령→합천 삼가→의령→산청 단성→하동을 거쳐 바다로 나가는 교역로이다. 이 교역로는 중간에 큰 고개가 없고 고대 사회의 주요 교통로였던 水系를 이용함으로써 일본과의 교역로로 사용될 가능성이 높다는 연구가 있다.[86]

셋째로 고령→거창→함양→육십령→장수→진안→임실 운정리→정읍→부안을 거쳐 서해를 횡단하는 교통로이다. 철종 8년(1857)에 제작된 『東輿圖』동진강 하구에 '加耶浦'가 기재되어 있고,[87] 부안 죽막동 유적에서 대가야 양식의 劍菱形 말띠드리개가 나타나서,[88] 이 일대에서 대가야의 배가 출항했을 가능성을 보여주기도 한다.

그러나 대가야의 배가 거기서 출항했다고 해서, 그 육상 및 해상 교통로가 그대로 인정될 수 있는 것은 아니다. 적어도 한 나라의 사신단을 태운 배는 수도 근처 또는 적어도 그 국가의 영토권이 분명하게 미치는 장소에서 출발해야 한다고 볼 때, 대가야 사신단의 배는 고령 근처에서 출발했다고 볼 수도 있다.

---

84) 今西龍, 1937, 『朝鮮古史の研究』.
　　田中俊明, 1992, 『大加耶連盟の興亡と'任那'』, 吉川弘文館, 77쪽.
　　朴天秀, 1996, 「大伽耶의 古代國家形成」, 『碩晤尹容鎭教授停年退任紀念論叢』, 同刊行委員會.
　　李永植, 1997, 「대가야의 영역과 국제관계」, 『伽倻文化』10, 伽倻文化研究院, 111~116쪽.
85) 郭長根, 2011, 「전북지역 백제와 가야의 교통로 연구」, 『韓國古代史研究』63, 104쪽.
86) 이형기, 2011, 「대가야의 해상활동 -하지의 대중국교류를 중심으로-」, 『가야의 포구와 해상활동』, 인제대학교 가야문화연구소, 김해시, 228쪽.
87) 郭長根, 2011, 앞의 논문, 103쪽.
88) 兪炳夏, 1998, 「扶安 竹幕洞遺蹟에서 進行된 三國時代의 海神祭祀」, 『扶安 竹幕洞 祭祀遺蹟 研究』, 國立全州博物館, 211~216쪽.

고구려의 남하에 따라 475년에 한성이 함락된 이후 신라와 백제 사이에는 나제 동맹이 굳건했고 481년에는 백제와 가야의 지원군이 신라의 미질부성에 가서 고구려군을 몰아내기도 하였다.[89] 그렇다면 그 사이에 속하는 479년에 대가야의 조공선은 고령에서 출발한 후 신라의 양해를 얻어서 낙동강 수로를 이용하여 金海까지 나아가 남해안의 서쪽으로 향하고 백제의 양해를 얻어서 한반도 서남 해안의 연안 항로를 여행할 수 있었을 것이다. 그리하여 그 배가 부안까지 가서 서해안을 횡단했다고 보는 것이 가장 적합하다. 그러나 이 항로는 그 후 정치적 문제로 인하여 이용할 수 없었기 때문에 대가야는 다시 중국에 조공할 수 없었다고 보인다.

4. 신라 및 백제 방면으로의 해상 교류

(1) 신라와의 교류

3세기 이전의 가야와 신라는 변한과 진한을 주도하는 소국으로서 존재하고 있었다. 그런데 2~3세기의 진한과 변한은 문화 성격이 거의 비슷한 모습을 띠고 있어서 흔히 '진·변한 공통 문화 기반'을 이루고 있었다고 표현한다. 『삼국지』 위서 동이전에서도 진한과 변한은 성곽, 의복, 거처가 서로 같고 언어와 법속이 서로 비슷하나, 귀신을 제사지내는데 차이가 있어서 변한은 부뚜막을 입구의 서쪽에 설치한다고 하였다.[90] 이로 보아 3세기 이전의 가야와 신라는 문화적으로 거의 차이가 나지 않을 만큼 상호 교류가 원활하였으나 정치적으로는 서로 구분되는 세력이었다고 하겠다.

가야와 신라는 해상보다는 육로로 가까운 곳이기 때문에 그다지 많은 해

---

89) 『三國史記』 卷3, 新羅本紀3 炤知麻立干 3年 3月 "高句麗與靺鞨入北邊 取狐鳴等七城 又進軍於彌秩夫. 我軍與百濟加耶援兵 分道禦之. 賊敗退. 追擊破之泥河西 斬首千餘級."

90) 『三國志』 卷30, 魏書30 烏丸鮮卑東夷傳第30 韓 "弁辰與辰韓雜居 亦有城郭. 衣服居處與辰韓同 言語法俗相似 祠祭鬼神有異 施竈皆在戶西."

상 활동이 있었다고 보기는 어렵다. 그러나 한반도의 지형 특징으로 인하여 한반도 서북 지역부터 남해안 김해 지방까지 통하는 해상 항로가 원활한 상태이므로, 그 동쪽에 위치한 신라로서는 부산부터 울산을 거쳐 경주로 해상 교통로가 연장되는 것이 매우 중요한 의미를 차지하게 된다.

『삼국사기』 신라본기 파사 이사금 23년(102) 8월 조에 나오는 설화적 기록은 이에 대한 갈등을 보여준다. 그 해당 기사에 따르면, 音汁伐國(경북 포항시)과 悉直谷國(강원도 삼척시)이 강역을 다투다가, 신라 파사왕을 찾아와 해결해 주기를 청하였다. 왕이 이를 어렵게 여겨 말하기를 "金官國 首露王은 나이가 많고 지식이 많다." 하고, 그를 불러 물었더니 수로가 의논하여 다투던 땅을 음즙벌국에 속하게 하였다. 이에 왕이 6부에 명하여 수로를 위한 연회를 베풀게 하였는데, 5부는 모두 이찬으로 연회 주관자를 삼았으나 오직 漢祇部만은 지위가 낮은 사람으로 주관하게 하였다. 수로가 노하여 심복 耽下里에게 명하여 한기부의 연회 주관자인 保齊를 죽이게 하고 돌아갔다. 그 심복은 도망하여 음즙벌국의 우두머리 陁鄒干의 집에 의지해 있었다. 왕이 사람을 시켜 그 심복을 찾았으나 陁鄒가 보내주지 않았으므로 왕이 노하여 군사로 음즙벌국을 치니 그 우두머리가 무리와 함께 스스로 항복하였다. 이에 悉直國과 押督國(경북 경산시) 두 나라의 왕도 와서 항복하였다고 한다.[91]

이 사건에 관여한 세력들은, 맨 마지막에 등장하는 압독국을 제외하고는, 모두 해안에 위치한 세력들이라는 점이 공통적이다. 그 중에 금관국과 음즙벌국이 한 패였고, 실직곡국과 한기부가 한 패였던 듯하다. 그들이 이처럼 패가 나뉜 이유는 금관국으로부터 신라 사로국을 거쳐 실직곡국까지

---

91) 『三國史記』 卷1, 新羅本紀1 婆娑尼師今 23年 8月 "音汁伐國與悉直谷國爭疆 詣王請決. 王難之 謂金官國首露王年老多智識 召問之. 首露立議 以所爭之地 屬音汁伐國. 於是 王命六部 會饗首露王. 五部皆以伊湌爲主 唯漢祇部 以位卑者主之. 首露怒 命奴耽下里 殺漢祇部主保齊而歸. 奴逃依音汁伐主陁鄒干家. 王使人索其奴. 陁鄒不送. 王怒 以兵伐音汁伐國. 其主與衆自降. 悉直押督二國王來降."

가는 연안 항로에 얽힌 이권 다툼 때문이었을 것이다. 그런데 진한의 맹주로서 음즙벌국과 실직곡국 사이의 중재를 맡게 된 사로국 파사왕은, 그 분쟁이 신라 내부 세력과도 얽혀 있음을 알고 그 중재권을 변한 맹주인 금관국에게 맡겨서, 자신이 직접적인 분쟁의 당사자로 비화되는 것을 피하려고 했던 것으로 보인다.

이 사건을 놓고, 김해 세력의 힘이 경주에까지 강하게 미치고 있었음을 반영하는 것이라고 이해하는 견해[92]도 있고, 반대로 경주의 사로국이 진한과 변한 소국을 통틀어 가장 강력한 힘을 가진 존재로 부상한 것이라고 이해하는 견해[93]도 있다. 그러나 이 기사만으로 변한의 가야국(금관국)과 진한의 사로국 중에 어느 나라가 더 강했다는 결론을 이끌어낼 수는 없다. 결국은 수로왕을 접대하는 문제로 불만이 터져 나오고 이로 인해 권위를 훼손당한 수로왕이 심복을 시켜 한기부에게 극단적인 처사를 가했기 때문에, 이를 기회로 삼아 신라의 파사왕은 화살을 외부로 돌림으로써 내부 단합을 다시 공고히 함과 동시에 주변 소국들로부터 항복을 받아낼 수 있었다.

한편 『삼국사기』 신라본기 나해 이사금 6년(201) 조부터 17년(212) 조까지 나오는 가야 관련 기사를 보통 '浦上八國의 난' 또는 '포상팔국 전쟁'이라고 부른다.[94] 그 요점은 가야에서 해변 또는 강가에 있는 여덟 나라가 가야국을 공격하였는데, 신라가 이를 구원해주고 가야 왕자를 볼모로 삼았다는 것이다. 그렇다면 포상팔국 전쟁 기사는 어느 시대에 비정해야 할까?

3세기 초부터 4세기 말까지의 한반도 정세에서 가장 큰 변혁은 313년과 314년의 낙랑군과 대방군의 멸망이며, 이는 낙랑과의 원거리 무역을 통해 발전하던 김해 가야국의 영도력에도 이상이 생길 가능성을 예고하는 것이

---

92) 백승충, 1989, 「1~3세기 가야세력의 성장과 그 추이」, 『釜大史學』 13 ; 1995, 「변한의 성립과 발전」, 『한국고대사연구』 10, 한국고대사학회.

93) 강종훈, 2000, 『신라상고사연구』, 서울: 서울대학교출판부.

94) 『三國史記』 卷2, 新羅本紀2 奈解尼師今 "六年 春二月 加耶國請和. 十四年 秋七月 浦上八國謀侵加羅, 加羅王子來請救. 王命太子于老與伊伐飡利音 將六部兵 往救之. 擊殺八國將軍 奪所虜六千人 還之. 十七年 春三月 加耶送王子爲質."

다.[95] 고고학적 유물의 분포로 볼 때, 骨浦國, 柒浦國, 古史浦國, 史勿國, 保羅國 등의 포상팔국 중에 고증이 가능한 지역인 마산, 칠원, 고성, 사천 등은 토기 문화권의 측면에서 마산 서쪽에 속하고, 4세기 안라국의 옛 터로 추정되는 함안 지방에서도 그들과 같은 형식의 원통모양 굽다리접시[筒形高杯]가 출토되고 있다. 반면에 전기 가야의 문화 중심지였던 김해, 부산, 창원 지방에서는 입가장자리가 밖으로 굽고[外反口緣] 투창이 없는 굽다리접시[無透窓高杯]가 출토되고 있다. 4세기 도질 굽다리접시[陶質高杯]의 이러한 분화 현상[96]은, 포상팔국 전쟁의 문화적 기반 및 그 결과를 보여준다.

그렇다면 포상팔국 전쟁의 성격은 어떻게 이해해야 하는 것일까? 이 두 차례의 전쟁은 주로 김해나 울산과 같은 해안의 거점을 둘러싸고 일어나고 있으며, 경남 해안 지역의 소국들과 동해 남부 해안의 사로국이 참여하고 있다. 그러므로 이는 4세기 초에 낙랑·대방이 몰락하면서 서·남해안 항로의 역할이 약화되자, 김해의 가야국이 전기 가야연맹을 주도하던 세력 관계를 인정치 않는 서부 경남 지역의 소국들이 동요하는 모습을 나타내고 있다. 그러자 김해의 가야국은 그 해로의 배후에 있던 낙동강 중·상류의 소국들이나 동해 남부의 소국 등을 규합해서 이에 대응하였으며, 사로국도 그 배후 세력 중의 하나였다. 이런 사실이 신라인의 역사인식 속에서 자신들이 가야를 '구원' 해 주었다고 과장된 것이다.

이로 인하여 가야와 신라 사이에 일시적으로 화해와 통교의 시대가 이어졌으나, 4세기 중엽에 들어 고구려와 백제가 황해도 지역을 놓고 격렬하게 대립한 것의 여파로, 가야와 신라도 다시 분쟁의 시기로 들어섰다. 그리하여 가야는 백제와 교류를 시작하고 신라는 고구려의 문물을 전수받는 위성국의 지위로 들어서면서, 가야와 신라 사이에 문물의 단절이 지속되었다. 그 후로는 가야와 신라 사이에 해상 교류와 관련된 기록이 보이지 않는다.

---

95) 金泰植, 1994,「咸安 安羅國의 성장과 변천」,『韓國史硏究』86.

96) 安在晧·宋桂鉉, 1986,「古式陶質土器에 관한 약간의 고찰 -義昌 大坪里 출토품을 통하여-」,『嶺南考古學』1.

⑵ 금관가야와 백제의 교류

백제와 가야 사이의 직접적인 교섭은 4세기 후반 근초고왕 때에 이루어진 것으로 보인다. 『일본서기』欽明 2년 4월 조의 백제 성왕 회고담에 의하면, 백제 근초고왕 및 근구수왕 때에 安羅, 加羅, 卓淳 등의 旱岐들이 처음으로 사신을 보내 서로 통하여 친교를 두터이 맺었다고 한다.[97] 이로 보아 4세기 후반에 백제가 가야 지역에 진출한 것의 성격은, 사신의 왕래와 같은 평화적 수단으로 그들의 협조를 얻어 교역로를 개통했다는 것이다.

이와 같은 사건을 기재한 것으로 보이는 『일본서기』神功 46년 3월 조에서 백제인 久氏 등이 가야의 卓淳國에 와서 일본에 가는 길을 묻자 큰 배를 타고 와야 한다고 대답해주었다는 기록과 그 이후에 이어지는 백제-가야-왜 사이의 교류 기록으로 보아,[98] 백제는 가야에 올 때 배로 왔다고 볼 수 있다. 백제가 가야 지역에 와서 왜로 이어지는 해상 교역로를 개척한 것은, 낙랑 · 대방 멸망 이후 중국계 선진 문물 구입에 난조를 겪던 이 지역 소국들에게 바람직한 방향으로 작용하였다. 그리하여 任那加羅 즉 금관가야를 중심으로 해로를 통하여 한반도 중서부 및 왜로 이어지는 중계 기지가 복원되면서 가야 제국은 안정을 이루었다.[99]

그러나 4세기 말에 백제는 고구려와의 전쟁에서 열세에 밀리게 되자 가야와의 교역로를 정치적으로 이용해서 왜군을 동원하려고 하였다. 그리하

---

97) 『日本書紀』 卷19, 欽明天皇 2年(541) 4月 "聖明王曰 昔我先祖速古王貴首王之世 安羅加羅 卓淳旱岐等 初遣使相通 厚結親好. 以爲子弟 冀可恆隆."

98) 『日本書紀』 卷17, 神功皇后 46年(246) 3月 "於是 卓淳王末錦旱岐 告斯摩宿禰曰 甲子年七月中 百濟人久氏彌州流莫古三人 到於我土曰 百濟王聞東方有日本貴國 而遣臣等 令朝其貴國. 故求道路 以至于斯土. 若能敎臣等 令通道路 則我王必深德君王. 時謂久氏等曰 本聞東有貴國. 然未曾有通 不知其道. 唯海遠浪嶮 則乘大船 僅可得通. 若雖有路津 何以得達耶. 於是 久氏等曰 然卽當今不得通也. 不若更還之備船舶而後通矣. 仍曰 若有貴國使人來 必應告吾國. 如此乃還."
『日本書紀』 卷17, 神功皇后 47年(247) 4月條, 49年(249) 3月條 참조.

99) 金泰植, 1994, 「廣開土王陵碑文의 任那加羅와 '安羅人戍兵'」, 『韓國古代史論叢』 6, 韓國古代社會硏究所, 86쪽.

여 백제-가야-왜 사이의 동맹이 형성되었으나, 이들은 400년 및 404년에 걸쳐 고구려-신라의 동맹군에게 큰 패배를 맛보았다. 이에 따라 가야연맹 중에서 김해와 창원 등 낙동강 하구의 세력들은 쇠잔해지고 낙동강 동쪽 부산과 창녕 등지의 세력은 신라에 종속하는 세력으로 전환되고 말았다.[100] 그렇다면 낙동강 수로를 통해서 백제나 왜의 문물이 운반될 수는 없었을 것이니, 백제와 김해 가야국 사이의 교역 체제가 5세기 초에는 봉쇄되었다고 해도 과언이 아니다.

(3) 후기 가야와 백제의 교류

백제와 가야 사이의 교류는 육로로도 충분하나, 여기에 왜와의 교섭까지를 염두에 두면 해상 교류가 필수적으로 된다. 그래서 백제는 이를 위해 새로운 거점을 개척할 필요가 있었다. 5세기 중엽으로 보이는 전남 고흥 길두리 안동 고분에서 백제계 금동관과 금동신발을 비롯하여 일본계 갑옷과 투구가 출토된 것은 그런 맥락을 보여준다.[101] 백제는 이곳을 통하고, 이어서 일본열도와 긴밀한 관계를 맺고 있는 고성 소가야와의 연결을 도모한 것으로 보인다. 서울 풍납 토성 경당 상층과 경당 9호 유구에서 출토된 5세기 후엽 이른 시기에 해당하는 2점의 소가야 토기 뚜껑은 소가야와 한성 백제 사이의 해상 교류를 보여준다.[102]

한편 백제는 5세기 중엽 이래 백제 귀족인 木氏의 활동을 매개로 하여[103] 고령의 伴跛國을 통한 대왜 교통을 추진하였다.[104] 백제가 고령의 반파국에 주목하지 않을 수 없었던 이유는, 그들이 5세기에 들어 가야산 기슭 야로 지방(경남 합천군 야로면과 가야면 일대)의 철광산을 개발함으로써 제

---

100) 김태식, 2002,『미완의 문명 7백년 가야사 1권』, 푸른역사, 157~163쪽,
101) 임영진, 2006, 「고흥 안동고분 출토 금동관의 의의」,『한성에서 웅진으로』, 충청남도역사문화연구원, 국립공주박물관.
102) 하승철, 2011, 「외래계 문물을 통해 본 고성 소가야의 대외교류」,『가야의 포구와 해상활동』, 인제대학교 가야문화연구소, 168쪽.

철 산업을 일으키고,[105] 이를 토대로 대왜 교역을 주도하기 시작하였기 때문이다. 그러나 475년에 고구려의 공격으로 백제가 수도 漢城을 상실하고 熊津으로 천도할 당시에 문주왕의 남천을 보필하였던 木滿致 일파는 천도 초기의 정쟁에서 패배하여 왜국으로 이주한 듯하다.[106] 따라서 백제에서 가야 지역을 통하여 왜로 가는 교통로는 다시 두절되기에 이르렀다.

6세기 초에 이르러 국세를 회복한 백제는 왜와의 해상 교역을 회복한다는 명분 아래 가야 지역을 잠식해 들어오기 시작하였다. 『일본서기』 繼體 6년(512) 조부터 10년(516) 조까지 나오는 백제의 이른바 '任那 4현'(전남 광양, 순천, 여수 지방) 및 己汶(전북 남원, 임실, 장수)·帶沙(경남 하동) 공략은 이를 나타내고 있다.[107] 그에 이어 540년대 이후 백제는 가야에 대한 잠식 방법을 바꾸어 선진 문물을 공여하면서 외교적으로 가야연맹 전체를 부속시키려고 노력하였다.[108] 그 결과 고령, 합천, 거창, 진주 등 주로 대가야 문화권에는 백제 문물 요소들이 추가된다.[109] 문헌상으로 보아도 백제는 545년부터 3년에 걸쳐 문물 증여를 통해서 가야연맹을 달래고 왜국에 대해

103) 『日本書紀』卷9, 神功皇后 62年(262) "加羅國王妹旣殿至 向大倭啓云 天皇遣沙至比跪 以討新羅. 而納新羅美女 捨而不討 反滅我國. 兄弟人民 皆爲流沈. 不任憂思 故以來啓. 天皇大怒 卽遣木羅斤資 領兵衆來集加羅 復其社稷."
　　『日本書紀』卷10, 應神天皇 25年(294) "百濟直支王薨 卽子久爾辛立爲王. 王年幼 木滿致執國政 與王母相婬 多行無禮. 天皇聞而召之. [百濟記云 木滿致者 是木羅斤資討新羅時 娶其國婦而所生也. 以其父功 專於任那. 來入我國 往還貴國. 承制天朝 執我國政 權重當世. 然天朝聞其暴 召之.]"

104) 李道學, 1995, 『백제 고대국가 연구』, 一志社, 195~197쪽.
　　朴淳發, 2000, 「百濟의 南遷과 榮山江流域 政治體의 再編」, 『韓國의 前方後圓墳』, 130쪽.

105) 金泰植, 1986, 「後期加耶諸國의 성장기반 고찰」, 『釜山史學』 11 ; 2002, 『미완의 문명 7백년 가야사 1권』, 푸른역사, 176쪽.

106) 山尾幸久, 1978, 「任那に關する一試論 -史料의 檢討를 中心에-」, 『古代東アジア史論集』 下卷, 末松保和博士古稀記念會.

107) 金泰植, 1985, 「5세기 후반 大加耶의 發展에 대한 硏究」, 『韓國史論』 12, 서울대학교 國史學科 : 2002, 앞의 책, 184~198쪽.

108) 金泰植, 1992, 「6세기 중엽 加耶의 滅亡에 대한 硏究」, 『韓國古代史論叢』 4, 駕洛國史蹟開發硏究院 ; 2002, 앞의 책, 220~230쪽.

서도 백제의 우수성을 입증시켰다.[110]

　이와 같은 백제의 정책은 550년경에 성과를 거두어 가야연맹은 백제의 거듭되는 선진 문물 증여에 의하여 경계심이 이완되다가 결국 친백제적인 태도로 돌아섰다. 그러나 백제는 한강 유역의 영유권 문제로 신라와 사이가 틀어져 554년에 관산성 전투를 일으켰다가 크게 패배하자, 가야 전역이 신라의 수중에 들어가는 것을 막을 수 없었다. 이후에 백제는 왜로 가는 해상 교통로에서 신라에 비해 뒤질 수밖에 없었다.

5. 일본열도 방면으로의 해상 교류

(1) 김해의 가야국과 규슈 지역과의 교류

가야는 일본열도와의 해양 교통이 가장 편리하다는 지형적 요인으로 인하여, 가야사의 전 기간을 통하여 왜와 밀접한 교류를 하였다. 기원전 2세기부터 기원후 1세기까지의 김해 지방에서 출토된 야요이[彌生] 토기 및 그 모방품으로 보아, 그 시기에 규슈[九州] 지역의 야요이인들이 김해 지방으로 들어오거나 방문하였다.[111] 야요이인들의 목적은 한반도 서북 지역의 선진 문물인 금속기 및 그 원료 획득에 있었기 때문에, 이를 선점하고 있었던 가야 지역 사람들은 우월한 입장에서 그들과의 교역을 이루어나갔다.[112]

---

109) 백제 계통의 굴식 돌방무덤인 고령 고아리 벽화 고분과 진주 수정봉 2·3호분, 합천 창리 A지구 e유구 출토 뚜껑 세발토기[有蓋三足器], 거창 말흘리 2호분 출토 백제 양식의 두겹 입술 항아리[二重口緣短頸壺], 진주 수정봉 2호분 출토 청동주발[銅鋺] 등이 그것이다.

110) 『日本書紀』 卷19, 欽明天皇 6年 5月·9月條, 7年 6月條, 8年 4月條 참조.

111) 安在晧, 2001, 「無文土器時代의 對外交流」, 『港都釜山』 17. 초기의 교역 거점은 사천 늑도가 주목받고 있으나 동남 해안 지역을 따라 김해나 울산 지방도 거점의 역할을 하였고, 한반도에서 출토되는 야요이 토기의 대다수를 차지하는 것은 북규슈의 이토시마[糸島] 반도를 중심으로 한 후쿠오카현 북부 지역과 이키[壹岐] 섬의 것이 대부분이다(이창희, 2011, 「토기로 본 가야 성립 이전의 한일교류」, 『가야의 포구와 해상활동』, 인제대학교 가야문화연구소, 87~88쪽).

2세기 이후로는 김해의 加耶國(=金官加耶)이 교류를 주도하였고, 그 상대국은 일본의 북큐슈[北九州] 일대였다. 당시에 가야는 규슈에 납작도끼[板狀鐵斧]로 대표되는 철 소재와 낙랑을 통해 수입한 漢의 선진 문물을 수출하였다.[113] 아직 낙동강 하류 유역에서 연대가 올라가는 제철 유적이 발견되지 않았지만, 가야를 상징하는 고사리무늬 장식 철기의 출토가 일본 내에 많기 때문에, 그것은 '가야의 철'이었을 가능성이 높다.[114] 대방군과 왜의 교통로에서 가지는 狗邪韓國의 위상으로 보아도 그 철이 김해의 가야국에서 낙랑·대방군이나 왜로 공급된 것을 추측할 수 있다. 그러므로 그 철은 진한보다는 변한의 것이었을 가능성이 더 높다.

김해 양동리 고분군에서는 북큐슈의 폭넓은 청동투겁창[廣形銅鉾]이 3점 출토되었으니, 이는 실용성보다는 威勢品으로 유통되었다고 보인다. 반면에 부산 및 김해 지방의 생활 유적에서 보이는 야요이 토기와 그 모방 토기의 출토 상황으로 보아, 야요이인들이 이 지역에 직접 유입되어 단기적으로 혹은 지속적으로 거주했다는 것을 알 수 있다.[115] 앞으로 좀 더 면밀한 조사가 필요하겠으나, 야요이 토기의 출토 지역 분포로 보아, 김해의 가야국은 규슈로부터 제철과 농업을 비롯한 각종 생산 과정에 필요한 노동력, 즉 '生口'를 수용하였다고 추정된다.[116] 이들을 통해서 가야는 안락한 생활을 영위할 수 있었고 또 산업 발전에도 활용하였을 것이다.

112) 武末純一, 2002, 「日本 九州 및 近畿地域의 韓國系 遺物」, 『古代 東亞細亞와 三韓·三國의 交涉』(2002年度 福泉博物館 國際學術大會 發表要旨), 福泉博物館, 125쪽.

113) 위의 논문, 126쪽.

114) 大澤正己, 2002, 「金屬學的分析からみた倭と加耶の鐵 -日韓の製鐵·鍛冶技術-」, 『第5回 歷博國際シンポジウム 古代東アジアにおける倭と加耶の交流 發表要旨』, 佐倉: 國立歷史民俗博物館, 71~80쪽 ; 2004, 「金屬組織學からみた日本列島と朝鮮半島の鐵」, 『國立歷史民俗博物館研究報告 110 -第五回歷博國際シンポジウム 古代東アジアにおける倭と加耶の交流-』, 89~122쪽.

115) 李盛周, 2002, 「南海岸地域에서 出土된 倭系遺物」, 『古代 東亞細亞와 三韓·三國의 交涉』(2002年度 福泉博物館 國際學術大會 發表要旨), 福泉博物館, 55~59쪽.

(2) 산인, 긴키 지역으로의 교류 확대

3세기 무렵에는 가야와 교류하는 일본열도 지역이 좀 더 확대되어 북큐슈[北九州] 뿐만 아니라 산인[山陰], 산요[山陽] 지역과도 교역이 이루어졌으며,[117] 3세기 중엽에는 새로이 일본열도의 교역 주체로 떠오른 긴키[近畿] 지역과도 교류하였다. 『삼국지』 위서 동이전 왜인 조에 보이는 대방부터 야마타이국[邪馬臺國]까지의 교통로 서술로 보아, 김해의 가야국은 왜의 北岸이라고 인식될 정도로 중요한 교통 거점이었다. 수출 및 수입 내용은 2세기와 그리 크게 다르지 않았으나, 일본 내륙의 연합 세력인 야마타이국과 교류할 때에는 1회의 교역 규모가 전보다 훨씬 커졌을 것이다. 다만 야마타이국과의 교류를 주도하던 魏가 몰락한 3세기 후반 이후로는 일본열도 서부의 세력들이 큰 연합체를 유지할 명분도 사라지게 되어 다시 소규모의 교역들이 이루어졌다.

이처럼 가야와 왜는 오랜 기간에 걸쳐 해로와 철을 통하여 밀접한 교류 관계를 맺고 있었다. 변진의 철을 韓, 예, 왜가 모두 구해가며, 변진에서는 이를 중국의 돈[錢]과 같이 이용하고 또 낙랑과 대방에도 공급했다는 『삼국지』의 기록은[118] 이를 입증한다. 그에 비하여 일본열도의 철 생산은 한반도 남부에 비해 500년 이상 늦어서, 일본열도에서 제철이 행해지지 않던 5세기 후반까지 왜는 교역을 통하여 가야로부터 납작도끼나 덩이쇠[鐵鋌]와 같은 철 소재를 입수해서 이를 가지고 鍛冶過程을 거쳐 철기를 생산하였다.[119] 김해의 가야국이 철을 왜에 수출하여 무엇을 수입했는가는 분명치 않으나,

---

116) 『後漢書』卷85, 東夷列傳 第75 倭傳 安帝 永初元年(107)條 記錄과 『三國志』卷30, 魏書 倭人傳 景初二年(238) 및 正始四年(243)條의 기록으로 보아도, 2~3세기에 왜의 대중국 교역 상품은 지역 내에서 생산된 특정한 물건이라기보다 인적 자원인 남녀 생구(男女生口), 즉 奴婢에 해당하는 노동력이 대표적이었다. 유물 출토 상황으로 볼 때 왜의 이러한 전통은 가야에서도 그대로 통용되었음을 확인할 수 있다.

117) 武末純一, 2002, 앞의 논문, 127쪽.

118) 『三國志』卷30, 魏書30 烏丸鮮卑東夷傳第30 韓 "國出鐵 韓濊倭皆從取之 諸市買皆用鐵 如中國用錢 又以供給二郡."

4세기 전반에 김해나 부산 등지에서 발견되는 북큐슈 및 산인 지역의 하지키[土師器]들은 일본열도에서 노동력으로 제공된 왜인 1세대가 가져온 토기들이라고 한다.[120]

3세기 후반 이후 가야 지역의 중심부에는 철제 판갑옷과 마구, 원통모양 창끝꾸미개[筒形銅器]를 중심으로 하는 문화가 형성되었다. 이들은 4세기에 낙랑·대방의 멸망과 함께 중국산 청동거울[銅鏡]과 북방계 청동솥[銅鍑] 등의 교류가 쇠퇴하게 되자, 일본열도와의 교류에 더욱 몰두하는 면모를 보였다. 김해 대성동 계통의 철 소재인 납작도끼는 이 시기에 후쿠오카현 니시신마치[西新町] 유적과 하나소게[花聲] 고분, 오카야마현 비젠구루마즈카[備前車塚] 고분, 오사카부 마나이[眞名井] 고분과 니와토리즈카[庭鳥塚] 고분, 나라현 이케노우치[池ノ内] 6호분, 교토부 쯔바이오즈카[椿井大塚山] 고분과 죠호지미나미바라[長法寺南原] 고분, 아이치현 히가시노미야[東之宮] 고분, 가나가와현 진토오츠카[眞土大塚山] 고분, 군마현 마에바시텐진야마[前橋天神山] 고분, 후쿠시마현 아이즈오츠카야마[會津大塚山] 고분 등 일본 각지에서 출토된다.[121]

(3) 금관가야(임나가라)와 가와치 지역의 집중 교류

4세기 후반에 한강 하류 유역의 백제가 크게 성장하여 옛 대방군 지역을 차

119) 藤尾愼一郎, 2004,「彌生時代の鐵」,『國立歷史民俗博物館研究報告 110 -第五回歷博國際 シンポジウム: 古代東アジアにおける倭と加耶の交流-』, 國立歷史民俗博物館, 3~29쪽.
東潮, 2004,「弁辰と加耶の鐵」, 같은 책, 31~54쪽.
穴澤義功, 2004,「日本古代の鐵生産」, 같은 책, 73~88쪽.
大澤正己, 2002,「金屬學的分析からみた倭と加耶の鐵 -日韓の製鐵·鍛冶技術-」,『第5回 歷博國際シンポジウム 古代東アジアにおける倭と加耶の交流 發表要旨』, 國立歷史民俗博物館, 71~80쪽 ; 2004,「金屬組織學からみた日本列島と朝鮮半島の鐵」, 같은 책, 89~122쪽.
120) 申敬澈, 2000,「金官加耶의 成立과 聯盟의 形成」,『加耶 各國史의 再構成』, 釜山大學校 民族文化研究所編, 혜안, 73~77쪽.
121) 박천수,『새로 쓰는 고대 한일교섭사』, 사회평론, 2007, 52쪽.

지하였으며, 한편으로는 중국 남부의 東晉과 교류하고 동시에 가야와의 교역을 성립시켰다. 이에 따라 가야는 금관가야를 중심으로 재통합되어 왜와도 긴밀한 교역을 이루게 되었다. 가야의 철의 교역 상대는 일본 긴키[近畿]지역의 옛 야마토[大和] 중심지 서쪽에서 새로이 통합의 주체로 대두한 가와치[河內] 세력이었다.

백제는 4세기 후반의 360년대부터 380년대까지 고구려와의 전쟁에서 우세를 점하였으나, 390년대에 들어 고구려의 광개토왕이 왕위에 오르자 갑자기 전세가 역전되는 상황에 봉착하였다. 그러자 백제는 가야와 왜에 원군을 요청하기에 이르렀다. 당시에 왜군의 무장 체계는 重裝 騎兵 위주의 고구려군[122]은 물론이고 마름모꼴 단면의 쇠투겁창[斷面稜形鐵鉾]과 못으로 연결한 종장판 정결 판갑옷[縱長板釘結板甲] 위주의 가야군 무장 체계에 훨씬 못미치는 쇠단검[鐵製短劍]과 두께가 얇은 쇠화살촉[鐵鏃] 위주의 것이었다.[123]

그리하여 가야는 자신들을 도울 왜군의 무력 강화를 위해서 가야의 도질토기와 철기 및 甲冑 관련 기술자[工人]들을 왜국에 원조하여 그 곳을 가야의 전쟁 배후 기지로 개발하였고, 일본 가와치 지방의 신흥 세력은 가야의 경제적, 기술적 지원을 좋은 기회로 여겨 군사 역량 강화 및 군대 파견에 힘을 썼다.[124] 후루이치[古市]와 모즈[百舌鳥] 고분군을 중심으로 한 가와치 지방에서 금관가야의 덩이쇠와 원통모양 창끝꾸미개[筒形銅器]가 장착된 쇠투겁창 및 철제 판갑옷이 나타나고,[125] 4세기 후반의 김해 대성동 2호분, 13호분, 23호분에서 일본 긴키 지역의 바람개비모양 방패꾸미개[巴形銅器]

---

122) 余昊奎, 1999,「高句麗 中期의 武器體系와 兵種構成」,『韓國軍事史研究』2호, 國防軍史研究所, 71~73쪽.
123) 松木武彦, 1999,「古墳時代の武裝と戰鬪」,『戰いのシステムと對外戰略』, 東洋書林.
124) 金泰植・宋桂鉉, 2003,『韓國의 騎馬民族論 -騎馬民族征服說의 實體와 騎馬文化-』(馬文化研究叢書 7), 韓國馬事會 馬事博物館, 196~203쪽.
田中晋作, 2004,「古墳時代における軍事組織について」,『國立歷史民俗博物館研究報告110 -第五回歷博國際シンポジウム: 古代東アジアにおける倭と加耶の交流-』, 國立歷史民俗博物館, 163~186쪽.

가 부착된 방패와 벽옥제 돌화살촉 등이 나타나는 것은[126] 양자 사이의 동맹 관계를 나타낸다. 또한 일본열도 긴키 지역에서 나타나는 사발모양 그릇받침[鉢形器臺] 등의 초기 스에키[須惠器]의 모양으로 보아, 4세기 말에 가장 이른 스에키 窯址인 오사카부 오바데라[大庭寺] 유적에는 김해, 부산 등지의 금관가야 계통 기술자[工人]가 파견되어 생산이 시작된 것으로 추정된다.[127]

그러나 왜군은 전반적인 무장 수준에서 고구려뿐만 아니라 가야에도 현저하게 뒤지는 군대였기 때문에, 별 효과를 보지 못하고 고구려와의 대결에서 크게 패하여 백제와 가야도 크게 쇠락하는 계기가 되었다. 금관가야는 이 때 거의 몰락했다고 보아도 과언이 아니다.

(4) 가야국, 안라국, 고자국과 긴키, 시코쿠, 규슈 지역과의 개별 교류

5세기 전반에는 가야 지역에서 일본열도로 철이나 선진 문물을 수출할 수 있는 주도 세력이 사라졌기 때문에, 함안, 고성 등지의 가야 소국들은 각자 소규모로 왜와 교섭하였다. 물론 함안 양식의 두드린 돗자리무늬 항아리[繩蓆文打捺壺]가 규슈 나가사키현 다이쇼군야마[大將軍山] 고분이나 후쿠오카현 히가시시모다[東下田] 유적에서 출토된 것으로 보아 함안의 안라국(아라

---

125) 申敬澈, 1992, 「金官加耶의 成立과 對外關係」, 『伽耶와 東아시아』, 金海市 加耶史國際學術會議 發表要旨, 53쪽 ; 1993, 「加耶成立前後의 諸問題」, 『伽耶と 古代東アジア』, 新人物往來社, 144쪽 ; 2004, 「筒形銅器論」, 『福岡大學考古學論集 -小田富士雄先生退官記念-』, 小田富士雄先生退職記念事業會, 699~700쪽.
田中晋作, 1998, 「筒形銅器について」, 『古代學研究』 151.
鄭澄元・洪潽植, 2004, 「筒形銅器研究」, 『福岡大學綜合研究所報』 第240號(綜合科學編 第3號).

126) 福永伸哉, 1998, 「對半島交渉から見た古墳時代倭政權の性格 -4~5世紀における日韓交渉の考古學的再檢討-」, 『青丘學術論集』 12 (財 韓國文化研究振興財團).
井上主稅, 2003, 「김해 및 부산지역 古墳 출토 倭系遺物에 대하여」, 『韓國考古學報』 51, 韓國考古學會, 128쪽.

127) 酒井清治, 2002, 「須惠器生産のはじまり」, 『第5回 歷博國際シンポジウム 古代東アジアにおける倭と加耶の交流 發表要旨』, 國立歷史民俗博物館, 189~192쪽.

가야)은 3~4세기 단계에도 일본열도와 독자적인 교류가 있었다고 보이나,[128] 5세기 이후로는 그런 관계가 좀 더 강화되었다.

그러나 그보다도 왜에 더 큰 영향을 미친 것은 전쟁의 여파로 몰락한 금관가야의 기술 있는 유민들이 상당수 일본열도로 유입되어 들어간 사태이다. 그래서 그 이후로 일본열도에는 스에키와 직조, 제방, 금속 가공 등의 선진 기술이 다량 전수되었다.[129] 특히 5세기 전반의 긴키[近畿] 효고현 교우자즈카[行者塚] 고분의 대형 덩이쇠, 마구, 주조가래[鑄造鍬], 단야 도구[鍛冶具]는 가야 지역에서 왔다고 하고, 오사카부 노나카[野中] 고분, 나라현 미나미야마[南山] 고분, 시가현 신카이[新開] 2호분, 야마토[大和] 6호분 등의 덩이쇠는 그 형태나 반출된 가야 토기로 보아 낙동강 유역의 동래, 김해, 창원, 함안 등에서 온 것이라고 한다.[130]

오사카부 오바데라[大庭寺] 유적의 TG232 폐기장에서 출토된 사발모양 그릇받침[鉢形器臺]의 문양 구성은 부산 복천동 21-22호분과 거의 일치하며, 그에 이어 복천동 10-11호분 계통의 문양도 나타난다.[131] 부산 복천동 고분군 축조 세력, 즉 瀆盧國은 4세기 후반에는 가야 계통에 속한 세력이었으나 4세기 말 5세기 초에 신라 계통의 문물을 출토하기 시작하였으므로, 이들은 김해의 가야국이 약화된 시기에 그를 대신하여 한동안 일본열도 긴키 지역과의 교섭을 주도하였다고 보인다.

반면에 원통모양 굽다리접시[筒形高杯]를 중심으로 하는 초기 스에키는 시코쿠[四國] 지역의 가가와현 미야야마요[宮山窯]와 미타니사부로이케요[三谷三郎池窯] 및 에히메현의 고분군 등에서 출토되고 있어서, 이 지역에는

---

128) 朴天秀, 2007, 『새로 쓴 古代 韓日交涉史』, 社會評論, 51쪽.

129) 申敬澈, 2000, 「금관가야의 성립과 연맹의 형성」, 『가야 각국사의 재구성』, 부산대학교 민족문화연구소편, 혜안, 78쪽.
金泰植·宋桂鉉, 2003, 앞의 책, 215~219쪽.

130) 東潮, 2002, 「弁辰と加耶の鐵」, 『第5回 歷博國際シンポジウム 古代東アジアにおける倭と加耶の交流 發表要旨』, 國立歷史民俗博物館, 33쪽.

131) 朴天秀, 2007, 앞의 책, 50쪽.

함안의 안라국 계통의 기술재[工人]가 파견되어 활약하였다고 추정된다.[132] 한편 경남 固城 양식의 삼각형투창 굽다리접시[三角形透窓高杯]와 입술 평평한 항아리[水平口緣壺] 등으로 보아, 규슈 후쿠오카현 아사쿠라요[朝倉窯]와 인근 고테라[古寺] 고분군 및 이케노우에[池の上] 고분군의 스에키는 고성 古自國(소가야)과의 교류를 통하여 공인을 받아들인 것이라고 보인다.[133]

이렇게 볼 때 4세기 후반 및 5세기 전반의 일본열도는 긴키[近畿]의 왜 왕권과 김해 가야국 또는 그 창구인 부산 독로국과의 관계가 주류를 이룬다고 하더라도, 시코쿠 및 규슈 지역 세력들도 각기 가야연맹의 유력 소국들인 安羅國 및 古自國과 별개의 관계를 맺으면서 독자적인 교섭 활동을 이루고 있었음을 알 수 있다.

(5) 고령의 대가야와 일본열도 각지(긴키, 도호쿠, 규슈)와의 교류

5세기 중엽에 가야 지역이 고령의 대가야를 중심으로 재통합되자, 그 이후로는 대가야가 왜와의 교역을 주도하였다.[134] 5세기 후반까지도 철 생산을 독자적으로 할 수 없어서 가야로부터 철 소재를 수입해서 이를 가지고 단야 과정을 거쳐 철기를 생산했던 왜로서는[135] 전통적으로 밀접한 교역을 이루던 가야와의 교류가 필수적이었다.

대가야는 야마토[大和]를 비롯한 일본열도 각지의 작은 세력과도 교류하며 덩이쇠[鐵鋌]와 더불어 장신구, 마구 등의 물품들을 수출하고, 왜로부터 왜인 병력을 들여다 활용하였다. 대가야 계통의 유물은 5세기 중엽에 에히

---

132) 위의 책, 216~217쪽.
133) 위의 책, 222쪽.
134) 朴天秀, 1995, 「渡來系文物에서 본 加耶와 倭에서의 政治的 變動」, 『待兼山論叢』(史學編 29), 大阪大學文學部 ; 1996, 「日本 속의 加耶文化」, 『加耶史의 새로운 理解』(發表要旨), 韓國古代史研究會.
135) 앞의 주석 119 참조.

메현 기노모토[樹之本] 고분에서 고령 양식의 목항아리[長頸壺]가 출토된 이후 일본 전역으로 확대되어, 후쿠이현 니혼마쓰야마[二本松山] 고분, 사이타마현 이나리야마[稻荷山] 고분, 와카야마현 오타니[大谷] 고분, 구마모토현 에타 후나야마[江田船山] 고분 등에서 대가야의 금동관, 귀걸이를 비롯한 위세품과 고령 양식 토기들이 나타났다.[136]

한편 가야에 의하여 왜의 무력 강화를 위한 원조로서 5세기 중반부터 후반의 일본열도에 말을 사육하는 馬飼集團의 집중적인 이주가 이루어졌으나, 대가야의 상황에 비하면 왜의 重裝 騎馬軍團은 성립되지 않았다고 보이며, 6세기에 들어가서는 무장보다 장식 마구의 생산이 성행하게 되었다.[137] 또한 5세기 말엽에는 일본열도에서 자체적으로 철 생산도 이루어지기 시작하였는데, 철 생산 기술은 대가야가 아닌 다른 가야 소국, 또는 영산강 유역의 백제 계통 소국들로부터 전해졌을 것으로 보는 견해도 있다.[138]

5세기 후반 이후로 일본열도 각지에서 고령 계통의 위세품과 토기가 분포되기 시작하고, 고령 계통의 축소모형 철제 농기구[139]가 4세기 말부터 6세기 초엽에 이르는 기간에 걸쳐 성행하고 있었다는 사실[140]은, 고령 지방의 대가야가 자신의 문물과 함께 일부의 백제 문물을 가지고 왜와 교류한 것을 반영한다. 또한 고령 지산동 44호분에서 오키나와산 야코가이[夜光貝]로 만든 국자가 출토되고, 지산동 45호분에서 왜 계통 청동거울이 출토되

136) 朴天秀, 1995, 앞의 논문.
定森秀夫, 1997, 「초기 스에키와 한반도제 도질토기」, 『한국고대의 토기』(특별전 도록), 국립중앙박물관, 173~174쪽.
137) 千賀久, 2002, 「加耶と倭の馬文化」, 『第5回 歷博國際シンポジウム 古代東アジアにおける倭と加耶の交流 發表要旨』, 國立歷史民俗博物館, 171~174쪽 ; 2004, 「日本出土の '非新羅系' 馬裝具の系譜」, 『國立歷史民俗博物館研究報告 110 -第五回歷博國際シンポジウム : 古代東アジアにおける倭と加耶の交流-』, 國立歷史民俗博物館, 283~307쪽.
138) 東潮, 2002, 앞의 논문.
139) 金在弘, 2006, 「大加耶地域의 鐵製農器具 -小形鐵製農器具와 살포를 중심으로-」, 『大加耶의 成長과 發展』, 한국고대사학회.
140) 都出比呂志, 1967, 「農具鐵製化の二つの劃期」, 『考古學研究』 13卷 3號.

고, 합천 봉계리 20호분에서 스에키가 출토되어, 왜의 물품이 가야 지역에 들어왔음을 확인할 수 있다.[141]

이때 대가야가 왜와 무역하는 교통로는 낙동강 하구의 김해 지방을 이용하기보다는 서쪽의 하동 방면을 이용했을 것으로 추정된다. 왜냐하면 낙동강의 동쪽 지역 일대는 신라의 세력권 아래 있었기 때문에 안전한 교통로가 될 수 없었기 때문이다. 고령에서 하동으로 연결되는 교통로는 고령→거창→함양→남원→섬진강→하동으로 연결되는 길이 가장 유력시되며,[142] 6세기 초에 백제에게 남원 방면을 제압당하고난 후에는 고령→합천→삼가→진주→하동(또는 사천)의 길도 이용되었을 것으로 추정된다. 이와 같은 대외 교역로 상에 있는 합천, 함양, 남원, 순천 지방의 대형 고분군에서는 5세기 후반 이래 고령 양식의 위세품과 더불어 고령 양식의 토기, 마구, 무구, 무기가 출토되고 있다. 또한 6세기 전반 이후에는 그 범위가 삼가, 진주, 산청, 고성 등으로 확장되는 것으로 보아, 교통로의 변화를 추정할 수 있다. 대가야는 위와 같은 위세품과 합천 야로 지방의 철과 같은 물품의 유통권을 대내적으로 장악하는 한편, 대왜 교역 창구를 일원적으로 독점하게 되면서 가야의 맹주로 성장했던 것이다. 다만 유리한 수운을 가진 낙동강 하구를 이용하지 못한다는 점은 대외 교역상의 큰 한계였다고 하겠다.

그런 한계성 때문에 경남 고성의 古自國(소가야)은 5세기 후반 이후 6세기 중엽까지 내륙을 통해 대가야계 토기와 f자형 재갈멈추개, 안으로 굽은 타원형[內彎楕圓形] 재갈멈추개, 뱀이 기어가는 모습[蛇行狀] 철기, 劍菱形 말띠드리개 등의 대가야계 마구를 받아들이면서, 한편으로는 남해안 해상 교역망을 통해 북부 규슈 일대의 왜와 중점적으로 교류하여 스에키, 마구, 왜계 석실 등을 받아들였다. 고성 송학동 1A-1호 고분 출토 두잎검릉형[雙葉劍菱形] 말띠드리개, 1B-1호분 출토 조개로 만든 네 다리 모양[四脚貝製]

---

141) 朴天秀, 1995, 앞의 논문.
142) 앞의 주석 84 참조.

말띠꾸미개, 1B-1호 석실의 문틀 구조, 현실 천장과 벽면의 주칠 등이 북큐슈 왜계 문물 요소로 지적되고 있다.[143] 이로 보아 고성 고자국의 지배층은 대가야 지역과 영산강 유역 및 북큐슈 지역과의 정치적 유대 관계 속에서 백제 왕권과 왜 왕권 사이 교역망의 중추를 담당하였다고 보인다.[144]

대가야가 호남 동부 지역에서 백제와의 대결에 패배한 이후, 가야 남부 지역의 고성군 송학동 1호분 B호 석실뿐만 아니라 의령군 경산리 1호분, 운곡리 1호분 등에서 왜계 석실 구조와 대가야 양식의 토기, 마구, 청동주발[銅盌] 등의 부장품을 갖춘 고분들이 나타났다. 이 고분 구조는 주로 일본 규슈 후쿠오카현과 구마모토현 등에서 나타나며, 해당 시기의 그 지역에서도 고령 양식의 귀걸이와 토기, 고성 양식의 토기 등이 나타나므로, 양 지역 사이의 긴밀한 관계가 상정된다.[145] 이와 같은 왜계 고분의 피장자에 대해서는, 대가야 및 이에 종속적으로 연계된 고자국에 의하여 일본열도 규슈 지방의 왜인들이 군사력으로 공급된 것으로 보는 견해,[146] 규슈 서부의 구마모토를 중심으로 한 왜인들이 선진 문물을 흡수하기 위하여 정착한 것으로 보는 견해,[147] 고성 고자국 계열의 재지 수장들이 왜계 석실의 축조 기법을 수용한 것으로 보는 견해[148] 등이 있다.

대가야와 왜 사이의 교역은 6세기 전반까지 활발하게 이루어졌으나, 6세기 중엽 이후에는 새로이 백제가 독자적으로 왜와 교류하기 시작하였다. 당시의 일본 측 상대는 나라[奈良]의 야마토[大和] 정권이었다. 백제는 왜에게 오경박사, 승려, 기술자 등을 교대로 보내주어 고급 정신문화를 전수하였고,

---

143) 하승철, 2011, 「외래계 문물을 통해 본 고성 소가야의 대외교류」, 『가야의 포구와 해상활동』, 인제대학교 가야문화연구소, 171~177쪽.

144) 위의 논문, 197쪽.

145) 朴天秀, 2007, 앞의 책, 242~243쪽.

146) 위와 같음.

147) 趙榮濟, 2004, 「小加耶(聯盟體)와 倭系文物」, 『嶺南考古學會·九州考古學會 제6회 합동 고고학대회 -韓日交流의 考古學-』, 嶺南考古學會·九州考古學會, 187~221쪽.

148) 하승철, 2011, 앞의 논문, 199쪽.

그 대가로 신라와 대결하는 과정에 필요한 군병을 요청하였다.[149] 이미 자체적인 제철이 가능하게 되고 고대국가 통치 체제의 정비 과정에서 백제 문화의 필요성을 높이 평가한 왜의 야마토 정권은 가야의 중계를 배척하고 백제와 직접 교류하게 되었으며, 이는 가야가 약화되는 결정적 계기가 되었다.

위와 같이 볼 때, 2세기부터 6세기까지 가야는 한반도 지역에서 일본열도와 가장 긴밀한 교역을 이룬 세력이었으며, 그 교역은 가야가 왜에게 물적 자원을 공급하고 그 대가로 왜의 인적 자원을 공급받는 방식이 주류를 이루었다. 2~3세기에는 김해의 가야국이 철과 낙랑의 선진 문물을 가지고 왜와 교역하였고, 4세기에는 가야국 단독으로 왜와 교역하였으나, 4세기 말에는 그 관계가 백제에게 정략적으로 이용당하여 자체 파멸로까지 이어졌다. 5~6세기에는 고령의 대가야국이 철과 위세품 및 백제의 선진 문물을 가지고 왜와 교역하였으나, 6세기 전반에 백제가 왜와의 직접 교역을 주장하자 가야의 교섭 능력은 급격히 쇠퇴하였다.

6. 결어

가야는 전성기에 22개 소국을 거느리는 연맹체의 형태를 띠고 있었고, 6세기 전반에는 한 때 중앙 집권적인 고대국가를 건설하기도 하였으나, 대체로 10여개 소국을 포괄한 연맹체의 형태를 유지하면서 기원 전후한 시기부터 서기 562년까지 700년 가까이 유지되었다. 가야는 한반도의 최남단에 위치하여, 한반도의 선진 지역들과 바다 건너 일본열도 세력들 사이의 해양 활동을 중계함으로써 긴밀한 관계를 맺었으며, 이는 대체로 물자 교류를 통해 상호 이득을 취하는 형태였다.

---

149) 金鉉球, 1985, 『大和政權の對外關係硏究』, 東京: 吉川弘文館 ; 2005, 「6世紀의 韓日關係
     -交流의 시스템을 中心으로-」, 『韓日歷史共同硏究報告書 第1卷』, 韓日歷史共同硏究委
     員會.

가야와 한반도 서북 지역과의 해양 교류는 서해안과 남해안을 따라 항해하는 형태로 이루어졌다. 그리하여 3세기 이전에는 서북한의 낙랑·대방군과 연안 항로를 통한 문물 교류가 이루어졌고, 그 중심은 김해의 가야국(금관가야)이었다. 가야는 철을 매개로 하여 그 지역의 선진 문물을 구입하여 한반도 내륙 각지 및 일본열도에 공급하는 역할을 담당하며 번성하였다. 낙랑과 대방이 멸망한 4세기 이후에는 백제가 가야를 주목하였으니, 그 이유는 그곳이 일본열도로 향하는 가장 가깝고 안전한 渡航地였기 때문이다. 이를 경계한 고구려와 신라의 군사 행동에 의하여 한동안 이 통로는 단절되었으나, 백제는 고령의 대가야와 고성의 고자국(소가야), 또는 섬진강 하구 등을 통하여 다양하게 대왜 해양 교통로를 확보하고자 하였다.

가야는 일본열도와의 관계에서 초기에는 규슈 지역과 문화 교류를 하였으나, 3세기 이후로는 산인[山陰], 긴키[近畿] 지역까지 교류를 확대하였다. 4세기 후반에는 전기 가야 맹주국인 김해의 가야국이 일본 긴키의 신흥 가와치[河內] 세력과 연결하여 인적·물적 교류 관계를 강화하기도 하였으며, 이 시기에 가야의 주요 선진 기술이 일본열도 각지로 전수되었다. 5세기 후반 이후로는 고령의 대가야가 일본열도와의 문화 교류를 주도하여 6세기 전반까지 그 흐름이 지속되었으나, 6세기 중엽 이후로는 백제가 고급 정신문화를 가지고 일본열도와 교류하게 되었다.

가야는 일본열도라는 대형 소비처를 바탕으로 성장하였고, 그 물자 교류를 주도할 수 없게 되면서 멸망하였다. 이런 점은 어쩌면 일본열도에서 선진 문물 교류의 창구 역할을 하던 북큐슈 세력과도 비슷한 운명이 아닐까 한다.

* 이 논문의 원전 : 김태식, 2013, 「가야의 해양 활동」, 『한국해양사 제1권』, 해상왕 장보고 기념사업회, 182~227쪽.

찾아보기

● 지은이

김태식 _ 金泰植

1956년 서울 출생
서울대학교 인문대학 국사학과 졸업
서울대학교 대학원 국사학과 문학석 · 박사
울산대학교 사학과 교수(1985~1992)
홍익대학교 역사학과 교수 및 사범대학장(현재)
한국고대사학회 고문
진단학회 회장

주요 논저

『加耶聯盟史』(일조각, 1993)
『譯註三國史記』(한국정신문화연구원, 1996~98, 共)
『미완의 문명 7백년 가야사』(푸른역사 2002)
『한국 고대 사국의 국경선』(서경문화사 2008, 共)

사국시대의
사국관계사 연구

초판인쇄일	2014년 2월 27일
초판발행일	2014년 2월 28일
지 은 이	김태식
발 행 인	김선경
책 임 편 집	김윤희, 김소라
발 행 처	도서출판 서경문화사
	주소 : 서울 종로구 동숭동 199 – 15(105호)
	전화 : 743 – 8203, 8205 / 팩스 : 743 – 8210
	메일 : sk8203@chollian.net
인 쇄	바른글인쇄
제 책	반도제책사
등 록 번 호	제 300-1994-41호
ISBN	978-89-6062-121-3 93900

ⓒ김태식, 2014

정가 27,000원